JN415942

성혁명

성혁명

초판 1쇄 발행 2011년 3월 25일
초판 2쇄 발행 2023년 3월 20일

저 자 | 빌헬름 라이히(Wilhelm Reich)
역 자 | 윤수종
발행인 | 황세연
교 정 | 김영권
발행처 | 도서출판 중원문화(등록 제10-2444)

주소 | 서울특별시 마포구 창전동 2-33
전화 | 02-325-5534
팩스 | 02-324-6799

ISBN 978-89-7728-658-0(03330)

• 잘못된 책은 구입처에서 바꿔드립니다.
• 이 책의 지적권은 저자에게 있으며 그 출판권은 도서출판 중원문화에 있습니다.
• 저작물의 무단전재나 복제를 금합니다.

성혁명

빌헬름 라이히 지음
윤수종 옮김

Sexpol

2023
도서출판 중원문화

Die Sexuelle Revolution

Wilhelm Reich

사랑, 노동 그리고 지식은 우리의 생활의 원천이며

이것들이 우리의 생활을 지배해야 한다.

© Copyright 2011 by Joongwon moonhwa Publishing Co.
Reprint 2023 by Joongwon moonhwa Publishing Co

이 책에 대하여

혁명적인 성법률을 언제라도 지키기 위해서는 주민의 성건강에 대한 보호를 비뇨기과 의사나 구태의연한 위생학 교수에게 맡겨서는 안 된다. 보수적인 사회에서는 이 분야에서 권위자 따위는 전혀 없다는 것을, 자신을 성위생학자나 성의사라고 생각하는 사람은 금욕주의적 정신으로 그리고 '인간의 도덕적 행위'에 대한 불안으로 가득 차 있다는 것을, 모든 노동자, 모든 여성, 모든 농민, 모든 청소년은 알아야 한다. 청년들 사이에서 그리고 노동자 조직에서 일한 것에 근거해서, 우리는 훈련을 받지는 않았지만 모든 영리한 평균적인 젊은 노동자가 그 어떤 권위자보다도 성생활 문제에 대해 더 나은 감수성과 판단력을 지니고 있다고 결론지을 수 있다. 이러한 올바른 입장에 근거해서 노동하는 인민은 확실히 자기 자신들 가운데에서 성혁명 문제를 해결할 관리자와 조직을 어렵지 않게 찾을 수 있을 것이다.

저자 : 빌헬름 라이히(Wilhelm Reich)는 오스트리아 갈리시아의 도브르치니카(Dobrzcynica)에서 1897년에 태어났다. 그리고 1920년에 라이히는 빈 정신분석학회에 들어갔다. 1928년 빈에서 사회주의 성상담 및 성조사 연구소를 설립하고 활동하였다. 한편으로 코민테른, 오스트리아 맑스주의, 독일공산당과, 다른 한편으로는 프로이트 학파와 대결한 뒤에, 라이히는 1934년 공산당에서 그리고 국제정신분석협회에서 추방당했다. 1939년 미국으로 이민간 후 라이히는 '오르곤 에너지'를 발견하였고, 1957년 죽을 때까지 오르곤 에너지 연구에 몰두하였다.

차례

“우리는 왜 사는가”라는 질문을 한 『얼레』(*Garnrolle*, 직기의 날실 감는 막대)의 편집자는 분명히 철학의 엉킨 관목 숲에 들어가고 싶은 마음이 있는 것 같다. 그러나 아마도 그는 인생의 덧없음에 대한 커다란 공포와 전율에 사로잡혀 있을지도 모른다. 첫 번째 경우라면 좋다. 두 번째 경우라면 나쁘다. 그리고 비록 이상하고 단순하게 들릴지 모르겠으나 “사람은 살기 위해 산다”는 것이 그 질문에 대한 유일한 대답이라는 근거에서 그러하다. 인간에게 삶의 전체 목적, 삶의 전체 의미는 삶 자체에, 삶[생활] 과정에 있다. 삶의 목적과 의미를 이해하기 위해서는 무엇보다도 삶을 사랑해야 하고, 사람들이 그렇게 말하듯이 삶의 소용돌이 속에 완전히 빠져야 한다. 그때에야 비로소 삶의 의미를 파악하고 사람이 왜 사는지를 이해할 수 있을 것이다. 삶은 인간이 창조한 모든 것과는 대립하는 어떤 것이며 그 어떤 이론도 필요로 하지 않는다. 삶의 실천을 이해하는 사람에게는 삶의 이론 또한 분명할 것이다.

— 코스티아 리압체프(Kostja Rjabtzew) 학생의 일기에서

제4판 서문(1949)

이 책의 제1부를 위한 자료를 오스트리아에서 수집하여 『성적 성숙, 금욕, 결혼도덕』(*Geschlechtsreife, Enthaltsamkeit, Ehemoral*)이란 이름으로 비엔나에서 발간하려고 뮌스터(Münster) 출판사에 넘긴 지 20년이 흘렀다. 20년의 기간이 생물학의 영역에서는 그리 중요하지 않으나 20세기의 폭풍 같은 이 시기에는 이전 세기들에 비해서 인간에게 더 많은 비참함이 가해졌다. 인간의 삶을 설명하고 밝히기 위해 인간이 정식화한 모든 개념이 의문시되고 20년 동안 해결되지 않은 채 남아 있다고 말할 수 있겠다.

그러한 개념 가운데에서 불과 30년 전만 해도 인간 존재를 흔들림 없이 지배했던 강제적 성도덕 개념만큼 그렇게 완전히 붕괴한 것도 없다. 우리는 성생활과 관련한 모든 가치의 진정한 혁명 속에 살고 있다. 그리고 그러한 가치들 속에서 가장 심각하게 손상된 것은 **어린이 및 청소년의 성생활**과 관련한 가치이다.

1928년에 내가 빈에서 '사회주의 성상담 및 성조사 연구소'를 창립했을 때, **어린이와 청소년의 생식기 권리**는 부정되고 있었다. 성유희와 같은 것의 표명을 자연스럽고 건강한 발달에 속하는 것으로 생각하기는커녕, 부모들이 성유희를 관용한다는 것은 생각할 수 없었다. 청소년들이 자연스런 포옹으로 자신들의 사랑 욕구를 만족시킨다는 생각만도 놀랄 만한 것이었다. 이러한 권리들에 대해 언급하는 사람은 누구든 비난받았다. 어린이와 청소년의 애정생활을 보장하려는 첫 번째 시도들에 대한 저항은(그렇지 않으면 서로 격렬하게 대립적일) 인민 집단들을, 즉 모든 종교적 종파의 구성원들, 사회주의자들, 공산주의자들, 심리학자들, 의사들, 정신분석가들 등을 통합시켰다.

많은 오스트리아 사람이 아직도 기억할 나의 성위생상담소에는 그리고 정신위생을 촉진하는 우리의 모임들에는, 부도덕성의 결과 인간종족이 몰락할 것이라고 예언하는 도덕주의자들과 궤변론자들이 있었다. 무책임하게 대중에게 지상낙원을 약속했던 정치가들은 우리가 **어린이와 청소년의 자연스런 사랑권**을 위해 싸웠다고 해서 우리를 자신들의 조직에서 추방했다. 생물학적인 요구에 대한 이러한 순전한 임상적인 변호는 당연히 전체 사회적 · 경제적 구조에 아주 중요한 결과를 가져왔다. 청소년들을 위한 아파트, 부모들이나 교육자들 그리고 청소년들을 위한 안전한 삶, 교육자들의 성격학적 재구조화, 자신들의 활동이나 존재를 대중의 성격학적 무력함에 근거하려는 모든 정치적 경향에 대한 비판, 결국은 독립적인 어른으로 자라나게 할 **어린이 교육에서 자기조절** 등을 지지하는 것이 필요하였다. 이것들은 인간의 생물학적 구성에서 커다란 혁명의 시작일 것이다.

이러한 사회위생학적 작업에 대해 모든 측면에서 가해지는 압력이 너무 강해서 나는 독일로 가기로 결정했다. 1930년 9월, 나는 빈에서의 번성하던 진료와 정신분석 강의를 포기하고 베를린으로 갔다. 그 뒤 1933년 4월에 단 한 번 오스트리아에 돌아갔을 뿐이다. 빈 대학 학생들이 많이 모인 곳에서 강연하느라 잠시 머무는 동안, 나는 파시즘에 관한 결론들의 일부를 개관할 수 있었다. 독일의 파국은 정신의학자이자 생물학자인 나에게는, 한 줌의 권력에 굶주린 도적들의 망령 아래 모인 인간 대중의 생물학적 무력함에서 생겨난 것처럼 보였다. 나는 그때 빈의 청년학생들이 내게 보인 호응에 감사하였다. 그러나 단 한 사람의 정치가도 나에게 귀를 기울이지 않았다.

그 후 인간 동물의 생물학이란 문제는 무한히 성장하였다. 1949년 3월 현재, 미국에서는 수십 년 동안 인간을 장악해 온 **생물학적 혁명**을 인식하기 위한 진지한 투쟁이 진행중이다. 이 점에 대해서 자세하게 다루는 것은 너무 멀리 나가는 것 같다. 그러나 **한 가지** 사실만은 특히 강조해야겠다.

1920~1930년의 오스트리아에서 그렇게 소원하고 위험한 것처럼 보인 것이, 1949년 현재 미국에서 생생하고 공공연한 논쟁의 주제가 된다. 이러한 변화는 제2차 세계대전이 끝난 직후인 1946경에 나타났다. 그것은 어린이를 위한 성기자위(자기만족)의 자연스러움을 인정하는 글이 점점 더

많이 일간지들에 실리는 것에서 분명해졌다. 포괄적인 정신위생운동이 미국에서 공공의식에 스며들었다. 미국에서는 이제 **인류의 미래는 인간성격 구조 문제를 해결하는 데 달려 있다**고 인식된다. 특히 지난 20년 동안 자기조절 개념은 어린이 교육에서 일반적이게 되었고, 이제 거대한 인민대중에게 동감을 얻기 시작하고 있다. 물론 다른 곳에서처럼 여기서 우리는 자기조절에 대해서 들으면 분개하는 높은 지위에 있는 성위선자, 정부관료, 가장 악질적인 정치적 출세자들을 발견한다. 그러나 정신위생운동과 어린이와 청소년의 자연스런—생물학적 성에 대한 **긍정**이 지속적으로 진전하고 있다는 것은 의심할 수 없다. 정신위생운동과 성에 대한 긍정은 더 이상 중단될 수 없다. 삶부정의 세계관이 삶긍정의 세계관과 대결하고 있다.

나는 이미 승리했다고 말하지는 않는다. 우리는 아직도 수십 년 간의 곤혹스러운 논쟁에 직면해 있다. 그러나 **자연스런** 애정생활에 대한 기본적인 긍정은 수많은 위험한 적에도 불구하고 가차없이 전진하고 있다. 내가 아는 한 미국은 **삶, 자유, 행복의 추구**가 헌법의 근본요소를 이루고 있는 유일한 나라이다. 나 또한 미국에서 나타나는 반동적 경향들에 대해 충분히 인식하고 있다고 독자에게 확인시키고 싶다.

그러나 다른 어떤 곳에서보다도 여기에서 **삶의 즐거움과 삶**[생명]**의 권리를 추구할 가능성이 있다**. 성경제학의 원리를 교육에서 충분히 확인하고 있는 닐(Alexander Neill)의 책, 『문제가족』(*The Problem Family*)은 출판되자마자 수천 부가 매진되었다. 이 『성혁명』도 호의적으로 받아들여져 왔다. 미국에는 자기조절 원리를 옹호하고 그와 함께 어린이를 위한 성경제학적 원리를 옹호하는 강력하고 잘 결집된 부모-교사 조직들이 있다. 대학들은 삶의 원리를 그 성요소들을 포함하여 가르친다. 여기저기에 주저, 침묵, 적의까지 있으나 대중을 위한 성위생은 강하게 진보하고 있다.

이 책을 증보하고 오늘날 지식의 상태로 만드는 것이 나에게는 즐거울 테지만 나는 이것을 생략해야 했다. 이 책은 1920년대의 성정치적 상황을 반영하여 포괄적인 틀을 구성하고 있다. 본질적으로 이 책은 오늘날 아직도 타당하다. 성경제학에서 1930년 이래 이루어진 과학적 및 의학적 발견은 모두 광범하게 출판되어 왔다. 그래서 나는『성혁명』을 거의 수정하지 않은 형태로 제시한다. 그렇게 하는 데에서, 나는 다시 한 번 17년 이상이나 나의 작업은 어떤 정치운동 및 정당과도 무관했다는 것을 강조해야겠다. 그것은 인간 삶에 관한 하나의 작업, 인간 삶에 대한 정치적 위협과는 종종 예리하게 대립해 온 하나의 작업이 되어 왔다.

포레스트 힐즈(Forest Hilles), 뉴욕

1949년 3월

제3판 서문(1945)

나의 책 『문화투쟁 속에 있는 성』(*Die Sexualität im Kulturkampf*, 1930년 1판, 1936년 증보판)의 이 제3판은 테오도르 울프(Theodore P. Wolfe) 박사의 커다란 노력 덕택에 처음으로 영어로 출판되었다. 내용은 전혀 수정하지 않았으나 **용어**는 많이 수정하였다.

이 책의 자료는 1918년에서 1935년 사이에 있었던 유럽 자유운동의 테두리 속에서 모아졌다. 유럽 자유운동은 권위주의적 심성은 '부르주아지'의 생활방식과 같고, 자유주의적 심성은 '프롤레타리아트'의 생활방식과 같다는 그릇된 사상에 사로잡혀 있었다. 유럽 자유운동은 이러한 근본적인 잘못 때문에 침몰하였다.

지난 12년 동안에 일어난 사회적 사건은 이러한 그릇된 인식, 즉 **권위주의적** 심성과 **자유주의적** 심성은 경제적인 계급 구분과는 아무런 관계도 없다는 것에 대한 냉혹한 반박을 제공하였다. 어떤 사회계층이 지니고 있는 이데올로기가 그 계층이 지니고 있는 경제상황을 직접 반영한 것은 아니다. 인간대중이 지닌 정서적이고 신비적인 흥분은 적어도 사회발전 과정에서 순수하게 경제적인 이해보다 훨씬 중요하다고는 할 수 없지만 중요하기는 마찬가지이다. 권위주의적 강압은 진보적인 사고와 행동이 그러하듯이 모든 나라의 **모든** 사회계층에 퍼져 있다. 비록 사회적 또는 경제적 경계는 있을지라도 성격구조적인 계급경계는 없다. 그것은 기계론적인 사회학 이론이 정식화하는 것과 같은 프롤레타리아트와 부르주아지 사이의 '계급투쟁' 문제가 아니다. 반대로 자유주의적으로 구조화된 노동자는 사회의 기생충뿐만 아니라 권위주의적으로 구조화된 노동자와도 싸워야 하고, 자유주의적으로 구조화된 상류 사회층 성원은 프롤레타리아트 출신인 독재자에 대항하여 모든 노동자의 권리를 위해 자신의 존재를 걸고 싸우고 있다.

프롤레타리아 혁명에 의해 태어난 소련은 1944년에—그리고 나는 이렇게 말하는 것을 상당히 안타까워한다—성정책에서는 반동적이었으나 부르주아혁명으로 생겨난 미국은 성정책에서는 적어도 진보적이라고 묘사해야 한다. 순전히 경제적으로 정의된 19세기의 사회적 개념들은 더 이상 20세기의 문화투쟁에서 세계관의 층화[구분]에는 맞지 않는다. 가장 단순하게 정식화하자면, 현재의 사회적 투쟁은 **삶을 보호**하고 **긍정**하는 데 관심을 갖는 세력과 **삶을 파괴**하고 **부정**하는 데 관심을 갖는 세력 사이에서 이루어지고 있다. 오늘날 사회적인 양심의 문제는 더 이상 "당신은 부자인가 가난뱅이인가"가 아니라, "인간이 살아가는 데 필요한 최대한의 가능한 자유를 지키기 위해 싸우고 지지할 것인가? 수백만의 노동자들이 자신들의 사고, 행동, 삶의 방식을 독립시키고 가까운 장래에 완전한 사회적 삶에 대한 자기조절이 당연한 것이 되도록 당신의 힘이 닿는 한 모든 일을 할 것인가?"이다.

위에서 구체적으로 정식화했듯이, 사회적 근본문제는 인간공동체에서 가장 가난한 성원들조차도 활발히 기능한다는 것을 고려해야 한다는 것은 분명하다. 그리고 이러한 맥락에서 내가 15년 전에 사회적 성억압의 탓으로 돌렸던 그 중요성은 여전히 유효하다. 사회와 개인에 대한 성경제학은 어린이와 청소년의 성생활에 대한 억압이 예속화된 복종자와 경제적 농노를 생산하기 위한 중심적인 메커니즘이라는 사실을 증명하였다. 그래서 사람들이 백색이나 황색 그리고 붉은색이나 검정색의 당원 카드를 이런 저런 정신적 확신의 증표라고 여기는 것은 더 이상 문제가 아니다.

꽤 자명하게도 신생아, 어린이, 청소년, 성인 남녀의 자유로운 삶의 표현을 완전히 긍정하고 도와주고 지킬 것인가, 아니면 이념이나 구실이 무엇이건, 이 나라를 위해서건 저 나라를 위해서건, '프롤레타리아적'이건 '부르주아적'이건, 이 종교를 위해서건 저 종교를 위해서건, 유태인이건 기독교인이건 불교도이건 상관없이, 자유로운 삶의 표현을 억압하고 파괴할 것인가 하는 것을 둘러싼 사회적 속임수의 모든 가능성은 더욱 사라진다. 이것은 보편적으로 타당하며 삶이 존재하는 한 흔들리지 않을 것이다. 만약 우리가 언제나 노동하는 인간대중에 대한 조직적인 거짓을 근절하기를 원한다면, 만약 우리가 자신의 민주주의 이상을 진지하게 생각하고 있다는 것을 행동으로 증명하기를 원한다면 말이다.

오늘날 성생활의 상황을 근본적으로 바꿀 필요가 있다는 생각은 모든 사회사상에 널리 퍼지고 빠른 속도로 계속 확산되고 있다. 어린이의 애정생활에 대한 이해와 관심은 점점 확산되고 있다. 확실히 사춘기의 애정생활에 대한 사회적 이해와 관심은 아직 매우 적으며, 공인된 교육학은 정말로 사춘기의 성문제가 드러내는 '뜨거운 감자'를 파악하지 않으려고 한다. 그래도 사춘기의 성관계는 자연스럽고 당연한 요구라는 생각이 내가 1929년에 처음으로 제창했을 때처럼 끔직한 것처럼 보이지는 않는다. 아주 많은 나라에서 성경제학이 오늘날 누리는 성공은 어린이나 청소년의 성욕구를 완전히 자연스럽고 당연한 것으로 여기는 훌륭한 교육자와 이해심 많은 부모들 덕택이다. 비록 우리는 여전히 중세적인 성법률이나 엄청난 폐해를 가져온 잔혹한 교정시설들을 가지고 있지만, 어린이와 청소년의 애정생활에 대한 합리적인 생각은 확실히 길을 터 왔다.

새로운 계몽시대는 중세적인 비합리주의의 강력한 잔존물에 대항하여 자신을 내세워야 할 것이다. 비록 여전히 '유전적 퇴화'나 '범죄적 타락'이라고 하는 몇몇 설명이 있기는 하지만, 범죄나 정서적 질병은 **사회적** 원인에서 비롯된다는 인식이 널리 퍼져 나가고 있다. 정말 자위행위를 하지 못하도록 어린이의 손을 묶어 두어야 한다고 주장하는 의사가 꽤 많지만, 그에 반대하는 목소리도 신문에 매일 보도되고 있다. 여전히 건강한 청년이 자연스런 사랑 기능을 발휘했다고 해서 교정시설에 보내지고 있으나, 이러한 법률이나 제도야말로 사회적인 범죄라는 것을 인정하는 판사도 점점 늘어나고 있다. 여전히 자연스런 성을 악마의 농간이라고 비난하는 성직자적 참견과 도덕화가 많다. 그러나 사회를 위한 일을 하고 도덕주의에서 벗어난 신학생은 점점 늘어나고 있다. 합법적인 결혼에 한정하고 있긴 해도 피임을 권장하는 주교들도 있다. 확실히 많은 젊은이가 아직까지 사랑의 행복을 찾아 고뇌하고 괴로워하며 좌절하고 있다. 하지만 자신의 딸이 결혼하지 않고서 아이를 가졌다는 이유로 딸을 비난한 어떤 아버지는 라디오에서 공개적으로 비난받았다. 아직까지 이혼을 협박사건으로 바꿀 수 있는 강제적인 결혼법이 존재하고 있으나 그러한 법률이나 이혼절차에 대한 혐오는 커져가고 있으며 일반에 확산되고 있다.

우리는 문화적 존재 관계의 철저한 혁명을 겪고 있다. 이러한 투쟁에서는 시위행렬도 없고 유니폼도 없으며 메달도 없고 드럼 소리도 없으며 예포도 없다. 하지만 그 전투는 1848년이나 1917년의 내란 때보다 적지 않은 희생자를 내고 있다. 인간동물이 자신의 자연스러운 삶 기능에 대해 갖는 반응은 수천 년 동안의 잠에서 깨어나고 있다. 우리의 삶의 변혁은 정서적이고 사회적이고 경제적인 실존의 밑바닥에까지 이른다.

특히 가족생활의 가공할 만한 변혁[혁명]과 사회의 아킬레스건[약점]은 혼돈 속에서 나타나고 있다. 그것들이 혼돈스러운 것은 예전의 가부장제도에서 생긴 우리의 권위주의적인 가족구조가 근본부터 흔들려 왔으며, 보다 좋은 자연스러운 가족형태로 바뀌려는 과정에 있기 때문이다. 이 책은 **자연스러운** 가족관계에 대해서 말하는 것이 아니라, 경직된 법률과 인간의 성격구조와 비합리적인 여론에 의해 유지되는 **권위적인** 강제적 가족형태를 공격하는 것이다.

1917년 사회혁명 이후 소련에서 일어난 일은 이 책의 제2부에서 다루지만, 그[러시아] 변혁이 지닌 정서적으로나 사회적으로 위험한 성격을 증명한다. 소련이 1920년대의 짧은 기간 동안에 힘으로 해결하려고 했던 것이 오늘날 전세계에서 보다 서서히 그러나 보다 철저한 방식으로 이루어지고 있다.

우리의 문화생활의 혁명적 변혁에 대해 이야기할 때, 나는 우선적으로 가부장적 – 권위적 가족을 자연스런 가족 형태로 바꾸는 것을 생각한다. 하지만 바로 남편과 아내, 부모와 자녀들 사이의 이러한 자연스러운 관계 형태가 극도로 위험한 방해에 부딪치고 있다.

다른 성경제학적인 책들에서 뿐만 아니라 이 책에서 **'혁명적'**이라는 말은 성능 좋은 폭발물의 사용을 의미하는 것이 아니라 진실의 사용을 의미한다. 그것은 비밀 모임이나 비합법적인 삐라의 배포를 의미하는 것이 아니라, 변명하거나 주저하지 않고 인간의 양심에 대한 공개적이고 공적인 경고를 의미한다. 그 말은 정치적인 폭력행위, 암살, 협상의 체결 및 결렬을 의미하는 것이 아니라, **'사태를 근본적으로 파악하고 합리적으로 변혁한다'**는 것을 의미한다. 성경제학이 혁명적인 것은, 의학에서는 세균의 발견과 무의식적 정신생활의 발견이, 물리학에서는 역학법칙의 발견과 전기의 발견이, 경제학에서는 생산력과 노동력의 본질에 대한 발견이 혁명적이었다는 것과 같은 의미에서이다.

성경제학이 혁명적이라는 것은 인간 성격구조의 형성이 지닌 법칙을 밝히기 때문이며, 더 이상 자유에 대한 열망을 자유 슬로건에 근거해서가 아니라 생물학적 에너지 작동의 법칙에 기초하여 설명하기 때문이다. 우리가 신비주의적이거나 기계론적으로 또는 정치학의 관점에서가 아니라 **자연과학적** 관점에서 삶의 과정을 파악한다는 의미에서 혁명적이다. 살아 있는 유기체 속에서 생물학적 에너지로서 작동하는 우주의 오르곤 에너지를 발견한 것은 우리의 사회적인 노력에 견고한 자연과학적 근거를 제공한다.

우리 시대의 사회발전은 모든 곳에서 지구 시민의 **전지구적 공동체**를 향해, 그리고 **'만약'**과 **'그러나'가 없는 국제주의**를 향해 나아간다. 인민에 대한 정치가들의 통치를 사회과정에 대한 자연과학적 조절로 대체해야 한다. 중요한 것은 인간사회이지 국가가 아니다. 중요한 것은 진실이지 술책이 아니다.

자연과학은 자신의 최대 과업, 즉 왜곡된 인간상의 장래 운명에 대해 책임을 져야 한다는 과제에 직면해 있다. 정치는 결국 잘못 정치화되었다. 자연과학자는 좋건 싫건 사회적 삶의 과정을 안내해야 할 것이고, 정치가는 좋건 싫건 어떤 유용한 일을 수행하도록 배워야 할 것이다. 이 책의 임무 가운데 하나는, 새로운 합리적 과학적 삶의 질서가 돌파해 나가 자신의 출생과 성장이 덜 고통스럽고 더 적은 희생을 치르면서 모든 곳에 자리잡도록 돕는 것이다. 온순하고 삶에 대한 책임감을 지니는 사람은 누구나 이 책을 오해하거나 오용할 수 없고 그렇게 하지도 않을 것이다.

1944년 11월, 빌헬름 라이히

제2판 서문(1936)

3백 명의 유명한 정신의학자들은 1935년 10월에 세상의 양심에 호소하였다. 그때 이탈리아는 에티오피아에 대한 첫 번째 공격을 막 개시하였다. 수천 명의 사람이—그 가운데에는 여자, 노인, 어린이도 섞여 있었다—무방비 상태로 있다가 이탈리아군의 첫 번째 기습에 비참하게 희생당했다. 사람들은 또 다른 세계대전이 일어난다면 대량학살의 범위가 과연 얼마나 광범위할지를 인식하기 시작했다.

수만 명이 죽어가는데도 불구하고 몇몇 예외를 제외하곤 사람들이 열광하면서 아무 배반감 없이 기꺼이 전쟁터로 따라갈 이탈리아 같은 그러한 나라를 예견할 수는 있겠지만 이해할 수는 없는 일이었다. 그것은 정신의학자들이 정신적으로 불안하다고 했던 사람들이 전세계를 지배하는 것을 당연시한다는 일반적인 인상을 강화하였다. 그러나 더욱이 지구상의 모든 곳에 살고 있는 사람은 실제로 심적으로 병들어 있었으며, 사람들의 정신적 반응은 자기 자신의 바람과 실제적 가능성과는 반대로 비정상적이었다. 이를테면 풍요로움이 가득한데도 굶어 죽고, 석탄, 건축 기자재, 수백만 평의 넓은 경작지가 있는데도 추위나 홍수의 위험에 처해 있다는 것은 심적으로 비정상적인 반응의 표시이다.

흰 수염을 길게 달고 있는 신의 권능이 모든 것을 인도하고 인간의 죽음과 몰락 역시 이러한 권능에 의해 지배당한다고 아직도 믿고 있다. 사람들은 룸펜으로 살면서도 스스로를 자기가 속한 '위대한 나라'의 대표자라고 생각한다. 계급 없는 사회를 원하면서도, 이윤 추구자들과 함께 하는 '민족공동체'를 계급 없는 사회로 간주하고 있다. 국가의 지도자가 민족의 지도자로 둔갑하기 전에, 사람들은 그가 약속한 것을 잊어버린다. 자신의 삶과 자신의 운명에 대한 능력이나 힘을 (비록 국가의 지도자들이긴 하지만) 몇몇 사람에게 맡기고 있다.

사람들은 이른바 국가와 경제를 주도하는 사람들도 보통 사람과 마찬가지로 먹고 자고 그리고 성적인 결함을 지니고 있으며, 똥오줌을 누고, 무의식적이고 제어할 수 없는 여러 가지 감정 자극에 사로잡혀 있다는 사실을 전혀 생각하지 못하고 있다. 또한 사람들은 '문화'를 위해서 아이들에게 매질하는 것을 당연하다고 여기고 있다. 삶의 전성기에 있는 젊은이들이 사랑의 결합이라는 행복을 느끼지 못하도록 방해하고 있다. 그 외에도 많은 것을 지적할 수 있을 것이다.

3백 명의 정신의학자들의 호소는 하나의 행동이었다. 그것은 이른바

현세와는 거리가 먼, 이른바 비정치적인 학문 쪽에서의 공식적인 정치적 발언이었다. 그러나 이러한 행위는 불완전하였다. 왜냐하면 그들의 호소는 자신들이 기술했던 현상의 근원을 건드리지 않았기 때문이다. 정신의학자들은 현대인의 일반적인 정신적 질병의 **본질**에서 출발하지 않았다. 그들은 대중이 소수 정치가들의 이익을 위해 자신들을 무한정 희생하는 기본적인 원인에 대해 묻지 않았다. 3백 명의 정신의학자들은 현실적인 욕구충족과 민족주의적인 꿈 속에 담긴 환상적 충족 사이의 대립을 명확하게 규정하지 않았다. 민족주의적인 꿈은 광신적 종교인들의 열광적 황홀경과 아주 비슷하다. 경제적 생산력이 점점 증가하는데도 대중은 굶주림과 궁핍의 수렁에 빠져 있다. 이러한 상황은 인간의 경제적 삶을 합리적으로 계획하는 대신에, 굶주림을 찬양하고 노동대중 스스로를 심적으로 더욱 황폐화시키고 있다. 자유주의 운동은 뒷전으로 밀려나 있었다. 문제는 정치가들의 심리학이 아니라 오히려 대중의 심리학이다.

오늘날 정치가들은 대재벌 혹은 독재자들의 친구요 형제이자 사촌 그리고 장인이다. 생각 있고 더러는 학식 높고 교양 있다는 사람조차도 이 사실을 파악하지 못하고 이에 대응하지 못한다는 사실이 문제다. 이것을 '개인들에 대한 정신진료적 연구'로 해결할 수는 없다. 불명료한 판단력, 체념, 굽실거림, 자기학대, 지도자에 대한 무조건적 복종 등과 같은 정신질환은 단순히 정식화하자면, 인간의 삶을 사회적으로 기계화하는 전반적인 사회적 토대 위에서 '생장적인'(vegetativ), 특히 성적인 삶의 조화가 흐트러져 있음을 뜻한다.

정신병에 대한 기괴한 징후는 기도를 통해 전쟁을 막을 수 있다고 믿는 대중의 신비적이고 속기 쉬운 태도를 확장시키고 강조하는 것이다. 각각 천 명의 환자가 묵고 있는 4개의 정신병 환자 수용소에서는 정치에서와 마찬가지로 성생활의 질서에 관해서 질문을 전혀 던지고 있지 않다. 공식적인 학문에서도 성문제에 관한 부분은 아직도 연구되지 않고 있다. 그런데도 오늘날 만족에 도달하지 못한 성에너지(=미주신경을 흥분시킬 때 발생하는 에너지, 미주신경자극)를 다른 곳에다 병적으로 돌리는 비정상적인 심적 반응을 추구하고 있음이 틀림없다.

인간 **성생활의 사회적 질서화**[정돈]에 관해 질문을 제기할 때, 우리는 대중의 심적 질병의 뿌리를 파악해야 한다.

성에너지는 인간의 감정이나 사고의 구조를 형성하는 심리적 장치의 생물학적으로 축조된 에너지이다. '성'(생리학적인 부교감신경의 기능)은 생산적인 삶의 에너지이다. 성에너지를 억압하는 것은 의료영역에서 뿐만 아니라 아주 전반적으로 기본적인 삶 기능을 방해하는 것을 의미한다. 성에너지의 억압이 사회적으로 가장 본질적으로 표현되는 것은 바로 목표에 상응하지 않는 (비합리적인) 행동, 광기, 신비주의, 자발적인 전쟁 참여 행동 등이다. 그러므로 성정치학은 다음 질문에서 출발해야 할 것이다. 즉 **어떠한 이유에서 인간의 성생활이 억압당하고 있는가?**

성경제학이 인간의 정신적 삶과 사회적 경제질서 사이의 관계를 어떻게 파악하고 있는가를 짤막하게 요약해보자. 인간욕구는 사회에 의해 형성되고 변화되며 특히 억압된다. 인간의 심적(seelisch, [정신적]) 구조는 이런 식으로 생겨난다. 인간의 심적 구조는 타고나는 것이 아니라, 욕구와 사회 사이의 끊임없는 투쟁이 이어지는 동안에 사회의 모든 개별 구성원에게서 발전된다. 그러므로 천성적으로 타고난 충동구조는 존재하지 않는다. 인간은 이러한 충동구조를 태어난 지 몇 해 동안에 획득하게 된다. 천성적으로 타고난 것은 에너지의 척도가 얼마나 크고 작으냐일 뿐이다. 성억압의 영향을 통하여 생겨나는 것은 노예처럼 복종하면서 동시에 반역하는 신하의 [성격] 구조이다. 그렇지만 우리는 '자유로운' 인간을 원한다. 따라서 우리는 현대인이 어떻게 구조화되는지를 파악해야 할 뿐만 아니라, 자유로운 인간이 어떻게 구조화되며 자유로운 인간으로 구조화되기 위해서 인간이 어떤 힘을 행사해야 하는지를 밝혀내야 한다.

실천적-정치적 심리학의 핵심은 성정치학이다. 왜냐하면 심적 기능의 핵심은 바로 성기능이기 때문이다. 이것은 문학과 영화 생산의 성격을 통해 이미 증명되고 있다. 모든 장편소설이나 모든 시 작품의 90%, 모든 영화나 연극의 99%가 성욕구를 위한 생산물이다.

식욕(영양 공급)과 성욕 같은 생물학적 욕구는 사람들이 사회적으로 결속할 필요성을 근거지운다. 그렇게 형성되는 '생산관계'는 인간의 근본적 욕구를 없애지 않은 채 이를 변화시키고 그 근본적 욕구에서 어떤 새로운 요구를 창출해낸다. 변화되고 새로이 탄생한 인간의 요구들은 스스로 생산과 생산도구(작업도구와 기계)를 확대 발전시키며, 이로써 인간 간의 사회적 · 경제적 관계를 규정한다. 인간 사이의 이러한 생산관계에 근거하여 바로 삶, 도덕, 철학 등에 대한 일정한 견해가 발전한다. 이러한 견해는 평균적으로 기술의 상태, 그리고 현존 상황을 파악하고 극복할 수 있는 각자의 능력과 일치한다.

그렇게 생겨나는 사회적 이데올로기는 이번에는 인간의 성격구조를 형성한다. 이로써 그것은 어떤 물질적인 힘으로 변화되어, 하나의 '전통'으로서 인간의 성격구조 속에 보존된다. 이제 모든 것은 과연 전체 사회가 사회적 이데올로기의 생산에 참여하고 있는지 아니면 소수만이 참여하는지에 달려 있다. 소수가 정치권력을 장악하고 있으면, 그 소수는 일반적인 이데올로기 생산 내지는 성격구조 형성에 관한 방법과 내용을 장악하고 있는 셈이다. 그러므로 권위주의 사회에서는 인간의 사고는 경제적 권력자 및 정치적 권력자의 이해와 일치한다. 이와는 반대로, 소수의 권력 이해가 존재하지 않는 노동민주주의 사회에서는 생산된 사회적 이데올로기가 **모든** 사회구성원의 삶의 이해와 반드시 일치할 것이다.

지금까지 우리는 사회적 이데올로기란 경제적 과정 위에서 '인간의 머릿속에서' 형성되는 사고의 집합이라고 생각했을 뿐이다. 심각한 위기 상황에서 독일에서의 정치적 반동의 승리 이후에 그리고 대중들의 비합리적 행동의 경험 이후에, 이데올로기를 더 이상 경제적 관계의 단순한 반영이라고 단정할 수 없다. 어떤 이데올로기도 인간의 성격구조를 파악하고 형성시키자마자, 그것은 즉시 어떤 **물질적이고 사회적인 힘**으로 변화된다. 대중의 심적 성격구조에 정박하지 않고 이러한 대중의 행동방식 속에서 행해지지 않는 사회경제적 과정은 역사적 의미에서 결코 존재하지 않는다. '생산력 발전 그 자체'는 존재하지 않고, 단지 사회경제적 과정에 근거한 인간의 성격구조, 느낌, 사고의 발전이나 차단이 있을 뿐이다.

경제과정, 다시 말해서 기계의 발전은 기능상 이 기계를 창조하고 진행시키거나 차단시키며 이것으로부터 영향을 받는 인간의 심적 구조 과정과 일치한다. 인간의 활동적인 충동구조 없는 경제를 생각할 수 없듯이, 경제적 토대 내지 그 결과 없는 인간적 사고나 감정 그리고 행위를 생각할 수 없다. **심리학주의**('오직 인간의 심적 힘만이 역사를 창조한다')와 경제학주의('오직 기술만이 역사를 창조한다')는 이러한 두 가지 입장 가운데 하나만을 일방적으로 옹호하고 있다. 어쩌면 우리는 변증법을 논할 것이 아니라, 오히려 인간집단, 자연, 기계 사이의 살아 있는 상호관계를 파악해야 할 것이다. 그 상호 관련성은 기능상 일원적이며 동시에 서로 전제조건으로 기능한다. 그러나 만약 인간의 심적 구조가 본질적으로 성구조이며, 문화과정이 본질적으로 삶을 유지하는 데 봉사하는 성욕구 과정이라는 사실을 고려하지 않는다면, 우리는 어떠한 경우에도 실제로 현재 진행되고 있는 문화과정을 장악할 수 없을 것이다.

사소하고 무가치하며 이른바 '비정치적인' 것처럼 보이는 인간의 성생활은 근본적으로 권위주의 사회에 대한 질문과 관련하여 연구되고 다뤄져야 한다. 사실상 고위 정치는 외교관들의 아침식사 때 이루어지는 것이 아니라 사소한 삶에서 이루어진다. 그러므로 우리는 이른바 인간의 개인적 삶을 정치화하는 것을 더 이상 미룰 수 없다. 만약 현재 지구상에 살고 있는 18억의 사람이 주도적인 외교관 1백 명의 활동을 이해한다면 모든 것이 정돈되어 있을 것이다. 그렇다면 무장하려는 이해와 일상을 질서화하는 원리로 향하도록 사회를 방향지우고 인간적 욕구충족을 질서화하는 일은 결코 없을 것이다. 그렇지만 18억의 사람이 자신의 고유하고 소박한 개인적 삶을 의식하지 않는 한, 그들은 자신의 운명을 스스로 극복할 수 없을 것이다. 이러한 의식을 방해하고 있는 내적인 힘은 바로 성도덕과 종교적 신비주의이다.

지난 2백 년 동안의 경제질서는 인간의 성격구조를 상당히 변화시켰다. 그러나 이러한 변화는 자연스러운 삶, 특히 성생활이 수천 년 전에 억압받기 시작했던 이후 줄곧 실존했던 포괄적인 인간의 황폐화에 비하면 가벼운 것이다. 충동을 추구하는 삶에 대한 수천 년 동안의 억압으로 인해 대중심리학적 토양이 만들어졌는데, 그것은 한편으로는 권위에 대한 두려움, 예속성, 과장된 겸양이며, 다른 한편으로는 사디즘[가학증]과 같은 잔학성이다. 사디즘적 잔학성 위에서 낡은 자본주의적 이윤경제는 2백여 년 동안 세력을 떨치며 존재할 수 있었다.

그렇지만 우리는 수천 년 전부터 인간의 성격구조를 변화시킬 어떤 계기를 마련해 준 것이 바로 사회적이고 경제적인 과정이었다는 사실을 잊을 수 없다. 그러므로 오늘날 문제는 단순히 약 2백여 년의 역사를 지닌 기계산업이 아니라, 지금까지 기계를 유용하게 사용하지 못해 왔음을 증명하는 6천 년 동안 지속되어 온 낡은 성격구조이다.

자본주의 경제법칙의 발견은 그렇게도 대단하고 혁명적인 만큼, 인간의 예속성과 자기비하에 관한 문제를 해결하기에는 불충분했다. 물론 이 세상에 '빵과 자유'를 쟁취하기 위해 피억압계급의 일부 내지는 인간집단이 도처에서 나타난 것은 사실이나 압도적 대중은 이러한 노력을 외면하거나 기도하거나 혹은 다만 자신을 억압하는 사람들 편에 서서 자유를 쟁취하려고 투쟁한다. 이들 대중은 자신들이 믿을 수 없는 학대에 시달린다는 것을 매일 매시간 경험한다. 몇몇 위정자가 삶의 모든 향락이 아니라 기껏해야 빵 몇 조각만을 던져주려고 한다는 사실을 들어도, 대부분의 대중은 그저 소박하고 검소하게 살아야 한다고 생각했을 뿐이다. 대중은 자유가 도대체 무엇이고, 무엇일 수 있으며, 무엇이 되어야 하는가를 지금까지 구체적으로 이해하지 못했다. 그러니까 어느 누구도 그들에게 삶의 쾌락의 전반적인 가능성을 눈에 띄도록 분명하게 제시하지 않았다. 만약 일반대중이 삶의 쾌락과 자유를 누리고 얻을 수 있도록 뭔가를 시도하는 사람이 있었을 때 그 사람은 일반대중을 죄책감에 가득 차고 병들고 가난한 (소시민들의 술집이나 장터에서 농염하게 떠들어대는) 향락으로 이끌어가고 있다고 비난받았을 뿐이다.

삶의 행복의 핵심은 성행복이다. 아무도 정치적인 비중을 고려하여 이러한 사항을 감히 발설하지 못했다. 그러므로 성은 어떤 사적 용무이고 정치와는 무관한 것이라는 것이 흔히 통용되는 견해였고 지금도 그러하다. 정치적인 반동은 다르게 생각한다!

『성적 성숙, 금욕, 결혼도덕』(이 책은 『성혁명』의 제1부에 해당되는 것이다. 1934년에 『성위기』 *La Crise Sexuelle*라는 제목으로 프랑스어판으로 간행되었다.)의 번역자는 프로이트–맑스주의를 맑스주의와 대비시키고 있으며, 특수한 정신분석적 사고방식이 맑스주의적 문제설정을 변화시킨다고 한다.

"그(라이히)에게 성위기는 한편으로는 몰락의 과정에 있는 도덕 및 자본주의적 생산관계와 다른 한편으로는 새로운 사회적 관계 및 새로운 프롤레타리아 도덕 사이의 모순의 결과가 아니라, 오히려 자연스럽고 영원한 성욕구와 자본주의 사회질서 사이의 모순의 결과이다."

이러한 종류의 이의 제기는 항상 배울 만하고 창조적이다. 이러한 생각은 아마도 원래의 정식화를 더 명료하게 하고 확장시킨다.

비판자[번역자]는 여기서 욕구와 사회의 대립을 계급대립과 대립시키고 있다. 그렇지만 이 두 가지 대립을 **하나의 문제**로 설명할 수 있으며, 서로 대립시킬 필요는 없을 것이다. 객관적인 계급에 따라 볼 때 성위기는 자본주의 몰락과 혁명적 상승 사이에서 나타나는 모순의 표현이라는 주장은 옳다. 그렇지만 동시에 성위기는 성욕구와 기계주의적인 사회 사이에서 나타나는 모순의 표현이라는 주장도 옳다. 그런데 두 가지가 어떻게 결합될 수 있을까? 이는 아주 간단하다. 비판자 스스로가 해답을 발견하지 못했다는 사실을 다음과 같이 설명할 수 있다. 즉 비록 성위기가 객관적으로 계급대립의 하나의 현상이라는 것은 자명하지만 사회적 사건들의 객관적인 측면을 주체적인 측면과 엄밀히 구분하기는 어렵다.

그렇다면 이러한 대립은 주체적으로 어떻게 표현되는가? 말하자면 새로운 프롤레타리아 도덕? 자본주의적 계급도덕은 성에 **반대하는** 입장을 내세우고 있으며, 그리하여 모순과 곤궁을 가져온다. 혁명운동은 처음에는 성욕구의 충족을 **지지한다**고 이데올로기적으로 주장하고, 나중에는 인간의 성생활을 법칙화하고 새로운 성질서를 고착시킴으로써 이러한 모순을 지양한다. 그리하여 한편으로는 자본주의와 사회적 성억압이, 그리고 다른 한편으로는 혁명'도덕'과 성욕구 충족이 함께 가는 것 같아 보인다. '새로운 혁명도덕'에 대해 말하는 것은 무의미하다. 이러한 새로운 도덕은 위계적인 욕구충족에서 자신의 구체적인 내용을 끌어내지, 성의 영역에 근거해서 끌어내지는 않는다. 이것이—무엇보다도—자신의 구체적 내용이라는 것을 인식하지 않으면, 혁명 이데올로기는 단지 새로운 도덕에 대해 말하지만 실제로는 낡은 사실에 박혀 있는 것이다. 이러한 모순은 소련의 이데올로기와 현실에서 분명하게 증명되고 있다.

새로운 도덕은 정확히 도덕적인 규제를 불필요하게 만드는 것에, 그리고 사회생활의 자기 규제를 확립하는 데 있다. 그것은 절도에서 또는 절도를 금지하는 도덕에서 분명하게 볼 수 있으며 실제로 파악된다. 즉 배고프지 않은 자는 훔치고자 하는 욕구가 없으며, 따라서 그가 훔치지 못하도록 하는 어떤 도덕도 필요 하지 않다. 동일한 근본법칙이 성에도 적용된다. 즉 만족스런 성생활을 하며 살아가는 사람은 강간을 하지 않으며 강간을 금지하는 어떤 도덕도 필요 하지 않다. 성생활에 대한 '성경제학적인 규제'는 규범적인 규제를 대체한다. 성법칙에 대한 혼동으로 인하여 공산주의는 부르주아 도덕의 형식을 그대로 유지한 채 그 내용을 바꾸려고 한다. 그리하여 소련에서는 '새로운 도덕'이 만들어지고 낡은 도덕을 대신하고 있다. 이것은 사실 잘못이다. 국가가 자신의 형태를 변화시킬 뿐만 아니라 완전히 '사멸하'듯이(레닌), 도덕도 변화될 뿐만 아니라 사멸한다.

앞서 언급한 비판자가 저지른 두 번째 오류는, 우리가 현재 사회와 갈등을 빚고 있는 어떤 절대적인 성을 상정한다고 믿는 데 있다. 예컨대 정신분석학의 기본적 오류는 충동을 **절대적인** 생물학적 사실로 파악하는 것이라고 한다. 그러나 그러한 오류는 특정하게 변증법적인 정신분석학의 본질에 있는 것이 아니라, 다른 측면에서는 흔히 형이상학적 테제들로 보충되고 있는 분석가의 기계적인 사고에 있다. 또한 충동은 생성되고 변화하며 사라진다. 그러나 생물학적인 변화가 진행되는 시간은 아주 방대한데 사회적 과정의 변화는 상대적으로 아주 짧아서, 생물학적 변화는 절대적인 사건들로서 우리에게 비치는 반면에 사회적 과정의 변화는 상대적이고 유동적인 것으로 여겨진다.

구체적이고 시간상 한정된 사회적 과정을 탐구하기 위해서는, 어떤 주어진 생물학적 충동과 사회질서가 그 사회적 과정을 이해하고 다루는 방식 사이의 갈등을 확인하는 것으로 충분하다. 그러나 수 세기에 걸쳐 측정되는 성사건들의 생물학적 법칙에 대해서는 그것으로는 결코 충분하지 않다. 여기서는 충동구도의 변화 가능성 및 상대성을 명확하게 밝혀내야 한다. 만약 우리가 개인들의 삶 과정을 **모든** 사회적 사건의 **첫 번째** 전제조건으로 인정해야 했을 때, 삶은 자신의 욕구를 지닌 채 존재한다고 가정하는 것으로 충분하다. 그러나 이러한 삶은 그 자체로 절대적이지 않고, 오히려 세대변화의 형식 속에서 생겨나고 사라지지만, 동시에 세대에 걸쳐 계속 살아남는 유전자 형태로 변하지 않은 채 보존된다.

우주적 시간으로 생각하면, 모든 인간의 삶은 비유기체적인 것에서 생겨나서 마치 별의 출몰의 경우에서의 교훈처럼 모든 것이 사라질 것이다.

즉 비유기체적 상태로 되돌아갈 것이다. 이러한 주장은 변증법적 사고의 필수적인 가정이다. 아마 어떠한 다른 관점도 인간의 환영들이 지닌 무한한 하찮음과 무의미함, 그리고 그것들의 '정신적인' 그리고 '초월적인' 사명을 인간의 생장적 삶과 자연 일반의 압도적인 친화성과 비교하는 데 더 적합한 것은 없다. 이것은 인간과 사회가 단지 그 일부분을 이루는 우주적 과정과 비교하면 사회투쟁들은 하찮게 보일 수도 있다는 것을 의미하는 것으로 해석될 수도 있다. 누군가가 사람들이 "실업을 근절시키기 위해서" 또는 히틀러 같은 어떤 사람에게 권력을 주고 국가주의적인 봉헌행렬을 개최하기 위해 서로를 도살하는 반면에, 별들이 우주에서 움직이고 있어 자연을 만끽하는 게 더 낫겠다고 하는 것이 얼마나 우스꽝스러운가 하고 말할지도 모른다.

그러나 그러한 해석은 잘못된 것이다. 왜냐하면 정확히 자연과학적 관점은 반동에 반대하고 노동민주주의적 세계관에 찬성하기 때문이다. 반동은 무한한 우주와 그것을 반영하는 인간의 자연관을 성 금욕주의와 애국적 자기희생이라는 지극히 하찮은 생각 속에 밀어넣으려고 쓸데없이 노력하고 있다. 다른 한편 노동민주주의는—하나의 세계관으로서—무한히 작은 개인적이고 사회적인 삶을 자연현상들의 압도적 틀 속에 통합하고, 사회 속에서 자연의 "잘못된 발전"(6천 년 동안의 착취, 신비주의 그리고 성억압, 비록 그것이 "필연적"일지라도)이 야기한 많은 모순을 제거하려고 노력한다. 간단히 말해서 노동민주주의는 성을 지지하고 부자연스러운 성윤리에 반대하며, 국제적인 계획경제를 지지하고 착취와 국가경계를 반대한다.

나치 이데올로기에는 반동적 운동에 커다란 도약을 부여하려는 어떤 합리적 핵심이 감추어져 있고, '피와 땅의 결합'이라는 표어에 나타나 있다. 그에 대해서 나치적 실천 속에서는 사회, 자연, 기술의 결합이라는 혁명운동의 근본 취지에 위배되는 모든 것은 나치의 사회세력들에, 즉 민족의 단일성이라는 환상에서 벗어날 수 없는 계급구분에, 어떤 '공동체 이념'으로도 이 세상에서 없앨 수 없는 생산수단의 사적 소유에 꽉 달라붙는다. 국가사회주의는 자신의 이데올로기에서 합리적인 핵심, 무계급성, 자연에 가까운 삶으로서 혁명운동이 지니고 있는 것을 아주 신비적으로 표현한다. 이에 비해 혁명운동은 자신의 고유한 이데올로기적 내용을 아직 완전히 의식하지 못하고 있으나 자신의 합리적인 세계관의 실현, **지상에서의 삶의 행복의 실현**을 위한 경제적 사회적 전제조건들에 대해서 분명히 하고 있다.

이 책에 요약된 지배적인 성조건과 개념에 대한 비판은 나의 치료실천에서 얻은 성경제학적 영감으로부터 몇 년에 걸쳐 만들어졌다. 제1부(성도덕의 파탄)는『성적 성숙, 금욕, 결혼도덕』이란 이름으로 6년 전에 출판되었고,『성위기』로 프랑스어로 출판되었다. 그것은 몇 군데에서 증보되었지만 본질적으로 변하지 않았다. 제2부(소련에서의 '새생활' 투쟁)는 10년 동안 조사 연구하여 모은 자료에 근거하여 추가되었다. 소비에트 러시아에서의 성혁명의 지연에 대한 묘사는 왜 내가 나의 첫 번째 성정치적 저작들에서 반복해서 소련을 언급하는지를 보여줄 것이다. 최근 3~4년 동안 소련에서는 상당한 변화가 있었고, 많은 것이 더 이상 이전의 올바른 경향들과 일치하지 않고 있다. 사회질서 상에서 권위주의적 원리로의 전반적 퇴행은 소비에트의 성혁명적 업적의 부식을 동반하였다.

이 책은 물론 모든 관련 질문에 접근하거나 해결하는 것과는 거리가 멀다. 오늘날의 정신병 이론에 대한 비판은 종교에 대한 상세한 취급과 마찬가지로 이 책에 속할 것이다. 그러나 이것은 가능하지 않았다. 문제들은 무진장했고 책은 다루기 힘들게 될 것이었기 때문이다. 나의 책 『파시즘의 대중심리』는 파시즘의 성정치를, 그리고 가부장제의 성정치적 조직으로서 교회를 다루었다. 이 책(『성혁명』)은 성과학 교재도 아니고 현재의 성위기에 관한 역사도 아니다. 이 책은 전형적인 실례들을 통해서 현재의 성생활에 있는 모순들의 일반적인 **근본 특징**을 보여주는 데 일부러 한정하고 있다.

여기서 제시한 성경제학적 관점은 안락의자에서 한 연구의 결과가 아니다. 수십 년 동안 젊은이들과 밀접한 접촉 없이는, 환자들을 치료하면서 젊은이들과 나의 경험을 계속 확인하지 않고는, 이 책의 단 한 문장도 쓸 수 없었다. 나는 어떤 유형의 비판을 기대하면서 이것을 쓰고 있다. 비판적 논쟁이 결실 있고 필수불가결한 한 비판가들이 친히 ('신이 보낸' 민족의 지도자들이 '하급 인간'이라고 부르는, 광범하고 교양 없거나 큰 고통을 당하고 때로는 투쟁하는 대중의 삶 속에서) 성과학적 근거를 발견할 수 있는 그러한 사회생활 영역을 연구하지 않으면 시간과 에너지의 낭비이다.

독일과 오스트리아에서 나의 실천 경험과 임상치료에 기초하여 나는 소비에트 성혁명의 경과에 대해, 그 나라의 성정치적 상황들과 지속적인 개인적 접촉을 하지 않은 채 감히 하나의 의견을 구성해 왔다. 소비에트 러시아에서의 성조건을 묘사하는 데 이것저것 끌어오는 것은 꽤 가능하다. 그러나 나의 목적은 절대적 진리를 말하는 것이 아니라 전반적 경향들과 모순들에 대한 기본 그림을 제시하는 것이었다. 말할 필요도 없이 나는 사실 이 책을 앞으로 출판할 경우에 어떠한 적절한 수정도 할 것이다.

마지막으로 나로 하여금 '위험스러운 정치'를 홀로 벗어나게 하고 자연과학적 작업에만 몰입하도록 충고해 주는 나의 세심한 친구들에게 말하고 싶다. 성경제학은 그 이름을 지니는 한 좌익도 우익도 아니고, 싫든 좋든 합리적인 혁명적 방향으로 전진적으로 향한다고. 불이 난 집에서 누가 변덕의 색채감에 대한 미학 논문을 쓰겠는가?

1935년 11월

빌헬름 라이히

빌헬름 라이히의 삶과 사상

윤수종

1. 왜 빌헬름 라이히인가?

서구의 사상적 흐름에서 여전히 주요한 축을 이루는 것이 맑스주의와 프로이트주의이고, 이 양자를 어떻게 결합할 것인가가 20세기의 가장 중요한 주제가 되어 왔다고 할 수 있다. 이 양자는 현실제도 속에서는 국가와 가족이라는 두 받침대로 이 사회를 지탱해 왔다. 계급해방을 위해 계급지배장치인 국가를 사멸시키려던 맑스주의가 국가를 강화해 왔고, 욕망해방을 통해 인간해방을 지향했던 프로이트주의는 가족 삼각형으로 모든 사람들을 옥죄어 왔다.

빌헬름 라이히(Wilhelm Reich, 1987~1957)는 일찍이 맑스(주의)와 프로이트(주의)를 결합하려고 시도한 사람이다. 물론 현존 사회를 강화하려는 목적에서가 아니라 해체하고 재구성하려는 목적에서였다. 그렇기 때문에 라이히는 맑스주의와 프로이트주의의 단순한 결합을 넘어선다. 라이히는 기계론적인 맑스주의와 문화론적인 프로이트주의를 공격하고 계급해방과 욕망해방을 향해 전진한다.

특히 라이히는 계급해방 담론에 의해 억압된 욕망해방 담론을 개방한다. 그래서 포스트주의의 물결 속에서 라이히가 다시 등장하게 된다. 더욱이 그간 구조와 객관적 사회관계에 묻혀 죽어지냈던 주체가 라이히를 통해서 새롭게 등장한다. 성욕망에 기반한 뜨거운 주체들이 세상을 향해 다른 움직임을 보이기 시작한다.

마키아벨리 → 스피노자 → 니체 → 맑스 → 들뢰즈로 이어지는 반체제적(소수적) 사상 흐름 속에서 라이히가 빠질 수 없을 것이다. 가장 활동적이었던 1930년대에 맑스주의자들과 프로이트주의자들에게 동시에 배척당했던 라이히는 시대를 뛰어넘어 68혁명 이후 새로운 주체들과 접속한다. 더 이상 복종하지 않고 더 이상 자신을 기죽이지 않는 주체들과…… 자율적 주체들과…… 자유로운 사회를 만들기 위해서.

2. 라이히의 삶과 사상

라이히의 경력은 세 단계로 요약할 수 있다. 첫 단계는 1918년 빈 대학에 입학하여 프로이트로부터 직접 사사받으면서 이른바 '정신분석 2세대'

를 형성하여 독창적 정신분석요법을 실험하던 시기다. 둘째는 1928년부터 1933년까지 맑스주의 정치의 일환으로 성-정치(Sex-Pol)운동을 정력적으로 전개하던 시기로 그의 생애에서 가장 역동적인 시기이다. 마지막으로 외국으로 전전하면서 망명생활을 하다가 1939년 미국에 최종적으로 정착하여 '오르곤 에너지'를 발견하고 그에 관한 과학적 실험에 집중하던 시기다.

성정치운동 시기의 라이히는 정신분석과 맑스주의를 접속하여 '욕망'[충동]의 문제를 사회관계(특히 계급관계)와 결부시킨 최초의 인물로, 프로이트-맑스주의라는 흐름을 만들어낸 사람으로 평가된다. 물론 그의 주장이 혁명적인 만큼 그에 대한 평가는 극에서 극을 달릴 정도로 엇갈리고 있다. 특히 오르곤 연구에 집중하던 만년의 라이히는 황당무계한 사상에 사로잡힌 미치광이로 취급되기도 한다. 사실 이러한 평가는 라이히가 지닌 문제 제기가 지닌 철저함에서 생긴 것이라고 생각된다. 그 철저함을 논리적으로 따지기보다는 색다른 출발을 위한 기반으로 삼는 것이 나을 것이다.

빌헬름 라이히는 오스트리아에 속한 갈리시아의 도브르치니카(Dobrzcynica)에서 1897년에 태어났다.[1] 아버지는 유태인이며 농부로서 땅을 많이 빌려 크게 농사를 지었다. 독일 문화의 변경지대로 이디시어를 사용하던 시골에서 아버지는 라이히에게 독일어를 사용하도록 했고, 고

1 Wilhelm Reich, *Passion of Youth*, Paragon House, 1988. 이 책은 라이히 자신의 전기로 1922년까지의 개인사를 기록하고 있다.

용농민들에게 엄하게 대하였다. 라이히에게 그들의 자녀들과 놀지 못하도록 했을 정도였다. 라이히는 아버지의 엄격함을 싫어했지만 고용농민들의 복종적인 태도에 대해서도 깊은 인상을 지니고 있었다. 어머니를 좋아했지만 어머니와 가정교사 사이의 사랑을 아버지에게 얘기하여 어머니를 자살하게 만든 소년 라이히. 그러나 그는 죄의식에 사로잡히기보다는 인간의 애정관계에 깊이 파고들어 인간관계를 더욱 깊게 이해하려고 하였다.

여기서는 라이히가 학문적 이력을 쌓으면서 활동해 나간 시기를 중심으로 그의 삶과 사상의 변화를 서술해 보고자 한다.[2] 특히 성문제가 프로이트에게 갇혀 있는 우리의 상황에서 비판점을 제공한다는 의미에서, 프로이트와 라이히의 관계 및 학문적 차이를 부각시키면서 서술해 보겠다.

라이히는 1918년에 빈(Wien) 대학 의학부에 입학하여 1922년에 졸업했다. 입학하면서 라이히는 정신분석학을 공부하였고, 1919년에는 이미 빈 정신분석학회의 회원이었다. 삶에서 성(Sexualität, 성애)이 지니는 중심적인 역할을 확신하여, 성을 출생하면서부터 시작하는 발달과정으로 보고 심리-성적 에너지 즉, 리비도(Libido)의 존재를 긍정하는 프로이트의 작업에 끌리게 되었다. 정신분석 기법은 젊은 의사인 라이히에게 실제적인 도구를 제공했으나 정신분석 이론 및 치료에는 그리고 이 새로운 학문 분과와 그것이 만들어낸 세계에는 해결되지 않은 문제들과 풀리지 않

2 Wilhelm Reich, *Beyond Psychology*, Farrar, Straus and Giroux, 1994, introduction by Mary Boyd Higgins.

은 의문들이 있었다. 이때부터 라이히는 프로이트의 기본적인 임상적 정식들을 확장시키고 보호하기 위해 투쟁하면서 결국 프로이트와 갈등하게 되었다.

프로이트는 처음에는 신경증을 본능적인 성충동과 그것을 억압하고 금지하는 부정적 사회 사이의 갈등의 결과로 이해하였다. 환자에게서 관찰되는 증상은 무의식적 심리수준에서 왜곡된 형태로 관철되는 이러한 충동의 표현으로 여겨졌다. 본능적 충동에는 프로이트가 "리비도"라 일컫는 에너지 기능이 내재해 있었다. 프로이트는 그것이 화학적 성질의 것이라고 추측하였지만 그것의 실체는 당시 증명되지 않고 있었다. 신경증에 대한 이러한 정식화에 근거해 프로이트는 신경증을 '치료'하는 치료법을 개발했다.

정신분석학은—환자는 어떤 것이나 말할 수 있지만 행동하지는 않는—자유연상 기법을 사용해, 환자에게 억압된 감정과 사건을 기억하게 하고, 그것들을 개인의 통제에 유용하고 사회적으로 수용되는 행동으로 승화시키거나 거부할 수 있도록 무의식적 충동을 의식화시키려고 하였다. 바로 이러한 정신분석 치료의 목적에 라이히와 프로이트 사이의 갈등의 씨가 있었다. 왜냐하면 거부나 승화의 요구는 생물학적 본능(충동)은 '나쁘다'는 그리고 사회는 불변한다는 도덕적 판단을 전제하고 있었기 때문이다.

라이히는 기초과학의 토대를 갖고 정신분석학을 시작했다. 그는 천문학, 전자공학, 양자론, 그리고 아인슈타인(Einstein), 하이젠베르크(Heisenberg), 보어(Bohr)의 물리 이론을 공부했다. 그에 기반하여 라이히는, 자신의 정신분석학 동료들이 환자의 기억내용과 그 해석에 초점을 두었던 반면, 신경증의 경제적 양적 요인 즉 에너지 문제에 열중했다. 그는 신경증의 에너지적 근원, 즉 신경증의 신체적 핵심을 찾고자 했다.

당시는 정신병의 본질에 대해서는 거의 알려진 것이 없었다. 개인의 신경증상은 건강한 유기체 안에 있는 낯선 신체로 여겨졌다. 프로이트는 이런 증상은 무의식이 의식화되면 반드시 사라진다고 말했다. 그러나 성공하는 경우는 드물었고, 프로이트는 나중에 증상은 사라질지도 모른다고 말을 바꾸었다. 그러나 라이히는 무엇 때문에 "반드시 사라진다"에서 "사라질지도 모른다"로 말을 바꾸었는가를 물었다. 그밖에 무의식을 의식화하는 것 외에 증상의 소멸을 보증하는 데는 무엇이 필요했는가? 이런 질문들은 일반적으로 제기되지 않았다.

그러나 라이히는 진료를 하면서 이러한 질문들과 씨름하였다. 그는 자위행위가 동반하는 환상(상상)을 연구하기 시작했고 환자들이 하는 자위행위 유형에 세밀한 관심을 기울이기 시작했다. 그는 환상화된 행동형태를 이해하기 위해서는 무의식적 갈등들 및 유아기 경험들에 접근할 필요가 있다는 것을 알게 되었다. 게다가 어떤 환자들의 증상은 만족스러운 성경험(자위행위를 통해서건 성교를 통해서건)을 가질 수 있으면 사라진다는 것을 발견했다. 이런 경우 증상은 며칠 후에 다시 나타나지만 성만족으로 다시 사라졌다. 점차 라이히는 성기[생식기] 기능과 그 중심적 기제인 오르가즘에 관심을 갖게 되었다.

1923년 11월에 그는 성기장애는 신경증의 중요한, 아마도 가장 중요한 증상이라고 주장하는 논문을 발표하였다. 정신분석학 동료들은 많은 환자들이 성기적으로 건강하다고 하면서 라이히의 주장을 반박했다. 그러면 무엇이 '성기적 건강'을 구성하는가? 라이히는 이것을 더 자세히 연구하였다. 그는 환자들에게 성행위를 하는 동안의 기분과 행동을 정확히 기술하도록 시켰다. 그리고 남성의 경우는 발기능력을 지니고도 거의 또는 전혀 쾌락(즐거움)을 경험하지 못한다는 것을 발견하였다. 어떤 비자발적 행동도 없었고 의식의 약화도 없었다.

이제 성능력의 의미가 쟁점이었다. 라이히에 따르면, "성능력 개념은 경제적, 경험적, 에너지적 측면을 포함하지 않으면 전혀 의미가 없다. 발기능력과 사정능력은 단지 오르가즘 능력의 선행조건이다. 오르가즘 능력은 어떤 유보도 없이 성적으로 몰입할 수 있는 능력, 신체의 비자발적이고 쾌락적 진동을 통해 억압된 성자극을 완전히 방출할 수 있는 능력이다. 신경증적인 모든 것은 오르가즘 능력이 없다." 신경증의 신체적 핵심은 오르가즘에서만 적절하게 방출될 수 있을 뿐인 억압된 성에너지였다. 따라서 오르가즘 불능에 대한 연구는 라이히 연구의 중요한 임상적 문제가 되었고, 치료 노력의 목표는 오르가즘 능력의 회복이었다. 억압된 성을 인식하게 되는 것은 오르가즘 방출능력과 함께 진행되어야 했다. 라이히는 프로이트의 치료 개념을 경제적 에너지 요인을 더하여 확장시켰고, 이것을 묘사하기 위하여 '성경제학'이라는 용어를 사용하기 시작했다.

라이히는 개별 환자와의 임상경험에서 뿐 아니라, 빈 정신분석진료소(그곳에서 그는 사적인 진료에서는 볼 수 없는 심각한 병리학의 다양한 증상에 접근할 수 있었다)에서 노동자계급 주민들의 성기장애를 주의 깊게 관찰하여 결론을 내렸다. 이런 장애는 오르가즘 불능의 엄밀한 의미에서 특정하게 성기적인 것이였다. 성기장애는 신경증의 하나의 증상이 아니라 대표적[전반적] 증상이었다.

오르가즘 이론을 정식화하고 실험한 1922년부터 1926년까지, 라이히는 정신분석 기법을 이해하고 개선하려는 노력에 깊이 몰두했다. 정신분석학은 자유연상에 의존했으나 환자들은 거의 자유연상을 할 수 없었다. 라이히는 1924년에 자신의 제안으로 2년 전에 창립된 '정신분석 기법 세미나'를 지도하였다. 문제는 오르가즘 능력의 정립을 막는 모든 병리학적 태도들을 찾아내 제거할 수 있는 기법을 완성하는 것이었다. 그는 사례의 생애사보다는 기법문제를 강조하고 저항[3] 상황에 초점을 두는 체계적인 사례보고 계획을 세웠다. 점차 대부분의 분석가들은 환자들의 부정적 반응을 피하며 저항에 직면했을 때 무력하다는 것이 알려졌다.

게다가 정신분석 치료는 프로이트의 관점 변화로 부담을 느끼게 되었다. 1920년에 프로이트는 죽음 충동의 존재를 가정했고 그것에 성충동과 똑같은 중요성을 부여했다. 1922년 정신분석학 회의에서, 그는 "죄의 무의식적 감정"에 대해 이야기했다. 그리고 환자가 막 회복되는 바로 그때 악화되는 이른바 '부정적 치료반응'에 대해 토의하면서, 무의식적 자아 속에는 회복에 반대하는 힘이 있음에 틀림없다고 말했다. 죽음 충동이란 생

3 환자가 정신치료를 받는 과정에서 떠올리기 괴로운 생각에 부딪쳤을 때 정보제공을 하지 않으려는 무의식에서 비롯된 행동과 말.

각은 점차 신경증 개념 전체를 바꾸었는데, 이제 신경증은 성충동과 처벌 '공포' 사이의 갈등에 의한 것이라는 생각에서 성충동과 처벌 '욕구' 사이의 갈등의 결과라고 정식화되었다. 라이히에게는 이것은 모든 임상경험들과 모순되고 모든 치료 노력을 무의미하게 만드는 것이었다. 그는 정신분석가들이 비현실적인 죽음 충동에 집착하는 것을 불안한 마음으로 바라보았다. 프로이트는 죽음 충동은 단지 가설일 뿐 임상적으로 근거가 없다고 라이히에게 확인해 주었다. 라이히는 잠시 안도감을 느꼈으나 프로이트는 죽음 충동이 오용되는 것을 막으려는 어떤 후속조치도 취하지 않았다. 오직 라이히만 저항하였다.

라이히는 1924년 잘츠부르크(Salzburg)에서 열린 정신분석학 회의에서 오르가즘 능력이란 개념을 소개했고, 오르가즘 능력을 달성하는 데서의 임상적 어려움에 특히 주의하였다. 그는 환자의 증상에서 성기흥분을 없애면 아주 드물게만 오르가즘 능력에 이른다는 것을 발견했다. 여기서 라이히는 생식기관만이 오르가즘을 제공할 수 있고 성에너지를 완전히 해방할 수 있으며, 생식기 이외의 것은 긴장을 증가시킬 뿐이라고 파악하였다.

정신분석이론 안에서 첨예한 불일치는 불안이라는 중심 문제에서도 뚜렷해졌다. 프로이트의 애초의 가정은 성흥분이 지각되고 방출되지 못하면 불안으로 전환된다는 것이었다. 그러나 이러한 전환이 어떻게 발생하는지는 아무도 몰랐다. 라이히는 치료에서 이 문제와 씨름하면서 불안과 생장적(vegetativ) (자율)신경체계의 관계를 관찰하였다. 그는 성흥분이 불안으로 전환되는 일은 없으며, 생식기 안에서 쾌락으로 나타나는 동일한 흥분이 심장혈관 조직을 자극하면 불안으로 나타난다고 보았다. 즉 성충동과 불안은 생장적 흥분이 지닌 대립적인 방향을 나타낸다고 보았다.

라이히는 불안이 성에너지의 억제, 즉 성울혈로부터 유래하며, 불안의 기본 메커니즘은 방출되지 않은 성에너지로 혈관생장(vasovegetativ)조직에 과부하가 걸린 것이라는 입장을 견지하였다. 라이히는 1926년 말에 이 발견을 프로이트에게 설명했을 때 놀랍게도 프로이트는 그것을 거부하고 실제적 불안에 대한 대부분의 애초의 정식을 철회했다. 프로이트는 불안을 더 이상 성억압의 결과가 아니라 원인으로 생각할 수 있다고 하였다. 라이히는 신체적 메커니즘들을 관찰하고 있었고, '성에너지'는 갈수록 현실적인 것이 되어 갔다. 그러나 그가 생리학에 가까이 접근할수록, 언젠가는 정신분석학에 생물학적 토대를 부여해야 한다는 프로이트의 언명에도 불구하고, 프로이트 및 정신분석 공동체와 더욱 균열되어 갔다.

라이히는 치료(기술) 문제에 대해서 연구를 계속하였다. 왜 어떤 환자들은 접근하기 어려울까? 왜 치료 노력은 통과할 수 없는 벽에 부딪치듯이 튕겨나올까? 환자들은 어떤 공격에 대항하여 '무장된' 듯 보였다. 모든 사람이 저항하였다. 점차 그는 회복의 장애물을 환자의 전체적 존재에, 통일되고 자동적인 저항을 형성하는 그 또는 그녀의 '성격'에 있다는 것을 깨달았다. '성격무장'은 불쾌감을 막았으나 쾌락을 경험하고 합리적으로 기능하는 능력 또한 억제했다. 성격무장의 발전에 상응하여 특정한 구조를 나타내는 무장의 층들이 있었다. 라이히는 최근에 억제되었던 것이 표면층에 가장 가까이 있고, 그 다음에는 프로이트가 말한 반사회적인 충동들이 있고, 심층에는 자연스런 충동들이 있다고 정리하였다. 저항이 지닌 이러한 층들에 대한 체계적 분석은 환자에게 접근하는 올바른 방식을 제공하였고, 과거의 경험이 현재의 성격태도들 안에 살아 있다는 것을 밝혀냈다. 라이히는 성격에 거의 관심을 보이지 않는 다른 분석가들에게, 증후들이 지닌 성격학적 토대를 제거하는 것만이 진정으로 치료를 가져올 수 있다고 확신시키기 위해 노력하였다.

그리고 정신분석 이론의 주요 문제 가운데 하나가 모든 환자에게서 발견되는 파괴적 충동의 기원에 관한 질문이었다. 파괴적 충동은 생물학적인가? 프로이트는 초기에는 매저키즘을 (자신에게 되돌아온) 세상을 향한 파괴적 충동의 결과라고 보았다. 그러나 이제는 파괴적 충동은 치료에 대한 환자의 저항, 범죄에 대한 무의식처럼 일차적 매저키즘[충동]의 표현이라고 보았다. 파괴적 충동에 대한 이러한 이해와 더불어 프로이트는 죽음충동 이론을 정신분석 치료의 가장 본질적인 영역들 안으로 끌어들이고 있었다. 그렇지만 아직 그러한 충동의 실존에 관한 임상적 증거가 전혀 없었다. 이와 반대로 라이히는 신중하게 검토한 뒤에 "죽음 충동"으로 해석될 수 있는 모든 심적 표명이 성충동으로 변하는 파괴적 충동임을 밝혀냈다. 성격 내부에 갇힌 파괴적 공격성은 삶의 실망에 대한, 특히 성만족의 결핍에 대한 분노에 불과했다.

1926년 5월, 라이히는 프로이트에게 자신의 첫 번째 주요 저서 『오르가즘의 기능』의 원고 사본을 주었다. 저서를 받은 프로이트는 냉담하게 반응했다. 두 달이 훨씬 지나서야 프로이트는 오르가즘 이론을 거부하는 듯한 형식적인 반응을 보였다. 1926년 12월, 라이히는 프로이트의 내부 모임에서 성격분석적 치료법에 관해서 이야기했지만 반응은 냉소적이었다.[4]

프로이트와의 관계에서의 어려움에 덧붙여 라이히는 전에 자신의 아버지와 동생의 생명을 앗아간 질병인 결핵에 걸렸다. 1927년 1월 그는 다보스(Davos)의 결핵요양원으로 갔고, 석 달 반 뒤에 치료되어 돌아왔다. 치료기법 세미나 안에서 연구를 계속하였고 치료실습에 몇몇 체계를 도입하였다. 라이히는 성격연구에 분석적 원리를 적용하고 있었고 그것을 정신분석학과 일치하는 것이라고 느꼈다.

라이히는 이러한 자신의 사상 형성기에 그가 의학도였을 당시 자신의 분석환자였던 애니 핑크(Annie Pink)라는 여인과 결혼했다. 결혼하면서 그들은 서로를 사랑하는 한 함께 지내지만 한쪽이 상대방을 더 이상 사랑하지 않을 때에는 헤어지자고 합의했다. 그런 까닭에 라이히는 애니가 경제적 독립성을 갖는 것이 필수적이라고 생각했다. 그녀와 모든 것을 함께 하기를 바라면서, 라이히는 그녀가 의사가 되도록 장려했다. 그러나 라이히에 따르면 애니는 그녀 자신의 직업을 가져야 한다는 라이히의 주장에 분개했다. 그녀는 그가 자신을 돌보기를 원했고, 그가 자신을 부양하지 않으려 한다고 느꼈다. "그녀가 나의 경제적, 정서적 지지로 독립적인 의사가 되었고, 우리가 이혼하고 나서 12년 후에 실제로 자립했다는 사실에 대해서 나를 결코 용서하지 않았다고 생각한다." 그럼에도 불구하고 그는 자신들의 결혼 초기 6년은 행복했다고 말하였다. 딸 에바(Eva)는 1924년

4 빌헬름 라이히, 『프로이트와의 대화』, 종로서적, 1982.

에, 둘째 아이 로어(Lore)는 1928년에 태어났다.

라이히는 정신분석진료소에서 빈의 빈곤자들을 연구했으며 사회문제와 사건을 접하였지만, 그도 애니도 특별히 정치에 관심이 없었다. 그러나 라이히는 자신의 임상경험과 성충동의 부정 및 승화를 요구하는 정신분석적 문화 개념 사이에서 점점 커지는 모순에 직면하게 되었다. 라이히는 이미 치료가 성공적일수록 환자가 성행복(쾌락)을 포기하기가 더 어렵다는 것을 깨달았다. 라이히는 하나의 흥미를 다른 흥미로 돌릴 수는 있으나 충족을 향해 나아가려는 신체적 긴장을 다른 데로 돌릴 수는 없으며, 더 나아가 생식기적으로 만족하는 사람들이 일에 있어서 더욱 생산적이라는 것을 관찰했다. 정신분석가들은 자유로운 성욕을 혼란 및 무질서와 동일시했다. 환자는 치료하는 동안 금욕하게 되어 있었다. 즉 부부관계를 갖지 않도록 그리고 가족과 접촉하지 않도록 하였다. 그러나 치료의 목적이 오르가즘 능력일 경우에는 이것이 불가능했다. 라이히는 성억압 및 성억제의 유래와 그 기능에 대해 관심을 갖게 되었고, 그러면서 민족학과 사회학에 열중하게 되었다.

그러던 중에 1927년 7월 라이히는 빈에서 수천 명의 노동자들이 파업하는 것을 목격했다. 경찰은 군중에 무차별 발포하여 백여 명을 죽인 반면, 노동자 보호의 기능을 맡은 사회민주주의 방위대들은 그 충돌에서 무사히 빠져나와 막사로 돌아갔다. 라이히는 자신이 본 것을 거의 믿을 수 없었다. 이것은 '계급전쟁'이 아니었다. 즉 노동자계급 성원들끼리 서로 싸우고 있었던 것이다. 경찰은 '무감각한 기계들', '기계적 인간들'처럼 행동했다. 군중은 무력하고 복종적이었다. 일단 외적인 억압이 제거되면 사람들은 자유로울 수 있다고 가정되었다. 그러나 이러한 대중들이 자유 사회를 건설할 수 있는가? 그리고 도대체 정치와 사람들의 실생활은 무슨 관계가 있는가? 해답은 오직 실천에서만 끌어낼 수 있었다. 파업 후 라이히는 오스트리아 공산당에 가입하고 정치적으로 활동적인 의사가 되었다.[5]

그는 맑스에 대해 연구했다. 상품가치는 인간 노동력, 즉 상품에 투자된 에너지에 의해 창조된다는 것을 발견함으로써, "프로이트가 정신의학에 한 것을 맑스는 경제학이라는 과학에 했다"고 라이히는 썼다. "양자는 사회생활이 의식적인 인간 의지와는 독립적인 요소들에 의해 지배받는다고 주장했다. 맑스의 경우에 그것[요소]은 경제적 조건들 및 과정들이었다. 프로이트의 경우에 그것은 심적이고 본능적인 힘이었다. 양 과학이 아직까지 발견되지 않은 생물사회학적 그리고 생물학적 법칙들에 근거하고 있었다." 그러나 이러한 공통요소들은 라이히가 정치생활에 몰두하게 되었던 그 시기에는 간과되었다. 정신분석학과 맑스주의는 분리되고 화해할 수 없는 것으로 간주되었다. "생활에서 두 가지 기본적인 객관적 생물학적인 기능인 노동과 성욕은 두 개의 분리된 과학적 체계로 취급되었다." 노동과 성을 유기적으로 결합된 것으로 파악하려는 라이히는 맑스(주의)에 대한 해석에서 특히 객관적인 경제적 과정보다는 오히려 '산 노동력'을 강조하였다.

1927년과 1930년 사이에 라이히는 변증법적 유물론이라는 맑스의 방

5 Wilhelm Reich, *People in Trouble*, Farrar, Strauss and Giroux, 1976.

법론을 이용하여 정신분석학에 대한 사회학적 비판을 정식화했다. 이것은 일련의 출판물로 간행되었다. 그는 정신분석적 성경제학적 지식을 광범한 사회적 규모로 적용할 수 있었던 6곳의 노동자 성위생상담소를 설립하였다. 성격분석 또한 개발되었고 라이히는 자신의 발견을 개인적인 임상논문들로 발표하였다. 이 저술들은 매저키즘 문제의 해명과 죽음 충동 이론에 대한 반박을 포함하였다. 그러나 불가피하게 모든 정신의학적 작업은 사회적 영역으로 나아갔고, 라이히는 그 당시의 격렬한 정치에 점점 더 개입하게 되었다. 그는 오스트리아 사회민주당이 몰락하고 기독교사회당과 독일 민족주의당[나치] 세력이 성장하는 것을 목격했다.

오스트리아에는 약 3,000여 명의 공산주의자들이 있을 뿐이었는데, 그들 대부분은 실업자들이었다. 라이히는 실업자들을 위한 모임들에서 대중위생 문제에 대해 얘기하였으며, 모든 공산주의자들의 시위에 참여하였다. 그러나 그는 사람들의 실생활이 지닌 비참함과 사회혁명의 목표 사이에 슬로건이나 선전으로 메울 수 없는 간격이 있음을 인식하였다.

라이히가 처음 자신의 사회정치적 활동을 시작하였을 때 그는 다양한 조직들에서 정신분석, 오이디푸스 콤플렉스, 거세공포 등에 관해서 말하였다. 그는 곧 이러한 이론들이 사람들에게 실제로 전혀 유용하지 않다는 것을 깨달았다. 그 이론들은 어리석어 보였다. 그는 모든 사람에게 영향을 주는 인간적 문제들, 즉 결혼, 가족생활, 성적 어려움들, 청년기의 고민에 관해서 얘기하기 시작했다. 그는 청중들에게서 서면질문을 받았고, 아무리 개인적일지라도 모든 질문들에 대해서 대답하였다. 계속해서 사람들의 내밀한 생활과 관련한 실제적 문제들에 대한 토론은 일반적인 사회적 쟁점들로 나아갔고, 사람들은 그들 자신의 사회적 목표들을 개발하기 시작하였다. 이를테면 집에서의 사생활 공간의 부족에 대한 토론은 새로운 건축 디자인에 대한 생각들을 자극하였다. 부부간의 고민에 대한 토론은 부부 입법, 소련의 경험, 그리고 자연스럽게 교회, 신에 대한 믿음에 관한 것으로 나아갔다. 라이히의 강연은 불과 약 45분 동안 이루어졌으나 질문과 답변은 몇 시간 동안 계속되었다. 라이히와 청중들은 당 및 계급의 입장을 가로지르는 공통적인 생활의 관심사를 다루었다. 그리고 정당들이 위협적이라고 생각한 것은 바로 이것이었다. 정당들의 힘은 사람[인민]들의 무력함에 있었다. 라이히는 사람들이 그들 스스로 생각하고 활동하도록 자극하고 있었다. 법이나 국가에 의한 외적 억압을 공격하는 대신에, 그는 사람들 스스로가 어린이 상담소 조직과 같은, 자신들의 불행을 완화시키기 위해 착수할 수 있는 과제들을 제시하였다.

사회당 및 공산당은 대부분 청년문제를 무시했다. 라이히는 노동자계급 출신의 젊은 노동자들 및 청년들과 접촉하였다. 점차 그들의 신임을 얻으면서, 라이히는 그들의 침착성 결여나 적의와 그들의 생식적 좌절 사이의 연관을 밝혀냈다. 이것은 기본적인 정신분석 개념에 결정적인 수정을 강제하였다. 라이히는 "오이디푸스 콤플렉스가 과연 사춘기 갈등을 야기하기도 하지만, 사춘기 갈등은 강화된 형태의 유아기적 노이로제로 후퇴하도록 했던, 청년기의 애정생활의 실제적 부정의 결과이다"라고 하였다. 그에게 유일하게 가능한 해결책은 청년기의 충분하고 만족스러운 성생활이었다.

성억압이 사람을 착취와 억압에 쉽게 먹혀 들어가게 만든다는 것은 분명해졌다. 행복에 대한 갈망은 어디에나 있었지만, 성고민도 그랬다. 사람들에게는 아동기에는 성부정적 교육이, 청년기에는 성성취에 대한 부정이, 그리고 결혼기에는 일부일처제에 대한 요구가 있었다. 이 모든 사람에게 도움이 되도록 사태를 변화시킬 수 있을까? 의학적으로 할 수 있는 것이 거의 없었다. 개인적인 치료는 사회적 관점에서는 무의미했다. 라이히는 정치활동을 통한 변화 가능성을 여전히 믿었다. 사회당 및 공산당 안에서 일하면서, 그는 성경제학의 원칙들에 기반한 급진적인 성정치운동을 창안하였다. 이것은 "섹스폴"(Sexpol)이라고 불렸다. 그는 이 운동에 가족을 부양하는 데 필요한 외에 모든 돈을 투입하였다. 그는 모임을 조직하고, 공장에서 혁명세포를 만들고, 거의 매일 집회에서 연설하며, 수백 통의 편지에 답장하였다.

그러나 맑스주의자들은 라이히가 성문제를 강조함으로써 노동자계급의 주의를 계급투쟁에서 딴데로 돌리도록 한다고 불평하기 시작하였다. 정신분석학자들 또한 프로이트의 기본적인 정식화로부터 논리적인 결과들을 끌어내고, 사회조건들을 변화시킴으로써 노이로제를 막아야 한다고 하는 라이히를 점점 불편해 하게 되었다.

1929년경, 라이히는 쾌락과 도덕적 부정 사이의 기본적 갈등이 근육장애에 생리학적으로 닻을 내리고 있다는 것을 인식하기 시작하였다. 흥분은 만성적인 근육경련을 유발하였다. 이러한 관계는 매저키즘에서 특히 분명하게 나타났다. 정신분석학자들이 매저키즘은 고통에 대한 생물학적 욕구로부터 귀결한다고 주장한 반면, 라이히의 임상연구는 매저키즘은 방출될 수 없는 고통스런 내적 긴장의 표현, 즉 내적 억제와 표면적 긴장 사이의 불균형의 결과라는 것을 보여주었다. 만일 "억눌린 에너지를 오르가즘적으로 방출할 수 없다면, 인간 유기체는 매저키즘적으로 될 수 있을 뿐이며 긴장의 해소를 위해 외적 자원에 호소할 것이다. 이 유기체적 에너지는 두 가지 방향, 즉 자신을 벗어나 세계로 향하는 방향과 자아 속으로 후퇴하여 세계로부터 멀어지는 방향으로 움직이는 것으로 나타났다. 중심으로부터 주변으로의 확장 움직임은 성충동 속에서 표출되었다. 주변으로부터 중심으로의 반대 방향은 기능적으로 불안과 일치하였다." 라이히는 성충동과 불안의 대립을 생물학적 활동의 반대 방향들로 드러나게 하는 하나의 흥분과정이 있다고 가정하였다.

에너지 기능에 대한 라이히의 이러한 강조는 자신이 발전시킨 성격분석의 기법에 반영되었다. 대부분의 환자들은 자유롭게 연상할 수 없었기 때문에, 그는 환자가 행동하는 모든 것을 출발점으로 이용하였다. 환자가 어떻게 행동하고 반응하는가가 그 또는 그녀가 말하는 것보다 더 중요하게 되었다. 커뮤니케이션의 형식이 내용보다 더 중요하게 되었다. 왜냐하면 그 형식이 이제 무의식적인 것의 직접적인 표현으로 이해되었기 때문이다.

자신의 임상작업의 경로를 따라, 라이히는 심적 갑옷의 올바른 해소는 항상 불안의 해소를 가져오며, 일단 이러한 불안이 해소되면 자유로이 흐르는 에너지와 생식기적 힘을 되찾을 가능성이 있다는 것을 발견하였다. 만일 생식기적 몰입능력을 획득하면, 환자는 신체에서의 흐름('생장적 흐름')의 느낌을 경험하며 행동에 있어 근본적인 변화를, 즉 어떤 외적으로 명령된 강제라기보다는 자신의 고유한 생물학적 에너지를 조절할 수 있는 유기체의 능력에 근거한 상이한 종류의 '도덕'을 보인다는 것이 관찰되었다. 개인은 자기조절의 원리에 따라 기능하며, 그렇게 기능하면서 합리적 활동성, 온화함, 그리고 힘이라는 특성들을 정확히 보여준다고 보았다. 프로이트는 문화는 충동억압에 의존한다고 주장하였지만, 라이히는 현존 문화에 대해서는 그럴지도 모르지만, 문화 그 자체가 충동억압에 의존하는가에 대해서는 의심하였다.

1929년 12월에 라이히는 프로이트의 내부 서클에서 노이로제 예방에 관해 이야기했다. 노이로제적 불행의 원천을 파괴하는 것이 본질적이라고 라이히는 주장하였다. 그는 주요한 관심 영역들을, 즉 권위적 가족, 결혼, 주거, 경제적인 안정에 대한 요구, 그리고 무엇보다도 사춘기의 문제를 지목하였다. 청년의 성행복은 노이로제 예방에 핵심적이었다.

프로이트는 자연스런 성쾌락이 삶의 목표일지라도 이것을 부인해야 한다고 주장하면서 라이히의 관점에 반대했다. 그는 인간은 문화의 '현실'에 적응해야만 한다, 인간 구조는 사회적 조건들과 마찬가지로 기본적으로 변할 수 없다고 하였다. 프로이트의 이러한 주장은 라이히에게 절망감을 주었다. 라이히는 어떻게 프로이트가 유아기 성욕에 대한 자신의 발견이 세상에 변화를 가져오지 않을 것이라고 믿을 수 있는지를 이해할 수 없었다. "그는 자신의 작업을 가차없이 부인하고 있는 것 같았다. 쾌락에 대한 인간의 열망을 제거할 수 없었지만, 성생활에 대한 사회적 규제를 변화시킬 수는 있었다. 나는 현존하는 인간 구조와 갈등하는 인간적 노력의 생물학적 목표를 파악했다. 프로이트는 그 목표를 현존하는 구조에 희생시켰다." 라이히는 그 목표를 간직하고 인간 구조가 발전하는 법칙들을 연구하기로 하였다. 얼마 안 있어 모든 정치적, 사회적, 그리고 과학적 세력들이 그의 노력을 거부하거나 공격할 것이었다. 그러나 라이히는 항상 사회적인 것과 성적인 것 사이의 결정적 연결을 강조하면서, "인간 구조는 사회조직이 생물학적 성에너지에 영향을 끼치는 방식에 의해 결정된다. 따라서 성문제는 사회정치학의 주요한 측면이다"라고 주장하였다.

사회적 쟁점들에 대한 라이히의 지속적인 개입과 부르주아 성개혁에 대한 그의 비판은 프로이트 및 빈의 정신분석학자들과 그의 관계를 긴장시켰을 뿐만 아니라 그의 결혼에도 영향을 주었다. 애니는 라이히의 급진적 정치학에 그리고 그가 의학적 및 사회적 경험들에서 결혼과 가족에 관해서 도출해 왔던 결론들에 거리를 두었다. 그녀는 스스로 성위생상담소에 참여하였지만, 라이히는 그녀가 주저한다는 것을 감지하였고 특히 그녀가 자신이 가진 어떤 새로운 사고에 대해서 의문을 표현할 때 그녀가 자신의 목표를 공유하지 않고 있다고 생각하였다. 그녀는 또한 아이들의 성교육과 관련한 문제에서 라이히에 반대했다. 비록 그녀가 지적으로 그에게 동의할지라도, 라이히는 그녀가 딸의 성욕의 표명에 대처할 수 없다는 것을 느꼈다. 애니는 모든 어린이를 길들여야 할 작은 야생동물로 생각하는 안나 프로이트와 같은 정신분석학자들의 분위기에 더 잘 어울렸다.

라이히에 따르면, 점차 그와 애니는 다른 사람을 갈망하기 시작하였다. 라이히는 그가 의대생이었을 때 알던 한 여성과 혼외관계를 맺었다. 애니 또한 그녀가 전에 알고 있었던 어떤 사람과 사랑하게 됨으로써 두 사람의 결혼생활은 악화되었다. 비록 그들이 1934년까지는 이혼하지 않았지만, 라이히가 1930년 11월 베를린으로 갔을 때 두 사람의 관계는 사실상 끝나 있었다.

베를린에서 라이히의 작업은 번성하였다. 오스트리아 사람들보다 독일의 정신분석학자들은 사회적 쟁점들에서 더 선진적이었고, 오르가즘 이론을 더 잘 이해하였다. 라이히는 그가 의학부에서 함께 공부했던 오토 페니헬(Otto Fenichel)과 다시 접촉하게 되었고, 페니헬은 라이히가 실천적인 사회적 작업을 목적으로 젊은 정신분석학자들을 조직하는 것을 돕기로 하였다. 라이히는 학생조직들에서 강연하였고, 독일 전역에 자신의 저술들을 배포하였던 '맑스주의 노동자학교'에서 "맑스주의와 심리학" 그리고 "성학"이라는 강좌를 개설하였다.

독일에서 시위들은 빈에서의 시위들보다 더 투쟁적이었으나, 당의 노선은 동일했다. 1931년 독일 은행들이 파산한 이래 국가사회주의당(나치)의 놀라운 성장에도 불구하고, 극소수 지도자들만이 적들을 분석하려고 하였고 아무도 히틀러의 『나의 투쟁』을 읽지 않았다. 라이히는 이러한 현상을 깨려고 시도하였다.

독일에는 대략 35만 명의 전체 회원을 가진 약 80개의 성정치 조직들이 있었다. 그들은 출산통제와 합법낙태를 지지했고 동성애자들에 대한 처벌에 반대했다. 그러나 그 조직들은 종종 자기네들끼리 싸웠고, 성학(Sexuologie)이나 정치조직에 관한 기본적인 생각을 전혀 갖고 있지 않았으며 청년문제에 대해 전혀 언급하지 않았다. 라이히는 공산당 아래에 이런 조직들을 결합시키길 원했고 지도자들을 성정치적 원리로 훈련시키길 원했다. 당 관리들은 다시 한번 정서적 쟁점들의 도입으로 위협을 느꼈고 라이히가 경제적 쟁점에 기반한 정치학을 성정치학으로 대체하려고 한다고 주장하였다.

라이히는 지도적 역할에서 물러나서 실험집단을 만들려고 노력했지만, 그 요구들은 너무 컸고 당관리들은 너무 놀랐다. 전체 운동은 조직정치에 빠져 있었다. 그러고 나서 1932년에 경찰이 개입했고 당에 있던 성정치조직 연맹은 해체됐다. 라이히는 계속 청년집단들에 자신의 노력을 집중했으며, 청년집단들의 요구로 『청년의 성투쟁』을 썼다. 공산당은 이것의 출판을 거부했다. 그래서 라이히는 직접 성정치출판사(Verlag Für Sexualpolitik)를 설립했고, 자신의 민족학적 저서인 『강제적 성도덕의 출현』 및 어린이를 위한 두 권의 책뿐만 아니라 『청년의 성투쟁』을 출판했다. 그 책들은 젊은이들에게 열광적으로 받아들여졌으나, 1932년 11월 5일 당은 그 책들이 "프롤레타리아 계급도덕"과 아무 관계도 없으며 "청년들의 투쟁정신을 타락시킨다"고 하면서 책의 배포를 금지했다. 그렇지만 청년들은 계속 책을 배포하였다.

사람들이 사회적 과정을 경험하는 방식을 이해하고 그들의 성생활을 사회적 과정으로 만들려는 라이히의 노력은 맑스주의자들과 정신분석학자들 양쪽으로부터 점점 더 커다란 적대감에 부딪쳤다. 이러한 라이히의 노력은 맑스주의자들에게는 "비프롤레타리아적"이었고, 정신분석학자들에게는 "비과학적인 모험"이었다. 라이히는 나중에 자신이 대중심리학적 연구를 가끔 포기하고 싶었다고 말했으나, 인간 구조(주체성)에 대한 그의 불타는 관심이 그를 붙잡았다.

1930년에서 1933년 사이에 국가사회주의[나치] 운동이 권력을 획득했을 때 그는 면밀히 주시했다. 라이히는 히틀러의 프로그램은 보통 인간의 성격구조를 반영하고 있다는 것을 인식하였다. 성행복과 자유를 향한 대중의 갈망은 성행복과 자유에 대한 그들의 두려움과 대립되었다. 히틀러는 대중을 이러한 모순을 해결하고 스스로 삶을 책임지려는 투쟁(라이히 자신이 전념한 일)으로부터 벗어나게 해주었다. 이러한 상황에서 1932년 라이히는 파시즘의 대중심리에 관한 자신의 고전적 저서[6]를 썼으며 다음 해에 출판하였다.

다양한 사회주의 정당 지도자들이 자기네들끼리 싸웠던 반면에 라이히는 계획적인 파시스트의 권력장악에 대항하는 통일행동을 요구했다. 1933년 2월 28일, 그는 코펜하겐 여행에서 베를린으로 돌아왔다. 그는 코펜하겐에서는 학생조직에게 인종과 파시즘에 관한 강연을 했었다. 돌아온 날 밤 의회는 불탔다. 그는 공식적인 지위를 갖고 있지 않았기 때문에 즉

6 라이히, 오세철 · 문형구 역, 『파시즘의 대중심리』, 현상과 인식, 1986; 황선길 옮김, 『파시즘의 대중심리』, 그린비, 2006

각적인 체포를 피했을 뿐이었다. 그러나 얼마 후 그의 청년 서적에 관한 신문 기사는 사라졌고 그는 독일을 떠나야만 했다. 그는 빈으로 돌아왔는데, 여기서는 독일의 재난에 대해 사람들이 거의 이해하지 못하였고, 그의 정신분석 동료로부터 개인적 적대감은 늘어가고 있었다.

한 해 전에, 프로이트는 죽음 충동 이론을 반박했던 매저키즘에 관한 라이히의 연구가 공산주의 이데올로기에 영향을 받았다고 넌지시 말했었다. 정신분석협회는 라이히의 교육활동을 제약하려 하였고, 그가 사회주의 및 공산주의 조직들에서 강연하는 것을 중단시키려고 하였다. 라이히는 따르기를 거부했지만 어떤 정신분석 모임에도 참석할 수 없다고 들었다. 『성격분석』에 대한 정신분석 출판사와의 계약은 '정치적 상황 때문에' 취소되었고, 나중에 라이히는 스스로 그것을 발행하기 위해서 돈을 빌려야 했다. 정신분석협회 회원들은 의사들에게 라이히와 공부하지 말라고 권했다. 그는 정신분석협회 집행위원회에 자신의 연구를 공식적으로 인정해 달라고 요청했지만 비서는 방해했고 라이히의 노력은 소용이 없었다. 마침내 젊은 덴마크 의사가 라이히에게 의사들을 훈련시키기 위해 코펜하겐으로 올 것을 제안했다. 그는 전에 했던 강연 때문에 거북해 하는 덴마크 당국으로부터 6개월의 허가를 받았다. 코펜하겐으로의 여행을 위해 돈을 빌려서 라이히는 1933년 4월 말에 빈을 떠났다. 애니[부인]와 아이는 나중에 그와 합류하기로 했다.

덴마크에서 라이히는 자신의 치료 및 교육 활동을 계속했으나 곧 덴마크 공산당과의 갈등을 감지했다. 덴마크 공산당은 굶주린 독일 난민들을 당원이 아니라며 무시했고 '히틀러의 승리는 독일 노동자계급에게는 패배이다'라는 라이히의 주장을 거부했다. 게다가 라이히가 덴마크에 오기 전에 『계획』(*Plan*)이라는 지식인 공산주의 잡지에 의해서 번역되고 발행된 그의 논문에 관해 논쟁이 있었다. 어린이의 성기에 관련한 어떤 단어들은 서투르게 번역되었고 잡지 편집자는 음란죄로 고소되어서 60일간의 실형을 선고받았다. 당은 라이히를 비난했다. 당은 또한 성문제의 토의로 인해 그의 모임과 강연에서 생겨난 관심에 대해 못마땅해 하였다. 1933년 11월 21일, 그는 (그가 결코 속하지 않았던) 덴마크 공산당으로부터 추방당했다. 동시에 보수적인 정신의학자들은 라이히에 대해 불평했다. 이러한 분위기에서 덴마크 당국은 라이히의 거주 허가증을 취소하였다. 라이히의 학생 가운데 한 명이 프로이트에게 도움을 부탁하려고 편지를 썼다. 그러나 프로이트는 분석가로서 라이히의 능력을 인정하지만 그의 정치적 이데올로기를 비난하면서 거절했다. 공산주의자들과 정신분석가들 쪽에서 똑같이 행해진 이런 공공연한 적대행위에도 불구하고, 라이히는 스스로를 양 조직에 속하는 것으로 생각하며 "나쁘게 대우받고 오해받은 반대자"로 살았다.

라이히는 1934년 1월에 스웨덴의 말뫼(Malmö)로 옮길 준비를 했고 그의 학생들은 거기에서 그와 함께 자신들의 연구를 계속할 수 있기를 희망했다. 그러나 처음에 그는 7개월 떨어져 있던 이후 티롤에서 애니와 아이들을 만났고 분석가들과 영국, 프랑스, 스위스에서 추방된 독일 공산주의자들을 방문했다. 그때 라이히는 그들이 독일의 사건에 대해 실제적으로 전혀 이해하지 못하고 있다는 것을 알았다. 대중심리의 실제적 문제, 즉 대중의 비합리적 반응을 아무도 이해하지 못했다.

덴마크로 돌아오는 길에 라이히는 베를린에서 세 시간을 보내면서 독일을 통과했다. 그는 도처에 있는 군인들, 피곤하게 움직이는 사람들, 슬쩍 엿보는(염탐하는) 사람들, 많은 공산주의자들이 파시스트가 되었던 외관상 이해할 수 없는 사실들을 목격하게 되었다. 그리고 1932년에 공산주의자 시위에서 만났던 무용가이며 정치활동가인 엘사 린덴베르그(Elsa Lindenberg)와 베를린에서 결합했다. 이후 엘사는 라이히와 함께 유럽에서의 망명생활을 함께 하였고 나중에 미국으로 이민갈 때에도 함께 했다.

라이히는 말뫼에서 자신의 학생들과 연구를 계속했고, 새 잡지「정치심리학과 성경제학 출판물」을 창간했다. 그는 성(성욕)은 생체 전기적 충전과 동일하고 오르가즘은 근본적으로 전기적 방출이라는 자신의 가설을 확인하려는 실험에 전념했다.

그동안 정신분석운동 안에서의 갈등은 격화되었다. 반동적 분석가들이 점차 독일 조직을 점거했다. 모든 유태인 회원들은 그들의 지향이 무엇이든 간에 지도적 지위에서 물러났다. 죽음 충동 이론가들에 반대하고 라이히의 성정치적 연구의 가능성을 지지하였던 일단의 젊은 분석가들은 "변증법적 - 유물론적" 분석가들로서 결집되었다. 그들은 스스로를 국제정신분석협회 안에 있는 반대파 집단으로 여겼다. 라이히가 베를린을 떠났을 때 오토 페니헬이 이 집단의 지도를 맡았다. 그는 그 집단을 비밀조직으로 운영하려고 했으며, 회람한 뒤에 불태우는 것을 전제로 했던 긴 편지들을 썼다. 그는 라이히의 성경제학적 견해에 대해 그리고 정신분석적인 사회적 개념들에 대한 자신의 비판에 대해 조심스럽게 언급을 피했고, 프로이트와 갈등하지 않으려고 조심하였다.

1934년 5월, 스웨덴에서의 라이히의 거주 허가는 만기가 되었고 연장을 거절당했다. 라이히는 덴마크로 돌아와서 가명으로 불법적으로 살았다. 그러고 나서 루세르네(Lucerne)에서 국제정신분석회의가 열리기 3주 전인 1934년 8월 1일에 독일 협회의 비서로부터 자신의 이름이 독일 회원의 명단에서 없어질 것이라는 편지를 받았다. 이것은 특별히 중요하지 않았고, 라이히는 서둘러 자신의 이름이 스칸디나비아 협회에 곧 오르도록 하였다. 그러나 8월 25일에 회의에 도착했을 때, 라이히는 자신이 이미 전 해에 비밀 모임에서 독일 협회로부터 추방되어서 자동적으로 국제협회로부터 추방되었다는 것을 알았다. 그는 왜 이러한 조치가 취해졌는지, 그리고 왜 그가 알지 못했는지를 알려고 애썼으나, 그가 받은 유일한 답변은 비서가 어깨를 으쓱거리는 것뿐이었다.

프로이트에 반대하며 전에 그와 함께 했던 변증법적-유물론적 분석가들이 제출한 논문들은 라이히의 이름을 언급하지 않은 채 라이히의 연구에 종종 토대를 둔 것이었다. 주도적 분석가들은 그를 음해하기 위하여 그가 모든 그의 여환자들을 유혹했고 그 자신이 정신병자라고 말했다. 이 비방은 애니의 도움으로 라이히가 미쳤다는 소문으로 커졌고 오늘에 이르기까지 무분별하게 반복된다.

국제정신분석협회 집행위원회는 라이히에게 사임하도록 납득시키려고 했지만 그는 거부했다. 그는 오르가즘 이론과 그것에서 생겨난 개념들이 임상적 정신분석과 모순되지 않고 사실상 임상적 정신분석의 정당한 과학적 발전을 나타낸다고 주장하였다. 집행위원회가 이런 개념들을 거부한 이후, 그는 혼자서 전진해 갔고 자신의 연구를 문화론적인 정신분석과 더욱 구별하면서 생물학적인 전거를 마련하려고 노력하였다. 유일하게 노르웨이인들만이 라이히를 지지했고, 그에게 자신들의 조직에 자리를 보장하고 연구를 계속할 수 있도록 오슬로의 심리학 연구소에서 물리 실험실을 사용할 기회를 제공하였다. 여기서 라이히는 자신의 첫 번째 생체물리학적 실험들을 하게 된다. 라이히는 점점 더 정치에 대해 환멸을 느끼며 정치인을 '사회신체에 있는 암'이라고 생각하였다.

생물학적인 지향을 갖는 정신분석과 문화론적인 지향을 갖는 정신분석이 점차 분화되고 후자의 흐름이 자아심리학으로 흘러가는 속에서도, 라이히는 정신분석을 생물학적인 방향으로 극단적으로 몰고 갔으며, 여기서 신체적인 흐름과 긴장을 강조하고 자연과학에서 나온 에너지 개념으로 정신현상을 설명하려는 쪽으로 나아갔다.[7] 1935년에는 심적인 질병의 표명을 '성격 갑옷' 개념 대신 '근육 갑옷' 개념으로 설명하였다. 이제 성격분석적 치료법은 생장요법으로 바뀌어 갔다. 성에너지는 환자의 심리적인 방어기제나 성격특성에 갇혀 있다기보다는 근육의 경직성에 갇혀 있다는 생각으로 나아갔고, 심호흡과 마사지를 통해 근육의 경직성을 풀어주는 요법을 강조하게 되었다. 머리에서 시작해 골반까지, 굳은 근육구조를 풀어

---

7 Wilhelm Reich, *The Function of The Orgasm*, The Noonday Press, 1973, 299쪽 이후.

줌으로써 마지막 근육울혈(블록, block)을 제거하게 되면 '오르가즘 반사'라는 경련을 일으키면서 전체적인 심적 구조가 변형된다고 한다.

또한 라이히는 리비도의 생리학적 실체를 찾으려고 하였다. 그는 전기 영역에서 성욕의 본질을 찾으려고 실험하였다. 1937년까지, 성기관이 흥분하면 생체전기적 전하가 증가하는지에 대한 일련의 실험을 하였다. 성 흥분은 유기체의 표면에 특히 성기에서의 전하의 증가와 일치했고, 반면에 불안과 다른 불쾌한 감정은 전기 에너지를 몸의 중심부로 퇴각시키는 것과 일치했다. 더 나아가 식물과 동물 생활에 대한 라이히의 탐구는 성욕 뿐만 아니라 삶(생활) 자체도 긴장과 방출, 팽창과 수축이라는 오르가즘 정식에 따라 기능한다고 밝혔다. 삶과 성욕에 특유한 에너지에 집착하면서 라이히는 1939년에 바로 그러한 삶의 힘을 '오르곤 에너지'라고 하였다. 그후 라이히는 남은 인생을 오르곤 에너지의 특성을 탐구하고 그것을 치료에 사용하는 데 바쳤다. 라이히는 오르곤 에너지를 아주 구체적인 것으로, '볼 수 있고 측정할 수 있고 적용할 수 있는' 것으로 생각하였다. 푸른색을 띠고 있으며 성적으로 흥분한 개구리가 보라색으로 변하는 것이나 적혈구의 푸르스름한 빛과 같은 자연현상에서 관찰할 수 있다고 보았다. 더욱이 오르곤 에너지 측정기로 측정하고 오르곤 에너지 축전기로 집적하여 히스테리에서 암에 이르기까지 신체적 정신적 질병을 치료하는 데 사용하였다.

1939년은 또한 라이히가 미국으로 이주한 해이기도 하다. 나치에게 직접 압박받지는 않았지만 이미 노르웨이에서도 과학자들과 '자유'언론들로부터도 공격을 받았고, 그때 미국 정신신체의학 운동의 대표인 울프(Theodore P. Wolfe)의 초청을 받아 5월 뉴욕의 포레스트 힐즈(Forest Hills)로 자신의 오르곤 에너지 연구소를 옮겼다.[8] 그리고 1939년부터 1941년까지 뉴욕에 있는 사회조사 뉴스쿨에서 의료심리학 조교수 자리에 있었다.

그는 곧 포레스트 힐즈에서 수지맞는 개인진료를 하였다. 1942년까지 돈을 모아서는 메인(Maine) 주 랭글리(Rangeley) 근처에 200에이커(24만 5천 평)가 넘는 땅을 구입하여 '오르고논'(Orgonone)이라는 사설 조사연구소를 설립하였다. 12명의 공동작업자들의 보조를 받으며 라이히는 여기서 실험을 하였고, '오르곤 회의'를 소집하여 미 의회에 어린이와 청소년의 성(성교) 권리를 보호하는 법률을 요구하는 메시지를 발송하기도 하였다. 라이히는 미국을 행복과 삶의 권리를 추구할 수 있는 유일한 나라로 생각하였으며, 전후에도 유럽으로 돌아가려고 하기보다는 오히려 미국에 머물렀다.

그는 점차 오르곤의 우주론적인 그리고 결국은 종교적인 함의를 가공하는 데로 나아갔다. 처음에는 오르곤 에너지를 삶에 특유한 에너지 형태로 정의하였지만, 1951년에는 오르곤 에너지를 모든 실재가 진화해 나오는 근본적인[시초의] 재료(원료)라고 선언하였다. 물질 자체가 성포옹이나 오르곤 에너지 흐름이 겹쳐서 창조된다고 보았다. 은하계, 북극광, 태풍, 중력도 오르곤 에너지의 다양한 표현이라고 보았다. 이처럼 라이히는 오르곤 에너지를 기반으로 하여 온 세계(우주)가 하나의 장으로 이루어져 있

---

8 Paul Robinson, *The Freudian Left*, Harper Colophon Books, 1969, 64–73쪽.

다는 인식에 이른다. 이러한 흐름에너지인 오르곤 에너지와 대립하는 것으로서 원자핵 에너지는 자신의 자율성[폐쇄성]을 지니고 있다고 한다. 이제 라이히는 우주(Kosmos)의 역사를 오르곤 에너지와 원자핵 에너지 사이의 거대한 투쟁으로 받아들이기 시작하였다. 그러한 관점에서 보면 증오에 대한 사랑의 투쟁은 기본적인 우주적 반감의 심리학적 표현일 뿐이었다.

라이히는 서구 지성사를 새롭게 종합하려는 야심까지 보인다. 엄격한 기계적 법칙에 따라 우주를 설명하는 자연과학은 우주의 생기를 마르게 했다. 그래서 우주에서 살아 있는 힘에 대한 인식은 이러한 에너지를 왜곡되고 신비화된 형태로 해석하는 종교로 축소되어 버렸다고 한다. 오르곤 에너지의 움직임을 연구하는 오르고노미(Orgonomie, 오르곤 경제학)를 통해 라이히는 바로 과학과 종교를 넘어서려고 하였다. 라이히는 신은 우주적 오르곤 대양에 대한 인간의 인식이 구체적으로 투사된 것이며, 하늘나라는 지상의 모든 인간 속에서처럼 그리스도 속에서 살아 있는 삶의 진동이라고 보았다. 또한 그리스도 자신은 우주의 오르곤 힘과 직접 소통하는 원형적인 성기(생식기)적 성격을 지닌다고 파악하였다. 이제 에너지 일원론이 정립되었다.

문제는 이러한 인식을 구체적으로 실증하려는 과정에서 다양한 실험을 하게 되고 이것이 미 당국의 의심을 받게 된다. 라이히 스스로는 박해당한다는 압박을 받으며 정신적으로 약해진다. 1954년 연방식품의약국(FDA)은 오르곤 축적기를 주 경계를 넘어 반출했다는 이유로(사용이 허용된 주가 있었고 허용되지 않은 주가 있었다) 라이히를 법정에 소환했다. 라이히를 과학적 조사연구의 문제라고 생각하여 출두를 거부하였고, 당국은 축적기의 사용을 금지하였다. 결국 1956년에 그는 법원 명령을 거부했다는 이유로 재판에 회부되었고, 2년 형을 선고받았다. 그의 책은 현대판 분서갱유를 당하였다. 6개월 감옥 생활을 하다가 라이히는 펜실베니아 루이스부르그(Lewisburg) 연방교도소에서 심장마비로 사망하였다.

3. 라이히를 어떻게 전유할 것인가?

신좌파 학생운동가들은 『파시즘의 대중심리』를 읽고 '사회적 억압과 심리적 억압의 상호관계'를 발견하려고 애썼고, 히피들은 『성혁명』에서 '자유의 진보는 리비도의 해방'이라는 주장의 전거를 찾으려 했으며, '인간 잠재력운동'(human potential movement)이나 '신과학운동'의 주창자들은 오르곤 에너지와 우주의 관련을 다루는 라이히의 후기 사상에 주목했다. 1978년에는 라이히의 유지를 계승하려는 제임스 드메오(James DeMeo)에 의해 오르곤 생체물리학 연구소(Orgone Biophysical Research Laboratory)가 설립되었고, 현재도 오리건(Oregon)의 산중에서 실험을 계속하고 있다. 또 라이히가 사용했던 메인 주 랭글리에 있는 조사연구소는 박물관으로 바뀌어 라이히에 관련된 것들을 전시하고 있다.

또한 라이히의 뒤를 이어 정신분석을 비판하고 정신의학운동을 사회비판으로 이어간 흐름은 미국의 마르쿠제(Herbert Marcuse), 베이트슨(G. Bateson), 영국의 랭(R. D. Laing)과 쿠퍼(David Cooper), 프랑스의 가타리(Félix Guattari), 이탈리아의 바살리아(Franco Basaglia) 등으로 대표되는 '대안 정신의학운동'(반정신의학운동)이다. 물론 이들은 각자 나름대로 라이히를 전유해 나갔으며, 라이히가 지닌 욕망해방과 사회해방이라는 관점을 견지하려고 노력하였다.

그렇다면 우리는 여기서 라이히를 어떻게 전유할 것인가? 라이히의 논의는 당시의 두 가지 억압체제인 스탈린주의와 파시즘에 대한 날카로운 정치적 비판으로 연결된다. 라이히는 그 비판을 위한 기반으로서 오르가즘 이론, 오르곤 에너지론 등에 몰두한다. 흔히 지식인들은 라이히의 이러한 인식작업에 대해 촌평하면서 라이히와 반대로 자신은 이성을 잃지 않고 광기에 빠지지 않았다는 것을 자랑한다.

그러나 그게 무슨 소용이 있겠는가? 라이히를 실천적으로 전유하려면 오히려 그러한 인식기반 위에서 그가 변형시켜 나가려는 실천적 방식과 그 방향에 주목할 필요가 있다. 그럴 때 금욕적 '이성'을 갖추고 질서화해 나가는 지배체제에 대항하여, 성욕이라는 광기에 입각해서 자율조절해 나아가는 주체상, 사회상이 들어온다. 그러한 주체상과 사회상을 라이히는 '성혁명'을 통한 건강한 인간 구조와 그에 기반한 자연스런 '노동민주주의'라고 제시한다. 라이히를 평하기 위해서가 아니라 실천적으로 전유하려면, 바로 이 지점에 착목해야 할 것이다.

먼저 성혁명은 인간이 자신의 삶을 스스로 조절할 수 있는 그러한 성격구조를 창출해 낼 수 있도록 하는 목표를 지닌다. 어린이와 청소년의 모든 성권리를 보장하고, 여성의 성권리를 열렬히 옹호하며, 현존하는 강제적 결혼(가족)제도를 폐지하고, 사춘기 청소년의 성접촉을 허용하며 실제로 권장할 것 등을 포함한다. 특히 청소년들에게는 성욕구를 충족시킬 수 있도록 필요한 공간과 피임기구들을 제공할 것을 강조한다. 물론 성혼란을 가져오려는 것이 아니라 자연스런 배려 관계 속에서 지속적인 성관계를 만들어 가려는 것이며 이것은 성적인 자기조절로서 가능하다고 본다. 성혁명은 좁은 의미의 성자유를 넘어서서 집단 속에서 개인을 해방하는 문제와 연결된다. 복종하지 않고 자신 스스로 다른 사람과의 관계를 구성해 갈 수 있는 건강한 인간을, 건강한 자율적 주체를 만들어 내고자 하는 것이다. 동시에 그러한 개인을 포괄하는 집단을 만들어 내는 문제와 연결된다.

이렇게 건강하게 자란 사회성원(산노동)들이 만족스러운 욕구의 충족으로서 노동을 해나가면서 자치적으로 결집해 나가는 사회를 노동민주주의로 제시한다.[9] 확대된 노동자 개념 위에서 즐거운 노동을 통해 자치를 실현해 나가는 새로운 사회상을 그려내고 있는 것이다. 이데올로기적 체계가 아니라, 정당이나 정치가들 또는 특정 집단들이 부과하는 체제가 아니라, 사회적 자치를 주장한다. 자유로운 개인들로 구성되고 자유로운 공동체를 구성하며 스스로를 관리하는, 즉 스스로를 통치하는 사회이다. 물론 이러한 사회는 강령에 의해 갑자기 만들어질 수 없으며 유기적으로 진화

---

9 『파시즘의 대중심리』, 10–13장.

되어야 한다. 또한 사회가 자유운동을 창출해 내는 데 성공할 때만, 그러한 조건에 적대되는 영향력으로부터 자유롭게 될 때만, 노동민주주의를 위한 모든 전제조건을 유기적인 방식으로 만들 수 있다. 이러한 목표를 위한 첫 번째 전제조건은 자연스런 노동조직, 노동민주주의를 위한 생물학적 · 사회학적 전제조건에 관한 지식이다.

여기서 노동민주주의의 기본 문제는 더 이상 노동을 귀찮은 의무가 아니라 만족스런 욕구의 충족이 되도록 그 본질을 변화시키는 것이다. 강제적이며 어떠한 즐거움도 주지 못하는 노동에서 자연스럽고 즐거운 노동(디오니소스 노동)으로 나아가는 것이다. 쾌락과 노동. 노동민주주의의 가장 긴급한 과업 중의 하나는 노동조건과 노동형태를 노동욕구 및 노동쾌락과 조화시키는 것, 즉 쾌락과 노동 사이의 모순을 제거하는 것이다.

그 위에서 사회에 반하거나 위에 군림하는 또는 사회에 반하며 동시에 군림하는 사회적 행정의 기능을 없애는 것이 노동민주주의의 내재적 성향 중의 하나이다. 자연스런 노동민주주의적 과정은 사회의 통일성을 촉진하고 사회의 생명력 있는 운영을 용이하게 만드는 행정적 기능만을 받아들인다. 이것은 국가의 참된 소멸, 즉 국가의 비합리적 (통치) 기능의 소멸을 의미한다.

대중이 스스로 사회를 관리하는 방식에서, 즉 참된 민주주의와 사회적 자치행정을 위한 투쟁에서, 인간 성격구조의 역할과 인간의 책임을 사랑, 노동, 그리고 지식의 과정으로 옮기는 것이 무엇보다도 중요하다. 한 마디로 노동민주주의란 자연스럽고 유기적으로 태어나서 자라고 발전해 온

합리적 대인관계에 의해 지배되는 모든 생활기능의 총합이다.

라이히가 제시하는 이러한 노동민주주의를 어떻게 이루어 갈 것인가는 실천적인 문제이다. 그리고 라이히가 제안하는 노동민주주의의 상을 모델로 생각할 필요도 없다. 단 여기서 그의 문제 제기의 철저함, 즉 인간 구조(주체성)의 변형과 노동민주주의(새로운 집합성)의 새로운 구성이라는 방향 제시가 주는 의미를 생각할 필요가 있을 것이다.

4. 진정한 문화혁명을 향하여

라이히가 제시하는 방향은 황당한 문화사회가 아니라, 주체성의 변혁(성혁명)을 통해서 사랑과 노동과 지식이 유기적으로 결합한 노동민주주의로 나가는 것이다.

문화혁명은 문화영역으로 넘어간다고 이루어지는 것이 아니다. 또한 권력장악이 문화혁명을 담보하지 않는다. 소련의 경험이 보여주듯이 문화혁명의 핵심은 바로 인간 주체성의 변형 문제이다. 여기서 라이히의 성혁명이 제기하는 문제가 가장 완전하게 드러난다. '사랑, 노동 그리고 지식은 우리의 생활의 원천이며 이것들이 우리의 생활을 지배해야 한다.' 건강한 주체들의 자율적 구성을 위해서!

라이히의 저서들

『초기 저작물』(*Frühe Schriften*, 1996)

『강제적 성도덕의 출현』(*Der Einbruch der sexullen Zwangsmoral*, 1932)

『문화적 투쟁 속의 성』(*Sexualität im Kulturkampf*, 1936)

『성혁명』(*Die sexuelle Revolution*, 1966)

『파시즘의 대중심리』(*Massenpsychologie des Faschismus*, 1933)

『성격분석』(*Charakteranalyse*, 1933)

『쾌락과 불안에 관한 생전기학적 연구』(*Die Bioelecktrischen Untersuchungen von Lust und Angst*, 1984)

『비온』(*Bion*, 1930)

『오르곤의 발견 1:오르가즘의 기능』(*Die Entdeckung des Orgons 1: Die Funktion des Orgasmus*, 1972)

『오르곤의 발견 2:암』(*Die Entdeckung des Orgons 2: Der Krebs*, 1972)

『에테르, 신 그리고 악마』(*Äther, Gott und Teuflč*, 1983)

『우주적 겹침』(*Cosmic Superimposition*, 1953)

『작은 사람들아 들어라』(*Rede an den kleinen Mann*, 1948)

『국가 속의 인간들』(*Menschen im Staat*)』(*People in Trouble*, 1982)

『그리스도의 살해』(*Der Christusmord*, 1951)

『라이히, 프로이트에 관해 말하다』(*Reich Speaks of Freud*, 1969)

『어떤 우정의 산물들』(*Zeugnisse einer Freundschaft*, 1989)

『선집: 오르곤학 개론』(*Ausgewählte Schrifteneine Einführung in die Orgonomie*, 1982)

『청춘의 열정』(*Leidenschaft der Jugend*, 1988)

『심리학을 넘어서』(*Jenseits der Psychologie*, 1994)

국내에 소개된 라이히의 책들

『프로이트와의 대화』, 황재우 역, 종로서적, 1982.

『파시즘의 대중심리』, 오세철 · 문형구 공역, 현상과 인식, 1986.

『작은 사람들아 들어라』, 곽진희 역, 일월서각, 1991.

『성문화와 성교육 그리고 성혁명』, 이창근 역, 제민각, 1993 (『성혁명』).

『문화적 투쟁으로서의 성』, 박설호 역, 솔, 1996 (『성혁명』의 앞부분 일부와 『성격분석』에서 치료기).

『오르가즘의 기능』, 윤수종 옮김, 그린비, 2005.

『파시즘의 대중심리』, 황선길 옮김, 그린비, 2006.

『그리스도의 살해』, 윤수종 옮김, 전남대출판부, 2009.

라이히 약력

1897년 오스트리아 갈리시아에서 출생.

1915년 1차대전 동안 중위로 참전.

1918년 빈 대학 입학.

1919~27년 프로이트의 정신분석 종합진료소에 근무하고, 빈 정신분석학회 회원이 되고, 빈 세미나를 창설하여 정신분석 기법을 연구.

1927년 『오르가즘의 기능』을 출판하고 프로이트와 의견대립 발생.

1928년 빈에서 성위생상담소를 개설하여 성교육 실시.

1930년 『성혁명』을 출판하여 프로이트의 '문화철학' 비판. 베를린으로 이주.

1931년 성정치출판사 설립하여 프로이트와 마르크스의 이론적 통합 시도.

1932년 독일 사민당 및 공산당, 성정치출판사의 출판물 배포 금지.

1933년 『파시즘의 대중심리』 출판, 그해 말 덴마크로 이주.

1934년 국제정신분석협회에서 라이히를 공식적으로 추방. 노르웨이로 이주.

1934~37년 정신분석과 생물리학을 가르치면서 성경제생활연구소 경영.

1939년 생명과 성욕에 고유한 에너지인 '오르곤 에너지'를 발견. 뉴욕 이주.

1939~41년 뉴욕 뉴스쿨의 임상심리학 교수로 재직.

1941년 '에너지 축적기' 특허 출원 기각당하고 FDA의 금지명령 조치

1942년 메인 주 랑젤리에 사설 연구소 오르고논(Orgonon) 설립.

1954년 애리조나에서 오르곤 에너지를 이용해 비를 내리는 실험.

1956년 FDA에 의해 모욕죄로 기소당해 2년 실형을 선고받음.

1957년 코네티컷의 던베리 형무소에 수감. 망상성 정신병을 선고받고 펜실베이니아의 루이스부르그 교도소로 이감. 그해 11월 사망.

Die Sexuelle Revolution

Wilhelm Reich

사랑, 노동 그리고 지식은 우리의 생활의 원천이며

이것들이 우리의 생활을 지배해야 한다.

© Copyright 2011 by Joongwon moonhwa Publishing Co.
Print 2011 by Joongwon moonhwa Publishing Co

제 1 부

성도덕의 파탄

제 1 장

성경제학적 비판의 임상적 토대

1. 도덕주의적 원리에서 성경제학적 원리로

여기서 제시한 성경제학적 견해는 성공적인 성격분석 치료과정에서 자신들의 심리구조를 변화시킨 환자들에 대한 임상적 관찰 및 경험에 바탕을 두고 있다. 신경증 환자를 건강한 사람으로 구조변화시키는 데서 얻은 지식을 대중의 성격구조와 그 구조의 교육이라는 문제에 곧바로 적용할 수 있을까 하는 질문을 우리는 정당하게 제기할 수 있다.

여기서는 이론적 논의를 전개하는 대신에, 사실 자체에 대해 말하는 것이 좋을 듯하다. 만약 개별 신경증 환자를 치유할 때 얻은 경험에서 출발하지 않는다면, 대중이 자신들의 삶 속에서 충동을 비합리적 - 무의식적으로 부적절하게 드러내는 것을 결코 파악할 수 없을 것이다. 이것은 원칙적으로 바로 전염병과 싸울 때와 같은 태도이다. 사람들은 전염병의 개별 희생자들을 아주 세밀하게 진찰하고, 모든 전염병 희생자에게 똑같이 작용한 세균과 그것의 영향을 확인함으로써 전염병을 완전히 제압하려고 시도한다. 전염병의 비유를 좀더 밀고 나가보자. 전염병에서 외부적 손상은 애초에는 건강했던 유기체에 영향을 끼친다. 예를 들면 콜레라의 경우에 우리는 개별 환자의 치료에 만족할 수 없다. 이와 동시에 우리는 세균이 전파되는 곳을 격리시키고, 전염병의 근원이 되는 곳을 없애야 할 것이다.

심적으로 병든 평범한 일반대중의 태도에서는 우리의 환자들과 비슷한 점이 나타난다. 이를테면 전반적인 성적인 부끄러움, 때로는 (나치 돌격대처럼!) 아주 극단적인 잔인성으로 치닫는 도덕적 요구에 충동적으로 집착한다. 이들은 충동만족이 풍부한 노동 성과와 일치한다는 생각을 할 수 없다. 어린이와 청소년의 성은 병적인 혼란이라는 것을 자연적으로 주어진 것인 양 믿고 있다. 이들은 평생의 일부일처제 이외에 다른 것을 생각할 수 없다. 이들은 자신의 고유한 힘과 판단력을 믿지 않고, 마치 아버지처럼 인도해 주는 전지전능한 사람을 무조건 동경할 뿐이다.

대중 개개인은 개별적으로 서로 다른 발달 근거에서 생긴 모두 근본적으로 똑같은 갈등을 겪고 있다. 만약 우리가 개별적인 경험을 대중에게 옮겨 본다면 우리는 오로지 모든 사람에게 공통적으로 나타나는 전형적인 갈등에 관련한 지식만을 이용할 수 있을 것이다. 그렇다면 개별 환자의 성격구조 변화 절차에서 대중의 성격구조를 변화시키는 해결의 열쇠를 끌어내는 것은 전적으로 타당하다.

정신질환자들은 심적 혼란의 전형적인 징후를 지닌 채 우리 의사들을 찾아온다. 노동능력은 언제나 다소 떨어져 있으며, 실제로 그들이 수행하는 것은 본인이 스스로 설정한 혹은 사회가 그에게 설정한 요구사항과도, 본인이 느끼는 자신의 능력과도 일치하지 않는다. 만약 성욕이 사라지지 않았다면 예외 없이 심하게 약화되어 있다. 자연스럽게 성기적인 욕구를 충족시킬 수 있는 가능성 대신에, 성기와는 무관한 (성기 이전의) 충족유형들, 다시 말해 사디즘적 행위를 저지르는 상상, 누군가를 능욕하는 환상 등이 나타난다.

예를 들어 우리는 환자들의 성격 및 성에 대한 태도의 변화는 4살 혹은 5살 때 분명한 모습과 형태를 띤다는 사실을 분명하게 확신한다. 사회적이고 성적인 측면에서 심적인 수행능력 장애는 사람에 따라서 빠르게 혹은 늦게 모습을 드러낸다. 모든 환자는 신경증적인 성압박의 조건 아래에서는 해결할 수 없는 충동과 도덕 사이의 모순을 지니고 있다. 환자가 지속적인 사회적 영향의 압박 아래 지니고 있는 도덕적 요구는 개인의 성적이고 전반적인 생장 욕구의 봉쇄를 강화한다. 성기능력이 크게 손상되면 될수록, 만족**욕구**와 만족**능력** 사이의 불균형은 더욱 더 커진다. 이는 다시금 축적된 충동의 양을 억누르는 데 필요한 도덕적 억압을 강화한다. 환자들은 자신의 가장 본질적인 부분 속에 있는 갈등들을 의식하지 못하기 때문에, 어떠한 상황에서도 그 갈등들을 스스로 해결할 수 없다.

심리적 유기체는 충동과 도덕, 자아와 환경 사이의 갈등에서 충동에 대해서 뿐만 아니라 외부적 환경에 대해서도 스스로를 **무장**시키고 고립시키며 '냉혹'하게 만든다. 심리적 유기체의 이러한 '무장'[갑옷]은 전체적인 삶의 능력이라든가 삶의 행위를 다소나마 제한하도록 작용한다. 수많은 사람이 이러한 경직된 갑옷으로 고통을 겪고 있다는 사실은 아무리 강조해도 지나치지 않다. 삶과 그들 사이에는 어떤 벽이 있다. 이 벽은 집합적인 생활 속에서 수많은 사람으로 하여금 고독을 느끼게 하는 가장 중요한 토대이다.

성격분석 치료는 생장적 에너지를 심리적으로 무장된 구속에서 떼어내는 과제를 지니고 있다. 이를 통해서 처음에는 비사회적이고 변태적이며 잔악한 욕구가 강화되며, 그와 함께 사회적 불안과 도덕적 금지도 강화된다. 만약 환자가 부모의 집에 대한, 유년기 초기의 체험에 대한, 어릴 때 강요당한 성에 반대하는 명령(계율)에 대한 유아기적 구속을 동시에 떨쳐버리게 되면 생장적 에너지는 성기적인 기관 체계로 흘러 들어가게 된다. 달리 말하자면 자연스러운 생식기적 욕구는 새로운 삶으로 성장하거나 그렇지 않으면 처음으로 형성될 것이다. 이어서 성기금지나 불안을 제거하면, 이를 통해 환자에게 오르가즘적인 완전한 만족을 느낄 수 있는 능력을 만들어 주어서 환자가 자기와 맞는 상대를 찾을 수 있는 행복을 누리게 되면, 우리는 환자들의 전체적 태도에서 어떤 놀라울 정도로 커다란 변화를 수없이 많이 관찰할 수 있다.

이러한 변화 가운데 가장 중요한 것들은 다음과 같다. 즉 전에는 무의식적이고 비합리적인 동기가 환자의 행동이나 사고에 다소 강하게 영향을 미치거나 방해했다면 이제는 비합리적인 근거에서가 아니라 현실에서 생기는 근거에서 반응할 수 있는 능력이 더욱 더 확장된다. 이러한 과정이 진행됨에 따라서 그렇게 하도록 '교육'하지 않아도 자발적으로 신비주의적 경향, 경건성, 정서불안, 미신적인 사고 등이 사라진다.

전에는 환자가 자기 자신과 주위 환경과 전혀 접촉하지 않고 부자연스러운 종류의 대리기능으로 심하게 자신을 무장시켰다면 이제는 더욱 더 자신의 충동뿐만 아니라 세계와 직접적으로 접촉할 능력을 지니게 된다. 이러한 과정이 끝나면 환자는 전에 하던 부자연스러운 행동을 떨쳐 버리고 직접적이고 자연스러운 행동을 분명하게 하게 된다.

말하자면 우리는 대부분의 환자에게서 어떤 이중생활을 관찰한다. 외부적으로 볼 때 그들은 특정하게 괴팍한 식으로 보일 뿐이며, 그 병을 넘어서 우리는 그들에게서 분명히 건강함을 느낄 수 있다. 이른바 사람들 사이의 개인적 차이는 오늘날 본질적으로 비대해지고 있는 신경증적인 행동방식의 표현이다. 건강회복 과정에서 개인적 차이가 현저하게 사라지고 행동들의 어떤 단순화가 자리를 차지하게 된다. 환자들의 행동이 단순화된다는 것은 회복단계에 접어든 그들이 자신들의 개인적인 고유성을 잃지 않은 채 자신들의 근본 특징에서 서로 비슷해진다는 것이다. 예를 들면 모든 환자는 제각기 아주 다른 방식으로 자신의 노동장애를 극복해 나간다. 노동장애를 없애 버리고 자신의 자아기능에 대해 신뢰감을 얻게 되면 자기 자신이 무가치하다는 느낌을 보상해 주는 성격상의 모든 특징도 사라진다. 그렇지만 자유로운 노동수행에 근거해 있다는 자의식은 모든 사람에게 비슷하다.

이는 성생활의 태도에도 똑같이 적용된다. 자신의 고유한 성을 억압하는 사람은 도덕적으로나 미학적으로 자신을 보호하려는 다양한 형식들을 발전시킨다. 만약 환자들이 이제 자신의 성욕를 다시 접하게 되면 신경증적인 감별[증상]은 사라진다. 자연스러운 성생활에 대한 태도는 모든 사람에게 거의 동일하다. 이것은 특히 성에 대한 죄책감을 잊게 하고 쾌락을 긍정하는 것에도 통용된다. 전에는 환자들이 충동요구와 도덕적 금지 사이에서 갈등을 느끼고 이를 도저히 해결할 수 없다고 생각하여, 자신들 위에 있거나 자신들 저편에서 움직이는 규범의 척도에 따라 모든 행동을 규제해야만 했다. 환자가 생각하는 모든 것은 환자 스스로 창안해낸 도덕적 척도에서 측정되었고, 동시에 환자는 그러한 도덕적 척도에 항의하곤 하였다.

성격구조의 변화과정에서 환자들이 성기적 충동만족의 필요성과 불가결함을 인식하면, 도덕적 구속복이 벗겨지고 그와 더불어 자신의 충동욕구의 울혈도 사라진다. 전에는 몹시 긴장된 도덕이 충동을 강화하거나 반사회적인 것으로 만들고 그 강화된 충동이 다시 도덕적 금지를 강화시켰다면, 이제는 환자들은 성만족을 느낄 수 있는 능력을 충동의 강도와 일치시켜서 자신들에게 있는 도덕적 규제를 없애게 된다. 이를 통해 전에는 불가결했던 자기억압 메커니즘도 사라진다. 그러니까 가장 본질적인 에너지가 비사회적이게 된 충동과 대립하게 된다.

이로써 환자들은 더 이상 억압당하지 않게 된다. 건강하게 된 사람은 더 이상 자신 속에 어떤 도덕도 실제로 지니지 않으며, 도덕적 금지를 요구하는 어떤 자극도 지니지 않게 된다. 아직도 지니고 있는 비사회적인 자극을 제압하는 것은, 성기적인 기본 욕구를 만족시킬 수 있는 조건 아래서 쉽게 달성된다. 이것은 실제로 오르가즘을 만끽할 수 있는 사람의 실제 태도에서도 나타난다. 성매매적인 성관계는 불가능하게 된다. 현재의 치정 살인 환상은 그 힘과 의미를 잃는다. 특정한 상대를 사랑하거나 혹은 간음하라고 강요하는 것은 생각할 수 없고 낯선 것이 된다. 어린이를 유혹하고 싶은 오래 전에 있었던 자극도 마찬가지로 사라진다. 항문 섹스, 음부 노출, 기타 다른 도착증이 완전히 사라지면 사회적 불안감과 죄책감도 사라진다. 부모나 형제에 대한 근친관계적 유대도 관심에서 사라진다. 이를 통해 전에는 억압에 갇혀 있던 에너지도 자유롭게 될 것이다. 간단히 말해서 지금까지 언급했던 절차는 전체적으로 볼 때 심적 유기체가 **스스로 조절된다**는 사실에 대한 증명으로 볼 수 있다.

이것은 오르가즘으로 만족을 누릴 수 있는 사람은 자연스럽게 긴장을 완화시킬 수 없는 사람과 비교할 때 일부일처제적 성관계에서 더욱 탁월한 능력을 지니고 있다는 것을 나타낸다. 그렇지만 일부일처제적인 태도는 일부다처(혹은 다부일처)제적인 자극을 억제하는 것에 혹은 이에 대한 도덕적인 고려에 근거하고 있지 않고, 오히려 어떤 특정한 상대와 생기 있고 행복감 넘치는 성관계를 언제나 반복해서 체험하려는 성경제학적인 원칙에 근거하고 있다. 이에 대한 전제조건은 상대와의 완전한 성 일치감이다.

남성과 여성의 구분은 임상적으로는 확인할 수 없었다. 그렇지만 어떠한 특정한 상대가 지배적인 조건에서 규칙적으로 성생활을 영위할 수 없게 되면 지금까지의 일부일처제에 바탕을 둔 성생활의 유형은 정반대의 것이 된다. 즉 자신에 맞는 상대를 찾기 위하여 제어하지 못할 정도로 방황하게 된다. 만약 자신에게 꼭 맞는 상대가 발견될 경우 다시 일부일처제적인 태도가 생겨나서, 성적인 일치감과 만족이 지속되게 된다. 그렇게 되면 또 다른 상대들에 대한 생각이나 욕망은 완전히 약해지거나 자신의 상대에 대한 관심 때문에 생겨나지 않는다. 만약 지금까지 상대와의 관계가 완전히 식어 버리고 어떤 다른 동료에게서보다 더 커다란 욕구를 느끼게 된다면, 이전의 관계는 도저히 구제할 수 없을 정도로 파괴된다. 이러한 흔들릴 수 없는 사실은 아이들에 대한 물질적 유대와 고려가 성경제학적인 원리에 대립하는 현대 사회의 전체 성질서와는 해결할 수 없는 모순에 있다. 이런 식으로 아주 건강한 사람들이 성을 부정하는 사회질서의 조건에서 매우 심각한 주체적인 고통을 당하고 있다.

오늘날 오르가즘을 **느끼지 못하게 된** 사람이 다수를 이루고 있는데 이들의 태도는 다르다. 그들은 현실적으로 쾌락을 거의 누리지 못하므로, 짧거나 긴 기간 동안만이라도 성상대 없이 살아갈 수 있거나 까다롭게 누구누구를 선택하지 않는다. 이 경우에 해당되는 사람에게는 성행위 자체가 커다란 의미를 지니지 않는다. 그러므로 성행위를 할 때 까다롭게 상대방을 선택하지 않는 것은 성적인 장애의 결과이다. 이렇게 성장애를 지닌 사람은 평생 지속되는 결혼 조건에 더 잘 융합할 수 있다. 그들의 정조는 성만족에 근거하고 있는 것이 아니라 도덕적 금지에 근거하고 있다.

건강해진 사람이 자신에게 맞는 상대를 찾아서 성생활을 하게 되면 그의 모든 신경질적 증상이 사라진다는 것이 분명할 뿐만 아니라, 전에 전혀 알지 못했던 편안한 마음으로 자신의 삶을 바로 규정하고 신경질 내지 않고도 갈등을 해결할 수 있으며, 자신의 순간적 충동과 사회적 관계를 방향 지우는 데 저절로 안전함을 느낀다. 이때 그는 바로 삶의 쾌락 원리를 따른다. 성격구조, 사고, 느낌에서 삶에 대한 그의 태도의 단순화는 자신의 존재에서 생겨나는 갈등의 많은 원천을 제거한다. 동시에 그는 이로써 현재의 도덕질서에 대한 비판적인 입장을 취하게 된다.

따라서 **성경제적 자기조절**은 심적인 가계[가사관리]의 **도덕적 규제** 원리와 대립한다.

성적으로 피폐되고 모든 도움을 거절하고 있는 현대 사회에서, 이러한 치료 작업을 수행하는 것은 극복하기 어려운 장애물들과 부딪친다. 그 중에서도 무엇보다 건강해진 환자가 자신의 상대로서 아주 적합한, 성적으로 건강한 사람을 만나는 일이 아주 드물다는 장애물에 부딪친다. 그 이외에도 성도덕이라는 일반적인 제한이 작용한다. 성기적으로 건강해진 환자가 건강하고 자연스럽게 성생활을 누리지 못하도록 가로막고 있는 그러한 제도와 사회적 조건에 비추어 무의식적인 위선자에서 의식적인 위선자로 된다고 말할 수 있을 것이다. 또한 사람들은 자신들이 할 수 있는 한 현재의 사회질서를 통해 장애물들을 약화시키거나 없애는 식으로 자신의 환경을 바꿀 수 있는 능력을 발전시킨다.

나는 여기서 가장 간결한 서술에 한정해야 했고, 『오르가즘의 기능』과

『성격분석』에 있는 상세한 설명을 참고하도록 해야 했다. 이미 언급한 임상경험에서 **사회적** 상황에 대한 원칙적인 결론을 도출할 수 있었다. 신경증 예방, 신비주의와 미신에 대항한 투쟁, 이른바 자연과 문화 그리고 충동과 도덕의 모순이란 오래된 문제에 대한 질문에서 얻은 이러한 결과들이 지닌 광범한 전망은 처음에는 우리를 놀라게 하였고 혼란스럽게 만들었다. 그래서 이러한 결론을 민족학적이고 사회학적인 자료들에 비추어 몇 년 동안 시험한 뒤에, **도덕주의적** 원리에서 **성경제학적** 자기조절 원리로의 구조변화에서 나온 결론은 정당하다는 확고한 신념이 생겨났다. 이 자료들은 도처에서 그 증거를 발견했기 때문이다.

이제 오늘날의 성을 부정하는 입장 대신에, 전반적으로 성을 긍정하는 입장이 (그러기 위한 모든 경제적 전제조건과 함께) 등장하는 식으로 사회관계를 바꾸는 사회운동이 있으면 이 교육원리를 인간대중에게 적용하는 것이 현실화될 수 있을 것이다. 물론 이것을 사회의 모든 구성원을 치유할 수 있다는 것으로 이해해서는 안 된다. 성경제학의 근본 생각이 종종 그렇게 오해되었다. 개개인의 성격구조 변화에서 나온 경험에서 누구보다도 유아와 청소년의 교육을 위한 일반적인 기본 법칙을 찾아내야 한다. 자연과 문화, 개인과 사회, 성과 사회성은 더 이상 대립하지 않을 것이다.

우리가 오르가즘론을 정신치료에 도입함으로써 얻을 수 있었던 진료경험과 그 이론적 결론은 지금까지 해당 학문 영역에서 쌓아올린 거의 모든 견해와 모순되었고 모순되고 있다. 성과 문화의 절대적 대립이 도덕, 철학, 문화, 과학, 심리학, 심리치료 전체에서 건드릴 수 없는 도그마로서 지배한다. 여기서 가장 의미심장한 입장은 애초의 임상적 – 자연과학적 발견에도 불구하고 앞서 말한 성과 문화의 절대적 대립에 집착하게 된 프로이트의 정신분석학을 틀림 없이 포함하고 있다. 따라서 정신분석학의 문화이론이 어떠한 모순으로 병들어 있으며, 어떻게 자신의 과학적 작업을 형이상학적으로 타락시켰는지를 간략하게 서술하는 것이 불가결하다. 정신분석학의 문화이론은 우리를 더욱 혼란스럽게 할 뿐이다.

2. 프로이트의 문화이론이 지닌 모순

(1) 성억압과 충동거부

정신분석의 사회학적 중요성에 대해 진지하게 검토하기 위해서는 우선 프로이트 후기 저작에 나타나 있고, 이를테면 로하임(Roheim), 피스터(Pfister), 뮐러 – 브라운슈바이크(Müller-Braunschweig), 콜나이(Kolnai), 라폴그(Laforgue) 그리고 다른 사람들에게서처럼 과거의 그리고 아직 정평이 있는 그의 많은 제자들의 저서에서는 기괴한 성과로 압축되어 있는 이른바 정신분석적 사회학과 세계관이 분석적 심리학의 일관성 있고 성과 있는 결과인지, 아니면 이 사회학과 세계관은 임상적인 분석적 원리와 단절에서, 임상적인 사실에 대한 잘못되거나 불충분한 이해에서 생겨난 것은 아닌지를 확실히 해야 한다. 임상적인 이론 자체에 있는 그러한 틈이나 단절을 확인하고 게다가 그 상이한 임상이론과 사회학적인 근본 견해 사이의 관계를 밝힐 수 있었다면 분석적 사회학이 지닌 가장 중요한 잘못의 원인을 발견했을 것이다(또 다른 잘못의 원인은 개인과 사회를 같다고 하는 것에 있다).

프로이트는 문화란 충동을 억압하거나 거부함으로써 성립된다는(그가 불의 발견이란 문제에 대해 설명하려고 시도한 것) 문화철학적 입장을 대표한다. 그 근본 생각은 문화적인 성취는 성에너지를 승화한 결과이며, 그로부터 성억압 내지는 성억제는 모든 문화형성의 불가결한 요소라는 것이다. 이러한 파악이 올바르지 않다는 것은 역사적으로 이미 증명되었다. 왜냐하면 성억압이 없는 완전히 자유로운 성생활을 하면서도 고도의 문화를 지닌 사회가 있었기 때문이다.[1]

이러한 이론에서 올바른 것은 성억압이 모든 문화 형태에서 하나의 특정한 문화, 즉 **가부장적** 문화의 대중심리학적인 기초가 될 뿐이지, 문화와 문화형성 일반의 기초가 되지는 않는다는 것이다. 어떻게 해서 프로이트는 이렇게 생각하게 되었는가? 확실히 **의식적으로** 정치적이고 세계관적인 이유에서가 아니다. 반대로 '문화적 성도덕'에 대해서 쓴 논문 식의 초기 저작은 정말 성혁명적인 문화비판의 방향을 향하고 있었다. 그러나 프로이트는 결코 다시 이러한 방향으로 더 나아가지 않았고, 반대로 그러한 시도에 반대하여 투쟁하였고, 한때 그러한 노력들을 말로는 '정신분석의 중간선'에도 있지 않은 것이라고 했다. 바로 나의 성정치적 – 문화비판적 연구로 인해 중요한 의견 차이가 처음 생겨났다.

---

1 Reich, *Der Einbruch der sexuelle Zwangsmoral*(『강제적 성도덕의 출현』), Verlag f. Sex-Pol. 1934.

심리적 메커니즘과 무의식적 정신생활의 내용을 분석하면서 프로이트는 무의식이 비사회적이고 반사회적인 충동으로 가득 차 있다는 것을 발견했다. 그에 상응하는 분석방법을 사용하면 누구나 이 발견을 확인할 수 있다. 아버지를 죽이고 어머니의 자리를 차지한다는 환상은 모든 남성에게 중심적인 것이다. 잔혹한 충동이 어느 정도의 의식된 죄책감에 의해 전반적으로 억눌리고 있다는 것이 발견된다. 대부분의 여성에게는 남성을 거세하고 성기를 소유하려고 하거나 예를 들어 삼켜 버리는 것 같은 어떤 형태에 융합되려는 강한 의도가 생긴다. 이러한 충동을 억제하는 것은 의도가 무의식적으로 확인되면 사회적인 적응뿐만 아니라 일련의 심적 장애(예를 들면 위 수술을 통해 우리의 외과의사를 면직시키려고 하는 히스테리성 구토)를 만들어낸다.

성교 중에 여성을 상처 입힌다든가 찌른다든가 찢는다는 남자의 잔인한 환상은 불안과 죄책감에 의해 억제되면 여러 종류의 성불능을 가져오고, 만일 억제기제가 파괴되면 치정살인이 일어나게 된다. 자신의 똥이나 다른 사람의 똥을 먹고 싶어하는 무의식적 의도는 분석이 보여주듯이, 계급 소속과 상관없이 우리 문화권의 아주 많은 사람의 무의식을 채우고 있다. 어머니의 자식에 대한 과잉 사랑이나 남편에 대한 부인의 과잉 사랑은 무의식적인 살인 환상의 강도와 정비례한다는 정신분석의 발견은, '신성한 모성애'와 '결혼공동체'라는 이데올로기의 대변자에게는 결코 달갑지 않을 것이다.

셀 수 없이 또 다른 사례를 나열할 수 있지만 우리의 주제로 되돌아가

보자. 예를 들면 억압된 부분의 무의식의 이러한 내용은 현저하게 가까운 사람들, 양친이나 형제자매 등에 대한 유년기의 잔재임이 밝혀졌다. 살아가고 문화적일 수 있으려면 어린이는 이러한 충동을 극복해야 했다. 그러나 대부분의 사람은 충동을 극복한 대가로 이미 어린 나이에 다소 중증의 신경증에 걸린다. 즉 노동능력과 성능력이 심각하게 손상된다.

무의식이 비사회적인 성격을 지니고 있다는 확인이 올바르듯이, 사회적 존재에 적응하기 위해서는 충동거절이 필수적이라는 것도 올바르다. 하지만 여기서 서로 모순되는 두 가지 사실이 생긴다. 즉 한편으로는 문화에 적응하려면 어린이는 자신의 충동을 억제해야 한다. 다른 한편으로 대개 충동을 억제하다보면 신경증이 생기고, 이 신경증은 다시 어린이의 문화적 능력을 손상시켜서 결국은 어린이가 충분히 적응할 수 없게 만들고 어린이 자체를 비사회적으로 만들어 버린다. 그럼에도 불구하고 개인으로 하여금 자신의 존재조건에 적응하도록 하기 위해서는 사람은 자신의 억압에서 벗어나고 충동을 해방해야 한다. 이것이 건강의 전제조건이지만, 프로이트가 초기의 치료정식에서 말한 것처럼 치유 자체는 아니다. 그렇다면 무엇이 충동억압을 대체해야 하는가? 억압에서 벗어난 충동 바로 그 자체는 그럴 수 없다. 왜냐하면 억압에서 벗어난 충동이란 정말 다시 실존할 수 없다는 것을 의미하기 때문이다.

분석적 문헌의 여러 곳에서 우리는 무의식의 폭로와 해방, 무의식이 실존한다는 것에 대한 긍정이 결코 그에 상응하는 행위에 대한 긍정을 의미하지 않는다는 확인(이것은 이미 세계관적인 실천이다)을 발견한다. 여기서 분석가는 분석치료 상황에 대해서 뿐만 아니라 삶에 대해서도 "당신이 말하고 싶은 것은 말할 필요가 있고 말해야 한다. 그러나 이것이 당신이 하고 싶은 것을 행할 수 있다는 것은 아니다"라는 근본 법칙을 세운다. 하지만 책임 있는 분석가에게는 예전에는 억압되어 있었지만 지금은 해방된 충동이 어떻게 되어 있는가 하는 질문이 더욱 커다란 영향을 지닌 채 항상 남아 있었고 오늘날도 여전히 남아 있다.

가장 가까운 탈출방식은 승화와 거부이다. 하지만 치유가 요구하는 정도만큼 승화시킬 수 있는 환자는 거의 없으므로, 충동권리를 거부함으로써 충동을 거절하라는 요구가 다시 올 뿐이다. 즉 이제 거부가 억압을 대신해야 한다. 이러한 요구에 대한 정당화를, 어린 시절에는 억압할 도리밖에 없는 나약하고 미발달한 자아에 대립하는 충동이 이제 충동에 대한 자발적인 거부를 통해서 스스로를 지킬 수 있는 어른의 강한 자아와 대결한다는 데서 끌어낸다. 이러한 치료정식은 임상경험의 주요한 사실과 정말 모순되지만, 오랫동안 주도적인 정식이었고 오늘날도 그러하다.

이러한 관점은 분석적 교육학도 지배하고 있다. 안나 프로이트(Anna Freud)는 예를 들어 어린이가 전에 억압되었지만 이제 해방된 충동을 가지고 무엇을 시작할 수 있는가 하는 질문에서 이러한 관점을 대변한다. 승화와 함께 거부가 등장하고 또한 그렇게 말할 필요가 있다면, 억압 대신에 '자발적인 충동거부'가 등장한다.

이러한 파악에 따르면 개인이 충동억압을 통해서가 아니라 '충동거절'을 통해 문화적일 수 있고 문화의 담지자가 되기 때문에, 사회는 개인처럼 취급되며 분석될 수 있고, 사회의 문화는 충동거부를 전제조건으로 하여 그 위에서 성립한다는 또 다른 근본적인 파악이 고려된다.

이 전체 구축물은 반대할 여지가 없는 것처럼 보이고, 분석가뿐만 아니라 추상적인 문화개념 일반, 즉 표준적인 부르주아 세계의 대표자 가운데 압도적 다수의 지지를 받는다. 이런 식으로 충동거절과 거부를 통해 억압을 이미 기술한 대로 대치함으로써, 성억압이 사람들을 병들게 할 뿐만 아니라 노동에서 그리고 문화적으로 무능하게 한다는 것을 분명하게 확인했던 초기의 발견으로, 프로이트가 가져온 엄청난 소동을 야기했던 공포스러운 유령을 몰아낼 수 있는 것 같기 때문이다. 프로이트가 관습과 윤리를 위협적으로 파괴한다고 전세계가 날뛰었고, 자신이 의도했든 안했든 '소진하는 삶'을 설교하고 문화를 위협한다고 그를 비난하였다.

프로이트의 이른바 반도덕주의는 그의 초기의 적들에게 가장 강력한 무기 가운데 하나였다. 그리고 이 유령은 거부이론이 나와서야 비로소 사라졌다. 프로이트 자신은 '문화'를 긍정하며 자기가 발견한 것은 문화를 위협하지 않는다고 맹세했지만 거의 영향이 없었다. 프로이트의 '범성설'(凡性說)에 대한 끊임없는 얘기가 이를 증명한다. 적의는 이제 부분적인 수용으로 나아갔다. 그러나 충동이 자유롭게 발휘되지 않는 한, '문화 관점'에서 보면 지하세계의 어둠을 지상에 보이지 않으려고 하는 케르베루스(Cerberus, 그리스 신화에 나오는, 저승 문을 지키는 머리가 3개 달린 개)의 역할을 충동거부 메커니즘이 맡든, 충동억압 메커니즘이 맡든 마찬가지이기 때문이다. 더욱이 사람들은 정말 하나의 진보를, 즉 무의식적으로 악을 억압하는 것에서 충동만족을 자발적으로 거부하는 것으로의 진전을 기록할 수 있었다. 모든 형태의 진정한 윤리는 인간은 무성적이지만 성적인 유혹에 저항한다는 사실에 있는 것이 아니기 때문에, 사람들은 이번에는 모든 방향에서 하나가 될 수 있었고, 비난받던 정신분석학은—아쉽게도 '충동거절', 즉 정신분석이 지니고 있는 충동이론에 대한 거부를 통해—스스로 문화에 적응하게 되었다.

나는 모든 관련 당사자의 환영을 깨야만 한다는 것, 즉 전체적으로 고려해볼 때 잘못이라고 분명히 지적할 수 있는 실수가 발견된다는 것에 대해 유감으로 생각한다. 앞서 말한 결론들이 근거하고 있는 정신분석의 확증이 잘못되었다는 의미에서가 아니다. 반대로 정신분석의 확증은 아주 정확하다. 그 정식화는 단지 부분적으로 불완전하고, 부분적으로 추상적이어서 진정한 결과를 숨긴다.

(2) 충동만족과 충동거부

자신들의 부르주아적 성격에서든, 독일에서의 혹독한 압력 아래에서든, 정신분석을 통제하려 한 독일의 정신분석가들은, 자신들의 비과학적 행위를 정당화하기 위해 프로이트의 저술에서 히틀러에 대한 자신들의 통제 노력의 근거를 탐지할 수 있다고 믿는 것들을 인용하고 있다. 프로이트에게서는 사실상, 정신분석적인 임상발견에 혁명적 궤도와 작용을 부여하고, 자연과학자와 부르주아적 문화철학자 사이의 완전한 모순을 드러내는 정식화들이 발견된다. 그러한 종류의 구절 하나는 이렇게 쓰여 있다.

> 정신분석이 성을 '자유분방하게 발휘하여' 신경증적인 병의 치유를 기대한다고 생각하는 사람이 있다면, 그것은 악질적이며 무지에 의해서만 정당화되는 오해이다. 분석에서 억압된 성욕을 의식함으로써 우리는 이전의 억압으로는 할 수 없었던 성욕을 오히려 **지배**할 수 있다. 분석이 신경증 환자를 그 자신의 성구속에서 벗어나게 한다고 더욱 당당하게 말할 수 있다.[2]

예를 들면 만일 국가사회주의[나치]당 고관의 17살짜리 딸이 성교욕망을 억압한 나머지 히스테리 발작에 걸렸다고 한다면, 정신분석 치료에서는 우선 그 성교욕망을 근친 성관계[근친상간]적이라고 여기며 그러한 것으로서 거부하게 된다. 그러나 성욕은 어떻게 되는가? 위 정식에 따르면 소녀는 자신의 성구속에서 '해방'된다. 하지만 임상적으로는 사태는 이렇게 보인다. 즉 분석의 도움을 받아 그 소녀가 아버지에게서 벗어나면 자신이 지니고 있었던 근친 성관계적 욕망의 구속에서는 해방되지만 자신의 성욕 일반에서 해방되지는 않는다.

프로이트의 정식은 이러한 중요한 사실을 무시한다. 즉 성기의 역할에 대한 과학적인 논쟁은 이 임상적인 문제에서 시작되었고, 성경제학적 테제들과 응용된 정신분석적 테제들 사이의 차이의 핵심적 구성요소를 형성하였다고 말할 수 있다. 프로이트의 정식은 그 소녀에게 모든 성생활을 거부하도록 요구한다. 이러한 형태로 정신분석은 나치 고관에게도 받아들여지고 뮐러-브라운슈바이크[정신분석가]에게는 '영웅적 인간으로 개량하

---

2 Freud, *Gesammelte Schriften*, Bd, XI , 201쪽 이후.

기' 위한 도구가 된다. 하지만 이러한 형태는 히틀러가 태워 버린 책 속에 있었던 정신분석과 전혀 관계가 없다. 부르주아적인 편견을 고려하지 않는 이러한 정신분석은 소녀가 부친에 대한 성기욕망을 어떤 남자친구에게로 옮기고 그에게 만족하게 되면 건강해질 수 있다고 분명하게 말하고 있다. 하지만 바로 이러한 생각은 모든 나치 이데올로기와 모순되며 사회의 성질서라는 문제를 끊임없이 제기한다. 성경제학의 요구를 만족시키기 위해서는 소녀가 자신의 성기적 성을 자유롭게 해야 하기 때문에, 그녀는 자신의 방, 피임 수단, 사랑할 수 있으며 나치적이지 않은, 즉 성을 부정하지 않게 성격구조화된 친구, 이해성 있는 부모, 성을 긍정하는 사회적 분위기를 필요로 한다. 이러한 것들이 많으면 많을수록, 청소년의 성생활에 대한 사회의 벽을 허무는 데 쓰는 금전적 수단은 더욱 적어질 것이다.

성억제 메커니즘의 해체 문제는 충동욕구의 유죄판결과 충동거부가 충동적 삶의 경제학과 연결되어 있지 않다면, 분석작업에서의 충동거부나 유죄판결을 통해서 간단히 그리고 정말 프로이트의 정식의 의미에서 해결할 수 있을 것이다. 심리적 장치는 아주 한정된 성경제학적 조건에서만 충동을 거부할 수 있을 뿐이다. 또한 충동승화는 일정한 전제조건과 연결되어 있다. 성 가계(Haushalt)가 규제될 때, 즉 거부해야 할 흥분에 힘을 실어주는 어떤 성울혈이 없으면, 병적이거나 비사회적인 충동을 계속 유죄판결할 수 있다는 것을 성격분석을 하는 임상의사는 안다. 심리 에너지적 가계의 조절은 각 연령에 상응하는 성만족의 가능성을 요구한다. 이것은 정상적인 성기만족의 길을 자유롭게 갖고 이러한 만족을 경험할 때에만 어른 나이에 유아적이고 병인[병의 원인]이 되는 욕구를 버릴 수 있다는 것을 의미한다.

사람들이 그로부터 사회생활을 보호해야 하는 도착적이고 신경증적인 만족이 성기적인 성생활의 결과이며 성기적인 성생활의 장애나 방해라는 조건에서만 생기기 때문에, 우리는 충동만족이나 충동거부에 대해서 일반적으로 구체화하지 않고는 말할 수는 없고, 어떤 충동만족인지 어떤 충동거부인지를 구체적으로 질문해야만 한다. 만일 분석치료가 도덕을 설교하는 것이 아니라 억압을 없애려고 한다면, 그것은 단지 각각의 연령이나 발달단계에 상응하지 않는 욕구만족에 대한 거부를 실천적으로 의도할 수 있다.

분석치료는 성적 성숙에 따른 아버지에 대한 유아기적인 유대에서 신경증적 징후를 만들어낸 그 소녀로 하여금 그것을 의식하게 함으로써 자신의 어린 시절의 근친 성관계적 요구를 유죄판결하도록 할 것이다. 하지만 그것은 아직 이러한 욕망의 제거를 의미하지 않는다. 왜냐하면 지속적인 성열기는 더욱 방출되려고 하기 때문이다. 도덕적인 주장을 가지고서만이 치료 원리와 회복 의지에 조악하게 부딪치지 않은 채 그녀로 하여금 그녀와 같은 또래의 소년에게서의 성만족을 거부하도록 할 수 있다. 그녀는 자신의 성이 다른 상응하는 대상을 발견하고 실제적인 만족도 경험한다는 조건에서만 아버지에 대한 고착을 해소할 수 있다. 이런 일이 일어나지 않으면 유아기적 고착은 없어지지 않거나 또 다른 유아기적인 충동목표로 퇴행하고, 문제는 더욱 굳건하게 남아 있게 된다.

동일한 것이 신경증 질환의 모든 사례에서도 타당하다. 결혼에 만족하지 않는 여성은 자신의 성이 혼외관계나 새로운 결합에서 만족을 찾으면 버릴 수 있는 유아적인 성욕을 무의식적으로 부활시킬 것이다. 유아적인 충동자극을 유죄판결하는 것이 새로운 성생활을 확립하는 전제조건이듯이, 이 새로운 성과 그것의 효과적인 만족은 병적인 노력의 궁극적인 해결에 필수불가결한 전제조건이다. 치정살인자는 생물학적으로 정상적인 성생활이 열리기만 하면 자신의 성적인 [살인] 목표를 버릴 것이다. 그러므로 문제는 충동거부냐 충동해방이냐 라는 양자 택일이 아니라, 어떠한 충동거부이고 어떠한 충동만족인가 하는 것이다.

억압된 무의식의 사악한 본성에 대해 추상적으로 말하면 우리는 신경증의 치료와 예방뿐만 아니라 전체 교육학에 가장 결정적인 사실을 감추게 된다. 프로이트는 신경증 환자(우리 문명에서는 압도적 다수의 사람들)의 무의식의 내용은 본질적으로 유아적이고 사납고 비사회적인 충동으로 이루어져 있다는 것을 발견했다. 이것은 정확하다. 그러나 무의식 속에서는, 예를 들면 청소년이나 불행한 결혼생활에 묶인 사람들의 성욕처럼 자연스러운 생물학적인 요구를 방해하는 충동도 발견된다는 사실은 무시되었다. 비사회적이고 유아적인 충동이 나중에 강해지는 것은 역사적으로뿐만 아니라 경제적으로 이러한 자연스러운 욕구가 충족되지 않아서 생긴다. 이때 만족되지 않은 리비도(Libido)는 부분적으로는 원시적인 유아적 충동을 강화하며, 부분적으로는 노출증이나 치정살인 충동과 같은 전혀 새로운 아주 비사회적인 충동을 창조하기도 한다. 민족학은 그러한 충동이 원시사회가 일정 정도 경제발전을 이룰 때까지는 없으며 정상적인 성생활을 사회적으로 억압할 때 비로소 그 대체물로서 나타난다는 것을 우리에게 가르쳐준다.

성형식의 사회적 발전에서 처음 생기고 사회가 정당하게 그 만족을 금지하기 때문에 무의식인 것으로 된 이러한 충동을 정신분석에서는 오로지 생물학적 사실이라고 파악한다. 이 견해는, 노출증은 특정한 노출 호르몬 때문에 생긴다는 히르쉬펠트(Magnus Hirschfeld)가 대표하는 또 다른 견해와 그리 다르지 않다. 이러한 단순한 기계론적인 생물학주의의 껍데기를 벗기기는 아주 어렵다. 이 생물학주의는 우리 사회에서 문제설정을 사회학적인 것에서 생물학적인 것으로, 그와 더불어 실천적으로는 과도적인 것으로 옮기는 일정한 기능을 수행하기 때문이다.

무의식의 사회학이라든가 비사회적인 성(Sexualität)에 대한 사회학이 있다. 이것은 억압된 충동의 양과 질, 두 측면을 다루는 무의식적 충동의 사회사를 의미한다. 하지만 억압 그 자체만이 사회학적인 현상이 아니라 억압을 만들어내는 것도 사회학적 현상이다. 부분충동의 기원에 대한 연구는 민족학적 사실로 나아가야 한다. 예를 들면 일반적으로 구순기와 성기기 사이에 있는 리비도 발달단계로 여겨지고 있는 항문기가 어떤 종류의 모계사회에서는 거의 나타나지 않는다. 왜냐하면 어린이들은 3살이나 4살까지 젖을 먹고 자라지만 그후로는 직접 자신들의 성기역할을 활성화하기 때문이다.

정신분석의 비사회적인 충동자극 개념은 절대적이며, 그 때문에 사실과 부딪치는 결론을 유도한다. 그러나 비사회적인 충동이 상대적이라는 것을 파악하면 분석치료의 파악에 대해서 뿐만 아니라, 특히 결정적인 방식으로 사회학과 성경제학에 대해서 근본적으로 다른 결론을 도출할 것이다. 1, 2살 정도의 어린이의 항문활동은 '사회적'이거나 '비사회적'인 것과는 아무런 관계도 없다. 어린이의 항문충동이 비사회적 본성을 지닌다는 추상적 관점에서, 생후 6개월이 되면 '문화를 받아들일 수 있는' 어린이를 만들고 나중에는 정반대의 결과, 즉 항문적인 승화와 항문 신경증적 장애를 가져온다는 아주 익숙한 규칙이 생긴다. 성충족과 문화는 절대적으로 대립한다는 기계적인 이해로 인해, 분석적인 어른들조차 어린이가 자위하지 못하게 하는 조치를 취하고, 적어도 "부드럽게 다른 일에 주의를 돌리게 한다." 내가 잘못 알지 않는 한 안나 프로이트가 쓴 책 어디에도, 그녀도 사적으로는 정신분석의 결과로 돌린 것, 즉 어린이의 자위는 생리학적인 발전으로 여겨야 하고, 그러므로 금지해서는 **안 된다**는 사실이 쓰여 있지는 않다.

무의식적으로 억압된 것은 문화와 모순된다는 관점에서는, 청소년들의 성기 요구를 유죄판결해야만 한다. 이 유죄판결은 흔히 현실원칙이 충동만족을 나중으로 미룬다는 호의적인 지적과 함께 일어난다. 이 현실원칙조차도 상대적이며 오늘날에는 권위주의 사회의 이해에 봉사하고 그 사회에 의해 규정된다는 사실은, 과학과는 아무 관련도 없는 정치학이라고 하여 토론에서 배제된다. 이러한 결론도 여전히 정치학이라는 사실은 인식되지 않고 있다. 그러한 태도가 분석연구를 극심하게 위험에 빠뜨리고,

그래서 특정한 사실의 발견을 방해했을 뿐만 아니라 반동적인 문화 개념과 결합하여 자신의 실천[진료]적인 응용에서 지닐 확실한 성과를 마비시키고 부분적으로는 아주 위조해 버렸다. 정신분석은 끊임없이 사회가 개인에게 미치는 영향뿐만 아니라 건강과 병, 사회적인 것과 비사회적인 것에 대한 판단을 가지고 작동하지만 동시에 자신의 방법과 성과가 지닌 혁명적 성격을 알아차리지 못하기 때문에, 한편으로는 성억압이 문화와 대립한다는 확인과 다른 한편으로는 성억압이 문화를 가져온다는 확인 사이에서 비극적으로 쳇바퀴를 돌고 있다.

분석연구가 간과하였으며 분석연구 자체의 문화 이해와 모순되는 사실들을 요약해보자.

— 무의식은 질적이고 양적인 측면에서 문화에 의해 구속[결정]된다.
— 유아적이고 비사회적인 충동요구를 유죄판결하는 것은 그때 그때 생리적으로 정상적이고 필수적인 성욕의 충족을 전제한다.
— 심리적 장치의 가장 본질적인 문화적 수행으로서의 승화는 모든 성억압의 중지를 요구하며, 성인에게서는 성기 이전의 충동만족에는 대립하지만 성기적 충동만족과는 대립하지 않는다.
— 신경증을 예방하며 사회적인 수행능력의 달성에서 성경제학적으로 결정적인 요소인 성기만족은 모든 점에서 현재의 국가법률이나 가부장적인 종교와 모순된다.
— 치료법으로서 뿐만 아니라 사회학적 학문으로서 정신분석에 의해 제기

되어 온 성억압을 폐지하는 것은, 바로 이러한 억압 위에 건설되어 있는 모든 문화적 요소와 가장 첨예하게 모순된다.

정신분석은 자신의 문화 관점을 고집하는 한 분석연구자의 문화 이해와 이러한 문화에 적대적인 과학적인 성 사이의 모순을 세계관에 따라 해소하려고 시도하기 때문에, 위에서 지적한 것들은 정신분석적 연구의 진정한 결과를 희생하면서 일어난다. 정신분석은 자신의 연구성과에서 결론을 끌어내지 않을 경우에 과학이 지닌 이른바 비정치적인('비실용주의적인') 성격 뒤로 숨지만, 반면 분석적 이론 및 실천의 모든 발걸음은 정치적인('실용주의적인') 사실을 다룬다.

교회나 파시스트 그리고 다른 퇴보적인 이데올로기를 그들의 무의식적인 심리적 내용에 비추어보는 사람은 이러한 이데올로기가 본질적으로 누구나 지니고 있는 무의식적인 지옥에 대한 불안에서 생기는 방어물을 나타낸다는 것을 발견한다. 반사회적인 무의식적 충동이 절대적이고 생물학적으로 주어져 있다고 할 때 이로부터 금욕주의적 도덕에 대한 정당화와 '악마적인' 것에 대결하는 신 개념에 대한 정당화가 나온다. 그러면 정치적 반동은 올바를 것이며 성빈곤을 없애려는 모든 시도는 의미 없을 것이다. 그러면 보수적인 세상은 인간의 '고상함', '신성', '도덕성'의 파괴가 인간의 사회적이고 감각적인 태도에 혼돈을 가져올 것이라고 정당하게 주장할 것이다. 사람들은 '문화적 볼셰비즘'이라고 할 때 무의식적으로 바로 이것을 생각한다.

혁명운동은 성정책을 주장하는 세력을 제외하고는 이러한 관계를 인식하지 못하며, 성경제학의 토대라는 문제에 관한 한 정치적 반동과 아주 종종 하나의 전선에 있게 된다. 혁명운동은 정치적 반동과는 다른 이유에서 성경제학적 법칙을 공격한다. 즉 혁명운동은 성경제학적 법칙과 그것의 역사적 변화를 인식하지 못한다. 혁명운동은 여전히 악한 성충동의 생물학적이고 절대적인 본성을 믿고, 그와 함께 도덕적 억제와 규제의 필연성도 믿는다. 혁명운동은 자신의 적만큼이나 충동적 삶에 대한 도덕적 규제가 바로 그 규제가 없앨 수 있다고 둘러대는 비사회적인 충동적 삶을 만들어낸다는 사실을 알지 못한다.

그럼에도 성경제학은 현재 인간의 무의식적 충동은 실제로 비사회적이며 단지 도덕가들에 의해 그렇게 생각되고 있는 것만은 아닌 한, 도덕적 규제의 산물이며 그러한 규제가 사라지면 사라질 수 있다는 것을 가르쳐준다. 성경제학만이 문화와 자연 사이의 모순을 지양할 수 있기 때문에 성억압과 더불어 도착적이고 비사회적인 충동도 제거할 것이다.

3. 이차적 충동과 도덕적 규제

이른바 '문화적 볼셰비즘'과 파시스트의 '반(反)볼셰비즘' 사이의 투쟁에서 사회혁명은 도덕을 완전히 파괴하고 사회생활에 성혼란을 초래한다는 주장이 엄청난 역할을 하고 있다. 정반대로 혼란한 자본주의가 사회적 혼돈을 가져왔고 사회혁명은 틀림없이 사회생활의 안정을 가져올 수 있다는 주장을 통해 이러한 논쟁을 무력화시키려는 시도가 지금까지 있었다. 소련에서는 권위주의적-도적적 원리를 비권위주의적 자기조절로 바꾸는데 실패했다.

이러한 두 주장의 대결만큼이나, 자신의 고유한 '도덕'[관습]을 주장하고 경쟁함으로써 중요한 정치적 주장을 무력화시키겠다는 시도는 설득력이 없다. 첫째로 왜 평균적인[평범한] 인간이 도덕개념에 그렇게 얽매여 있는가? 왜 평범한 인간은 '사회혁명'을 성적이고 문화적인 혼돈과 반드시 연결시키고 있는가를 이해해야만 한다. 파시즘 이데올로기에 대한 연구에서 이러한 질문에 대한 부분적인 해답이 제시되었다. 즉 성을 부정하도록 성격구조화된 평범한 인간의 무의식적이고 정서적인 삶에서 문화적 볼셰비키가 된다는 것은 '성도덕으로부터의 일탈(자유분방)'을 의미한다. 사회혁명이 일어나면 도덕적 규제가 작동하지 않는다는 성경제학의 인식이 현실에서 즉시 적용될 수 있다고 믿는다면, 그것은 성경제학의 사고방식을 오해했다는 증거일 것이다.

어떤 사회가 생산수단을 소유하자마자 그 사회는 인간의 공동적 삶을 어떻게, 즉 도덕적으로 아니면 '자유롭게' 규제할 수 있는가 하는 질문에 필연적으로 직면하게 된다. 곧 성해방이나 도덕적 규범 및 규제는 문제가 되지 않는다는 것을 쉽게 알 수 있다. 사람들은 현재와 같은 성격구조를 지니고 있는 한 자기를 규제하지 못하며, 경제적 민주주의를 만들 수는 있지만 정치적 민주주의를 즉각 만들어낼 수는 없다는 사실을 이미 우리는 종종 마주해 왔다. 이것은 결국 국가는 점차 소멸해 갈 것이라는 레닌의 정식이 지닌 전체적 의미이다. 그러나 만일 도덕적 규제를 없애고 자기조절로 바꾸고 싶다면 예전의 도덕적 규제가 어느 정도 필수적인가를, 개인과 사회에 어느 정도 해로웠고 폐해를 끼쳤는가를 알아야 한다.

정치적 반동이 지닌 강제적 도덕의 관점은 생물학적인 충동과 사회의 이해를 절대적으로 대립하는 것으로 본다. 이러한 대립에 근거하여 반동은 도덕적 규제의 필요성을 주장한다. 왜냐하면 사람들이 '도덕을 없애 버리게' 되면 '동물적인 충동'이 모든 것에 흘러 넘쳐 '혼란을 가져오기' 때문이라고 한다. 정치적으로 굉장히 중요한 역할을 하는 사회혼돈에 대한 환기는 단지 인간 충동에 대한 두려움일 뿐이라는 것은 명백하다. 그렇다면 도덕은 필요한가? 충동이 실제로 사회적 공동생활을 위협하게 되면 도덕은 필요하다. 그렇다면 도덕적 규제를 어떻게 없앨 수 있을까?

만약 다음과 같은 성경제학의 발견들을 고려한다면 이러한 질문에 즉각 답할 수 있다. 즉 인간의 자연스런 생물학적 요구에 대한 도덕적 규제는 억압, 불만족 등을 통해 이차적이고 병들고 비사회적인 충동을 만들어낸다. 이번에는 이들 충동이 필연적으로 억제되어야 한다. 그러므로 도덕은 사회적으로 파괴적인 충동을 억압하기 위한 필요에서 만들어진 것이 아니다. 왜냐하면 도덕은 이러한 비사회적 충동들 이전에 존재했기 때문이다. 도덕은 원시사회에서 경제적으로 강력한 힘을 확장하던 상층계급이 자연스럽고 그 자체로는 사회성을 파괴하지 않는 욕구를 억압하려는 일정한 이해와 관심을 갖는 데에서 생겨났다. 강제적인 도덕적 규제는 자신이 생산했던 조건들이 **실제로** 사회생활을 위협하게 된 순간에 자신의 실존의 정당성[존재이유]을 얻었다. 예를 들어 음식에 대한 욕구충족을 억압하는 것은 도둑질하는 경향을 낳았으며, 이것은 이번에는 도둑질에 대한 도덕적 규제를 필요로 했다.

그러므로 우리가 도덕이 필요한지 도덕을 없애야 하는지, 하나의 도덕을 다른 도덕으로 바꾸어야 하는지 혹은 도덕적 규제를 자기조절로 바꾸어야 하는지를 논의할지라도, 도덕을 통해 만들어진 반사회적인 **이차적** 충동과 **자연스런** 생물학적인 충동을 구별하지 않으면 한 걸음도 나아갈 수 없을 것이다. 가부장적 인간의 무의식적 정신생활은 **두 가지** 종류의 충동으로 가득 차 있다. **비사회적인 충동을 억압하면 자연스러운 생물학적 충동도 희생될 것**임은 분명하다. 왜냐하면 비사회적인 충동과 자연스런 생물학적 충동을 구분할 수 없기 때문이다. 하지만 이미 말한 것처럼 정치적 반동은 충동 개념을 선험적으로 '비사회적인' 개념과 결합시키지만, 앞에서 제기한 구분은 우리에게 해결책[탈출구]을 제시한다.

인간의 생물학적 에너지에 대한 규제가 스스로 비사회적인 행동의 모든 경향을 없앨 정도로 인간 성격의 재구조화가 이루어지지 않는 한, 도덕적 규제 또한 없어지지 않을 것이다. 성격 재구조화 과정은 아마도 많은 시간이 걸릴 것이기 때문에, 우리는 성경제학적 조절을 통해서 강제적인 도덕적 규제를 없애고 그것을 대체하는 것은 자연스런 생물학적 충동이 이차적이고 비사회적인 충동의 영역을 축소하는 한에서만 가능할 것이라고 말할 수 있다. 우리는 개별 환자의 성격분석 치료에서 관찰되는 과정에 기반하여 이렇게 예측할 수 있다. 거기에서 마찬가지로 우리는 환자가 자신의 자연스런 성을 다시 획득하는 한에서만 자신의 도덕적 규율을 버린다는 것을 알 수 있다. 환자는 의식을 통해 자신의 도덕적 규제와 비사회성을 버리고 자신이 성기적으로 건강하게 되는 만큼 '도덕적'이게 된다.

그러므로 사회발전은 도덕적 규제를 하룻밤 사이에 없애지는 않을 것이다. 사회발전은 우선 도덕적 규제로서 인간을 성격적으로 재구조화시키고, 인간들이 권위와 도덕적 압력 없이 독립심과 진실로 자발적인 자기규율을 지니고 사회적 유대 속에서 살아가고 일할 수 있게 한다. 도덕적 금기는 오직 비사회적인 충동에만 적용될 것이다. 예를 들면 어른들이 저지르는 어린이에 대한 유혹은 심하게 처벌될 것이다. 도덕적 규제는 어린이를 유혹하려는 충동이 구조적으로 어른들에게서 나타나는 한 폐지되지 않을 것이다. 이러한 점에서 혁명 이후의 상황은 여전히 권위주의 사회의 상황과 같을 것이다. 결정적인 차이는 자유로운 사회는 자연스러운 욕구만족을 위한 충분한 여지와 보증을 제공할 것이라는 점이다. 그래서 자유로운 사회는 두 청춘 남녀 사이의 애정관계를 금지하려 하지 않을 뿐만 아니라 그것을 전적으로 보호하고 도와줄 것이다. 그러한 사회는 어린이의 자위행위를 금지하지 않을 뿐만 아니라, 반대로 어린이의 자연스러운 성발달을 방해하는 어른들을 엄하게 다루어야만 할 것이라고 결론지을 것이다.

하지만 우리는 이제 '성충동' 개념을 절대적이고 경직된 것으로 생각하지 말아야 한다. 왜냐하면 이차적인 충동은 스스로 원하는 것에 의해 정해질 뿐만 아니라 자신이 하고자 하는 시점에 그리고 자신이 만족을 얻으려 하는 조건들에 의해서 정해지기 때문이다. 아주 똑같은 충동이 어떤 경우나 시기에는 자연스러운 것일 수 있지만, 다른 경우에 또는 다른 시기에는 비사회적인 것일 수도 있다. 이러한 점을 명확히 해보자. 예를 들면 만일 한 살이나 두 살짜리 어린이가 침대에 오줌을 싼다든가 똥을 가지고 논다든가 하는 행위는 성기 이전의 성발달에서 자연스러운 단계이다. 그 나이에 똥을 가지고 놀고 싶은 충동은 자연스러운 것이고 생물학적으로 당연한 것이며, 이러한 자연스러운 행위를 했다고 해서 어린이를 벌주는 것이야말로 벌 받을 행위이다. 하지만 14살에 똥을 먹는다든가 가지고 논다든가 하면 이것은 이차적이고 비사회적이고 병리적인 충동일 것이다. 이러한 청소년을 벌해서는 안 되고 치료하기 위해 입원시켜야 한다. 하지만 자유로운 사회는 이것에 만족해서는 안 된다. 오히려 자유로운 사회의 가장 중요한 과제는 그러한 행동을 하고 싶은 충동이 더 이상 나타나지 않도록 하는 방식으로 교육방식을 바꾸어 나가야 하는 것이다.

또 다른 예를 들어보자. 15살의 소년이 13살 난 성장기의 소녀와 애정관계를 갖고 싶어한다면, 자유로운 사회는 그것을 반대하지 않을 뿐만 아니라 긍정하고 보호할 것이다. 하지만 15살의 소년이 3살짜리 여자 아이를 유혹하여 성만족을 얻으려 한다든가 동년배의 소녀와 강제로 성관계를 가지려 할 경우 이것은 비사회적인 행동일 것이다. 물론 그 사회가 동년배의 소녀와 정상적인 성관계를 가지려 하는 그 소년의 건강한 충동을 신경증적으로 억제하고 있다는 것을 지적할 것이다. 요약하자면 권위주의 사회에서 자유로운 사회로의 과도기에서 규칙은 이차적이고 비사회적인 충동에는 도덕적 규제를, 자연스럽고 생물학적인 욕구에 대해서는 성경제적인 자기조절을 하는 것이다. 발전의 목표는 점진적으로 이차적 충동과 이것이 동반하는 도덕적 강제를 기능하지 못하게 하며, 이차적 충동과 도덕적 강제를 완전히 성경제학적인 자기조절로 바꾸는 것이다.

도덕가들이나 병적인 사람들이 이차적 충동에 대한 정식을 자신들의 목적에 봉사하도록 해석할 수도 있을 것이다. 하지만 가부장적인 도덕적 초인이 더 이상 뒷문을 통해 사회생활에 숨어들 수 없다는 점에서, 자연스런 충동과 이차적인 충동의 구별을 이처럼 명확히 할 수 있을 것이다. 엄격한 도덕적 원칙이 있다는 것은 인간의 생물학적인 욕구, 특히 성욕이 충족되지 않는다는 것을 항상 의미한다. 모든 도덕적 규제는 그 자체로 성을 부정하며 욕구를 거부한다. 모든 도덕은 삶을 부정한다. 사회혁명은 마침내 인간이 자신의 삶을 실현하고 충족시키는 것을 인간적 삶의 본질로 만들 수 있는 중요한 임무를 지닌다.

성경제학은 도덕적 규제만큼이나 '도덕적 행동'을 열망한다. 그러나 성경제학은 도덕적 행동을 다르게 확립하기를 바라며 도덕에 대해 완전히 다르게 이해하고 있다. 즉 자연에 대해 정면으로 반대하는 어떤 것이 아니라, 자연과 문명의 완전한 조화로 이해하여야 한다. 성경제학은 강제적인 도덕적 규제에 대해 싸우지만, 삶을 규정하는 도덕에 대해서는 그렇지 않다.

4. 성경제학적인 '도덕'

전세계의 모든 사람이 좋은 환경에서 뿐만 아니라 가장 나쁜 환경에서도 사회생활을 새롭게 정돈하기 위해서 싸우고 있다. 사람들은 가장 비참한 사회적 경제적 조건에서 투쟁할 뿐만 아니라 그들과 싸우는 반대편 사람들에게도 공통적으로 나타나고 있는 자신들의 고유한 심리구조에 의해서 금지되고 헝클어지며 위협받고 있다. **문화혁명의 목표는 자기조절할 수 있는 인간 성격구조를 창출해내는 것이다.** 이러한 목표에 도달하기 위해 싸우고 있는 오늘날의 투사들은 때때로 이러한 자유주의적 목표에 따라 만들어진 원칙에 따라 살아가고 있지만 그것은 원칙일 뿐이다.

오늘날 완전히 발전되고 통합되고 성을 긍정하는 성격구조를 지닌 사람은 존재하지 않는다는 것을 분명히 말하는 것이 중요하다. 왜냐하면 우리 모두는 지금까지 권위적이고 종교적이며 성을 부정하는 교육기관에 의해 영향을 받았기 때문이다. 그럼에도 불구하고 우리는 우리의 개인적 삶을 형상화하는 데에서 성경제학이라 부를 수 있는 그러한 입장을 쟁취하려고 투쟁한다. 그런데 어떤 사람은 자기 자신을 재구조화하는 데 어느 정도 성공하는 반면에, 어떤 사람은 대단히 어려움을 겪을지도 모른다. 수년 내지는 수십 년 동안 노동운동에 참여해 온 사람은 자신의 개인생활 속에서 미래의 성경제학적인 삶의 일부분을 여기저기서 미리 그려보았다는 것을 경험을 통해 안다.

오늘날 '성경제학적 도덕'이 무엇이며, 그것이 어떻게 '미래의 도덕'을 미리 보여주는지에 관해서는 몇 가지 실례가 보여 줄 것이다. 우선 우리가 이러한 종류의 삶과 이러한 삶의 열망을 옹호하는 데서 결코 혼자여서는 안 된다는 것을 강조해야겠다. 오히려 우리는 그러한 세계관을 지니고 그러한 종류의 삶을 살아 왔다. 왜냐하면 이러한 행동방식들과 새로운 '도덕적 원칙들'이 당의 슬로건이나 외부 의지와는 독립적으로 그리고 완전히 독자적으로 인간사회의 전체 과정에 이미 관철되기 시작했기 때문이다.

약 15년 내지 25년 전에는 결혼하지 않은 소녀가 처녀가 **아니다**[처녀성을 상실한다]는 것은 치욕적인 일이었다. 그러나 오늘날 모든 집단 및 사회계층의 소녀들은(물론 나라에 따라서 다수이거나 소수이며, 명백히 드러나지는 않거나 묘하게 꼬여 있기는 하지만) 18살, 20살 그리고 22살까지 **아직** 처녀성을 지니고 있다는 것이 오히려 치욕적이라는 견해를 서서히 드러내고 있다.

얼마 전까지만 해도 결혼하려는 한 쌍의 남녀가 결혼 전에 신체적인 접촉을 가지는 것은 심하게 벌 받아야 하는 도덕적인 범죄로 간주되었다. 그러나 오늘날 교회, 스콜라적인 시시콜콜한 의학, 철학 등의 영향에 반대하여 폭넓은 주민층에서 다음과 같은 견해가 거의 자생적으로 나타나고 있다. 즉 오랫동안 사랑을 지속하려는 어떤 남자와 여자가 과연 자신들이 성의 공동체를, 다시 말해서 성생활에서 잘 맞는지 아닌지를 미리 확인해 보지도 않고 지속적으로 성결합을 원하고 있다면 이는 비위생적이고 경솔한 짓이며 미래를 파괴할 것이라는 견해이다.

불과 몇 년 전만 하더라도 혼외정사는 '자연에 위배되는 방탕한 행위'라고 법적으로 명시될 정도로 커다란 치욕이었으나 오늘날 청년노동자들에게 또한 쁘띠부르주아 청년들에게는 자연스럽고 필수적인 일이 되었다.

15살 내지는 16살의 성숙한 소녀가 성상대를 지니고 있다는 생각은 몇 년 전까지만 해도 터무니없을 뿐만 아니라 상상할 수 없는 것이었다. 그러나 오늘날 사람들은 이 문제를 이미 마주하고 있으며, 마치 요즈음 기혼 여성이 한 명의 상대를 소유할 권리를 지니고 있는 것처럼 몇 년 뒤에는 이 문제가 당연한 일이 될 것이다. 백 년 뒤면 사람들은, 예를 들어 여교사들은 성생활을 해서는 안 된다는 요구사항에 대해, 마치 우리가 중세에는 여자들이 정조대를 착용해야 했다는 사실에 웃음을 터뜨리는 것처럼 무척 놀라며 웃음을 터뜨릴 것이다.

남자는 여자를 유혹할 수 있지만 여자는 남자를 유혹해서는 안 된다는 생각은 오늘날에도 이데올로기적 태도로서 일반적으로 지배하고 있다. 오늘날 누가 이 사실에 대해 조소를 머금지 않겠는가?

상대가 원하지 않을 경우에는 성행위를 할 수 없다는 사실은 여자들에게는 잘 알려져 있지 않다. 법에 명문화되어 있고 심각한 결과를 가져오는 결혼의무 개념은 이것을 입증해 준다. 그렇지만 우리는 성문제상담소나 진료행위를 통해서, 한 남자가 성행위를 원하지 않으면 자신의 여성 상대와 관계를 맺지 않는다는 사실, 만약 성기가 발기하지 않으면 여성과 성교할 수 없다는 태도가 얼마나 당연하게 뿌리내리고 있는가 하는 문제를 경험해야 했다. 몇 년 전에는 [어쩌면 오늘날까지도] 여성들은 성행위에 직접 참여하는 것이 아니라 이를 다만 수동적으로 감내해야 한다는 생각이 지배적이었다. 이것은 남성이 완전히 성행위에 대한 준비를 하지 않는 경우에는 성교할 수 없다는 도덕적 사고이다. 이로써 성폭력의 이데올로기와 여자는 유혹당하거나 적어도 부드럽게 능욕당해야 한다는 여자들의 생각은 토론의 여지를 더 이상 남겨 두지 않았다.

몇 년 전에는 [오늘날도 아직] 사람들은 질투심에 가득 차서 상대의 정조를 감시해야 한다는 생각이 널리 퍼져 있었다. 치정살인의 통계를 언뜻 볼 때 사회가 이 영역에서 얼마나 거대하게 썩어 있는가를 확신시켜 주는 것 같다. 그렇지만 이 세상의 어느 누구도 자기 상대가 다른 사람과 일시적으로 혹은 오랫동안 성공동체를 영위하지 못하도록 막을 권한이 없다는 견해가 서서히 확산되고 있다. 그는 다만 자신의 상대와 관계를 끊거나 그 상대를 사랑을 통해서 다시 차지하든가, 그게 아니라면 [상황에 따라서는] 상대의 제3자와의 애정관계를 용인할 권리만을 지니고 있을 뿐이다. 이러한 입장은 성경제학적 인식과 절대적으로 일치한다. 하지만 "사람들은 자기 상대를 결코 질투하지 말아야 한다"라든가 "만약 상대가 다른 사람과 성관계를 맺을 경우에 그에게 어떠한 일도 하지 말아야 한다"라는 초급진적인 이데올로기와는 관계가 없다. 자기가 사랑하는 상대가 남의 품에 안겨 있다고 생각할 때 우리는 고통과 질투심을 느낀다. 그러나 이러한 감정은 아주 자연스러운 것이다. 우리는 이러한 자연스러운 질투심을 소유하려는 질투심과 구분하여야 한다.

자기가 사랑하는 상대가 다른 사람의 품에 안기는 것을 모른 척하는 행위는 아주 자연스러운 것이다. 그러나 결혼생활에서 또는 오랜 동거생활에서 전혀 성관계를 갖지 않는 사람이 자기 상대로 하여금 다른 사람과 어떤 다른 방법으로 관계를 맺는 것을 금지하는 것은 지극히 부자연스러우며, 이차적 충동과 일치하는 것이다.

이러한 몇 가지 예를 드는 것에 만족하며, 우리는 만약 인간의 성격구조가 삶의 쾌락에 대한 관심사에서 나온 모든 어려움을 스스로 해결할 수 있다면 오늘날 인간의 그렇게 복잡하고 개인적인 성생활은 아주 명확하게 규제될 것이라고 주장한다. 성경제학적 규제의 본질은 절대적인 규정이나 규범을 가급적이면 피하고, 삶의 의지 내지는 삶의 욕구에 대한 관심을 인간의 공동적 삶의 규제자로서 인정하는 것이다. 황폐화된 인간 구조 탓으로 이러한 인식이 오늘날 극도로 제한된다는 현상은 이러한 구조를 만들어 낸 도덕적 규제에 반대하는 것이지 자기조절 원리에 반대하는 것은 아니다.

그러므로 **두 가지 부류의 '도덕'**이 있으나, 도덕적 규제에는 단 **한 가지** 종류만 있을 뿐이다. 인간이 당연히 긍정하는 [폭력을 가하고 살인하는 것이 아닌] 그러한 '도덕'은 오직 자연스러운 욕구를 완전히 충족시킬 때에만 창조해낼 수 있다. 그러나 우리가 부정하는 [어린이와 청소년에 대한 금욕, 절대적이고 영원한 정조, 강제적 결혼 등] 다른 '도덕'은 그 자체로 병적이며, 혼돈을 극복했다고 스스로 말하겠지만 오히려 혼돈을 양산하고 있다. 우리의 철저한 투쟁은 바로 이러한 도덕에 대한 것이다.

사람들은 성경제학이 가족을 파괴하려 한다고 비난한다. 사람들은 사랑의 자유가 가져올 '성적인 혼돈'에 관해 마구 수다를 떨고 있고, 대중은 이들의 말에 귀를 기울이고, 이를 믿는다. 왜냐하면 그들은 연미복을 입고 황금을 걸쳤으며 지도자처럼 말하기 때문이다. 그러나 사람들이 무슨 생각을 하고 있는지가 중요하다. 여성들과 아이들에 대한 **경제적** 억압은 사라져야 한다. **권위주의적** 억압도 사라져야 한다. 이러한 억압으로부터 해방이 실현되고 난 뒤에야 비로소 남편은 자신의 부인을, 부인은 자신의 남편을, 아이들은 부모를, 부모는 아이들을 사랑하게 될 것이다. 왜냐하면 그들은 더 이상 서로 **미워할** 아무런 이유가 없기 때문이다.

우리가 파괴하고자 하는 것은 가족이 생산해낸 이러한 증오이며, '사랑스러운' 폭력이다. 만약 가족 사랑이 인간에게 위대한 축복이라면, 이는 마땅히 증명되어야 한다. 줄에 묶인 개 한 마리가 달아나지 않았다고 해서 묶여 있다는 이유로 개를 충직한 동반자로 여길 사람은 아무도 없다. 어떤 남자가 사실상 손발이 묶인 채 꼼짝 못하는 여성과 누워 있다고 했을 때 제정신을 가진 사람은 사랑에 관해 말하지 않을 것이다. 추잡한 사람이 아니라면 어떤 남자라도 식량과 권력에 대한 관심사로 마지못해 선택한 여자와의 사랑에 자부심을 느끼지 못할 것이다. 깔끔한 사람은 자유스럽게 주어지지 않은 사랑을 취하지 않는다. 결혼 의무와 가족 권위에 바탕을 둔 강제적 도덕은 자연스러운 사랑의 힘을 체험할 능력이 없는 만년 겁쟁이나 성불구자들의 도덕이며, 오직 경찰이나 혼인법의 도움으로만 헛되이 자신의 사랑을 추구하려는 도덕이다.

이러한 사람들은 온 인류를 자신들의 구속복[강제적 도덕]에 집어넣기를 원한다. 왜냐하면 그들은 자연스러운 성에 동참할 수 없기 때문이다. 그들이 자연스럽고 복된 성생활에 대해서 화를 내는 까닭은 스스로 그렇게 하고 싶어도 할 수 없기 때문이다. 우리는 어느 누구에게도 가족이라는 공동체를 포기하라고 강요해서도 안 되지만 가족이라는 공동체를 원하지 않는 사람에게 끝까지 그것을 고수하라고 강요해서는 안 된다. 평생 동안 일부일처제로 살 수 있는 그리고 그렇게 살아가려고 하는 사람은 그렇게 해도 좋다. 그러나 우리는 일부일처제 속에서 자신이 파괴될 것 같은 위험을 느끼는 사람에게는 자신의 삶을 달리 가꿀 수 있는 가능성을 허용해야 한다. 그렇지만 '새로운 삶'(새생활)을 만드는 것은 낡은 삶의 모순에 대한 인식을 전제로 한다.

제 2 장

보수적 성개혁의 실패

성개혁은 사회생활과 성생활에서 나타나는 폐해를 개선하려고 한다. 이러한 폐해는 결국 경제에 뿌리박고 있으며 사회성원들의 심적 고통으로 표현된다. 권위주의 사회에서 경제적이고 이데올로기적인 갈등과 관련하여 지배계급이 전체 사회에 대한 자신의 권력을 유지하고 강화하기 위해서 부과한 지배적 도덕과 특이한 개인들의 자연스런 성 요구 사이의 모순이, 일정 시점에는 현존 사회의 틀 안에서는 해결할 수 없는 위기로 나아간다.

그러나 인류 역사에서 이러한 모순이 지난 30년만큼이나 그렇게 첨예하고 객관적으로 비참하고 심지어 살인적인 결과를 가져온 적이 없었다. 그러므로 현 시기만큼 성문제에 관해 그렇게 많이 토론되고 쓰여진 적이 없었다. 또한 이 '기술과학의 시대'만큼 모든 열망이 그렇게 (외관상으로만 역설적으로) 실패한 적도 없었다. 성생활을 부패시키는 성빈곤과 성과학의 엄청난 진전 사이의 모순은 노동대중의 경제적 곤궁과 우리 시대의 엄청난 기술적 성과 사이의 또 다른 모순과 짝을 이룬다. 무균[방부제] 수술과 고도로 발달한 외과시술 시대에, 1920년에서 1932년 사이에 독일에서 매년 약 2만 명의 여성이 낙태수술을 받다 사망하였고, 연평균 7만5천 명의 여성이 낙태수술 후 중병에 걸렸으며, 마찬가지로 1930년과 1933년 사이에 생산합리화의 진전으로 더욱 더 많은 산업노동자가 해고되어 가족과 더불어 물질적으로나 도덕적으로도 붕괴되어 버렸다는 것도 분명히 역설적이다. 역설적이기는커녕 이러한 모순은 그 모순을 만들어낸 경제적 사회적 구조와 관련하여 파악되어야만 더욱 의미 있을 것이다. 우리는 성문제를 해결할 수 없다는 것뿐만 아니라 성의 비참함이라는 사실도 그것이 생긴 사회질서에 속한다는 것을 보여주어야 한다.

성개혁 열망은 문화정치적 투쟁 범주에 들어간다. 예를 들어 노먼 헤어(Norman Haire) 같은 자유주의자는 성개혁으로 사회 자체는 건드리려고 하지 않은 채 사회의 단 한 가지 결함에 대해서만 투쟁했다. 평화주의적 사회주의자, '개혁주의자'는 성개혁의 수행으로 사회주의의 일부가 현존 사회에 스며들어 온다고 잘못 생각한다. 개혁주의자는 발전 경로를 역전시켜, 경제구조의 변경이라는 목표를 앞서 달성하려고 한다.

우리의 논증이 아무리 사실적일지라도, 도덕주의자는 성곤궁은 자신이 옹호하는 강제적 도덕의 필연적인 징후 가운데 하나라는 것을 결코 이해하지 않을 것이다. 도덕주의자는 비록 성곤궁이 자신의 금욕적이고 일부일체제적 요구를 따르지 않기 때문에 그렇게 크다고는 결코 믿지 않지만, 이러한 곤궁의 원인을 인간의 사악함이나 신비적인 '아난케'(Ananke, 초현세적인 강제)에 혹은 좀 덜 신비적인 고통의지에서 찾는다. 우리가 신뢰하며 받아들이려고 하듯이, 개혁을 통해서 자신이 동정적으로 제거할 것을 성취하는 데 자신을 단순한 도구로, 참여자로 인정하는 것을 도덕주의자에게 기대할 수는 없다. 그러한 인정의 결과는 특정한 상황에서 그가 개혁하려는 경제적 토대를 손상시킬 수 있다. 왜냐하면 도덕주의자는 모든 종류의 파시스트가 진지한 문제에 대해서 말하지 않으며 더욱이 자유주의적 평화주의자들의 존재가 방해가 된다면 그들을 교수형 집행인을 통해 제거할 것이라는 점을 아직 알지 못하기 때문이다.

수십 년 동안 성개혁은 성적인 비참함을 완화하려고 노력해 왔다. 성매매와 성병의 문제, 성곤궁, 임신중절, 치정살인 문제, 신경증 문제 등도 지속적으로 공적인 관심의 핵심에 있다. 하지만 지금까지 취해진 대책의 어느 하나도 현행 성곤궁을 완화시킬 수 없었다. 더 나아가 **성개혁에 대한 제안들은 양성 사이의 관계에서 일어나는 사실상의 변화에는 항상 뒤처져 있다.** 결혼의 감소, 이혼과 간통의 증가는 결혼 개혁에 대한 토론을 강제하였다. 윤리적인 지향을 지닌 성과학 지지자들의 관점과는 반대로, 혼외 성행위는 더욱 더 인정받게 되었다. 대부분의 15~18살 청년들 사이에서의 성행위는 일반적인 사실이 되고 있는 반면, 성개혁은 사춘기 청소년의 절제는 20살을 넘어서도 계속되어야 하는가 아닌가, 혹은 자위행위를 자연스런 현상이라고 인정해야 하는가 아닌가 하는 문제에 여전히 머물고 있다. '범죄적인' 낙태와 피임 수단은 더욱 널리 퍼지고 있는 반면, 성개혁은 아직도 임신중절에 대한 의학적인 지표뿐만 아니라 사회적인 지표도 인식해야 할 것인가 아닌가 하는 문제와 싸우고 있다.

개혁주의적 노력에서의 이러한 지체, 그리고 성생활에서의 구체적인 변화가 성개혁자들이 하는 거의 언급할 가치조차 없는 노력보다 훨씬 앞서 가고 있다는 사실은, 개혁주의적 노력들에 근본적으로 잘못된 무엇이 있으며, 내적인 모순이 브레이크 장치처럼 모든 움직임을 방해하여 그 노력을 헛되게 만든다는 것을 분명히 보여준다. 그러므로 우리는 권위주의적인 성개혁의 이러한 파탄의 숨겨진 의미를 찾고, 권위주의적인 성개혁과 그것의 실패를 권위주의적 사회질서와 유기적으로 연결시키는 관계들을 추적하는 과제에 직면해 있다.

이러한 관계들은 결코 단순하지 않으며, 특히 성이데올로기의 형성이란 문제는 고유하고 포괄적인 연구를 필요로 한다.[1] 이 책에서는 그 문제의 한 측면만을 다룰 것이며, 이것은 이 연구에서는 다음과 같은 관계들을 넘나든다.

① 성개혁에 대한 제동장치로서 결혼제도.

② 교육장치로서 강제적 가족.

③ 권위주의적 입장에서 일부일처제적인 평생 결혼과 가부장적 가족을

---

1 나의 책 *Der Einbruch der Sexuelle Zwangsmoral*(『강제적 성도덕의 출현』), *Massenpsychologie des Faschismus*(『파시즘의 대중 심리』)를 참조하라.

육성하기 위한 논리적인 수단으로서 청년에 대한 금욕 요구.

④ 보수적인 결혼 개혁과 보수적인 부부 이데올로기 사이의 모순.

지금까지 이 관계 가운데 많은 것이 주목받지 못했는데, 성개혁에 대한 비판에서 사람들이 성욕, 성과정, 성경험보다도 성생활의 외적인 형태들(주택문제, 낙태, 결혼법 등)을 강조했기 때문이다. 이러한 비판은 덧붙인 것이 별로 없으며, 사회학적인 관점에서 유럽(호던Hodann, 히르쉬펠트Hirschfeld, 브룹바하Brupbacher, 볼프Wolff 등)에서 뿐만 아니라, 특히 1918년에서 1921년 사이에 소련에서 성법률의 혁명을 통해 충분히 확인되어 왔다.[2]

하지만 권위주의적 성질서가 개인과 사회의 성경제학에 가져온 심적이고 문화적 결과들에 대한 평가는 심적이고 신체적인 성과정에 대한 지식을 전제한다.

여기서 의학적 비판이 사회학에 덧붙여지는 한, 그것은 전적으로 성격분석적 임상치료와 오르가즘연구의 경험에 근거하고 있다.

2 소련에서의 낙태문제에 대한 겐스(Genss)의 글들을 참조하라. 그리고 또한 Wolfson, *Soziologie der Ehe und Familie*(『결혼과 가족의 사회학』)과 Batkis, *Die sexuelle Revolution der Sowyetunion*(『소련의 성혁명』). 그리고 기타를 참조하라.

제 3 장

성생활의 모순적 토대로서 강제적 결혼제도

성개혁은 강제적인 결혼도덕에 관심을 둔 관점에서 추구되고 있다. 성개혁의 배후에는 결혼제도가 있으며, 결혼제도 자체는 경제적 이해에 강하게 뿌리박고 있다. 결혼도덕은 사회의 이데올로기적 상부구조에서 이러한 경제적 이해의 최고 지지자이며, 성개혁을 불가능하게 만들만큼 그 자체로서 모든 성연구자 및 성개혁자의 사고와 행동에 침투해 있다.

경제적 이해는 어떻게 결혼도덕과 결합해 있는가? 아내의 혼전순결 및 정조에 대한 요구는 경제적 이해의 직접적 결과이다. 독일의 성위생학자인 그루버(Gruber)는 이러한 최종적이고 결정적인 동기를 정확히 간파하였다.

"우리는 아내의 정조를 최고의 민족적 선으로 존중해야 한다. 왜냐하면 아내의 정조는 우리가 진실로 우리 아이들의 아버지이며, 우리 자신의 혈육을 위해 일하고 애쓴다는 유일한 보증을 제시하기 때문이다. 이러한 보증이 없으면 인민과 국가의 번영을 위한 이러한 필수불가결한 근거인 안정적이고 내적인 가족생활이 있을 수 없기 때문이다. 남편 쪽에서의 이기적인 자의성이 아니라, 바로 가족생활이 법률과 윤리로 하여금 남편들에게보다 아내들에게 혼전순결과 정조와 관련하여 더욱 커다란 요구를 하도록 야기한다. 가족생활은 남편의 방탕보다도 아내의 방탕에 더욱 주의를 기울인다."[1]

유산권이 출산과 결합함으로써 귀찮은 결혼문제는 성생활에 강하게 뿌리박고 있는데, 여기서 두 사람 사이의 성결합은 성생활의 문제이기를 그친다. 결국 아내의 혼외순결과 남편에의 정조는 아내 쪽에 대한 상당한 성억압 없이는 유지될 수 없다. 이제 이것은 곧바로 소녀들에 대한 순결 요구로 귀착된다. 원래 그리고 오늘날에도 이미 사경제적인 조직을 지닌 원시인들에게서는 소녀는 결혼할 때까지 자신이 원하는 대로 성생활을 할 수 있다. 결혼계약이 이루어질 때 비로소 혼외순결의 의무가 부과된다.[2] 우리 사회에서 특히 19세기의 마지막 10년 동안 그리고 세기의 전환기에 결혼 전에 처녀성을 지키라는 요구는 엄격하게 유지되어 왔다. 이 단계에

1 Gruber, *Hygiene des Geschlechtslebens*(『성생활의 위생학』), 53~54. Aufl., 146~147쪽.

2 Bryk, *Negereros*(『흑인』), Marcus and Webers, S. 77과, Ploss-Bathels, *Das Weib*(『부인』), Leipzig 1902. Bd. I, S. 449, 그리고 다른 것으로 Malinowski, *Das Geschlechtsleben der Wilden*(『야만인의 성생활』), London, 1920을 참조하라.

서 아내의 엄격한 정조와 소녀의 혼전순결은, 성적으로 불안한 성격구조를 양성함으로써 가부장적 결혼과 가족을 떠받치는 반동적 성도덕의 두 기둥을 이루었다.

이 지점까지는 이데올로기가 경제적 이해를 논리적으로 표현한다. 그러나 이제 이러한 과정의 모순이 생겨난다. 소녀들에게 순결을 강요하게 되자, 젊은 청년들은 자신들의 애정대상을 잃게 된다. 이 때문에 사회질서가 의도하지는 않았지만 필연적으로 그 사회질서의 성형태 체계에 속하는 더욱 악화된 상태가 나타난다. 즉 일부일처제 결혼은 자신만큼이나 오래된 간통의 짝이 된다. 순결한 젊은 여성들은 성매매여성으로 대체된다. 그러므로 여성의 간통과 성매매는 결혼 전이나 결혼 후에 남자들에게 허용되는 이중적인 성도덕의 필수적인 부분이다. 그런데 이 이중적인 도덕은 경제적인 이유에서 여성들에게는 부정되어야 하는 것이다. 그렇지만 자연스러운 성요구는 엄격한 성도덕이 의도하는 것과는 정반대의 것을 가져오도록 작용한다. 간통과 혼외 성관계라는 반동적인 의미에서의 비도덕은 두 가지 기괴한 사회현상, 즉 성도착과 결혼 내외에서 성의 화폐화로 진전한다. 혼외의 감각적인 성행위는 일반적으로 상품영역에서 이루어지기 때문에, 그러한 상태에서 가장 분명하게는 성매매에서 성상대와의 부드러운 [배려하는] 관계는 당연히 병들 것이다.

젊은 남성은 자신의 감각적인 욕구를 '하층계급'의 여성에게서 만족시키지만, 자기의 주위에 있는 소녀들에게 부드러움을 구함으로써 자신의 성을 분리시킨다. 성생활이 이렇게 분리되고 자신의 성적인 감정을 단지 돈으로만 해결하게 되면, 사람들은 성생활을 아주 저열하고도 잔인한 것으로 여기게 된다. 이것의 가장 두드러진 표현은 **성병**의 만연으로 나타난다. 이러한 성병은 의도하지는 않았지만 보수주의적 성질서의 본질적인 요소가 된다. 성매매, 혼외정사, 성병에 대항한 투쟁은 '금욕'이라는 구호로 나아가고, 결혼 안의 성생활만 도덕적이라고 주장한다. 이는 혼외 성행위가 마치 해롭고도 위험하다는 것을 증명해 주는 수단이 되고 있다.

반동적 저자들조차도 성병을 막을 수 있는 효과적인 수단으로서 금욕을 요구할 수 없다는 것을 스스로 확인해 준다. 그렇지만 그들은 결혼도덕의 궁지에서 올바른 결론으로 나아가지 못하고 있다. 성병은 실제로 박테리아 때문에 발생하지만 성병의 확산은 혼외 성생활을 저열한 것으로 폄하해 버리는 데서 비롯된다. 그리하여 혼외 성생활은 신성화된 결혼 내부의 관계를 도덕적으로 두드러지게 한다. 따라서 보수적인 성연구자가 이러한 자신의 환경에서 벗어나지 않는 한, 그는 자신이 원하든 원하지 않든 이러한 모순을 이데올로기적으로 지지해야만 한다.

낙태문제에서도 우리는 실제의 사실과 요구 사이에 모순이 있으며, 그 모순 뒤에 결혼도덕에 대한 이데올로기적 지지와 결혼제도에 대한 고려가 있다는 것을 안다. 낙태[금지]조항의 폐지에 반대하는 주장들 가운데 하나는 '도덕'[관습]에 대한 주장이다. 만약 마음대로 낙태할 수 있다면, 도대체 어찌될 것인가? 그래도 낙태금지 조항은 '제어할 줄 모르는 성생활'에 대한 안전장치라는 것이다. 사회나 국가는 인구성장을 꾀하지만 출산율의 지속적 저하라는 정반대 상황에 이르게 된다. 소련에서 인공유산을 합법화하고 자유롭게 하도록 한 것이 인구성장에 영향을 미치지 않았으며, 오히려 반대로 인공유산을 합법화하면서 아이들을 사회적으로 보살피게 하면 상당한 인구성장을 가져온다는 것을 사람들은 알았다.[3]

그렇지만 사람들은 국가의 최고 권력과 총알받이를 필요로 하여, 출산율을 높이려고 노력한다.

여기서 낙태를 금지하려는 것이 산업예비군을 생산하기 위한 것이라고 믿는 것은 잘못이다. 이전처럼 어떤 특정한 소규모 노동력의 실업이 임금압박을 상당히 촉진시킬 때에는 그것이 사실이었다. 그러나 시대는 변했다.

서구의 모든 나라에서 대량실업은 우리 경제가 안고 있는 구조적 요소가 되어서 이러한 동기를 쓸모없게 만들어 버렸다. 그러므로 합리적으로 출산율을 조절하지 못하게 하는 직접적인 경제적 동기는, 물론 경제적 관심사에 뿌리를 내리고 있는 이데올로기적인 세계관에 입각한 동기에 비해 무척 경미하다. 낙태를 불법화하는 핵심 동기는 '도덕'에 대한 고려이다. 만약 자유롭게 낙태가 허용되면, 그것은 결혼한 여성에게만 적용될 수 있는 것이 아니라 아직 결혼하지 않은 여성에게도 적용되어야 한다. 그렇게 되면 사람들은 혼외정사를 용인하게 되고, 임신시키면 결혼해야 한다는 도덕적 강제를 파기한다. 그렇게 되면 사람들은 결혼제도에 손상을 입힐 것이다. 성생활의 모순적인 사실에도 불구하고 결혼도덕은 여전히 이데올

---

3 Genss, *Was lehrt die Freigabe der Abtreibung in Sowjet-Russland?*(『소비에트 러시아의 낙태 자유에서 무엇을 배울 것인가?』), Agis-Verlag, 1926.

로기적으로 유지되어야 하는 데, 결혼은 권위주의적 가족의 척추이며, 권위주의적 가족은 **권위주의적 이데올로기**와 권위주의적 인간 성격구조를 **생산하는 장소**이기 때문이다.

이러한 계기는 지금까지 낙태문제에 관한 토론에서 너무 등한시되었다. 예를 들어 사람들은 결혼한 여성에게만 낙태를 허용하고 결혼하지 않은 여성에게는 낙태를 허용하지 않는 중간적인 조치를 택할 수도 있었다. 그러면 결혼에 대한 경의는 유지되었다. 만일 성이데올로기적 활동에서 한 가지 사실이라도 그것에 반대되지 않는다면, 이러한 반박은 타당했을 것이다. **성행위는 종족번식과는 무관한 욕구행위 내지는 성욕행위가 되어서는 안 된다는 것이 성도덕의 근본 요소**이다. 종족번식과는 무관한 성충족을 **공공연하게** 인정하는 것은 성생활에 관한 모든 공식적인 입장과 교회의 입장을 하루 아침에 무너뜨릴 것이다. 예컨대 마르쿠제(Max Marcuse)는 논문집 『결혼』에서 다음과 같이 쓰고 있다. "만약 내과 의학을 통해서 여성들이 때때로 그들이 원할 때마다 임신하지 않게 된다면 위생학적으로 이득을 가져다주고, 성질서와 도덕, 그뿐만 아니라 삶과 문화(정확히 말하면 권위주의적 삶과 문화) 일반에 대한 지속적인 위협을 사전에 방지할 수 있는 수단을 획득하고 분배하는 방법을 찾는 것이 가장 긴급한 과제가 된다."[4]

1933년부터 1945년까지의 독일 파시즘은 1927년에 자유주의적 성개혁자인 마르쿠제가 보인 이러한 엄청난 도덕적 관심을 참작하였다. 즉 [독

4 Max Marcuse, *Die Ehe*, 특히 '결혼내 피임'(Der eheliche Präventivverkehr) 장에서, 399쪽.

일] 제3제국에서 약 1천5백 명에 대한 불임시술이 위생학적으로 아무런 이득을 가져다주지 않았지만, '성질서와 도덕에, 또한 삶과 문화 일반에 대한 (성과 종족번식을 구분하는) 지속적인 위험을 방지하였다'—'성적 볼셰비즘'을 추방하기 위한 관심에서.

이러한 진술이 정말 무엇을 의미하는지를 우리는 단순한 계산으로 증명할 수 있다. 종족 유지에 관심을 갖는 어떤 애국적인 성연구자도 여성 노동자에게 5명 이상의 아이를 낳도록 요구할 수는 없다. 이것은 만약 성 행위를 출산수단이라고 생각할 경우에, 그녀는 평생 다섯 번만 성교하면 된다는 의미이다. 그러나 성개혁론자들을 골치 아프게 만들려고 그런지는 몰라도 인간의 본성은, 첫째로 비록 혼인증명서가 없다고 해도 성흥분을 느끼고 성교를 원하며, 둘째로 평균적으로 3일에 한 번씩 성충동을 느끼도록 되어 있다. 즉 인간은 14살부터 50살까지 일생 동안, 만약 그가 도덕을 전혀 고려하지 않는다면 약 3천 번에서 4천 번의 성교를 한다는 것이다. 만약 번식만을 확보하려 했다면, 마르쿠제는 여성이 2,995번 확실한 피임수단을 사용할 수 있도록 제안하고, 이를 관철시켰어야 할 것이다. 다섯 아이를 출산하기 위해서 필요한 만큼을, 혹은 오로지 다섯 번만 피임수단을 사용하지 말도록 주장했어야 옳았을 것이다.

그렇지만 현실적으로 성개혁론자들을 억누른 것은 '다섯 번'의 종족번식 행위에 대한 걱정이 아니라, 오히려 실제로 어쩌면 사람들이 **당국의 동의 아래** 3천 번의 쾌락행위를 열망할 뿐만 아니라 정말 실천할 수도 있다는 불안이었다. 그렇다면 어째서 이러한 불안이 그들을 억누르는가?

① **결혼제도**는 이런 자연스러운 사태[성생활]를 위해 조직된 것이 아니지만, 그럼에도 불구하고 권위주의적 이데올로기를 생산하는 공장의 핵심 요소로서 가족은 보존되어야 하기 때문이다.

② 성개혁자는 **젊은이의 성**이라는 복잡한 문제에 잡혀 있으면서도, 오늘날 이 문제는 '금욕'이나 '성교육'이라는 구호로 해결되었다고 믿기 때문이다.

③ 여성들의, 또한 인간 일반의 **일부일처제적 특성**에 관한 성개혁자의 이론, 생물학적이고 생리학적인 사실에 관한 성개혁자의 이론은 뒤흔들리게 되고 급기야는 붕괴할 것이기 때문이다.

④ 그러한 상황에서 성개혁자는 교회와 심한 갈등에 처할 것이기 때문이다. 예컨대 반 데 벨데(Van de Velde)가 『완전한 결혼』(*Die volko- mmen Ehe*)에서 한 것처럼, 성개혁자는 **결혼의 틀 안에서** 관능화를 주장하면서 결국은 자신의 노력이 교회의 도그마와 모순되지 않는다는 것을 지적하는 한에서만 교회와 좋은 관계를 유지한다.

인습적 도덕의 이데올로기는 권위주의적인 결혼제도를 지지하는 요소이며, 성만족을 용인하는 것과 대립하고, 성부정을 전제한다. 따라서 낙태문제에서 [낙태를] 엄하게 금지하는 영향[세력]도 결혼제도에서 생겨난다.

제 4 장

보수적 성도덕의 영향

1. '객관적, 비정치적' 과학

성이데올로기적인 분위기의 특정한 성격은 **성억압** 과정에서 권위주의 사회 안에 있는 모든 특이한 개인들에게 작동하고 있는 성부정과 성폄하이다. 여기에서 성욕의 어떤 부분이 이러한 억압에 의해 영향을 받는지, 이것이 어느 정도의 범위에서 발생하는지, 어떠한 결과가 개인에게 일어나는지는 중요하지 않다. 당장은 보수적 성과학 쪽에 속해 있는 '여론'이 어떤 수단으로 그것에 기여하고 어떠한 일반적 결과들을 가져오는지를 확인하는 것이 중요하다.

이데올로기적 분위기를 가장 두드러지고 중요하게 지닌 것은 **보수적 성과학**이다. 우리는 결혼문제와 청소년의 성에 대해 자세히 설명하는 곳에서 이것에 대해 다룰 것이며, 반면 여기서는 이른바 객관적 성과학이 지닌 도덕주의적 편견의 전형적인 예를 인용해 보겠다.

티메르딩(Timerding)은 공식적인 성과학의 입장을 확실히 드러내는 마르쿠제의 『성과학 소사전』(*Handwörterbuch der Sexualwissenschaft*)에 실린 '성윤리학'에 관한 논문에서 다음과 같이 쓰고 있다.

> "일반적인 윤리적 입장은 성생활의 전체적 이해에서 여전히 중요하다는 것이 증명되었다. 성분야에서 개혁 제의는 거의 항상 윤리적 원칙들에 의해 정당화된다."(2판, 710쪽)

> "성윤리적인 관점이 지닌 실제적 중요성은 그 관점이 전체적인 인성발달 및 사회질서와의 광범위한 관련 속에서 성생활의 현상을 보도록 가르친다는 것이다."(2판, 712쪽)

사회적인 관점에서 말할 때 구체적으로 **권위주의적** 질서가 문제이고, **이러한** 질서에 **통합될** 수 있는 인성의 전개가 문제라는 것을 우리는 안다. 그러나 모든 공식적 성윤리는, 비록 자신이 성생활의 실제 현상들과의 싸움에서 성만족에 많은 양보를 하는 것처럼 보일지라도, 또한 지배계급이 이러한 공식적 윤리에 여전히 모순되는 성생활을 하고 촉진시킬지라도, 필연적으로 성을 부정한다. 많은 연구자는 자신들의 내적 모순 때문에 사회적 환경과 대립하는 정식화에 도달한다. 그러나 실천적으로 이러한 자연-과학 대립(대당)은 항상 효과적이지는 못하며, 반동적인 사회에 의해 설치된 구조적 틀을 넘어서는 어떠한 구체적인 활동에 이를 수 없다. 물론 이것은 비일관성, 심지어는 부조리로 나아갈 것이 틀림없다. 그래서 비제(Wiese)는 다음과 같이 쓰고 있다.

"……종교적 금욕주의(특히 약화된 형태에서)를 넘어서서 우리는 바로 현재에도 많은 금욕주의를, 즉 철학, 윤리학, 사회적 목적성에 대한 고려, 정신적 혹은 신체적으로 약한 에로티시즘, 정신주의로 향한 경향 혹은 모든 이러한 충동과 전통적인 종교적 본능의 혼합물을 동기로 하여 생겨난 원칙론적인 절제를 발견한다. 사람들은 종종 성교의 정신화나 심리화는 (다소) 금욕주의의 전제조건 아래에서만 이루어질 수 있다고 믿는다. 이것은 육체 영역에 대한 경멸, 정신과 육체는 분리되어 있고 서로 경쟁한다는 생각에 뿌리박고 있다. 종종 이론상으로만 존재하며 필요[곤궁]에서 미덕을 만들어내는 이러한 현대 금욕주의는 드문 경우에만 진정한 종교적 금욕주의와 동일시될 수 있다. 이것은 종종 관능성의 생생한 변화나 열정을 참아낼 수 없는 불충분한 활력이나 포만의 무기력한 결과이다.

금욕주의의 모든 형식과 강도에서, 강력한 자연스런 충동을 없앨 수는 없고 단순히 재전환시키거나 변형시킬 수 있다는 관찰이 타당하다. 금욕주의는 성충동을 '억압한다'. 우리는 프로이트 학파의 많은 과장에 대해 철저히 알아야만 하는 동시에, 금욕주의를 통해 성충동을 무의식 속에 억압해 넣는다는 주장을 철저하게 인식해야 한다. 많은 광신주의, 기행(奇行), 인간에 대

한 증오, 음란한 환상들은 금욕주의에서 생겨날 수 있다."(40쪽)

그리고 더 나아가

"자연스런 금욕본능은(일시적으로 감소한 충동이나 나이가 들어감에 따른 충동의 냉각과 혼동하지 말 것) 건강한 사람에게는 존재하지 않는다. 금욕주의는 무엇보다도 생물학적 기원이 아니라 사회적 기원을 갖는다. 금욕주의는 때로는 부자연스런 생활조건에 대한 적응현상으로서 나타나며, 때로는 해로운 이데올로기로서 나타난다."(40쪽)

이러한 진술은 모두 옳다. 그러나 비제마저도 다른 형태의 금욕주의와 종교적 금욕주의를 구별함으로써 어떤 실천적인 결과를 배제한다. 이 구별은 종교적 금욕주의 역시 어떠한 '상속된 종교적 본능'에서 생겨나는 것이 아니라, '정신주의를 향한 경향'에서 생겨난다는 사실을 간과한 구별이다. 종교적 본능을 끌어들임으로써, 본질적으로 사회에 의해 조건지어진 금욕은, '자연스런 금욕본능은' 건강한 사람들에게는 '존재하지 않는다'는 확인을 통해서 정확한 연구자로 하여금 금욕을 배제했던 이데올로기 속으로 다시 기어 들어갈 수 있는 종교적 뒷문을 열어둔다.

공식적 성과학의 또 다른 도덕주의적 뒷문은 성관계의 '관능화'와 '정신화'에 관해 말하는 방식이다. 사람들은 원래 관능성(Sinnlichkeit)을 비난했었다. 그러나 관능성은 항상 이 비난에 찬성하는 모든 개인을 괴롭히는 복수로 응수하였다. 그러면 '도덕적인', 즉 금욕적이고 순결한 삶의 방식과 첨예하게 모순되는 현상에 대해 무엇을 할 것인가? 거기에는 오직 한 가지 일, 즉 관능성을 '정신화하고' '문명화하는' 것이 남아 있다. 비록 일반적인 용어를 쓴다 하더라도, 광범한 성개혁 부문의 그[대표적인] 구호인 '성충동의 고상화'는 아주 구체적인 어떤 것, 다시 말하면 성충동의 억압이나 무력화를 의미한다. 적어도 도덕주의자들은 우리에게 정확히 그들이 의미하려 했던 것이 무엇인지를 설명해야만 한다.

이러한 모순을 관찰하는 사람에게는, 사실 확인과 성윤리의 혼합에서 생기는 부조리들이 흥미롭다. 티메르딩은 다음과 같이 쓰고 있다.

"우리는 만약 결혼하지 않은 여성에게 사랑할 권리가 부정된다면 마땅히 결혼하기 전의 남성에게도 금욕을 요구해야 한다. **만약 결혼 전의 완전한 순결이 실현될 수만 있다면 인간사회의 가장 좋은 보호장치를 제공하고 개별 인간이 많은 투쟁과 고통 없이 지내는 조건이라는 점을 인정해야 한다. 그러나 그 요구가 거의 도달할 수 없는 그리고 스스로 안내서로서가 아니라 다른 사람을 비난하는 데 이용되는 이상으로만 남는다면**(강조는 인용자) 얻을 수 있는 것은 거의 없다. **순결이라는 생각**은 우선 일반적으로 **개인**-윤리적 규범으로서 받아들여져야 한다. 그러나 이전 시대의 단순한 생활조건들이 후퇴하고 그와 더불어 성의 성숙 직후에 결혼할 가능성이 점점 더 많아질수록, 이러한 일은 훨씬 드물어질 것이다. 가족에 대한 광범위한 지지물로서 봉사한다는 단순한 **사회**-윤리적 요구는 결국 탐탁하지 않은 강제로

서 개인에 의해 쉽게 흔들릴 것이다."(721쪽)

"이러한 관점이 현재의 생활조건에 의해 주어진 현실적인 관계에 직면하여 어떻게 실패하는지, 그리고 그 관점이 법률의 사실적용에서 어떻게 바로 익살극이 되는지는 중요하다."(714쪽)

우리는 이러한 법률논쟁에서 다음과 같은 비일관성을 본다. 즉 만약 여성이 결혼 전에 순결하게 살아야만 한다면, 왜 남자 역시 그렇지 않은가? 옳다! 개인-윤리적(?) 규범으로서의 순결이라는 이상을 달성할 가능성은 더욱 더 줄어들고 있다. 옳다! 그러나 순결이라는 이러한 이상은, 비록 '이러한 관점은 ……실패했고 ……어리석은 것이 되었다'고 하더라도, 확고한 지위를 차지했음에 **틀림없다**. 우리는 또한 '혼전순결'의 실현은 인간 사회를 위한 최고의 보호장치를 제공할 것이라는 것을 안다. 이러한 주장에 대한 증거는 한결같이 생기지 않는다. 하지만 전형적인 구문으로서 그 주장은, 권위주의 사회의 지속성이 의미가 있는 한, 뜻이 통한다. 우리는 이미 이것을 보이려고 하였다.

더 살펴보면,

"성생활에 대한 **위생학적** 평가는 두 가지 다른 방향으로 나뉜다. 한 방향은 성충동에 대한 폭력적 억압과 연결되어 있는 정신적 및 육체적 건강에 미치는 폐해에 관한 인식으로, 개인능력에 따라서 그러나 인간의 경제적 상황과는 무관하게, 인간을 위한 건강한 성교의 보호장치를 요구한다. 다른 한 방향은 완전한 금욕이 무해하다고 확고히 지지하며 불규칙적인 성교와 관계된 건강의 위험성에 대해 지적한다. 우리는 정말 광범위하고 파괴적인 성병에 직면해 있다. ……성병에 대한 유일한 안전보호는 사실 완전한 금욕이다. 그러나 이것은 예외적인 경우(?)에만 요구될 수 있기 때문에 우리는 **엄격한 일부일처제적 결혼** 안에서만 행해지는 성교라는 이상으로 되돌아간다. **이러한 이상의 완전한 실현을 통해 추구된 목적은 실제로 달성될 것이다.**(강조는 인용자) 성병은 급속히 줄어들 것이다. **하지만 이러한 이상은 거의 실현되기 힘들며**(강조는 인용자) 일단 이루어진 결혼의 순수함은 전염의 가장 커다란 위험이 결혼 이전에 일어나기 때문에 거의 도움이 되지 않는다.

그러므로 만약 무분별하고 자주 상대를 바꾸는 성관계를 피하기만 한다면, 성문제들과 관련해서 **양심의 전반적 강화**만이 유용할 수 있다. **사람들은 강한 개인적인 감정에 기반한 성교를 부르주아 사회의 강압으로부터 그리고 부분적으로는 부르주아 사회의 법 규제로부터 자유롭게 하는 것은 오래 지속되고 어쩌면 영원한 관계를 지지하고 공공연한 성매매와 은밀한 성매매를 제거하고, 그럼으로써 성병뿐만 아니라 다른 육체적이고 정신적인 위험들을 상당히 줄일 것이라고 생각할 수조차 있다. 여하튼 성적으로 좋아하는 양성의 사람들이 결코 도덕적 요구에 의해 자신들의 충동을 견딜 수는 없고, 그러한 충동들을 가장하기 위해 상당히 비밀스럽게 실행한다면 아마도 너무 과도해질 수도 있다는 것을 부인할 수 없다. 다른 한편으로는 오직 한 상대에게서 육체적이고 정신적인 영원한 만족을 찾는다는 이상이 아마도 잘 유**

지될 수도 있는데, 그것을 달성한 사람들을 단지 운이 좋다고 간주하는 것이 분명하기 때문이다.(714~715쪽)

보수적인 성개혁가는 성적 비참함을 실제적으로 해결할 뻔했지만, 자신의 판단을 왜곡하고 자신을 곤경에 몰아넣는 일부일처제적 결혼 이데올로기에서 스스로 벗어날 수 없다는 것을 우리는 안다. '달성한 사람들을 단지 운이 좋다고 간주하는 것이 분명하기' 때문에 '다른 한편으로는 그 이상이 아마도 잘 유지될 수도 있다'. 그것은 그럴 수도 있겠으나 누가 성공하는가? 성도덕주의자 자신이 이러한 이상의 실패를 선언하지 않는가? 모순은 여기서 또한 이러한 이상 설정의 경제적 조건에서, 그리고 성경제학적으로 그 이상을 실현할 수 없다는 것에서 설명된다.

그래서 결혼도덕과 순결 이데올로기의 실제적인 대립점이기 때문에 대처할 수 없는 '성병'이라는 괴물이 순결 이데올로기와 결혼 이데올로기 사이에서 입을 벌리고 있으므로, 우리는 순결 이데올로기와 결혼 이데올로기 사이에서 왔다갔다 한다. 반동적 관점과 법률의 강압에서 '성교를 자유롭게 하는 것은 ……지속적인 관계를 조성할 수 있으며 성병을 감소시키'지만, '도덕적 질서'와 '강제'를 포기할 수 없고(그리고 우리는 이것을 매우 진지하게 생각한다) 그래서 '양심의 전반적 강화'만이 남아 있다. 이것은 자칭 성위생학의 대가인 그루버(Gruber)에 의해 다음과 같이 제시되었다.

"창조물의 관능적 기쁨은 고통과 뒤섞인다.' 이 페이지들에서 독자는 전에 여러 번 이 속담의 진실이 어떻게 에크하르트(Eckhart)에 의해 확인되었는지 보아 왔다. 그리고 우리는 성교가 가져올 수 있는 최악의 폐해에 관해 아직 자세하게 말하지 않아 왔다."[1]

'창조물의 관능적 기쁨은 고통과 뒤섞인다.' 이 말은 옳다. 그러나 누구도 스스로에게 이 고통이 사회적 기원에 의한 것인지 생물학적 기원에 의한 것인지 물어본 사람은 없다. '*omne animal post coitum triste*'(모든 창조물은 성행위 후에 슬프다)는 구문은 하나의 과학적 도그마가 되었다. 그런 구문들은 권위주의자들이 말했을 때, 그루버와 같은 사람의 말을 숭배하듯이 따르는 사람들의 감정적인 생활에 깊은 감명을 일으킨다. 감명이 아주 깊어서 그러한 말은 이 말과 모순되는 인식을 반박할 뿐만 아니라, 정신은 그 과장된 구문에 의해 가려지고 무감각해진다. 이제 그 말은 또한 관능적 기쁨이 고통과 뒤섞임에 틀림없는 사회적 상황을 확실하게 문제삼는 모든 독립된 사고를 부정한다.

우리는 예를 들어 퓌르브링어(Fürbringer)의 평에 대한 성과학자의 다음과 같은 말을 읽는 사춘기 청소년의 마음 안으로 들어 가보기만 하면 된다.

"새로운 문제들, 무엇보다도 전반적 건강에 해로움과 전염의 위험을 지닌

1 Gruber, *Hygiene des Geschlechtslebens*(『성생활의 위생학』), 121쪽.

> **성교**에 대한 의학적 태도가 **청소년기**에 일어난다. 우리 문화에서는 대다수 젊은이가 결혼 전에 성교를 한다는 것은 더 이상 비밀이 아니다. 우리는 만약 사회에 의해 승인되지 않는다면(!!) 이러한 관습이 어느 정도 용인되는지, 용인되는지 안 되는지 하는 질문을 다룰 필요가 없다."[2]

이로부터 사춘기 청소년들은 다음과 같은 제안들을 끌어낸다.

① 의학적 관점(법률가들이 최고로 존중하는)은 성교가 '전반적 건강'에 해롭다는 것이다. 사춘기 청소년들이 그런 말에 대해 어떻게 반응하는지, 어떻게 성갈등의 공포에 빠져들게 되는지, 어떻게 그러한 선언이 우울증과 신경증 일반을 만들어내는 유아기 경험과 결합하는지를 아는 사람은 누구든 그러한 권위주의적 진술에 대해 저항해야 할 뿐만 아니라 실제적인 조치들로 반대해야 한다는 점에서 우리에게 동의할 것이다.

② **의사**들은 성교가 전염병을 가져올 수 있다고 알고 있다. 그루버는 혼전 또는 혼외 성교를 하는 모든 여성은 의심스럽다고 주장한다. 그 해답은 잘 알며 애정을 느끼는 오직 한 사람과 성교하는 것 뿐이다. 더 나아가 관계의 지속을 위해 충실하게 상대와 일치하는 것, 또는 또 다른 상대와 성교를 가진 후 몇 주 동안은 성관계를 갖지 않는 것 등이다. 그러나 '도덕'에 대한 고려는 어디에 있는가? 그루버, 퓌르브링어, 그리고 유사한 확신을 갖는 다른 과학자들은 엥겔스가 일찌기 표현했던 것처럼 '사창가의

2 *Handwörterbuch*, 718쪽.

눈'으로 모든 혼외 성생활을 보기 때문에, 다음의 '도덕주의적' 권고를 지닌 반동적인 성이데올로기의 분위기를 충분히 반영한다.

> 성매매의 위험과 성매매에 대한 반감에 비추어, 많은 사람이 결혼할 수 있을 때까지 이른바 '관계'[성관계]에서 만족을 추구하는 데 유혹될 것이다. 그러나 그들에게 다음을 마음에 새기도록 하자. 즉 만약 그러한 관계가 숫처녀에게 일어나고, 만약 정조가 양 상대에 의해 보증된다면 그러한 일은 충분히 전염병에서 벗어나는 것을 보증할 것이다. 왜냐하면 전에 강조했듯이, 오늘날의 성병의 유포와 함께 **모든** 일부다처제적 성교행위는 극도의 위험에 처해 있기 때문이다. 비록 그 '관계' 형태가 감추어질지라도 밝은 마음으로 아마도 돈을 받지 않고 그러한 관계에 뛰어든 소녀에게서 정조를 기대할 수는 없다. 매우 종종 있는 일이지만, 만약 소녀가 여러 사람을 거쳤다면(!) 그녀는 성매매여성과 거의 같은 정도로 위험하다. 또한 고위직 일을 열망하는 젊은 남자는 정신적으로 정서적으로 자신보다 열악한, 자신의 목표에 대해 이해하지 못하고 단지 어리석은 기쁨만을 아는 소녀와 함께 살기 위해 허리를 구부리지 않을 것이다. 왜냐하면 이것은 그 자신의 문화적 수준을 떨어뜨리기 때문이다. 그러한 '애정관계'는, 공공화장실에 가듯 배출의 본질을 지닌 성매매여성에게 가끔씩 방문하는 것보다 **정신적으로** 훨씬 더 타락시킨다."[3]

그러나 '순결한 소녀'와의 성교 가능성을 없애기 위해서, 그루버는 그

---

3 Gruber, *Hygiene des Geschlechtslebens*, 142~143쪽.

다음 페이지에서 성도덕적 확신에 대해 요약해 준다.

> "고결하고 고상한 소녀를 '제한된 시간 동안의 애정관계'로 유혹하는 것은 비록 두 사람 모두가 최종 의도를 완전히 안다 하더라도 무책임한 시도이다."(144쪽)

> 나는, 남자는—완전히 올바른 본능을 지니고—[말 그대로] 자신의 아내보다 순결한 여자를 더 좋아하기 때문에, 순결을 빼앗는 것은 이미 그 이후의 결혼을 더욱 어렵게 만드는 한에서 소녀에게 해를 끼칠 수 있다는 사실에 대해 말하지는 않을 것이다.
>
> 주요한 요소는 여성의 정신이 다치거나 깊게 상처를 입는다는 것이다. 모성욕망은 현실적인 여성에게는 타고난 것이다. 성교가 그녀에게 어머니가 된다는 희망을 열어준다면 그것은 그녀에게 무한한 기쁨을 준다. 잔혹한 조종을 통해 여성에게 성교하도록 한 사람은 그녀로부터 참된 결혼 속에서 첫 번째 금지되지 않은 포옹으로 경험했을 가장 고귀한 행복의 시간을 빼앗는다.(145쪽)

그래서 '과학적' 사실들은 결혼을 위하여 '제작'된다. 즉 여성은 모성의 가능성과 연결될 때만 성행위에서 기쁨을 경험한다. 우리는 성불감증적인, 성부정적인 여성에 대한 분석에서도 동일한 광경에 익숙하다. 그리고 우리는 '참된 결혼에서의 첫 번째 금지되지 않은 포옹'이 현실적으로 어떠한지를 '참된 결혼'으로 병든 여성들을 대하면서 경험한다.

성도덕의 영역에서 대중에게 영향력을 미치는 데에는 유명한 대학교수보다 누가 더 적절할까? 권위주의 사회는 자신의 전도사를 선택하는 데 정통해 있다.

반동 이데올로기에 봉사하는 데 과학적 권위를 가장 위험스럽게 사용하는 것은, 금욕은 해롭지 않고 반대로 '단백질 추가'를 의미하는 정액이 재흡수되기 때문에 오히려 대단히 유용하다는 것이 그루버의 주장이다. "몸 안에서 정액을 유지하는 데는 무엇이든 해가 될 수 없다. 정액은 해로운 배설물이 아니다. 정액은 대소변과 같은 신진대사의 배설물이 아니다." 하지만 그루버조차 존평 없이 이러한 무의미한 내용을 규정하는 데 대해서 몇 가지 유보를 한다. 그는 다음과 같이 쓰고 있다.

> "지금 어떤 사람은 정액의 재흡수가 특정한 양을 넘어서지 않는 한에서만 유용하며 너무 많으면 해로울 수 있다고 생각할지 모른다. 이러한 반대에 대해서, 자연스러운 야밤의 방출[몽정]을 통해서 본성은 (너무 자주 일어나지 않으면 아주 정상적인) 과도한 정액축적이 일어나지 않도록 대비한다는 것에 주의를 환기시켜야겠다. 더욱이 **성기관이 사용되지 않으면 정액분비가 저절로 줄어든다고 말해야겠다. 이와 관련하여 고환은 몸의 다른 기관과 마찬가지로 작동한다. 만약 사용되지 않으면 고환은 피의 공급을 적게 받을 것이고, 만약 피의 공급을 적게 받는다면 고환의 영양상태와 그 전반적 활동력이 나빠진다.**(강조는 라이히) 또한 이를 통해 훼손을 예방한다.(72~73쪽)

이 문장들은 그것들이 주의를 끄는 만큼 주의하면서 읽어야 한다. 그루버가 공개적으로 정직하게 써온 것이 모든 반동적 성과학의 윤리적 입장에 숨어 있다. 즉 성기관의 퇴화는 도덕, 문화, 인민, 국가를 위해서 촉진된다. 만약 우리가 증거 없이 그러한 진술을 했다면 우리는 어떠한 과학적 고려도 할 가치가 없었을 것이다. 여기서 말한 것은 반동적 성이데올로기의 핵심을 이룬다. 즉 **성퇴화**! 우리는 왜 전체 여성의 90%가, 전체 남성의 60%가 성적으로 방해받고 신경증이 **대중적 문제**가 되었는지에 대해 더 이상 놀랄 필요가 없다.

만약 누군가가 단백질 추가, 야밤의 방출, 고환의 퇴화에 의거한다면, 능동적 조치로 남는 모든 것은 거세이다. 그러나 그렇다면 그러한 '객관적인' 과학이 스스로 끝장날 것이지만, 이것은 '인류진보'와 '문화향상'을 위해 제지되었음이 틀림없다!

[나치] 파시스트적인 불모화 형식 속에서 우리 '문화'의 이러한 만개는 현실이 되었다.

그루버의 『성생활의 위생학』이 40만 권이나 팔리고, 낮게 평가해도 백만 명 정도의 사람, 주로 사춘기 청소년이 읽었으므로, 우리는 그것의 사회적 효과를 잘 알 수 있다. 그 책은 거부의 외적 근거로서 적어도 성불능(임포텐스)이나 신경증의 많은 사례를 끌어 왔다.

사람들은 이제, 대다수의 성과학자가 그루버와 같지 않고 많은 사람이 성의 중요성을 강조해 왔기 때문에 그루버를 지목하는 것은 악의가 있다고 반대할지도 모른다. 그러나 그루버와 같지 않다고 주장하는 성과학자 중에서 누가 그의 영향력에 대항하기 위해서 그에 반대하는 논문을 썼는가를 물어보는 것이 적절할 것이다. 나는 여기서 과학잡지를 누르스름하게 만드는 오염의 기원 및 본질이나 자위행위와 같은 주제에 대해 말하지는 않겠다. 나는 성지식에 우매한 대중의 목마름이 대중이 빠져드는 혼동 속에서 약간 좋은 수입을 보장한다는 것을 아는 파렴치한 의사들이 출간한 쓰레기 같은 저술들의 흐름에 반대하는 대책으로서 대중적인 팸플릿들을 쓰는 것과 같은, 과학적인 확신의 일관된 실천을 생각한다. '성병'요괴와 '자위'귀신, 이른바 문화적 이익이라는 유혹물에 대해서 심오한[秘敎的] 논문으로 싸울 수는 없다. 전문적 지식과 자신의 '지위'의 유지를 변명으로 제시할 수는 없다. 아니다, 상황은 아주 다르다. 자신의 지식기반 위에서 그루버와 같은 사람의 명백한 선언을 거부해야 하는 누구든 자기 자신의 올바른 관점과 과학적 확신을 정식화하고 제시하는 데 꼭 머뭇거리는데, 그 이유는 그것이 그로 하여금 지식의 보수적 한계들을 넘어서게 할 뿐만 아니라 사회에서의 그 자신의 위치를 위험하게 만들기 때문이다. 그리고 그는 이러한 위험을 기꺼이 감당하지는 않는다.

반면에 이러한 관점들과 싸우려는 시도들이 없지 않았다. 그러나 그 시도들의 어중간함은 저자들의 편파성을 드러낸다. 혹은 논쟁은 진부함 속으로 증발해 버린다. 여기에 전형적인 예가 있다.

> "보다 공정한 판단을 위해서, 그리고 모든 것을 성사건에서 너무 쉽게 도출하는 사회적 보이콧[배제]을 피하기 위해서, 성생활의 생리학적이고 심리

> 적인 토대에 관한 보다 광범한 지식을 갖는 것이 바람직할 것이다. 또한 자기 자신의 감정과 그것에 의해 영향받은 행동을 꿰뚫어보기 위해서는 정립된 과학적 사실들에 대해 아는 것이 아주 중요하다. 선진문화는, 특히 그것이 개인적 표명에 제한되지 않고 자신의 충분한 힘을 전개한다면, 결국은 성관습의 야만화보다는 성관습의 품위상승과 순화를 가져올 것이다."[4]

성생활의 토대에 관한 지식은 (**요구**할 어떤 것이 아니라) 바라는 것이다. 과학적 사실들을 아는 것은 대단히 중요할 수 있고 (중요하지는 않다), …… 관습의 야만화, 순화 그리고 품위 상승 ……등을 믿어야 한다. 상투적인 말들!

그러나 이러한 비참함은 더욱 더 확장된다. 즉 심지어 사실들과 이론구성조차 도덕적으로 편견을 갖게 되고, 이것은 다른 영역에서는 보수적 편견을 갖지 않는 저자 집단에게까지 깊숙이 파고든다. 반동적인 성이데올로기가 모든 이데올로기 가운데 가장 널리 퍼져 있고 가장 깊게 박혀 있는 것이므로, 그것은 놀랍지 않다.

불감증은 질의 쾌감에 대한 금지에 기반하고 있으며, 일단 전반적인 질 에로티시즘의 금지가 제거되면 질의 흥분과 오르가즘 능력은 생겨난다고 알려져 있다. 크리쉬는 『사랑의 신대륙, '성생활의 사회학'』[5]이라는 인기 있는 책을 저술했는데, 거기에서 우리는 질의 무감각증에 관한 묘사를 발

---

4 H. T. Timerding, *Handwörterbuch*, 713쪽.

5 Paul Krische, *Neuland der Liebe, eine "Soziologie des Geschlechts- lebens."*

견한다.

"여성들의 쾌감을 유일하게 자극하는 것은 음핵(Klitoris)이지, 오늘날 과학자나 의사들이 주장하는 것처럼 자궁과 질 내부가 아니다. 왜냐하면 도취감정의 전제조건은 해면체와 크라우제 Krause(소체)[결막, 입, 귀두, 음핵 등에 있는 계란처럼 둥근 형태의 분비선으로 신경섬유가 그 속을 관통하고 있다]이며, 이러한 것들은 음핵에서만 발견된다. 그래서 자궁도, 질도 성쾌락을 전달할 수 없다. 특히 그것들은 인생의 풍성한 결실을 맺기 위한 산도(産道)를 형성하므로. 그래서 출산이 참을 수 없는 고통을 주지 않도록 자연은 음핵이라는 여자의 감각부분을 더 작게 만들었다. ……질의 출구는 무감각하게 …… 그래서 자연은 자신이 인류역사에서 해결할 수 없는 갈등을 만들었는데, 출산을 위해서 질의 출구를 무감각하게 하여 성교하는 동안 여성에게 만족할 만한 기쁨을 막는 것이다."(10쪽)

독일 국민 중에서 "적어도 60%의 여성이 정기적인 성교 동안 성기쁨을 전혀 또는 거의 경험하지 못한다"(말 그대로! 그 나머지는 그것을 결국 경험하지만, 자연이 그것을 다르게 배열하므로 어떻게?)는 사실은, 독일 민족에게서 음핵과 질 사이의 이른바 더 커다란 분리라는 견지에서 크리쉬에 의해 설명된다. 성기능은 공식적 성과학에서 종종 일어나듯이, 종족보존의 기능으로서 궁극적으로 설명되지만, 보수적 도덕의 영향을 보다 깊이 보여주는 한 구절이 나타난다.

"여성에게 모성을 위한 가장 좋은 시기는 20대 초반이다. 그러나 소녀들에게서 난소 자위행위는 14살 때 행해진다. 미성숙된 임신을 막기 위해 자연은 뚜렷한 보호장치로서 젊은 소녀가 성흥분을 거의 경험하지 않도록 배치하였다."(10쪽)

왜 자연은 25살이 되어서야 비로소 난소 자위행위를 하도록 할 정도로 우둔한가는 이해할 수 없는 채 남아 있다. 더 이해할 수 없는 것은 '자연'이라는 이러한 근대적 신의 온갖 예견에도 불구하고 성흥분으로 중대하게 고통받고 있는 많은 비율의 소녀들에 대한 이러한 보호를 인정하지 않았다는 것이다. 자연이 25살을 옳은 것이라고 지정했다는 것을 생각하면, 소녀들이 14살 때가 아니라 3~4살 때에 이미 자위행위를 하면서 인형을 가지고 놀며 자신들의 어버지와 아이를 갖고 싶어한다는 것을 우리는 특히 고통스럽게 느낀다. 면밀히 검토해보면 '자연'이 우리 사회에서 여성의 특별한 경제적 위치로서, 그리고 그에 상응하는 훌륭한 '도덕적' 감각으로서 드러나지 않는가? 14살난 흑인 소녀와 크로아티아 소녀에게는 무슨 일이 일어났는가? 자연은 당연히 그들을 잊었는가?

객관적으로 그러한 이론구성은 성장애의 진정한 사회적 · 심리적 원인들에서 우리를 멀어지게 하는 방법일 뿐이다.

성충동을 종족보존의 의미에서 파악하는 우세한[지배적인] **또는 배타적인 생물학적 방법은 보수적인 성과학의 억압 방법 가운데 하나이다.** 이것은 필연적으로 자신의 무의미에 논리적으로 빠지지 않기 위해서 초개인적인 개입에 근거해야만 하는 사건들에 목적을 두는, 목적론적인 그래서 관념론적인 관점이다. 그것은 형이상학적 원리를 다시 도입한다. 그러므로 근본적으로 종교적이거나 신비적인 상태에 있다.

2. 모든 성개혁의 방해물로서 결혼도덕

(1) 헬레네 스테커(Helene Stöcker)

앞 절에서, 우리는 모든 종류의 관습적인 성개혁의 난점은 이른바 생물학적인, 실제로는 경제적으로 근거지워진 결혼제도에 집착하는 것이며, 성의 비참함은 권위주의 사회가 전체적인 성상황에 직접적으로 영향을 미치는 수단인 결혼 이데올로기에서 논리적으로 하나 하나 도출된다는 것을 보이려고 노력했다. 하지만 심지어 최고의, 가장 진보적인 성개혁자들도 다른 곳에서는 성경제학적인 관점에서 전적으로 올바른 테제들을 세우지만 이 한 가지 점에서 실패하며, 그 때문에 공허하다고 비난받는다.

독일의 성개혁운동은 산산이 깨졌다. 그러나 다른 모든 나라에서의 성개혁운동은, 비록 청소년의 성에 대한 거부에서 생기는 온갖 모순으로 시달릴지라도 전진한다. 진보적인 자유주의 성개혁의 모든 형식에 대해 어렵지 않게 다음 토론을 덧붙일 수 있다.

독일 성개혁 및 모성보호 협회(Deutsche Bund für Mutterschutz und Sexualreform)는 지도자가 헬레네 스테커인데, 그녀는 자신의 『안내지침』

을 출판했다.[6] 이제 우리는 성경제학의 관점과 근본적으로 연대할 수 있는 주요 문장들을 인용해보자.

– 독일 성개혁 및 모성보호 협회 '안내지침' –

1. 운동의 내용과 목표

성개혁 및 모성보호 운동은 즐겁고 삶 긍정적인 세계관의 토대 위에서 자라난다. 이 운동은 최고의 가치, 즉 인간생활의 존엄성과 불가침성이라는 확신에서 출발한다.

바로 이러한 기반 위에서 우리의 운동은 모든 사람 속에서 남자와 여자 사이, 부모와 자식 사이의 삶을 가능한 한 풍부하고 풍요롭게 만들려고 한다.

그러므로 우리의 과제는 성매매와 성병, 성적 가식과 강제적 금욕을 허용하고 촉진시키는 사회적 조건과 윤리적 견해 사이의 모순에 관한 인식을 더욱 확산시키는 것이다.

지배적인 도덕적 가치평가의 혼동, 그것에서 생긴 개인적 고통 및 사회적 폐해는 구제를 요청한다. 하지만 이러한 요청은 징후를 제거함으로써가 아니라 실제적 원인을 철저히 근절함으로써만 이루어질 수 있다.

그러나 우리의 운동은 폐해를 근절할 뿐만 아니라 개인적이고 사회적인 생활의 진보를 촉진할 것이다. 이 운동은 삶과 삶의 즐거움을 유지하고 증가

6 *Richtlinien*, Verlag der neuen Generation, Berlin. 1922년 11월 25~26일에 베를린의 연맹 대표자 회의에서 채택한 것.

시킬 것이다.

삶을 근원적으로 보호하는 것, 삶을 순수하고 강하게 발달시키는 것. 즉 **모성보호**. 인간의 성을 번식뿐만 아니라 진보적인 발전을 위한 강력한 수단으로 그러나 동시에 고상하고 문화적인 행복으로 만드는 **성개혁**, 이것은 우리의 열망의 내용이자 최종목적이다.

2. 도덕의 일반적 원리

인간적-성적인 관계를 건강하게 하기 위한 첫 번째 전제조건은, 이른바 초자연적 배치나 자유의지적인 인간의 법률 혹은 오로지 전통적 관습에 자신의 명령기반을 두고 있는 도덕관과의 단호한 절교이다. 도덕법률은 또한 근본적으로 진보적인 **과학** 지식에 근거해야 한다. 다른 시대환경에서 진리였거나 지배계급의 이익에만 봉사한 것이, 생각 없이 오늘날의 도덕적 요구로 지속되도록 허용해서는 안 된다. '도덕'[관습]의 **시금석**은 도덕이 인간생활(사회적 협동)을 더 풍부하고 **더 조화롭게** 만들고 악에서 벗어나게 하는 데 적합한가이다!

그러므로 우리는 인간의 신체와 정신이 서로 대립한다는 생각을 거부한다. 우리는 자연적인 성매력을 **'죄'**라고 낙인찍고, **'관능성'**을 천하거나 동물적인 어떤 것으로서 극복하려 하고, 또는 '음탕함'의 '극복'을 도덕의 원리로 격상시키는 것을 바라지 않는다! 오히려 우리에게 인간은 통일적인 관능적-정신적 존재이며, 이 존재의 지적이고 신체적인 특징은 건강한 발달에 대한 동등한 권리를 지니며 전진적인 양육에 대한 동등한 요구를 지닌다.

도덕[관습]의 명령은 모든 사람에게 그들의 능력과 힘에 대해 생각할 수 있는 가장 유익한 교육 및 발전을 보장하는 동등하고 우애적인 공동생활의 조건에서 필연적으로 생겨나는 그러한 요구이다. 우리에게 도덕은 주어진 관계에서 그리고 우리의 최고의 영감에 따라, 개인의 인성을 발달시키고 더 높고 더욱 완벽한 존재형태로 모든 사람을 안내하는 데 기여한다.

3. 성윤리

우리는 우리의 지배적인 윤리적 관점, 우리의 현존하는 사회적 상태가 성적인 것들에서 위선, 강제적 금욕, 육체적 질병, 그리고 여타의 구토를 불러일으키고 증대시키는 것을 안다. 그러므로 우리는 그러한 조건들을 참을 수 없다는 인식을 그리고 이러한 관점의 동요를 널리 확산시키고, 그러한 상태 및 관점들과 첨예하게 싸우는 것을 우리의 과제로 여긴다. 우리는 '미덕'이 '금욕'과 혼동되는 것을 원치 않으며, 여성에게 남성에게와는 다른 도덕을 적용하는 것을 원치 않는다.

성교 자체는 도덕적이지도 비도덕적이지도 않다. 강한 본능적 충동으로부터 생겨난 것이기 때문에 성교는 견해와 동반 환경에 따라서 비로소 도덕적이거나 비도덕적이게 된다. 성의 중요성은 성의 가장 중요한 작용인 생식으로 소진되지는 않는다. 오히려 인간에게는 자신의 본질과 욕구에 일치하는 성생활은 삶의 내적 및 외적 조화를 위한 전제조건이다. 성생활은 자신의 본성상 매력의 힘을 통해 얻을 수 있는 인성인 제2의 동등한 의지[상대]를 전제한다. 그러고 나서 애정생활은 수많은 새로운 삶 및 경험의 가능성을, 즉 인간인식의 심화와 세련화로의 길(궁극적으로 **모성**과 **부성**에서 인간적 존재 및 본질의 충분한 창조적 발전으로의 유일한 길)을 열어준다.

우리는 꽤 상세하게 인용하였는데, 그 이유는 지금까지 우리가 이러한 원리들에 대해 동의하기 때문이지만, 또한 그에 뒤따르는 모순을 보다 분명하게 강조하고 싶기 때문이다.

'운동의 내용과 목표' 절에서, 성적 비참함의 '실제적 원인에 대한 철저한 근절'이 강조되었다. '도덕'은 일정 계급의 이익에 봉사한다고 적절하게 인식되고 진술되었고, 인간에게는 '자신의 본질과 욕구에 일치하는 성생활은 삶의 내적 및 외적 조화를 위한 전제조건이다'라는 것은 성경제학의 조건들에 대한 연구결과들과 완전히 일치한다. 그러나 애정생활이 '모성과 부성에서 인간적 존재 및 본질의 충분한 창조적 발전'으로의 유일한 길이라는 정식화와 더불어, 앞서 말한 모든 것을 철저하게 뒤집는 발단을 단번에 만드는, 증명되지 않고 증명할 수 없는 테제가 몰래 들어온다. 그것은 성생활에 대한 지금까지의 모든 고찰이 실패했던 지점인, 청년문제와 결혼문제이다.

"우리는 양성의 청년들이 단련되고 다른 성과 자신의 과제를 존중하고 자제하는 것이 필요하다고 생각한다. 특히 **젊은 남성들은 여성의 품위와 심적이고 충동적인 삶을 고려하는 것을 이른 나이에 배우고 실행하는 것이 필요**하다고 생각한다. **그러므로 우리는 충분히 육체적 및 정신적 성숙이 이루어**

질 때까지 금욕을 요구한다. 그러나 성교가 야기할 수 있는 결과들에 대한 책임을 인식한 채 다른 사람의 권리를 침해하지 않고(예를 들어 성적으로 충실하게) 이루어진다면, 우리는 남성이건 여성이건 성인이고 성숙한 사람이 능력과 성향에 따라 성교하고 애정상대와 자유로이 융합하겠다는 자연스런 주장을 인정한다."

여기에서 우리는 앞서 이야기한 것이 지닌 다음과 같은 모순들을 발견한다.

① '여성의 품위'에 대한 고려. 다음 문장은 우리가 여성의 성에 대한 낡은 성부정적인 구절만을 다루고 있지는 않다는 것을 명백하게 해준다.

② '그러므로 우리는 충분히 육체적 및 정신적 성숙이 이루어질 때까지 금욕을 요구한다.'

오늘날 우리 사회에서 성행위가 여성에게 왜 여성의 품위에 대한 침해를 의미하는지에 대해 구체적으로 연구하지 않는다. 이것은 일반적으로, 추상적으로 타당한가? 더욱이 언제 청년들이 육체적으로 정신적으로 성숙하는지, 그리고 어떤 기준에 의해 이것이 결정되는지 구체적으로 진술되지 않았다. 왜냐하면 우리 지방에서는, 청소년이 생식과 출산을 할 정도로 육체적으로 성숙하게 되는 평균 나이가 14~15살이기 때문이다. 청소년의 정신적 성숙의 발달은 주로 그의 초기 환경과 후기 환경에 달려 있다. 여기에서 우리는 육체적이고 정신적인 성숙에 관한 일반적인 정식화로는 결코 이해할 수 없는 많은 모순을 이미 볼 수 있다.

③ '성인이자 성숙한 사람'('성인'—언제? '성숙'—언제? 16살의 산업노동자가 '성숙한가' 아니면 '미성숙한가'?)이 ……'자신의 능력과 성향에 따라 성교'하려는 자연스런 요구에 대한 인식은, 성교는 '다른 사람의 **권리**를 침해하지 않고(예를 들어 성적으로 충실하게)' 행해진다고 전제한다. 즉 남편이 부인의 육체에 대한 권리를 갖고 있으며, 그 역도 성립한다는 것을 의미한다. 어떤 권리? 법적인 결혼제도에 의해 주어진 권리이지, 다른 건 아니다. 그러므로 반동적 권리와 전혀 다르지 않은 관점이 안내지침의 저자들이 그 영향으로부터 성을 해방하기를 원하는 바로 그 직접적인 경제적 이해를 대표한다.

그리고 그 다음 모순은 어떠한지 살펴보면,

"우리는 **결혼**과 결혼**'도덕'**의 본질이 오늘날 주로 그러하듯이, **어떤 형식성의 완성** 속에 존재하는 것으로 간주하지 않는다. 규정된 형식만을 관찰한다면, 오늘날의 관점은 결혼공동체를 가져오는 정신을 완전히 무시한다. 그러한 과제가 실현되었는지, 어떻게 실현되었는지 물어보지 않는다. 오늘날의 관점은 형식적으로 도장찍은 모든 애정관계를 그리고 이것만을 '도덕적'이라고 선언하며, 모든 다른 것을(그것들의 내적 정당성, 가치, 책임의지를 조사하지 않은 채) '비도덕적'이라고 여긴다. 마지막으로, 비록 관련자의 의지와 눈으로는 이러한 관계가 쓸모 없고 고통스런 속박이 되었다 하더라도, 비록 그

관계가 내부적으로 그리고 그 자체가 사실상 해체되었을지라도, 여전히 **법적 강제**를 통해 결혼을 유지한다".

그러나,

"**우리는 법적으로 인정된 일부일처제를 인간 성관계의 가장 고귀하고 가장 바람직한 형태로**, 성교의 영원한 질서, 가족의 건강한 발전, 인간공동체의 보존을 보증하는 데 가장 적합한 것으로 **간주한다**. 그러나 우리는 평생의 엄격한 일부일처제적인 결혼이 거의 달성할 수 없는 이상으로서 존재해 왔을 뿐이며 지금도 여전히 그렇게 존재한다는 것을 모르지는 않는다. 성생활의 더 많은 부분은 사실상 **혼전과 결혼 밖에서** 일어난다. **심적이고 경제적인 원인** 때문에 법적으로 묶인 결혼은 **정당한 애정관계**의 모든 가능성을 흡수할 수 없다. 즉 그것[애정관계의 모든 가능성]을 모든 경우에 지속적인 일부일처제로 바꿀 수는 없다."

그래서 '법적으로 인정된 일부일처제'는 승인하지만(누구에 의해 승인되는가?), 평생의 일부일처제는 거의 달성할 수 없는 이상으로서 존재했었고 여전히 그렇게 존재한다는 것과, 성생활의 더 많은 부분이 사실상 결혼 밖에서 일어난다는 것을 '우리는 모르지는 않는다.' 결혼제도에 대해 근본적으로 승인해도 결혼제도의 역사와 사회적 기능을 다룬다는 생각이 이러한 개혁가들에게 일어나지 않았던 것 같다. 사람들은 결혼은, 비록 동시에 정반대의 것이라고 밝혀질지라도, 모든 성형식 가운데 가장 좋은 것이라고 법에 의하여 판결한다. 그래서 사람들은 개혁적 의도들을, 예를 들어 다음과 같이 일반적이고 공허한 구절들로 표현한다.

"따라서 우리는 다음에 찬성한다.

ⓐ 성에 대한 진정한 평등성을 기반으로 한, 법적으로 인정된 일부일처제 결혼의 **보존**. 결혼(혼인체결)의 **경제적** 가능성들의 촉진, 남녀공학과 성에 대한 더 좋고 더 심오한 '자기인식학습'을 위한 다른 적절한 조치들을 통해서뿐만 아니라 결혼과 부모에 관한 교육을 통한 **심적** 가능성들의 촉진.

ⓑ 결혼 결정으로 나아가는 조건들이 더 이상 존재하지 않을 때, 또한 만약 결혼이 더 이상 지속적인 생활공동체라는 목적을 수행할 수 없으면, **이혼**의 법적 가능성의 확대(특히 이혼의 전제조건으로서 책임원칙을 성격불화원칙으로 대체).

ⓒ 상대들이 이로부터 생겨난 의무에 대한 책임감을 인지하고, 비록 법적 형식성이 보존되지 못할지라도 성취하려는 자신들의 의도를 증명해 온 결합들에 대한 도덕적, 법적 인정.

ⓓ 성매매의 원인들을 제거할 수 있는 정신적이고 경제적인 수단들뿐만 아니라 위생적 조치들을 통한 '성매매'와의 싸움."

① '**성**[양성]**의 진정한 평등**'은 권위주의 사회에서는 미사여구에 불과하다. 그것은 자신의 신체에 대한 권리해방뿐만 아니라 노동민주주의 경제

를 전제한다. 그러나 진정한 평등과 더불어 결혼은 결혼이기를 그친다.

② **결혼의 경제적 가능성의 촉진**은 현존하는 생산관계에서는 공허한 문구이다. 누가 촉진할 것인가? 산업예비군의 보존을 요구하는 구조를 지닌 바로 그 사회가?

③ **결혼에 대한 교육.** 이것은 어릴 때부터 계속해서 행해지고 있으며, 이러한 교육의 결과들에 대항하여 싸우기 위해 '협회'가 구성되었다. 우리가 상세하게 밝힐 것처럼, 만약 이러한 문구들이 다시는 공허한 문구로 취급되지 않으려면, 자신의 보존을 위해 성억압을 요구하는 제도는 처음부터 '남녀공학'에, 그리고 '보다 깊은 자기인식학습'에 대립할 것이다.

④ **'이혼의 법적 가능성의 확대'**는 자체로는 어중간한 것이다. 왜냐하면 여성과 어린이의 경제적 위치는 이혼이 경제적으로 불가능할 정도여서 이와 같은 경우에 법의 '확대'는 대중에게는 쓸모없거나, 결국 여성의 경제적 독립과 어린이의 사회적 보호를 가능하게 하는 식으로 생산관계가 변화되어도 이 경우에 성공동체의 해체는 대체로 어려움이 따르기 때문이다.

⑤ **성매매의 원인과의 싸움.** 이것은 실업이며 쁘띠부르주아 소녀들의 순결 이데올로기이다. 이것과 싸우는 것은 위생적인 조치 이상을 요구한다. 누가 이것을 실행해야 하는가? 실업에 대처할 수 없고, 순결 이데올로기를 포기할 수 없는 그 동일한 반동적 사회가?

성의 비참함을 그러한 수단으로 이겨낼 수 없다. 성의 비참함은 현존 사회구조의 본질적인 부분이다!

(2) 아우구스트 포렐(August Forel)

사회주의 성개혁가들 사이에서 성기능의 화폐화[상품화]가 지닌 위생적 해로움에 대해 아우구스트 포렐만큼 분명하게 강조한 사람은 없었다. 그는 성생활의 모든 근본적인 어려움은 무엇보다도 성곤궁의 보다 깊은 경제적 근원을 이해하지 않는 권위주의적 존재방식에서 생긴다는 것을 정확하게 알았다. 그에 상응하여 그의 진술은 철저한 지적인 가공 대신에 불평으로, 성의 비참함은 지배적인 사회구조에 특정하게 종속되어 있다는 인식 대신에 폐해를 줄이려면 무엇을 해야 할 것인가에 대한 선의의 충고로 끝난다. 예상되었던 것처럼 그의 관점에서 편견은 그 자신의 이해 속에 있는 모순들에서 표현된다. 그는 『성윤리』(*Sexuelle Ethik*)라는 소책자에서 "남성과 여성 모두에게서 성충동의 만족은 그것 자체로서 대체적으로 윤리적으로 무심"하다는 견해(정식들이 일반적인 성격을 지닌 채 남아 있는 한)를 지지했다. "그러므로 우리는 당사자, 상대방, 제3자, 거기서 생긴 아이의 특질에 해를 끼칠 수 없는 모든 성교는 ……비도덕적일 수 없다고 대담하게 주장한다."(20쪽) 윤리적으로 무심한 생식을 방해하려는 것은 무용할 것이다. "해를 끼치지 않는 한 성교는 용인되어야 하고, 개인이 지닌 행복과 건강하고 즐거운 창조성은 종종 평상적인 충동만족에 달려 있는 만큼 더욱 그러하다."(20쪽) 포렐이 이것을 쓴 시기를 고려해보면 멋진 말이다. 하지만 인간은 "본능적으로 대개 일부다처제적"(19쪽)이라고 진술한 후, (왜 인간만? 사실 확인을 흐리게 하는 이중적 성도덕!) 그는 다음과 같이 충고한다.(20쪽)

"윤리적인 성 이상(Ideal)은 확실히 지속적인 사랑과 정조에 근거하고 몇몇 아이를 낳는 일부일처제적 결혼이다. ……이러한 사태는 우리의 근대 회의주의자들이 주장하듯이 희귀한 것은 아니다. 그러나 아주 흔한 것도 아니다. 이러한 결혼이 완전히 그래야만 되고, 그럴 수 있는 것[윤리적인 성 이상]이기 위해서는 완전히 자유로워야 한다. 즉 배우자들은 절대적으로 평등해야 하며, 자녀들에 대한 의무 이외에 어떤 다른 외적 강제도 결혼을 묶어놓을 필요가 없다. 여기에서 무엇보다도, 재산분할과 남성뿐만 아니라 여성의 모든 공과에 대한 적절한 평가가 필요하다.

공과에 대한 평가라는 요구는 결혼에서 결혼의 기초 즉 여성들에 대한 성적이고 경제적인 억압을 없애 버리기 때문에, 결혼은 스스로 붕괴된다.

그리고 이것은 실제 다음과 같이 보인다.

"일부다처제적 갈등. '얼마 동안 나는 한 여자에 대한 열정에 지배당했다. 나는 그것과 싸우려 했으나 헛수고였다. 지극히 사랑스러운 아내가 있는 기혼남으로서 나는 32년 동안 평화롭게 살아왔다. ……나는 그러한 간통은 어떤 관계에서도 용서는 물론 정당화될 수 없다는 것을 잘 안다. 그럼에도 불구하고 나는 이런 열정에 저항하는 데 항상 다시 약해진다."

"맨 먼저 암시를 통한 싸움을 시도해야 한다." "이러한 경우에 선의의 충고는 귀중하다"(강조는 라이히)고 포렐 자신은 말한다. 물론, 보수적인 사회의 모든 구성원이 또 다른 남성이나 또 다른 여성과의 관계가 '용서는 물론 정당화될 수 없다'고 계속 각인하더라도, 확실히 선의의 충고는 귀중하다.

(3) 성개혁 세계연맹의 붕괴

1920년대 후반에 자유주의적 인간주의자이면서 사회주의자인 히르쉬펠트(Magnus Hirschfeld)는 자신의 연구작업을 '성개혁 세계연맹'에 조직적 형식으로 제출했다. 그 연맹은 당시 세계에서 가장 진보적인 성과학자와 개혁가를 포괄하고 있었다. 그 연맹의 강령은 다음과 같은 것들을 포함하고 있었다.

① 여성에 대한 정치적, 경제적, 성적 평등.

② 교회와 국가에 의한 감독으로부터 결혼(특히 이혼)의 자유화.

③ 책임 있는 자녀교육이라는 의미에서 출산 조절.

④ 자녀에 대한 우생학적 영향.

⑤ 미혼모와 그 자녀에 대한 보호.

⑥ 간성적인 변이자들, 특히 동성애적 남녀에 대한 올바른 평가.

⑦ 성매매와 성병의 예방.

⑧ 성적인 충동장애를 지금까지처럼 범죄, 죄, 부도덕으로서가 아니라 다소 병리적인 현상으로 이해.

⑨ 성인들 사이에서 상호합의에 기반한 성행위는 처벌하지 않고 두 사

람 가운데 한 사람의 성자유에 대한 현실적 침해만을 처벌하는 성 형법.

⑩ 계획적인 성교육과 계몽.

세계연맹의 3명의 의장 가운데 한 사람으로 덴마크 성정치학자인 레윈바흐(J. H. Leunbach)는 연맹의 엄청난 장점들을 비판적으로 연구했을 뿐만 아니라 연맹의 모순들도 드러냈다.[7] 그의 가장 중요한 비판은 성개혁을 '비정치적으로' 성취하려는 세계연맹의 시도, 모든 나라가 해당 법률에 따르도록 허용하는 데까지 나아가는 세계연맹의 자유주의적 관대함, 어린이의 성과 청소년의 성의 생략, 결혼제도에 대한 긍정 등에 관한 것이었다.

히르쉬펠트가 죽은 뒤에 헤어와 레윈바흐는 다음과 같은 선언을 공표했다.

– 성개혁 세계연맹의 모든 회원과 지부에 대한 보고 –

우리, 성개혁 세계연맹(이하 세계연맹)의 살아 있는 의장인, 런던의 노만 헤어 박사와 코펜하겐의 레윈바흐 박사는 우리의 의장인 히르쉬펠트의 죽음을 전하는 슬픈 자리에 있다. 그는 1935년 5월 15일, 니스에서 운명하였다.

우리는 세계연맹의 미래를 결정하기 위해 대회를 소집하려 한다. 그러나 당분간 이것은 불가능할 것 같으며, 1932년 브륀(Brünn)에서의 마지막 대회

7 "Von der bürgerlichen Sexualreform zur revolutionären Sexualpolitik", *Zeitschrift für politische Psychologie und Sexualökonomie*, 1935/2.

이래로 새로운 국제대회를 방해해 온 똑같은 이유 때문이다. 유럽의 정치적, 경제적 조건은 국제대회의 개최뿐만 아니라 많은 나라에서 세계연맹의 작업을 심화시킬 수 없게 만들었다. 프랑스 지부는 더 이상 존재하지 않고, 스페인 지부는 대부분의 다른 나라의 지부가 그러하듯이 힐데가르트(Hildegart)가 죽은 이래 모든 활동을 포기했다. 우리가 확인할 수 있었던 한에서는 오직 영국 지부만이 여전히 활동적으로 움직이고 있다.

국제대회가 열리지 않은 상태에서, 살아 있는 이 두 의장은 국제조직으로서 세계연맹을 유지하는 것이 더 이상 불가능하다고 말하지 않을 수 없다.

그러므로 우리는 세계연맹의 해체를 선언한다. 각국 지부들은 독립된 조직으로서 활동할 것인지 해체할 것인지를 스스로 결정해야 할 것이다.

세계연맹이 얼마나 자신의 애초의 비정치적 성격을 유지할 수 있는가에 대해, 다양한 지부 회원들 사이에 큰 차이가 있었다. 몇몇 회원은 사회주의 혁명을 위한 동시적인 투쟁 없이는 세계연맹의 목적을 달성할 수 없다는 의견을 지니고 있다.

헤어 박사는 세계연맹의 강령에서 모든 혁명활동을 제거해야 한다고 주장한다. 레윈바흐 박사는 혁명적 노동운동에 합류하지도 않았고 할 수도 없었기 때문에 세계연맹은 아무것도 성취할 수 없다고 느낀다. 레윈바흐 박사의 관점은 『정치심리학 및 성경제학 시보』(*Zeitscrift für politische Psychologie und sexualökonomie*), 제2권 제1호로 1935년에 출판되었다. 그 주제에 대한 헤어 박사의 촌평은 제2호에, 즉 이 보고를 실은 같은 호에 출간될 것이다.

그래서 성개혁 세계연맹이 해체된 뒤, 각국 지부의 회원들은 이러한 문제들에 대해 스스로 자유롭게 결정할 수 있다.

노만 헤어, 레윈바흐

이것은 **반동사회의 틀 안에서** 성을 해방하려 했던 조직의 결말이었다.

3. 성계몽의 난점

오늘날의 일반적인 교육, 그리고 특히 성교육의 위기상황은 과연 어른들이 어린이들을 '성적으로 계몽'시켜야 하는지, 어린이들이 나체, 정확히 말하자면 성기를 보는 데 익숙해져야 하는지 아닌지 하는 질문을 전면에 제기하였다. 물론 사람들은 성을 감추는 것이 결국은 어린이들에게 이롭기보다는 해롭다는 사실에 의견의 일치를 보고 있다(이렇게 생각하는 사람들은 최소한 교회의 영향을 직접적으로 받지 않는 집단이다). 정말 성교육의 암담한 상태를 없애려는 성실하고 적극적인 의지가 있기도 하지만, 개인적인 본성과 사회적인 본성이라는 두 가지 근거에서 뚜렷하게 다른 성개혁론자 집단 안에는 분명히 커다란 모순과 거부감이 존재한다. 나는 '알몸교육'과 '성계몽'의 목표를 제기할 때 이미 생겨나고 있는 몇 가지 근본적인 어려움에 관한 토론에 한정하고자 한다.

성충동 가운데서 사람들은 관찰충동과 노출욕구에 대해 특히 잘 알고 있다. 이것들의 충동목표는 에로스를 강조하는 육체 부분, 특히 성기를 관찰하거나 노출하려는 것이다. 이러한 충동은 오늘날 거의 통상적으로 주어져 있는 교육조건에서는 아주 순식간에 억압의 희생물로 전락하곤 한다.

어린이는 자신의 성기를 보여 주어도 안 되고 다른 사람의 성기를 관찰해서도 안 된다는 것을 즉시 깨닫게 된다. 그리하여 다음과 같은 두 가지 감정을 발전시키게 된다. 첫째로, 만약 어린이가 그럼에도 불구하고 자신의 갈망을 따른다면, 엄하게 금지된 행위를 어기는 것이기에 어린이의 마음속에 죄책감을 만들어낸다. 둘째로, 어린이들은 성기를 감추고 그것의 장난을 철저하게 '금지'당하게 되어 모든 성적인 것에 어떤 신비적인 성격을 부여하게 된다. 그에 발맞추어 원래의 자연스러운 관찰욕구는 음탕한 호기심으로 변한다. 관찰욕구와 관찰금지 사이에서 빚어지는 갈등에서 벗어나기 위해, 어린이는 충동을 억압해야 한다.

이러한 억압의 범위와 정도에 따라서 두려움 및 수치심 혹은 음탕한 마음이 강하게 발전한다. 두려움 및 수치심과 음탕한 마음은 통상 병존하며 이를 통해 예전의 갈등 대신에 어떤 새로운 갈등이 등장한다. 이러한 갈등이 계속 발전하여 다음과 같은 두 가지 극단적인 가능성이 생긴다. 노출욕구를 억압함으로써 애정생활을 해치고 신경증 증상이 나타나거나, 도착증 내지는 노출증이 나타난다. 이러한 두 가지 가능한 탈출구에서 무엇이 일어날지를 아무도 확실하게 예상할 수 없다. 성을 부정하는 교육을 통해서 사회적 존재뿐만 아니라 주체적인 건강상태에도 장애를 일으키지 않는 성구조가 발전한다는 것은, 사춘기의 숙명, 부모로부터 그리고 부분적으로 사회적 권위로부터 벗어나는 것, 특히 무엇보다도 건강한 성생활의 유일한 길[성교]의 발견과 같은 많은 다른 요소들의 우연과 협연의 결과일 뿐이다.

그러므로 우리는 관찰욕구와 노출욕구에 대한 억압은 어떤 교육자도 바람직하다고 여길 수 없는 결과를 초래한다고 본다.

지금까지 성교육은 예외 없이 성에 대한 부정적 평가에서 그리고 비위생적인 도덕적 논의에서 출발하고 있다. 그 결과는 신경증과 도착증이다. 알몸 교육을 부정한다는 것은 통상적인 성교육에 찬성한다는 뜻이다. 왜냐하면 알몸 교육을 부정하는 것은 통상적인 성교육을 찬성하는 것과 분리하여 다룰 수 없기 때문이다. 이와는 달리, '알몸 교육'만을 긍정하고 그 이외의 성교육과 교육목표를 전혀 다루지 않는 것은, 처음부터 모든 실질적인 성교육의 시도를 혼동스럽게 만들거나 피교육자[어린이]를 더 큰 어려움에 처하게 할지도 모르는 모순을 지니고 있다. 그렇지만 성교육의 영역에서 타협은 성충동 속에 내재해 있는 법칙성 때문에 거의 불가능하다.

사람들은 성계몽 일반에 대해 질문하기 전에, 우선 성을 긍정할 것인지 부정할 것인지, 지배적인 성도덕에 반대할 것인지 찬성할 것인지를 결정해야 한다. 성문제에 대해서 자신의 고유한 입장을 이렇게 명확히 하지 않으면 모든 토론이 쓸모없다. 그것은 이러한 것을 이해하는 전제조건이다. 과연 전제조건에 대해 그렇게 명확히 하면 어디로 나아가게 될지에 대해서 여기서 보여 주려고 한다.

일단 우리가 건강상의 위험 때문에 성을 **부정하는** 교육을 거절하며, 이와는 반대로 성을 **긍정하는** 교육을 선택한다고 가정해보자. 그렇게 되면 사람들은 성을 긍정하는 교육이 위험할 것은 전혀 없으며, 성의 가치를 인정해야 하고, 단지 '성의 승화를 촉진'시켜야 한다고 말할 것이다. 그러나 여기서 그것이 문제가 아니다. 승화가 아니라, 젊은 여성이나 남성이 성기와 기타 관능적으로 강조되는 육체 부분을 노출시키는 데 대해 부끄러움을 떨쳐 버려야 하는지 아닌지, 더욱 구체적으로는 교육자와 피교육자들이 부모와 자식이 벌가벗고 목욕하고 물놀이를 해야 하는지 아니면 수영복을 입고서 해야 하는지, 벌가벗고 있는 것이 자명한 것이 되어야 하는지 하는 아주 구체적인 질문이 중요하다.

벌거벗고 목욕이나 물놀이 등을 하는 것을 자명하다고 인정하는 사람(물론 알몸 문화를 지지하는 어떤 단체에서는 이러한 것에 대해 조건을 달고 찬성하겠지만, 이러한 단체에서 사람들은 그로 인해 나타나는 관절경화[발기]를 막기 위해서 성금욕을 위한 훈련으로 나체를 관찰한다), 사회적 도덕 속에 고립된 섬이 아니라 일반적인 알몸 교육과 자연스러운 성을 추구하는 사람은, 나체와 여타 성생활의 관련을 시험할 것이고, 또한 그러한 노력(일단 그 관철 가능성을 염두에 두지 않으면)의 결과가 자신이 지향하는 방향에 있는지를 스스로 결정해야 한다.

성의학적인 경험으로 미루어볼 때 성억압은 사람을 병들게 하거나 도착적이게 또는 음탕하게 만든다. 우리는 성을 **긍정하는** 교육의 조건과 결과들을 찾아내려고 시도한다. 만약 사람들이 어린이에게 성기를 보이는 데 어떤 부끄러움도 보이지 않으면, 정말 어린이에게도 어떤 부끄러운 감정과 음탕한 감정도 생기지 않을 것이다. 그러나 성적 호기심이 충족되고 그로 인해서 약화된 뒤에는 어린이는 틀림없이 성에 대한 탐구심을 만족시키려고 할 것이다. 그러면 사람들은 어린이에게서 그 탐구심을 없앨 수 없을 것이다. 왜냐하면 그러한 탐구심을 없애면 더욱 커다란 갈등이 생겨서 그것을 억누르는 데 어린이는 더욱 고생을 해야 할 것이기 때문이다. 또 상당한 정도의 도착을 지니게 될 것이다.

당연히 사람들이 오래 전부터 자연스러운 것으로 인정해 온 자위에 대해서 전혀 반대할 필요가 없다. 그러면 어린이에게 출산과정도 불분명한 채 남아 있을 수 없다. 만약 어린이가 출산과정을 보고 싶다는 요구에 대해서는, 어린이를 지도할 수 있는 관계에 있다면 피할 수 있을 것이다. 그러나 이는 이미 틀림없이 성긍정에 대한 어떤 제한을 의미할지 모른다. 그렇다면 왜 어린이에게 성교 장면을 보여주지 않는가하고 질문할 뿐인 냉소적인 성윤리학자에 대해 반박할 수 있기 때문이다.

분석경험이 보여 주듯이, 아주 좋은 환경에 사는 거의 대부분의 어린이가 부모의 성교에 귀를 기울이고 엿듣는다고 한다면, 왜 보아서는 안 되는가? 몹시 황당하게도 성윤리학자들은 어린이가 길거리에서 개 두 마리가 교접하고 있는 것을 보았고 그러한 것에 대해서 효과 있게 교육했다면, 왜 어린이에게 그런 행위를 보지 못하게 하느냐 하는 질문을 제기한다. 만약 자신을 속이지 않는 용기를 가지고 있다면, 우리는 그러한 논의를 개진해서는 안 된다는 것을 알아야 한다. 물론 도덕적인 논의를 개진할 수는 있겠으나 그렇게 되면 성계몽에서 우리의 적대자들의 입장은 더욱 강화될 것이다. 그렇지 않으면 우리는 어린이의 관심사에서가 아니라, 우리가 보려고 하지 않으면서 제어되지 않는 쾌락을 향한 우리의 노력을 다루고 있다고 솔직히 고백해야 한다.

따라서 우리는 구석에 몰린 채 다음과 같은 선택지만을 지니게 된다. 필연적으로 항상 성을 부정하는 성윤리로 다시 돌아가거나, 모든 문제 가운데 성교에 대한 입장을 정립하는 가장 까다로운 문제에 접근해 가는 것이다. 만약 우리가 후자를 택하면, 우리는 국가의 검찰기관이 이에 관해서 아무것도 알아차리지 못하도록 확실히 해주어야 한다. 그렇지 않을 경우에 국가의 검찰기관은 도덕조항을 무조건 적용하려 들 것이 뻔하다.

우리가 과장한다고 주장하는 사람에게 우리는 알몸 교육과 성교육이 (사실에 합당하고도 의미 있게 실행될 경우에는) 교육자와 아이들을 일시적으로 감옥에 가게 한다는 것을 설득하기 위해서 좀더 나아가보자고 요청한다.[8]

만일 우리가 어느 정도 용인하여 **우리의** 성관심에서 어린이가 성행위를 보려고 하는 것을 거부한다고 가정하면, 우리는 우리 스스로가 도저히 해결할 수 없는 모순에 휩싸여 버리고, 지금까지 이룩해내고 어렵게 일해 온 모든 것을 버리게 될 것이다. 어린이들이 언제 그러한 행위를 할 수 있는가라는 피할 수 없는 질문을 던질 때, 엄밀하고 진리에 합당한 대답

---

8 *Zeitschrift für psychoanalytische Pädagogik*(『정신분석학적 교육학 시보』)에 1927년 처음 이 논문을 출간한 잡지 편집자는 가장 자유로운 정부 지도자들에 의해 40일의 감옥형이 선고되었다.

을 하지 않는다면 더욱 그러할 것이다. 어린이는 스스로 어머니의 몸 속에서 자랐다는 사실을 이미 경험하였다. 또한 어린이는 아기를 낳을 목적으로 아버지가 자신의 성기[Lulu와 Wipfi]를 엄마의 작은 구멍에 꽂은 것을 잘 알고 있다. 만약 부모가 용기가 있다면, 어린이에게 그것은 어린이가 고추를 가지고 장난할 때만큼 '좋다'고 말할지도 모른다(성계몽을 할 때에는 의미 있게, 즉 일관성 있게 그리고 무의미하지 않게 행동해야 한다는 것을 잊어서는 안 된다). 만약 어린이가 그것을 알고 있다면, 우리는 짧은 기간 동안 '클 때까지' 기다리라고 달랠 수 있을 것이다.

사춘기에 들어서서 성흥분, 발기 그리고 사정 내지는 생리가 일어나면, 사춘기의 청소년은 사람들이 어렸을 때 자신들에게 말했던 변화를 확실히 요구할 것이다. 만약 우리가 그때 더 있다 하라고 주장한다면, 우리를 터무니없는 것으로 무조건 이끌어 가고 그것에 아주 잘 다가가는 성윤리학자는, 무엇 때문에 성적으로 이미 성숙한 시기에 성행위를 금지하는가 하는 아이러니하게 들리는 논리적인 질문을 가지고 나타난다. 어쩌면 그는 당연히, 넓은 범위의 산업노동자들에게서 그리고 농부들에게서 완전히 성적으로 성숙한 15살 내지는 16살의 나이에 실제 성생활을 시작하는 것을 당연하게 여긴다고 정당하게 주장할 것이다.

우리의 아들과 딸들이 15살 내지는 16살에 혹은 그보다 전에 자연스러운 성요구에 대한 권리를 주장한다는 생각에 우리는 불쾌하게 느끼고 당혹해 하면서 망설인 다음, 정말 가망 없는 입장에 찬성하는 주장을 찾게 될 것이다. 이때 우리에게는 어쩌면 사춘기 때의 금욕은 정신적 발전을 위해서 필수적이라는 '문화적 승화'라는 주장이 떠오를 것이다. 그리하여 사람들은 (지금까지 육체적 강요 없이 자라난!) 청년들에게 이성적으로 영향을 끼칠 수 있다고 생각하며, 청년들에게 자신들을 위해서 '얼마 동안' 금욕하도록 권고할 것이다.

그러나 분명한 방향을 잡고 있는 사악한 성윤리학자는 우리가 전혀 떠올리지 못한 다음과 같은 두 가지 논거를 제시할 것이다. 첫째, 청년은 금욕과는 어울리지 않는다는 것이다. 왜냐하면 사춘기 청년들 가운데 거의 100%가 자위를 하고 있다고 진지하게 주장하는 성과학자나 분석가들이 있으며, 따라서 성행위와 자위 사이의 원칙적인 차이를 파악할 수 없기 때문이다. 반대로 자위는 성행위와 마찬가지로 통상적인 조건에서 성적인 긴장을 해결해 줄 뿐만 아니라, 또한 성행위보다 더 많은 갈등을 끝없이 일으키며 그래서 훨씬 더 파괴적이다는 것이다. 둘째, [이는 첫 번째 사항과 연결되어 정당하게 제기된 반론인데] 만약 자위가 일반적으로 행해지고 있다는 주장이 사실이라면, 정신적인 발전을 위해서 금욕이 필요하다는 명제도 합당하지 않을 것이다. 성윤리학자는 자위행위가 아니라, 반대로 아동기와 사춘기에 자위를 하지 않는 것이 심한 병적인 징후라는 얘기를 들었다고 주장한다. 금욕적으로 살아가는 사춘기 청소년들이 결국 정신적으로 활기있는지, 몇몇 사람이 주장하듯이 그 반대가 진실인지를 아직 확인할 수 없었다.

여기서 우리는 프로이트가 언젠가 여성이 전반적으로 열등한 것은 여성이 더 심하게 성을 금지한다는 것에서 도출된다는 것, 성생활은 또한 사회적 성취를 미리 보여준다는 것을 떠올릴 수 있다. 프로이트가 성억압이 문화적으로 필요하다고 강조했을 때, 그는 스스로 모순되었다. 프로이트는 만족된 성과 만족되지 않은 성을 구분하지 않았다. 만족된 성은 문화적 성취를 촉진시키고, 만족되지 않은 성은 문화적 성취를 방해한다. 금욕주의에서 그때그때 생기는 수준 낮은 시 몇 편이 중요한 것은 결코 아니다.

이제 지적으로 확신에 차서 우리는 우리의 빈약한 주장의 동기들을 생각하려고 하며, 게다가 재미있지만 우리에게는 그렇게 유쾌하지 않은 모든 종류의 경향들, 놀랍게도 우리의 진보적 노력에 대해서 전혀 맞지 않는 경향들을 찾아낼 것이다. 성이 자연스럽게 진행되도록 두어야 한다는 정신적 발전에 대한 우리의 주장은 무의식적인 수치심을 합리화하는 것으로 정체를 드러낼 것이다. 우리는 이것을 현명하게 우리의 윤리학자들에게 숨기고 우리의 주장이 아무것도 아니라는 것을 솔직히 인정하고, 좀 더 진지한 주장을 제시할 것이다. 과연 청년들의 첫 번째 성결합에서 태어나는 아이들에게 무슨 일이 일어날까? 그럼에도 이러한 아이를 키울 경제적 가능성은 전혀 없다. 우리의 적들은 당황하여 왜 사춘기의 모든 학생에게 피임에 관해 계몽하려고 하지 않는가 하고 질문할 것이다. 뚜쟁이 조달의 전망에서 우리는 다시금 현실, 사회적 현실의 토대 위에 서게 될 것이다.

이때 우리에게는 다음과 같은 생각들이 떠오를 것이다. 예를 들어 알몸교육과 성계몽(꽃의 결실을 위해서가 아니라 인간의 결실을 위해!)과 기타 아름다운 것들을 가지고, 보수적 도덕이라는 거대한 건축물에서 돌을 하나씩 개념적으로 빼낼 수 있을 것이다. 그렇다면 순결하게 결혼하는 처녀의 이상은 영원한 일부일처제의 이상과 마찬가지로, 그와 더불어 결혼 일반의 이상과 마찬가지로 자신의 근거를 잃어버리게 될 것이다. 진지하게 생각하고 타협할 줄 모르고 학문적 기초를 지니고 있는 사람, 즉 진정한 성교육을 받은 사람은 오늘날 지배적인 관습과 도덕의 강제에 복종할 것이라고 이성적인 사람은 결코 주장하려고 하지 않을 것이다.

우리의 윤리학자는 자기 자신의 뜻대로 우리를 코너로 몰아붙이면서 승리감에 도취하여, 올바른 성교육의 진지한 첫 번째 시작에서 자동적으로 생기고 몇 년 안에 생길 요구사항 가운데 어떤 것이 기존 사회에서 관철될 것이라고 믿는지를 질문할 것이다. 즉 우리가 성교육에 대해서 스스로 설명할 것인지, 성교육에 관한 모든 것을 바람직한 것으로 간주하고 있는지 질문할 것이다. 윤리학자는 아마도 다시금 전적으로 정당하게, 자기는 만일 사람들이 결혼, 순결, 가족 그리고 권위주의 사회의 고상한 특질을 유지하기를 원한다면 (그가 우리가 바란다고 생각하듯이) 다만 모든 것(성을 부정하는 교육, 신경증, 도착증, 성매매, 성병)을 지금까지처럼 그냥 내버려 두어야 한다는 것만을 증명하려 했다고 덧붙일 것이다. 많은 성계몽 열광자는 이 말을 듣고 도망칠 것이다. 그리고 그는 자신의 진보에 대한 감각을 잃지 않으려고 이 모든 것이 꽤 과장된 것이고, 성계몽이란 아마도 그러한 효과를 거둘 수 없으며 그다지 중요한 것이 아니라고 주장하는 사람들보다도 더 진지하고 더 의식적으로 행동하고 자신의 진정한 관점을 더욱 빨리 파악할 것이다. 그렇지만 우리는 이렇게 묻는다. 어째서 심혈을 기울이는가?

개별 부모는 자식들을 자신의 취향이나 신념에 따라 교육시킬 수 있을 것이다. 바로 이때 부모들은 다음 사실을 의식해야만 할 것이다. 즉 일관되고 과학적으로 확립된 성교육에서는 부모들은 다른 부모들이 그들의 아이에게서 크게 평가하는 많은 것들, 이를테면 사춘기를 넘어서까지 가족에 집착하는 것, 오늘날의 기준에서 '온순한' 성생활, 중대한 결정에 대한 [부모의] 영향, 딸들의 좋은 결혼, 기타 다른 문제들을 포기해야 할 것이다. 자신의 신념에 따라 행동하고 교육시키는 몇몇 부모는 대중 속으로 완전히 사라져, 무엇보다도 어떤 사회적 영향력도 지니지 못한다.

그렇지만 그들은 어린이들로 하여금 성교육을 통해 아마 신경증적인 갈등을 느끼지는 않을지라도 기존의 사회질서 및 사회도덕과 심한 갈등을 느끼게 한다는 것을 생각해야만 한다. 그러나 이러한 사회에 불만을 느끼며, 학교라는 이른바 거대한 척도를 통해서 기존의 것을 떨쳐 버릴 수 있다고 믿는 사람은, 자신의 존재조건의 박탈이나 더 심한 조치(정신의학이나 감옥)를 통해 사회를 변화시키려고 하는 자신의 방법이 적당한지에 대해 토론할 가능성을 결국은 빼앗기게 된다는 사실을 조만간 느낄 것이다. 그렇지만 여기서 우리가 다음과 같은 사항을 증명해낼 필요는 없다. 즉 현재의 질서를 보존하는 데 물질적으로 관심을 가지고 있는 사회층은 개혁적인 노력들을 참아내면서 중요하지 않은 노력을 촉진시키려 한다는 것, 그렇지만 만약 자신의 물질적인 가치라든가 거기에 해당되는 관념적인 가치를 흔들어 놓는 개혁적인 움직임의 진지한 의도가 문제가 되자마자 그 사회층은 즉시 잔인해지고 자신이 다룰 수 있는 방해수단을 적용한다는 것.

성교육은 나의 신념에 의하면 대개의 성개혁자가 주장하는 것보다 더 진지하고도 더욱 따르기 어려운 문제들을 제시한다. 바로 이러한 까닭에 우리에게 성연구를 할 수 있게 해주는 모든 인식과 수단에도 불구하고 이러한 영역에서 전혀 전진적으로 나아가지 못한다. 당장은 수동적으로 저항하지만 우리 쪽에서 비로소 진지한 노력을 할 경우에 적극적으로 저항하는 어떤 막강한 사회적 장치[기구]와 우리는 싸워야 한다. 성교육의 문제에서 모든 머뭇거림과 신중함, 그리고 모든 비결단성과 타협적 성향은 고유한 성억압에 의거할 뿐만 아니라, 교육학적 노력의 공정함과 상관없이 보수적인 사회질서와 갈등하는 데 대한 공포로 되돌아갈 것이다.

마지막으로 의사의 양심에 따르면, 보수적 도덕에 대해서 뿐만 아니라 앞에서 다룬 종류의 성개혁에 대해서 정반대로 대립하는 조처들을 취할 수밖에 없다는 것을 증명해 주는 두 가지 유형의 성상담 사례를 살펴보자.

16살 소녀와 17살 소년 한 쌍이 부끄러움과 두려움에 가득 찬 채 성상담소에 들어왔다. 그들은 아주 건강하고 잘 큰 것 같아 보였다. 오랫동안 머뭇거리다가, 소년은 과연 20살 이전에 남녀가 성행위를 하면 정말 해로운지 하는 질문을 하였다.

"왜 그것이 해롭다고 믿는 거죠?"

"적군 포소대의 소대장이 우리에게 그렇게 말했어요. 그리고 성문제에 관해서 우리에게 얘기하는 모두가 그렇게 말해요."

"적군 포소대에서 당신들에게 이런 것에 대해서도 이야기하나요?"

"물론이죠. 우리 모두가 끔찍할 정도로 괴로워하고 있어요. 그러나 어느 누구도 이 문제를 감히 공개적으로 말하지 않습니다. 그래서 일단의 소년과 소녀가 우리 분대에서 탈퇴하고 자신들 나름의 집단을 만들었지요. 왜냐하면 그들은 소대장을 못 견뎌 했거든요. 소대장은 언제나 성교가 해롭다고 말했어요."

"두 사람은 사귄 지 얼마나 되었나요?"

"3년 전부터 알았어요."

"당신들은 그동안 성교한 적이 있나요?"

"아뇨. 하지만 우리는 서로를 몹시 사랑하고 있어요. 하지만 이젠 헤어질까 봐요. 왜냐하면 우리는 언제나 아주 소름이 끼칠 정도로 흥분하거든요."

"왜 그런 거죠?"

(오랫동안 머뭇거리다가)

"그러니까 우리는 키스를 하고 그 밖에 딴 일도 해요. 그러나 그것은 대부분이 합니다. 이제 우리 둘은 거의 갈피를 잡지 못하고 있어요. 걱정은 우리의 역할 때문에 항상 함께 일해야 한다는 것이에요. 그녀는 최근에 자주 신경성 경련을 일으키고, 저 역시 학교공부를 더 이상 따라갈 수가 없어요."

"그렇다면 무엇이 가장 좋은 해결책이라고 생각하나요?"

"서로 헤어질까 봐요. 그러나 그게 잘 안 돼요. 우리가 헤어지면 우리 집단도 깨지고 말 거예요. 우리는 분대의 대표들이거든요. 그렇게 되면 다른 집단들도 하나씩 깨질 거예요."

"운동을 즐기는 편인가요?"

"예, 그렇지만 별로 도움이 안 돼요. 우리가 같이 있으면 오직 한 가지 이외에는 다른 것을 전혀 생각할 수 없어요. 성교가 실제로 해로운지 말씀해 주세요."

"아니에요, 성교는 해롭지 않아요. 하지만 성교를 하면 부모들로부터 많은 어려움을 겪을 거예요."

그때 나는 그들에게 사춘기와 성교의 생리, 사회적 방해, 임신의 위험, 피임수단에 대해 설명해 주었다. 깊이 생각한 뒤에 다시 찾아오라고 말하며 그들을 돌려보냈다.

약 2주일 뒤에 나는 즐겁고 고마워하고 즐겁게 일하는 그들을 다시 보았다. 즉 그 커플이 모든 내적이고 외적인 어려움을 극복했던 것이다. 그 후 나는 몇 달 동안 그 사례를 추적하였는데, 그 커플이 병으로부터 자신을 보호했음을 확인할 수 있었다. 단순한 충고가 가져온 그러한 결과가 면담을 원하는 대다수 청년의 신경증적 고착 때문에 드문 예외라는 생각이 들자, 즐거웠던 나의 마음은 다시 우울해졌다.

두 번째 사례는 아주 어려 보이는 35살의 여인에 관한 것이다. 그녀는 다음과 같은 어려운 문제 때문에 성상담소를 찾아왔다. 그녀는 18살에 결혼하였고 제법 장성한 아들을 두었으며 남편과 외적으로는 평온한 결혼생활을 해 왔다. 그런데 3년 전부터 남편이 다른 여자와 관계를 맺고 있다는 사실을 알게 되었다. 조언을 구하는 그 여자는 이 사실을 알면서도, 오랫동안의 결혼생활에서 누구나 한번쯤은 다른 대상에 대해 갈망을 느낄 수 있다는 이유로 용인하는 편이었다. 남편이 약 2년 전부터 더 이상 그녀와 동침하지 않는데도 그녀는 계속 정조를 지켜 왔다.

그런데 몇 개월 전부터 그녀는 금욕의 고통에 시달렸지만, 그것조차 남편의 마음을 돌려놓기 위해서라고 자부하였다. 최근에는 심장압박증, 불면증, 흥분, 우울증이 더욱 자주 더 강하게 나타났다. 얼마 전에 그녀가 알게 된 한 남자친구와의 육체관계[간통]를 도덕적인 고려에서 (비록 자신의 도덕적 고려를 그다지 중요하게 여기지는 않았지만) 맺을 수 없었다. 남편은 아내가 정조를 지키고 있음을 언제나 자랑스럽게 여겼다. 그녀는 남편이 자신이 자명하게 행사하는 사랑의 권리를 아내에게는 주지 않았다는 사실을 잘 알고 있었다. "어떻게 해야 하죠?" 하고 그녀는 물었다. 그녀는 현재의 상태를 더 이상 견딜 수가 없다는 것이었다.

이 사례를 면밀하게 고찰해보기 바란다. 금욕생활을 계속하는 것은 그녀에게는 확실한 신경증을 의미한다. 하지만 그녀가 남편과 다른 여자와의 관계를 흩트려 놓고 그를 차지하는 것은 두 가지 이유에서 이루어질 수 없다. 첫째로 남편은 아내에 의해 방해받고 싶지 않을 뿐더러, 더 이상 아내에 대해 관능적인 관심을 갖고 있지 않다고 고백할 것이기 때문이다. 둘째로 그녀 역시 남편을 더 이상 열망하지 않기 때문이다. 그러므로 사랑하는 남자친구와의 간통만이 남아 있을 뿐이다.

그런데 사태는 암초를 지니고 있다. 즉 그녀는 경제적으로 독립적이지 못하며, 남편은 그 간통에 대해 알게 되면 곧바로 이혼을 요구할 것이다.

나는 이러한 모든 가능성을 그녀에게 자세히 들려주며, 결단을 내릴 시간을 주었다. 몇 주 뒤에 그녀는 결국 남자친구와 관계를 맺기로 결정하였고 남편에게 발각되지 않도록 애를 썼으며, 최근에 나타났던 신경증 증상이 잠시 후에 사라졌다고 들었다. 자신의 도덕적 고려를 무시하라는 나의 성공적인 권고를 통해 그녀는 바로 이러한 결정을 할 수 있게 되었다. 법에 따르면 나는 간통죄를 저지르도록 만들었다. 즉 나는 만족을 느끼지 못하며 신경증적 질환의 가장자리에 있는 한 여성에게 간통하라고 하였다.

제 5 장

교육장치로서 강제적 가족

보수주의의 이데올로기적인 분위기가 만들어지는 가장 중요한 장소는 강제적 가족이다. 그 가족의 기본 유형은 아버지, 어머니, 자녀라는 삼각형이다. 보수적 관점은 가족에서 근거를 즉 많은 사람이 말하듯이 인간 사회의 '세포'를 보는 반면에, 우리는 역사발전 과정에서 가족의 변화나 각 시대의 가족의 사회적 기능을 연구하면서 가족이 특정한 경제구조의 산물임을 발견한다. 그러므로 우리는 가족을 머릿돌이나 기반이라고 생각하지 않고, 특정한 사회의 경제구조의 **결과**[모계가족, 부계가족, 자드루가Zadruga(세르비아인들이나 불가리아인들 사이에 있는 가부장적 세대공동체), 일부다처제적 가부장과 일부일처제적 가부장 등]라고 생각한다. 만일 보수주의 성연구나 반동적 성윤리나 법률이 항상 가족에 관해 '국가'와 '사회'의 **그**[유일한] 토대라고 다시 말한다면, 이것은 강제적 가족이 권위주의 국가와 권위주의 사회의 존립에 없어서는 안 된다는 의미에서만 옳다. 가족의 사회적 의미는 전적으로 다음 세 가지 특성에서 나타난다.

첫째, **경제적으로**—가족은 자본주의 초기에는 경제적인 소기업이었으며, 또한 지금도 농업이나 소규모 자영업에서는 그러하다.

둘째, **사회적으로**—가족은 권위주의 사회에서는 경제적으로나 성적으로 권리를 빼앗긴 여성과 어린이를 보호하는 중요한 기능을 지닌다.

셋째, **정치적으로**—사적 소유의 전자본주의 시기나 자본주의 초기에, 가족은 가족 소경제(오늘날 소농민경제에서처럼)에 직접 경제적 뿌리를 내리고 있었던 반면에, 생산력의 발달과 노동과정의 집단화와 함께 **가족의 기능변화**가 일어났다. 가족의 직접적인 경제적 토대는 의미를 잃었고, 여성들의 생산과정에의 참여 정도에 따라 더욱 그러하였다. 경제적 토대에서 잃은 것은 **정치적 기능**을 통해 대체되었다. 보수적인 과학과 보수적인 법률이 가장 많이 지키려고 한 가족의 핵심적 과제는 **권위주의적 이데올로기**와 보수적 [성격]구조의 **공장**으로서의 자신의 특성이다.

가족은 예외 없이 거의 모든 사회성원이 처음 숨을 쉬면서부터 통과해야만 하는 교육장치이다. 권위적인 종류의 제도로서 뿐만 아니라 우리가 앞으로 보게 될 것처럼 자신의 고유한 구조에 의해 가족은 보수적인 세계관의 의미에서 어린이에게 영향을 끼친다. 가족은 사회의 경제구조와 그 사회의 이데올로기적 상부구조 사이의 매개자이며, 필연적으로 모든 사회성원에게 지울 수 없이 각인된 보수적인 분위기로 물들어 있다. 가족은 신의 형태나 직접적인 영향을 통해 현존 사회질서와 보수적인 사고방식에 대한 일반적인 태도를 전달할 뿐만 아니라, 또한 자신이 생겨나고 발전시킨 성구조를 통해 어린이의 성구조에 보수적인 의미에서 직접적인 영향을 끼친다. 지배질서에 대한 청소년의 태도가 찬성인가 반대인가 하는 것이 가족에 대한 그들의 태도가 찬성인가 반대인가 하는 것과 상당한 정도로 비례하는 것은 우연이 아니다. 마찬가지로 보수적인 청년과 반동적인 청년이 이질적인 개별사례들을 제외하고는 대체로 가족에 집착하고 가족을 유지하려 하고, 그에 반해 혁명적인 청년이 가족에 대해 적대적이고 가족을 깨려 하며 가족유대에서 어느 정도 완전히 멀어진다는 것도 우연이 아니다.

이것은 가족의 성부정적인 분위기 및 구조와 가족구성원의 관계와 서로 내적으로 관련이 있다.

그러므로 가족의 교육적 중요성을 관찰할 때, 청년에게 영향을 미침으로써 가족교육에 기여하는 구체적인 사회적 이데올로기의 영향과 '삼각형구조' 자체의 직접적인 영향이라는 두 가지 사실을 나누어서 연구해야만 한다.

1. 사회적 이데올로기의 영향

대부르주아지의 가족은 쁘띠부르주아지의 가족과 구분되며, 쁘띠부르주아지의 가족은 다시 산업노동자의 가족과 구분된다. 그러나 그들 모두가, 특정한 계급도덕을 쓸어내지 않고 부분적으로 그것과 모순 가득한 채 병존하고 부분적으로 그것과 타협하는 동일한 성도덕적 분위기에 노출되어 있다.

우세한 가족형태, 즉 쁘띠부르주아 가족형태는 '쁘띠부르주아지'라는 사회층을 훨씬 넘어서 대부르주아지 속으로 나아가고, 또한 더욱이 산업노동자 계급에까지 이른다. 쁘띠부르주아 가족의 토대는 가부장적 아버지와 그 아내 및 자녀의 관계이다. 아버지는 말하자면 가족에서 국가권위의 지지자 및 대표자이다. 아버지는 생산과정에서 자신의 위치(노예)와 가족에서의 역할(주인) 사이의 모순 때문에 논리적으로 그리고 전형적으로 야전훈련 하사관의 성격을 띤다. 즉 그는 윗사람에게는 최대한 정중하게 행동하고 지배적인 세계관을 쉬지 않고 흡수하며(그래서 그의 모방 경향) 아랫사람을 지배한다. 그는 정부의 견해와 사회의 견해를 전달하고 그것을 강요한다.

성이데올로기 측면에서 쁘띠부르주아 가족에서 사회적 결혼 이데올로기는 가족 일반의 핵심, 즉 지속적인 일부일처제 결혼과 일치한다. 결혼 상황과 가족 배치가 아무리 비참하고 암담하고 고통스럽고 참기 어려워도 가족은 이데올로기적으로 가족성원에 의해서 내외적으로 보호되어야 한다. 이러한 존재의 필연성으로 인해, 비참함을 감추고 가족과 결혼을 이데올로기적으로 중요하게 여긴다. 또한 광범한 가족감성과, '가족행복', '아늑한 가정', '평화로운 휴식처', 가족이 이른바 어린이에게 의미하는 행운이란 구호들이 만들어진다.

성생활에 대한 모든 물질적, 법적, 이데올로기적 보호가 없기 때문에 우리 사회에서는 결혼과 가족을 벗어나서는 더욱 암담해진다는 사실에서 사람들은 가족제도의 필연성을 끌어낸다. 이데올로기적인 분위기의 중요한 요소를 이루는 자기기만과 감정적 구호는, 심적인 비경제적 가족제도의 지속을 보장하기 때문에 심적으로 필요하다. 그래서 신경증 치료가 가족유대와 결혼유대를 그렇게 쉽게 깨는 것이 설명된다. 신경증 치료는 말하자면 환영을 없애며, 진리가 가차 없이 전면에 등장하도록 하기 때문이다.

결혼 및 가족에 대한 교육은 처음부터 아이를 양육하기 위한 목적이다. 직업교육은 훨씬 나중이 되어서야 등장했다. 성을 부정하고 성을 거부하는 교육은 사회 분위기로부터 지도받을 뿐만 아니라, 어른들의 [자신에 대한] 성억압을 통해서 필연적인 것이 된다. 어느 정도까지 성을 포기하지 않으면 가족 분위기 속에 있을 수 없다.

전형적인 쁘띠부르주아 가족에서 성충동 장치의 영향은 '결혼심성과 가족심성'에 대한 개인적 취향의 특정한 형태를 취한다. 그래서 성기 이전적 에로티시즘은 식사기능과 배설기능에 대한 과도한 강조를 통해 고착되는 반면, 성기적 활동은 완전히 부정된다(자위금지). 성기적 금지와 성기 이전적 고착은 성관심을 사디즘적인 것으로 가도록 조건지우며, 성에 대해 알고자 하는 어린이의 호기심은 적극적으로 억압된다. 이것은 주거상태, 부모의 일반적인 성적 무관심, 피할 수 없이 성적으로 강조된 가족환경과는 모순된다. 어린이는 비록 왜곡되고 잘못된 형태일지라도 모든 경과를 잘 알고 있다.

한편으로 성에 대한 이데올로기적 및 교육적 금지와 다른 한편으로 어른들 사이에서의 친밀한 과정에 대한 관찰과 경험은 이미 어린이의 성위선의 토대를 이룬다. 이러한 상황은 식사 및 소화 기능에 대한 강조가 덜 강하고, 그에 반해 성기적 활동이 더 우세하고 덜 금지되는 산업노동자 가족에서는 어느 정도 완화된다. 그러므로 모순은 더 경미하고 성기에 대한 금지는 더 느슨하다. 만약 산업노동자가 경제적으로 노동귀족의 대열에 올라가면, 그에 따라 그의 견해나 그의 아이는 보수적인 도덕의 더욱 강력한 압력 아래에 들어갈 것이다.

쁘띠부르주아 가족에서는 성억압이 대체로 완수되는 반면, 산업노동자의 환경에서 성억압은 대개 방임상태에 있는 어린이에 대해 필연적으로 보다 느슨한 감시와 모순에 빠진다.

2. 삼각형 구조

가족은 이데올로기적 사회 분위기에 의해 영향을 받아 어린이에게 영향을 미치는 반면, 가족의 **삼각형 구조**에서는 사회의 보수적인 경향과 완전히 일치하는 특정한 어린이 배치가 생겨난다.

이러한 삼각형 구조가 있는 어디에서나 어린이는 부모에 대해 부드럽고 관능적인 종류의 전적으로 특정한 관계를 맺는다는 프로이트의 발견은, 개인의 성발달을 이해하는 데 근본적이다. 이른바 '오이디푸스 콤플렉스'는 그 양에서 그리고 무엇보다도 그 결과에서 더 광범한 환경에 의해 그리고 가족구조에 의해 결정되는 이 모든 관계를 포함한다. 어린이는 자신의 최초의 성기적 애정자극(단순화하기 위해 성기 이전적 흥분을 제외하고)을 자신의 환경에서 가장 가까운 사람들에게서 느끼며 이것은 대개 부모이다. 전형적으로 반대 성의 부모를 사랑하고 동일한 성의 부모를 미워한다. 이에 대해 질투와 증오가 발전하지만, 동시에 죄책감과 불안이 동반된다. 그 불안은 우선 반대 성의 부모에 대한 어린이의 성기적 자극을 만난다. 이러한 불안은 근친 성관계 욕망을 현실적으로 충족시킬 수 없게 되면 그 욕망을 성기적 열망과 함께 억압한다. 이러한 억압에서 이후의 거의 모든 애정장애가 나온다.

그러나 이러한 아동기 경험의 결과에 대해서 두 가지 핵심적인 사실을 간과할 수 없다. 첫째, 남자 아이가 어머니에 대한 성기적인 욕구를 포기해야만 하지만, 동시에 혼자 자위하는 것이나 동년배들과 성기놀이를 하거나 자위를 하는 것이 사회적으로 허락된다면 억압은 일어나지 않을 것이다. 어른들은 어린이들이 서로 오래 같이 있으면 그러한 성놀이(예를 들어 '의사놀이')는 항상 일어난다는 것을 인정하려고 하지 않는다. 물론 어린이는 그러한 행위가 금지되어 있다는 것을 잘 알며, 그래서 죄책감을 갖게 되고 이러한 놀이에 해로운 고착을 행하게 된다. 그러한 놀이를 할 기회가 있는데도 하지 않는 어린이는, 비록 가족교육의 원리와 일치하고 있지만, 나중에 자신의 성생활에서 더 진지한 금지를 하게 될 확실한 후보이다. 그러한 사실들을 타락한 환상의 산물이라고 무시하려는 시도에 대해서 역사는 부드럽게 넘어갈 것이다. 그러나 사람들은 이러한 사실을 오래 무시하지는 않을 것이며, 그것이 가져온 결과를 피할 수 있다. 물론 그러한 결과에 대한 공개적인 사회적 대결은 가족교육이 권위주의 사회 안에 경제적으로 그리고 정치적으로 한정되어 있는 한 일어나지 않을 것이다.

초기의 성흥분을 억압하는 것은 성에 대해 부모가 어떤 식으로 생각하느냐에 따라 질적, 양적으로 결정된다. 억압이 어느 정도 강한가, 억압이 자위를 인정하느냐 않으냐에 많은 것이 달려 있다.

어린이가 바로 4살에서 6살 사이의 중요한 시기에 집에서 자신의 성을 경험한다는 것은 특정한 해결책을, 심지어 가족교육을 위해 특수한 해결책을 그 어린이에게 부과한다. 3살 이래로 다른 어린이들과 함께 부모와의 유대에 의해 영향을 받지 않고 자라난 어린이는 여기서 토의할 수 없는 형태로 아주 다른 성을 발전시킬 것이다. 가족교육은 실천적으로 개인주의적이며 그 어린이가 하루에 몇 시간을 유치원에서 보낸다 할지라도 어린이 집합체의 좋은 영향을 배제한다는 사실을 과소평가해서는 안 된다. 가족 이데올로기는 유치원이 가족교육에 영향을 끼치는 것보다 훨씬 더 실제적으로 유치원에 영향을 끼친다.

그러므로 어린이는 가족 속에 강제 편입되며, 그래서 성적이고 권위적인 측면에서 부모에게 고정된다. 어린이는 부모의 권위가 엄격하건 그렇지 않건 상관없이 신체가 작기 때문에 부모의 권위에 압박당한다. 권위주의적인 유대[속박]는 곧 성적인 유대를 압도하고, 성적인 것을 무의식적인 존재에 밀어 넣어 버리며, 성관심이 가족외부 세계에 적용되면 나중에는 성관심과 현실 사이의 강력한 방해장벽으로 나타난다. 권위주의적인 유대는 대부분 무의식적으로 바로 의식적인 영향에서 벗어난다. 부모의 권위에 대한 의식적인 유대가 종종 반대의 것, 즉 신경증적 반란으로 표현되면 할 말이 별로 없다. 이것은 성관심이 충동적이고 통제되지 않은 성행위형태로일지라도 성과 죄책감 사이의 병적인 타협으로서 전개되도록 허용하지 않을 것이다. 부모에 대한 이러한 유대가 결국에 해소되는 것은 건강한 성생활의 그(유일한) 전제조건이다. 오늘날 그것은 아주 드물게만 나타난다.

부모유대(성의 속박과 아버지의 권위에의 복종)는 사춘기에 성적이고 사회적인 현실에 첫발을 내딛는 것을 완전히 불가능하게 하지는 않아도 어렵게 한다. 성숙한 어른이라도 여전히 유아적인 상황에 박혀 있는 착한 소년과 착한 집안의 딸이라는 쁘띠부르주아적 이상은 자유롭고 독립적인 청년과 극단적으로 대립한다.

가족교육의 더 나아간 특징은, 부모가 특히 어머니가 집밖에서 생계를 꾸려 나가는 소득을 올리지 않는 한 자신의 삶의 그 내용을 점점 더 자신의 아이에게서 찾고, 아이는 사람들이 사랑하고 마음대로 괴롭힐 수 있는 강아지의 역할을 하고, 부모의 정서적 태도는 교육에 완전히 부적합하게 만들어진다는 것이다. 이것은 우리가 여기서 더 상세하게 관심을 가져야 하기에는 너무 진부한 것이다.

부부 갈등에서 사라질 수 없는 결혼의 비참함에 있는 모든 것은 아이들에게까지 영향을 미친다. 이것은 아이들의 독립성과 아이들의 성구조에 새로운 손상을 입힌다. 또한 부모의 결혼에서 공동체험, 즉 결혼적대감과 나중에 경제적 강제로 결혼하는 것 사이의 새로운 모순을 만들어낸다. 청소년들이 운좋게 아동기의 성교육의 폐해에서 벗어나 이제는 가족의 사춘기적 구속에서 벗어나려고 할 때인 사춘기에 바로 비극이 발생한다.

결혼과 가족의 존재를 유지할 수 있기 위해서 어른들이 자기 자신에게 가해야만 했던 성제한은 아이들에게까지 전해진다. 그리고 성제한은 나중에 경제적인 이유에서 가족적인 상황에 다시 빠져들기 때문에, 세대를 거쳐 지속된다.

강제적 가족이 권위주의 사회와 경제적으로 얽혀 있기 때문에, 강제적 가족의 작동을 이 사회 안에서 없애기를 바란다면 그것은 사태를 완전히 모르는 것이다. 이러한 작동은 가족상황 자체에 놓여 있으며 충동구조의 무의식적 메커니즘을 통해서 특이한 개인 안에 제거할 수 없게 뿌리박고 있다.

부모와의 관계에서 생겨난 직접적인 성금지에 덧붙여, 오랜 가족상황에서 어린이에게 쌓인 엄청난 증오에서 생긴 죄책감이 있다. 만일 이 증오가 의식화된다면 그것은 개인에게 있어서 강력한 혁명적 추동력이 될 수 있다. 그것은 가족유대를 파괴하는 동력이 되고, 그 증오를 불러일으킨 상태에 대항하는 합리적인 투쟁목표로 전화될 것이다.

그러나 증오가 억압된다면 진실한 충성과 유아적인 복종이라는 대립적 흥분이 그에게 발달한다. 이 흥분은 나중에 합리적인 이유에서 그가 자유운동에 참여를 결정할 때 그를 심하게 제한할 특성이 된다. 그때 그는 아마 완전한 자유를 지지하지만 자신의 아이를 종교수업에 참여하게 하고 스스로도 교회를 떠나지 않는다. 비록 그것이 자신의 신념과 모순될지라도 그는 '자신의 늙은 부모에게 그런 일을 할 수 없기' 때문이다. 그러나 사람들은 그에게서 망설임, 주저함, 비결단성, 가족을 고려한 유대 등의 특징을 관찰한다. 그는 확실히 자유를 위해 선두에 서서 싸우는 유형의 사람은 아니다.

그러나 동일한 가족상황에서 '신경증적인 근거에서 혁명가'도 생길 수 있다. 그러한 사람은 쁘띠부르주아 인텔리 속에서 종종 나타난다. 그것은 물론 혁명가로서 그의 가치에 관해 아무것도 말해 주지 않는다. 그러나 죄책감과 관련해서는 그렇게 구조화된 혁명적 인성은 문제 있는 사안이다.

가족의 성교육은 그 본질상 개인의 성생활을 해치는 것이 틀림없다. 누군가가 건강한 성생활에 이르는 데 성공한다면, 보통 자신의 가족[속박]을 희생한 위에서 그러하다.

성욕의 억압은 이를 넘어서 정신적이고 정서적인 기능의 일반적인 약화, 특히 자기확신 · 강한 의지 · 비판능력의 약화를 초래한다. 권위주의 사회질서는 '도덕 자체'에 관심이 있지 않다. 성도덕을 정박시키는 원인이 되는 심적 유기체의 억압은 모든 권위주의적 사회질서의 대중심리학적 기초를 이루는 바로 그 심적 구조를 만들어낸다.[1] 복종자의 (심적) 구조는 성불능, 어찌할 도리 없음, 애착욕, 지도자에 대한 동경, 권위에 대한 두려움, 삶에 대한 불안, 신비주의 등이 뒤섞인 것이다. 그것은 반란 경향과

1 *Der Einbruch der Sexualmoral*, 1934에서 역사적으로 증명되었다.

복종심으로 동시에 특징지어진다. 성적 부끄러움[수치심]과 성위선이 속물의 핵심을 이룬다. 그렇게 구조화된 인간은 민주주의를 해나갈 수 없다. 그런 구조에서는 정말 민주주의적으로 지도되는 조직을 세우거나 유지하려는 시도가 깨진다. 그러한 구조는 민주적으로 선출된 지도자의 관료적 부정과 독재적인 욕심이 발전할 수 있는 대중심리학적 토대를 이룬다.

그러므로 가족은 두 가지 정치적 역할을 지닌다.

첫째, 가족은 사람들을 성불구자로 만듦으로써 스스로를 재생산한다. 가부장적인 가족이 유지됨으로써, 성억압 또한 자신이 가져온 성장애, 신경증, 정신병, 성범죄 등의 결과와 함께 보존된다.

둘째, 가족은 권위를 두려워하고 삶을 불안해하는 복종자를 만들고, 그로 인해 한 줌의 권력자에 의해 대중이 지배될 수 있는 가능성을 항상 새롭게 만들어낸다.

이렇게 가족은 보수주의자에게는 그가 긍정하는 사회질서의 보루라는 특별한 중요성을 지닌다. 바로 그래서 보수적 성과학을 가장 열심히 방어하고 있다. 왜냐하면 가족은 (반동적 의미에서) '국가와 사회를 유지하기' 때문이다. 그러므로 가족에 대한 평가는 우리에게 사회질서의 일반적인 본성을 판단하기 위한 척도로 기여할 수 있다.

제 6 장

사춘기 문제

어떤 다른 영역에서도 권위주의적 세계관이 청년의 성 문제에서만큼 성과학에 영향을 줄 수는 없었다. 모든 연구의 처음과 끝은, 사춘기는 본질적으로 **성의 성숙**을 의미한다는 확인에서 청년은 반드시 혹은 당연히 **금욕적으로** 살아야 한다는 요구로 비약하는 것이다. 청년은 금욕적으로 살아야 한다는 주장에 물든 사람들은 침묵한다. 그러한 요구가 얼마나 가장되거나 합리화되든, 24살 이전의 나이에는 "불완전하게 성숙한다"(Gruber)는 생물학적 주장들에 의지하거나, 혹은 윤리적이거나 문화적 또는 위생학적 이유들이 있다 하더라도, 내가 아는 어떤 저자도 청년들의 성곤궁이 단지 금욕**요구**에서 시작된, 기본적으로 순전히 사회적 문제라는 것을 생각하지 못했다. 이러한 사회적 요구를 생물학적으로 문화적으로 또는 윤리적으로 정당화하려는 시도에서, 그 주장은 완

전히 어처구니없는 모순에 빠진다.[1]

1. 사춘기 갈등

모든 형태의 사춘기 갈등과 사춘기 신경증이란 현상은 15살 경의 완전히 성적으로 성숙한 현실 및 그와 더불어 성교를 하려는 생리적 필요성, 아이를 임신하고 출산할 수 있는 능력과, 이 연령에서 성교를 위한 법적인 틀인 결혼을 할 수 없는 경제적이고 구조적인 불가능 사이에 모순이 존재한다는 사실에서 생긴다. 이것은 근본적인 어려움이며, 이것에 그 자체 역시 보수적인 성질서 체계 전체의 산물인 성부정적인 자녀교육의 효과와 같은 다른 몇 가지 어려움을 덧붙여야 한다.

원시 모계사회는 청년들의 성곤궁을 몰랐다. 이와는 반대로, '야만인들'의 '도덕적 타락'에 대한 적절한 분노를 가지든 가지지 않든, 선교사들이나 진지한 학자들은 청소년들에 대한 사춘기 의례들이 그들을 곧바로 성생활로 이끈다는 것, 이러한 원시사회 가운데 일부에서는 성쾌락을 매우 강조한다는 것, 사춘기 의례는 중요한 사회적 행사라는 것, 어떤 원시부족은 청소년들의 성생활을 감추지 않을 뿐만 아니라 모든 방법으로 예를 들어 사춘기가 시작될 때부터 성교를 즐길 수 있도록 청소년들이 정착하

---

1 나의 책, *Der sexuelle Kampf der Jugend*(『청년들의 성투쟁』) 참조.

는 공동주택을 준비함으로써 성생활을 격려한다는 사실을 보고한다.[2] 엄격한 일부일처제적 결혼제도가 존재하는 그러한 원시사회들에서조차도, 청소년들은 사춘기의 시작에서 결혼에 이르기까지 완전히 자유롭게 성교할 권리를 지닌다.

이러한 보고서들 가운데 어떤 것도 성곤궁이나 채워지지 않은 사랑으로 고통받는 청소년들의 자살을 언급하지 않는다(물론 청소년들의 자살은 발생하지만). 성의 성숙과 성기적 성만족의 결핍 사이의 모순은 존재하지 않는다. 하지만 이것은 단지 원시사회와 권위주의 사회 사이의 기본적인 구별일 뿐이다. 비록 권위주의 사회에서는 사춘기 의례들이 다양한 종교적 의례형태(견신례 등)로 행해지기는 하지만, 진정한 본질에 대한 완전한 위장이며 오히려 청년들에게 그 반대방향으로 영향을 미치려는 실제적인 경향에서 행해질 뿐이다.[3]

---

2 "그러한 부족들은 그들의 자녀들에게, 거의 일깨워지지 않은 충동을 가지고서, 우리는 추잡한 음란함(!)이라고 부르겠지만 그 부족의 성인들은 놀이라고 여기는 자유로운 만족을 허락한다. ……여러 원시 부족에서 소년들과 소녀들은 가장 순수한 헌신적인 애정으로 서로 만난다." Ploss-Bartels, *Das Weib*, Leipzig, 1902, Bd. Ⅰ, S. 449. 또한 Havelock Ellis, *Geschlecht und Gesellschaft*, 1923, S. 355와 S. 368 및 Mayer, "Das Sexualleben bei den Wahehe und Wossangu", *Geschlecht und Gesellschaft*, XⅣ. Jahrg., H. 10, S. 455를 참조하라. 가장 좋은 기술은 말리노프스키의 *Das Geschlechtsleben der Wilden*에서 찾아볼 수 있다.

3 사춘기의 본질이 **사춘기** 자체, 즉 잘 알려진 심적 변화를 일으키는 성기의 성숙에 있는 것이 아니라, 사춘기의 특성과 그 갈등은 청소년이 직면해야 하는 '새로운 과제들' 및 청소년이 그런 과제들을 해결하지 못하기 때문에 갖는 열등감에 있다는 것을 증명하기 위해 모든 수단을 동원하여 복잡한 주장을 하는 전체 과학이 있다. 이러한 과학은, 사춘기의 가장 중요한 시기를 고등학교, 즉 새로운 과제들을 전혀 배우지 않는(아니, 그리스어 수업이 새로운 과제인가?) 곳에서 보내는 청소년들은 사춘기 갈등이 전혀 없을 것이라는 주장에 따른 알프레드 아들러(Alfred Adler)의 개인심리학이다. 개인심리학은 전반적으로 14살 정도의 나이에 나빠지기 시작하는 학생들의 학업에는 전혀 관심이 없다. 뿐만 아니라 사춘기에 성교를 갖기 시작한 노동자계급 청년들의 대부분이 경험하는 일들의 모든 방식이 성적 곤궁에서 벗어나게 한다는 사실에 대해서도 관심이 없다—물론 그들이 피임법에 대해 모르고 위생적인 성교가 가능한 주거 시설을 갖지 않다는 사실만을 제외하면 말이다. 새로운 과제에 직면하는 사람은, 정확하게 말하자면 14살 정도의 젊은 노동자이다. 아들러의 의미에서 그들의 효과는 성이 만족된다면 없어진다.

사춘기의 곤궁이 가장 명확하게 표현되는 것은 **자위**(Onanie)이다. 병적인 경우를 제외하면 자위는 성교를 하지 못함에 따른 대체물일 따름이다. 간단하고 자명한 이러한 진술은 내가 아직까지 어떠한 식견 있는 논문에서도 발견한 적이 없다(만일 내가 하나라도 지나쳐 버렸다면 용서를 구하는 바이다). 이처럼 자명한 사실은 너무도 세심하게 감추어졌기 때문에 완전히 간과되어 버렸다. 이러한 논문들의 저자는 사춘기의 갈등을 **성숙 - 성교불가**의 갈등에서가 아니라 **성숙 - 결혼불가**의 갈등에서 이끌어낸다. 교회와 성학적으로 훈련되지 않고 도덕적으로 편견을 가진 의사들은 자위를 지속적으로 반대한다. 그러한 자위의 억제는 죄책감의 병리를 강화시키기 때문에 성빈곤을 가중시킬 뿐이라는 것은 최근에 보다 빈번하게 논란이 되어 왔지만, 계몽은—호단(Max Hodann)의 대중적 저작들에 이르기까지—과학적 논문들 속에 박혀 있다. 청소년 대중은 그것에 대해서 전혀 알지 못한다.

짧게 요약하자면, 사춘기에 나타나는 갈등의 무의식적 동기들에 대한 정신분석적 연구는 실제로는 무의식적 환상에 일치하지 자위행위에 일치하지는 않는 유아기 초기에 나타나는 근친 성관계적 욕망과 성죄책감이 되살아난다는 것을 밝혀준다. 그러나 오르가즘 연구는 자위가 근친 성관계적 욕망에 의해서가 아니라 성기의 고양된 활동에 따른 성흥분에 의해 일어난다는 사실을 밝혔다. 오래된 근친 성관계의 환상을 되살리는 것은 단지 성울혈에 의해서인데, 이것은 다시 말해서 자위에 의해서가 아니라 자위를 하는 동안의 심리적 경험의 형식과 내용에 의해 일어나는 것이다.

그렇지 않다면, 왜 근친 성관계 환상이 그 이전이나 이후가 아닌 성의 성숙 시기에 다시 나타나는가?

사춘기 **갈등**은 성생활의 보다 미숙하고 유아적인 형식과 내용으로의 퇴행에 해당된다. 이러한 퇴행이 유아기의 병적 고착을 통해 조건지워지지 않는다면, **사춘기 갈등은 성숙기의 성행위에 나타나는 성기적 만족에 대한 사회적 거부의 결과일 뿐**이다. 따라서 원칙적으로 두 가지 가능성이 있다. 이전의 성발달의 결과로서 청소년은 성교상대를 찾지 못한 채 사춘기에 접어들거나, 아니면 자위 환상들을 강요하고 그것들로 인하여 유아기 갈등 상태의 병적 원인 상태가 되도록 강요하는 사춘기 동안의 성만족에 대한 사회적 거부에 접어들게 된다. 그러나 전자가 단지 자녀의 병의 원인이 되는 성교육, 즉 유년기의 엄격한 성억압적 상태의 결과이기 때문에, 이 두 가지 가능성은 근본적으로 다르지 않다는 것이 명백하다.

이 경우에, 성에 대한 사회적 규제는 유년기에 충분한 효과를 가져온 반면에, 거부는 사춘기에서만 효과적이다. 성발달의 유아기적 금지가 고착상태를 만들며 나중의 사춘기의 사회적 금지는 성을 그것[고착]으로 퇴행시키므로, 성발달의 두 가지 금지, 즉 유아기의 금지와 사춘기의 금지가 일치한다고 말할 때 우리는 사실에 더 정확하게 마주한다. 유아기에 성에 손상을 입은 정도가 심하면 청소년이 정상적인 성생활로 접어들 수 있는 가능성이 줄어들고, 청소년의 성교에 대한 사회적 방해는 훨씬 더 쉽게 효과를 발휘한다.

따라서 자위는 근친 성관계적 환상이라는 무거운 짐을 지고 있지만, 정상적인 조건 아래서 만족스러운 성교는 그러한 환상들을 불필요하게 만들어 버리기 때문에, 자위를 하는 동안의 죄책감은 성교하는 동안의 죄책감보다 훨씬 강하다. 그러나 유년기의 대상에 대한 고착이 심하면 성행위에도 장애가 생기며 죄책감은 자위를 하는 동안의 경우와 마찬가지로 심각하다. 만족스러운 성경험도 성적인 죄책감을 감소시킬 것이라는 점이 종종 밝혀지고 있다. 자위는 결코 성교와 같은 만족을 주지 않기 때문에, 자위가 동반하는 죄책감은 더욱 강하게 경험된다.

부모에 대한 자신의 유아기적 유대[속박]에서 현실적인 성생활로 완전히 넘어갈 수 없는 사춘기 청소년의 유형에서부터 이런 단계를 거리낌 없이 넘겨서 유아기 상태에서 자신의 성을 구해낼 수 있는 사춘기 청소년의 유형까지 수많은 변이가 있다. 첫 번째 유형은 분명히 가족에 집착하고 자신의 부모의 요구에 순종해서, 결국에는 보수적인 사회를 대표하게 되는 '훌륭한' 청소년의 이상에 근접한다. 그런 청소년은 보수적인 의미에서 좋은 학생으로 아무런 주장도 하지 않으며, 가장 얌전하고 순종적이다. 나중에 이 유형은 훌륭한 결혼상대와 무비판적인 국가시민의 핵심부대를 형성한다. 그러나 이 유형은 또한 신경증 환자의 주요 파견대를 양산하기도 한다.

두 번째 유형은 전반적으로는 반사회적이고 저항적이며 오만하다고 묘사되며, 기본적으로는 부모를 거스르며, 자신이 속해 있는 쁘띠부르주아적 환경의 요구에 적대적인 유형으로서 노동자들과 봉급생활자들에서 혁명적인 파견대를 형성한다. 이 유형은 대부르주아지와 쁘띠부르주아지의 어떤 사회층에서 많은 정신병자들, 즉 만일 적시에 사회운동에 참여하지 않으면 자신들의 계급과 해결할 수 없는 갈등상태에 빠지게 되기 때문에 사회적으로 타락하게 될 충동적인 성격들을 양산한다. 그들은 지능이 평균 이상이고 경험을 확대할 수 있는 능력을 지니고 있기 때문에, '훌륭한' 학생들과 평균 또는 평균 이하의 지능을 가진 학생들에나 걸맞는 교사는 그들에게 무엇을 해야 할지 모른다. 비록 성충동의 자연스러운 기능을 충족시키는 데 지나지 않음에도 불구하고, 그들은 '도덕적으로 미치광이'(여기서 도덕적이라는 것은 삶에 대한 반동적인 이해에서의 의미이다)이며 적어도 그렇게 묘사된다. 그러나 주어진 성생활 조건 아래 보수적인 사회에서 이런 행동은 모두 너무나 자주 범죄적인 것으로 처벌됨에 틀림없기 때문에, 그러한 청소년들은 순전히 사회적인 이유로 인하여 쉽게 비행에 노출된다. 청소년의 성에 대한 이러한 판단에서, 우리는『현대 청년의 혁명』[4]이란 자신의 책에서 청소년들이 겪는 어려움에 대해 다루는 린제이(Judge Lindsey)와 완전히 일치한다는 것을 발견한다.

"전반적으로 나는 어려움을 겪지 않을 것 같은 청소년의 몇 가지 유형을 구분한다. 첫째, 에너지, 자신감, 창의력이 부족한 유형이 있다. 젊은 범법자들은 대개 바로 이러한 귀중한 특징들을 지니고 있고, 그 때문에 더욱 더 구조될 가치가 있다. 그것은 언제나 그렇지는 않지만 매우 흔한 일이다. 학교

---

4 Judge Ben B. Lindsey and Wainwright Evans, *The Revolt of Modern Youth*, (『현대 청년들의 혁명』. 이하에서는『혁명』으로 줄인다), New York: Boni and Liveright, 1925.

에서 좋은 품행을 지니고 있다는 것은 사내아이에게는 단지 그가 용기와 에너지 그리고 아마도 건강이 부족하며, '덕성' 때문이 아니라 두려움 때문에 위축되어 있다는 것을 의미할 뿐이다. 정상적인 청년이 현실적으로 자신이 그래야만 하는 건강하고 젊은 삶의 존재라면, 도덕은 정상적인 청년에게는 어떤 커다란 역할도 하지 못한다. 그가 자신의 호흡이나 어떠한 다른 삶의 활동과 마찬가지로 자신의 영혼을 의식하지 못하는 것은 당연하다."(75쪽)

2. 사회적 요구와 성현실

우리는 여기서 우선 청소년의 성에 대한 다음 세 가지 문제에 답해야 한다.

① 권위주의 사회가 청소년들에게 요구하는 것은 무엇인가, 그리고 그 이유는 무엇인가?

② 14살에서 18살까지의 청년들의 성생활은 실제로 어떻게 나타나는가?

③ 청소년들 사이의 ⓐ 자위, ⓑ 금욕, ⓒ 성교의 결과들에 대해 사람들은 어떠한 확실한 사실들을 알고 있는가?

성생활에 대한 '윤리적 규범들'을 정립함으로써 반동적인 사회는 청소년들에게 결혼 전에는 무조건적인 순결을 요구한다. 반동적인 사회는 성교와 자위 모두를 비난한다.(우리는 여기에서 개별적인 연구자들에 대해 말하는 것이 아니라 이데올로기적 분위기에 대해 말한다.) 권위주의 세계관의 영향을 받는 한(물론 자신들은 그 사실을 인식하지 못한 채) 과학은 그러한 세계관에 견고한 기반을 제공하려는 테제들을 정립한다. 보통 과학은 이것을 한 번도 하지 않고 오로지 그 유명한 인간의 도덕적 본성에 호소한다. 그렇게 함으로써 과학은 매우 자주 자신의 세계관의 반대자들에 대해 자신이 내세우는 자신의 고유한 관점, 즉 과학의 유일한 정당한 임무는 정말 가치중립적으로 사실을 기술하고 그것의 원인을 설명하는 것이라는 자신들의 관점을 잊어버린다. 실제로 사회적 요구로부터 진정으로 자유롭지 못한 채, 과학이 윤리적 주장을 통해 사회적 요구의 논거를 넘어서는 경우에, 과학은 객관적으로 훨씬 위험한 방법, 즉 의사(pseudo) 과학적 명제들로 윤리적 관점을 은폐하는 방법을 사용한다. 따라서 윤리는 과학적으로 합리화된다.

예를 들면 **"청소년들의 금욕은 그렇지 않으면 사회적 문화적 성취가 떨어지기 때문에 필수적이다"**라는 주장이 있다. 그때 사람들은 인간의 사회적 문화적 성취는 애초의 목적에서 벗어나 '보다 숭고한' 목적으로 활동적으로 나아가는 성에너지에서 유래한다는 프로이트의 이론에 의지한다. 우리는 이를 '승화' 개념으로 알고 있다. 이 이론은 정확하며 많은 임상경험에 의거한다. 그러나 사람들은 성만족과 승화를 하나의 경직되고 절대적인 대립물로 만들어 버렸다. 사람들은 구체적으로 다음과 같은 질문을 해야 한다. 어떤 종류의 성만족 및 성활동인가, 어떤 성충동의 승화인가?

금욕이 사회발전을 위해 필요하다는 주장은 단순히 관찰해 봐도 부정확하다. 청년들의 성교가 성인이 되었을 때 그들의 성취를 저하시킨다는 의견이 있다. 사실은 (그리고 이것에 대해서는 현대의 모든 성연구자가 동의한다) 청소년들의 거의 100%가 자위를 한다. 이 사실로 그러한 주장은 완전히 무력화된다. 성교가 사회적 성취에 해롭다면 그와 반대로 자위는 왜 해롭지 않은가? 자위가 성교와 어느 정도 **원칙적으로** 구분되는가? 그리고 더욱이 갈등에 싸인 자위가 정돈된 성생활 보다 헐씬 더 해롭지 않은가? 절망적인 궁지에 빠진 주장! 만족스러운 성생활과 불만족스러운 성생활을 구분하지 않기 때문에, 사람들은 성생활이 사회적 성취 및 승화와 맺는 다양한 관계를 알 수 없다. 그리고 그 이론에는 왜 그렇게 분명하게 볼 수 있는 틈이 벌어져 있는가? 그 틈을 메우는 것은 (사실들에 관한 모든 일관된 사고가 그러하듯이) 반동적인 삶의 표현이 지닌 복잡하고 세련된 구조에서 모든 연결장치를 해체할 수 있는 실제적인 결과들로 나아가기 때문이다.

만일 청년의 순결에 대한 가장 본질적인 주장이 공식적으로 무효화된다면, 청년들은 자신들의 건강과 사회성까지 위협하진 않겠지만 강제적 가족구조, 심지어는 결혼제도의 존립까지도 위협할 수 있는 생각을 품고 행동할 수 있을 것이다. 우리는 나중에 청년에 대한 순결요구와 결혼도덕 사이의 이러한 관련을 사실에 따라 분명하게 볼 것이다.

청소년들의 성생활은 실제로 어떠한가? 확실히 도덕이 요구하는 그대로는 아니다. 불행하게도 어떤 통계자료도 구체적이지 않다. 광범위한 성경제학적 조사를 통해서 뿐만 아니라 설문조사를 통해서, 성상담에서 그리고 청소년들에 대한 강의에서의 경험(청소년들이 제기한 질문들)을 통해, 우리는 다음과 같이 일반적으로 말할 수 있다. 사춘기에 들어선 소년들에게서 완전한 금욕, 즉 어떤 종류의 성행위가 없다는 것은 거의 사실이 아니며, 만일 [완전한 금욕이] 있더라도 심각하게 신경증적이고 억압된 소년들에게서만 나타난다. 소녀들에게서는 보다 종종 나타나지만, 그에 대한 진술 및 검증은 전혀 신뢰할 수 없다. 그럼에도 불구하고 몇 가지 근거로 금욕이라고 부를 수 있는 성행위는 매우 드물기 때문에 금욕이 실제로는 거의 고려되지 않는다는 것은 확실하다.

겉보기에는 금욕하는 것처럼 보이지만, 실제로는 모든 가능한 성실습이 이루어지고 있다. 우리는 자위인지 알지 못한 채 몇 년 동안 자위를 해온 여성들, 심지어는 남성들도 만난다. 여성들에게서 자위는 양 허벅지를 함께 압박하는 형태로 종종 위장된 채 행해진다. 자전거와 오토바이는 무의식적으로 자위하기에 유용한 수단이다. 성적 백일몽은, 비록 행위를 동반하지 않더라도, 적어도 유해한 측면에서는 충분한 심리적 가치를 지닌 자위이다. 자위를 하지 않으며 성적 백일몽을 꾸는 사람들은 자신들이 금욕을 하고 있다고 자신 있게 주장할 것이다. 우리도 어느 정도는 동의한다. 그들은 만족의 측면에서는 금욕적이지만 흥분의 측면에서는 금욕적이지 않다.

(1) **노동자청년**

일률적으로 지도자들과 성적인 것에 대해 얘기하는 데 대해서는 매우 주저한다. 청소년들은 자신들 사이에서조차 성문제를 좀처럼 심각하게 토론하려 하지 않는다는 사실이 특이하다. 그러나 그들은 외설스러운 말이나 농담의 형태로 성에 대해 많은 대화를 하며, 청소년들 사이의 분위기는 성문제로 넘쳐난다. 매우 빈번하게, 일반적으로 통용되는 욕설이 성적인 것들을 표현하는 데 사용된다.

노동자조직들에서 통상적인 성계몽 저녁모임은 청년들 사이에 금욕을 강화하려는 의도로 매우 자주 열렸다. 사람들은 청년들에게 그들의 중심문제를 구체적으로 제시해 주는 의식 있는 성정치가를 거의 만날 수 없었다. 성문제를 끄집어내는 방식이 특히 중요하다. 첫째, 우리는 성에 대한 부끄러움이나 부정적인 태도에서 벗어나야 한다. 둘째, 우리는 성에 대해서 아주 노골적이고 직설적으로 말해야 한다. 셋째, 질문을 써서 하도록 할 때 비로소 불타는 관심이 드러난다. 이를 통해 개인적인 부끄러움이 사라지며, 그와 같은 강좌가 있고 난 다음에 아무런 질문도 하지 않는 청소년들은 거의 없다.

청소년들의 이러한 상황에도 불구하고 13살 정도의 농촌소년들과 15살 정도의 노동자소년들에게서 성교가 아주 흔히 이루어진다.

농촌소년들 사이에서 소녀는 소년이 자신에게 춤을 청하여 댄스홀 안으로 들어가기 전까지는 댄스홀 앞에서 기다리는 관례가 있다. 드러내 놓고 관능적인 춤을 춘 후에 소년은 소녀를 울타리 뒤로 데리고 가며, 거기서 두 사람은 성교를 한다. 피임법은 사실상 알려져 있지 않고, 그에 반해 성교는 거의 중단되고, 낙태(물론 무면허 의사가 하는)도 만연한다.

도시의 노동자청년은 피임에 대해서 여러 차례 배웠지만, 이상하게도 이러한 지식을 거의 사용하지 않는다. 파시즘 정권 이전에 독일과 오스트리아에서 청년조직들과 정당들은 피임문제에 대해 관심을 기울이지 않았다. 많은 젊은 청년지도자는 청년의 어려움에 대해서 상당한 관심을 가졌다. 하층 당관료 가운데 많은 사람도 그러했다. 그러나 고위지도부는 그 문제에 전적으로 부정적이었다.

따라서 많은 청소년들과 활동적인 청년지도자들은 사태를 스스로 파악하고 그에 대한 강좌를 개설하려고 시도했다. 여기서 그들은 가장 커다란 장애, 즉 청소년들의 부모와 부딪쳤다. 정치조직에 속해 있는 부모들조차 거기에서 '그러한 것들'에 대해 얘기한다는 것을 들으면 성장한 자신들의 자녀들이 조직에 참여하는 것을 막는 일이 전형적이었다. 이것은 단지 친구를 찾기 위해서 참여하는 청년들, 심지어는 18살의 청년들의 경우에도 일어났다. 그러나 우리는 경험을 통해 가장 엄격한 부모들조차도 청소년들의 단결된 행렬 앞에서는 현재의 자신들의 완고한 입장을 유지할 수 없다는 사실을 배우게 된다.

경우에 따라서는 폭력으로 변질되는 질투가 조직을 분열시키는 것이 일반적인 현상이었다. 젊은 간부들 사이에서 우리는 두 가지 유형을 구분할 수 있다. 완전히 금욕적으로 사는 청년과 성적으로 성숙하여 남자친구 내지는 여자친구와 억압되지 않은 성관계를 갖는 청년들이 있다. 첫 번째 유형에 관한 한, 당활동은 성교로부터 딴것으로 관심을 돌리는 데 기여한다는 것은 누구나 알고 있었다. 그들에게서 당활동은 일단 여자친구를 찾게 되면 중단되는 것이 전형적이었다. 많은 청소년이 단지 성교상대를 찾기 위해 조직에 참가했고, 상대를 찾고 나면 다시 사라져 버렸다.

아주 가끔 소년과 소녀가 오랫동안 '함께 외출하는' 일이 있지만 성교는 하지 않는데 그 까닭은 '기회가 없기' 때문이다. 기회가 없을 뿐만 아니라, 내적인 금지(Impotenzangst, 불능불안)가 이것에 개입한다. 소녀들 사이에서는 전형적으로 성교에 대한 불안이 있다. 소년들은 자주 성교를 요구하지만, 소녀들은 모든 형태의 성유희를 허락하면서도 성교는 거부한다. 그 때문에 히스테리적인 발작과 우는 일이 다반사로 일어난다.

신경증적인 장애는 청년들의 중요한 문제이다. 이러한 측면은 소녀들에게서는 특히 지독하다. 운동[스포츠]을 하는 청년들에게서 성억압은 운동을 하지 않는 청년들에게서보다 더 강하며, 종종 운동은 성을 제압하는 데 의식적으로 이용된다.

여름 캠프, 학생촌, 고교생촌에서도 두 가지 전형적인 현상을 발견할 수 있다. 하나는 광범위한 성자유이고, 다른 하나는 가끔 촌의 전체 생활을 망치는 폭발로까지 이어지는 결단력 없는 청년들의 심각한 갈등이다.

흔히 소녀들은, 집에 있을 때 어떤 남자친구 또는 그 (특정한) 남자친구에 대한 강렬한 갈망을 갖지만, 사랑하는 관계로 접어드는 경우에는 불행하게도 완전히 거부하게 된다고 털어놓는다. 그들은 환상적 삶에서 현실적 성활동으로 넘어가지 못한다.

소년들은 혼자서 또는 함께 때에 따라서는 집단적인 과잉행위로 상승할 정도로 자위를 한다. 소년들에게서 자위는 소녀들에게서보다 더 퍼져 있다.

댄스파티와 집단적인 축제는 성긴장을 일으키지만, 이에 상응하는 해소는 일어나지 않는다.

성교를 하려고 결심할 때 그 문제를 스스로 끝내려는 청소년들은 통탄할 만한 공간 부족에 대해서 불평한다. 봄이나 여름에는 자유로이 성교를 할 수 있지만, 겨울에는 밖에서는 할 수 없기 때문에 청소년들은 성교하는데 많은 어려움을 겪는다. 청소년들은 비교적 값비싼 호텔에 갈 만한 돈을 가지고 있지 않다. 어떤 청소년이 자신만이 쓸 수 있는 방을 가지고 있는 경우는 거의 없다. 그리고 부모들은 언제나 [그들이 자신만이 쓸 수 있는 방을 갖는 것을] 강력하게 거부한다. 이는 심각한 갈등을, 그리고 (출입구에서, 어두컴컴한 길거리 구석 등에서 하는) 비위생적인 성교형태를 가져온다.

전체 문제의 주요한 어려움은 다음과 같다. **노동자청년의 분위기는 성긴장으로 가득 차 있지만, 대부분의 청소년은 외적인 장애들에 의해서 압박당하는 만큼 내적으로 억압되어서 그로부터의 탈출구를 찾을 수 없다. 부모, 정당지도자 그리고 전체적인 사회 이데올로기는 청년들을 적대시하지만, 반면 청년들의 공동체생활은 현존하는 성장애의 붕괴를 촉진할 뿐이다.**

내가 친밀하게 접촉하였던 베를린의 노동자청년집단이 전형적인 상을 보여 주었다. 그 집단은 14살에서 18살까지의 약 60명의 젊은 노동자로 구성되었다. 소년이 다수였다. 여기에서도 성에 대해 많이 얘기했지만,

농담의 형태로, 주로 성교에 대한 것이었고 자위에 대해서는 훨씬 드물었다. 청년들은 서로 놀리곤 했는데, 예를 들어 소년이 소녀와 '데이트'하는 것을 보면 그랬다. 거의 모두가 성교를 경험했으며, 상대를 꽤 자주 바꿨다. 교제를 그다지 심각하게 여기지는 않았으나, 격투로 변질된 질투에 관한 몇 가지 극적인 사건을 제외하면 심각한 갈등 또한 없었다. 과잉행위나 이른바 공개적인 난교(Orgie)와 같은 것은 볼 수 없었다.

성교는 대부분 야간파티에서 행해졌지만 또한 주간파티에서도 자유로이 행해졌다. 가끔 한 소년과 한 소녀가 '사라진다'는 것을 특별한 것으로 생각하지 않았다. 자위에 대해서는 아주 드물게만 얘기했고 동성애 행위에 대해서도 그러했다. 그러나 소년들은 자신들의 경험담을 즐겁게 서로 이야기했고, 드물지만 소녀들도 그러했다. 왜 성문제를 진지하게 다루지 않고 단지 농담으로만 말하느냐는 내 질문에 대해, 그 집단의 간부로 잠시 일한 적이 있는 한 소녀는 "그렇지 않으면 어떻게 할 수 있나요? 교육은 우리에게 모든 것이 나쁘다고 가르치지만, 우리는 그 일에 대해서 말해야만 하고, 그래서 농담으로 말하는 거예요"라고 대답했다.

펫사리(Pessar, 피임용 질내 삽입약)는 거의 알려지지 않고 사용되지도 않았다. 대개 성교는 중단되거나(질외사정하거나) 콘돔도 사용되었다. 그러나 콘돔 성교는 일반적으로 돈이 드는 일로 여겨졌다(콘돔 하나에 약 30~50페니히였다).

당활동은 종종 성갈등 때문에 방해받기도 했다. 소년들과 소녀들은 단지 상대를 찾기 위해 참여하고 있다는 비난을 받았다. 가끔 소녀들은 단지 어떤 소년 때문에 머무르기도 하였다. 한 여성간부는 단지 청소년들이 자신들의 성생활에 대해서 스스로 명확하지 않기 때문에 그렇다고 생각했다. 또한 그녀는 성을 억압하는 것은 여전히 더 나쁘지만, 그들에 대한 교육이 달랐고 그러한 문제들을 개방적이고 진지하게 다루었더라면 사태는 결코 대수롭지 않았을 것이라고 생각하였다. 예를 들어 겨울에 시설이 부족하여 교제하는 데 상당한 갈등이 있었다. 그런데 청소년들은 모두 그것을 잘 견디어냈다.

나는 오스트리아와 독일의 노동자청년들만을 잘 알고 있다. 그러나 몇 년 동안의 의학적이고 성정치적인 작업에 근거해서, 나는 작은 차이들이 있지만 건강을 해치는 상황이 전반적으로 암담하다고 확신할 수 있다. 1934년에, 독일의 국가사회주의[나치] 정부는 남녀 청년들의 모든 공동여행(하이킹)과 숙박여행을 금지하였다. 어떤 정당도 청년들의 이해관심에서 이러한 살아 있는 사실을 감히 파악하려고 하지 않았다.

나는 모든 나라에서 성생활관계가 공포스럽다는 것을 의심하지 않는다. 영국, 특히 런던과 헝가리, 미국 등에서의 보고를 통해 이러한 견해는 한층 강화되었다.

노동자청년과 쁘띠부르주아 청년에게 가장 무섭고 파괴적인 [성]빈곤은 작은 도시와 시골에서 국제적으로[어디에서나] 노처녀들과 성적으로 만족하지 못하는 남녀의 수다 때문에 발생한다. 여기에 비록 애정관계를 발전시킬 수 있다 하더라도, 결코 그렇게 할 수 없는 청년들이 있다. 사람들은 지루해서 여러 건의 자살을 가져오는 많은 외설과 악의를 만들어낸다.

이러한 청년의 모습은 절망적이다.

내가 말뫼(Malmö)에서 망명생활을 해야만 했을 때, 내 견해의 정확성을 증명할 수 있는 상당한 여유를 가졌다. 밤 8시에서 11시 사이에, 17살에서 30살 사이의 청년들이 도시의 단 하나뿐인 간선도로를 왔다갔다 하고 있었다. 소년과 소녀는 따로따로, 3~4명씩 무리를 지어 끼리끼리 걷고 있었다. 소년들은 시시한 농담을 하고 무례해 보이기도 했지만 부끄러워하였다. 소녀들은 수줍어하면서 서로 '킥킥'거리고 있었다. 모두 알지만 아무도 의식하지 않는다. 때때로 출입구에서 애무를 하기도 한다. 문화? 지루함과 성박탈이 국가사회주의의 요란한 선전과 만나면 파시스트적인 견해의 부화장소가 만들어진다. 그러나 사회주의 조직들은 삶을 조직할 준비가 되어 있지 않았다.

(2) 대부르주아 청년

미국의 대부르주아 청년들의 성생활에 관한 린제이의 보고를 들어보자. 학교에서 성기적 성생활이 돌발하자 당국이 손을 써야 했다.

"일류 남학교인 필립스 아카데미(Phillips Academy)는 댄스파티에서 일어난 문란함 때문에 학교에서의 댄스파티를 금지해야만 했다. 이 사건은 신문에도 크게 보도되었다. 필립스 아카데미의 교장 스테른스(Alfred E. Sterns)는 「보스턴 글로브」(*Boston Globe*)지에 실은 기고문에서 다음과 같은 임무를 지닌 학생 및 교직원 위원회의 설치를 포함한 조치들에 대해서 이야기하였다.

① 경찰로서 일하면서 음란한 태도로 춤추는 남녀에게 충고하고 결국에는 퇴장시킨다.

② 의심스러운 성격을 가졌다고 인정되는 소녀들의 출입을 금한다.

③ 파티홀과 다른 곳에서 남녀 젊은이들에게 음주를 금한다.

④ 취한 사람을 출입시키지 않거나 퇴장시킨다.

⑤ 사치스러운 복장, 음주, 음탕한 대화를 방지하기 위해 여성용 탈의실을 감독한다.

⑥ 이 남학교를 방문하는 여학생들은 시중드는 부인을 동반하도록 하고, 춤추는 동안 젊은이들이 어떤 자동차도 운전하지 못하도록 한다.

⑦ 댄스홀 가까운 곳에는 주차를 하지 않도록 주의를 준다.

⑧ 메인댄스의 통제에서 벗어난 밖에서의 다른 모임과 집회를 금지한다.

⑨ 춤을 춘 다음, 소녀들이 곧바로 자신의 방에 들어가는지를 확인한다.

내가 이 목록을 생략하지 않고 제시한 것은 이 목록이 우리나라 최초의 가장 좋은 학교 가운데 하나에서 존재했던 상황을 가장 분명하게 보여주기 때문이다. 이 젊은이들은 거의 모두 옛 문화를 지닌 부유한 동부 가문 출신이며, 일류 교육과 가장 좋은 전통을 배경으로 지니고 있다.(『혁명』, 45쪽)

'옛 문화를 지닌 부유한 동부 가문 출신'의 청소년들에게서 그러한 상황을 발견할 수 있다는 사실에 대한 도덕적인 탄식을 넘어서, 외적인 청교도주의와 성에 반하는 교육에도 불구하고 그러한 상황이 존재한다는 사실을 인정하는 데로 나아가보자. 단지 그 형식들이 성에 반대하는 도덕의 변증법적 대립물로서 눈에 띤다. 여기에서 특히 우리의 관심을 끄는 것은, 억압된 성이 도덕적 요구에도 불구하고 관철된다는 것이 아니라, **성도덕이 성활동 형태에 어떤 영향을 미치는가** 하는 것이다. 우리는 이러한 성활동이 성도덕에도 성경제학에도 일치하지 않지만 그 양자가 손해를 보는 타협이라는 것을 곧 알게 될 것이다.

> "증인들은 그 고등학교의 모든 학생이다. 그들의 증언에서 첫 번째 항목은 모든 남녀 학생들 가운데 90% 이상이 파티에 가고, 댄스파티에 참석하고, 자동차를 함께 타고, 키스하고 포옹한다는 것이다. 이것은 모든 여학생이 모든 남학생과 애무한다는 것을 의미하지 않는다. 그러나 모두가 자신과 깊이 사귀는 사람을 항상 발견한다. 그리고 나머지 10%는 자신들의 자연스런 충동을 표현하기 위해 육체적이거나 심적인 에너지를 충분히 가지지 못한 젊은 사람들이다. 즉 이러한 젊은이들을 갈등하고 곤궁하게 만드는 것은 이 넘쳐흐르는 왕성한 활력이며, 이러한 강력한 에너지를보다 현명한 방향으로 나아가게 하는 것만이 중요하다.
>
> 내가 말한 비율에 대해 증언들은 아주 일치한다. 만일 그것이 진실이라면, 그것은 청년들이 아마도 이러한 최초의 박약한 성경험 형태를 자신에게 잘 맞는 것으로 여기는 결론에 함께 이르게 된다는 것을 의미한다. 청년들은 사실상 이러한 권리를 가장 광범하게 요구하지만, 오히려 명확하게 규정된 한계들을 넘어서지는 않는다. 어떤 소녀들은 소년들과의 관계에서 그러한

기쁨을 누리며, 미묘한 방식으로 소녀 자신만큼이나 적극적이다.

자신의 상대[남학생]는 결코 마구 덤비는 사람이 아니었고 자신을 잘 애무하는 것을 알지 못했기 때문에 그와 어떤 관계도 갖지 않았다고 내게 설명해준 예쁘고 생기발랄한 한 여학생을 나는 떠올린다.

'남학생 모두가 그런 일을 요즘에도 하나요'라고 내가 물었다.

'물론이죠. 그렇게라도 하지 않으면 그들은 뭔가 잘못될 거예요'라고 그녀는 대꾸했다."(48쪽 이하)

만일 린제이가 여기서 힘 과잉, 넘쳐흐르는 활력에 대해서 이야기한다면, '넘치는' 것이 일부는 청소년들의 활발한 성에 해당하고 다른 일부는 청소년들의 성행위가 지닌 모순적 성격의 결과인 한에서만 그는 옳을 뿐이다. 우리는 청년들이 애무, 즉 전희행위들을 '자신들에게 잘 맞는 것으로' 여긴다고 듣는다. 하지만 그들은 '오히려 명확하게 규정된 한계들을 넘어서지' 않는다. 우리는 덜 신중하게 표현할 수도 있다. 청소년들은 모든 형태의 성흥분을 시도하지만 대부분 성행위까지 가지 않는다. 우리는 왜 그들이 성행위에 이르기까지의 모든 것은 허락하는 것일까라는 질문을 해야 한다. 도덕은 성행위를 가장 나쁜 성활동이라고 주장한다는 것을 생각하면 대답은 분명하다.

그러나 또한 성행위에는 에로틱한 흥분의 가장 중요한 절정이 있다. 사람들은 애무에선 이미 해방되었지만, 성행위를 부인하는 것에서는 여전히 강제적 도덕에 집착한다. 처녀성은 청소년들에게 결혼을 위한 가장 좋은 기회를 의미하기 때문에, 여기에서 여학생들의 결혼능력이 고려된다. 그럼에도 불구하고 린제이가 더 말한 것처럼, "포옹과 키스를 하기 시작한 적어도 50%의 청년들은 스스로 거기에 머물지 않고 더 나아가, 그들이 지닌 도덕적 요구에 따르면 정말 괘씸하고 무례한 다른 성자유를 즐긴다."(52쪽) 단지 15%만이 성교에 이른다. 1920년과 1921년에 린제이는 14살~17살의 769명의 여학생을 '성비행' 때문에 다루어야 했다. 린제이는, "이 숫자가 더 많지 않았다는 것은 모든 사례를 물리적으로 다룰 수 없기 때문이다"고 말한다. 상급반의 한 남학생은 같은 학교의 15살 여학생과 성교를 했다.(58쪽) 린제이에 따르면, 남학생의 90%가 학교를 졸업하기 전에, 즉 18살 이전에 '성경험'을 한다. 여학생들은 주저함에서 벗어난다.

"내가 최근에 대화를 나누었던 한 고등학교 남학생은 고등학생 또래인 15명의 여학생들과 관계를 가졌다고 고백했다. 그 남학생은 평범한 거리의 여자들보다는 여학생을 택했다. 나는 그 여학생들 모두와 대화하여 이 고백을 확인하였고, 그들이 착하고 평범한 여학생이라는 사실을 알았다. 그 남학생은 각각의 여학생과 한두 번 정도만 관계를 맺었다. 그 여학생들은 두 명을 제외하면 난교에 빠져드는 일은 없었으며, 내가 믿기에는 그들은 다시 완전히 올바른 길로 가고 있다.

덴버에 있는 홍등가는 이 여학생들이 그러한 경험을 하지 않도록 보호했겠지만, 그곳은 어떤 다른 사람들과 마찬가지로 구제될 권리를 지닌 남학생도 성매매여성도 보호하지 않았을 것이다. 우리의 '착한' 여학생들의 상당수가 성경험을 했다면 그 때문이지만, 전보다 더 적은 수의 소녀가 '타락되고' '잘못됐다'면, 그것은 진기한 일로 보일 수도 있다."(70쪽)

아마도 의도하지 않았겠지만 여기서 린제이는 성매매의 근본 비밀과 성위기에서 생기는 해결책, 즉 **젊은 여성에게 성생활을 허용하면 성매매는 줄어든다**는 것을 표현하고 있다.

"계몽 및 진리와 관련하여 소녀들이 지닌 이처럼 공격적이고 요구하는 정신적 태도는 최근에 더욱 일반적이고 더욱 감추어지지 않게 되었다. 그 이유는 여성들이 오늘날의 사회적, 경제적 관계에서 더욱 더 남성들과 동등해지기 때문이다. 여성들 가운데 많은 사람이 학교를 졸업하게 되면, 그들이 함께 '하는' 남성들보다 더 많은 돈을 버는 위치에 오른다. 그래서 많은 청년은 이 점에서 자신이 사랑하는 젊은 여성에게서 경멸하는 눈초리는 아니지만 엄중한 눈초리를 받게 된다는 것을 알게 된다."(95쪽)

더 나아가,

"나는 발견된 성비행의 모든 사례에서 매우 많은 수가 적발되지 않는다는 것을 보여주는 어떤 통계를 가지고 있다. 예를 들면 내게 자기들이 소년들과 성경험을 가진 적이 있다고 고백한 495명의 소녀 가운데 단지 25명만 임신하였다. 그 소녀들은 모두 14살에서 18살 사이였다. 이것은 겨우 5%이다.

나머지 소녀들은 임신을 피했는데, 어떤 소녀들은 운이 좋았고, 다른 소녀들은 피임수단을 알았기 때문이다. 피임에 대한 지식은 사람들이 통상적으로 생각하는 것보다 청소년들 사이에서 훨씬 광범하게 퍼져 있다……. 495명의 소녀 가운데 3/4이 한두 가지 이유 때문에 자진해서 내게 왔다. 어떤 소녀들은 임신했으며, 어떤 소녀들은 병에 걸려 있었고, 어떤 소녀들은 후회하거나 상담을 바랐기 때문이다. 그들이 그러한 필요를 느끼지 않았다면 확실히 내게 오지 않았을 것이다. 그러한 필요성을 느껴도 나에게 오는 길을 알지 못하거나 찾지 못하거나, 스스로 해결하려고 하고 어떻게 '될지'를 아는 수많은 소녀가 있다.

바꾸어 말하자면, 2년이 안 되는 기간에 나의 사무실을 거쳐간 500명의 소녀는, 똑같은 상태에 있지만 스스로 자립하는 것을 잘 아는 온갖 사람 가운데 아주 작은 하나의 집단일 뿐이었다. 예를 들면 수백 명이 낙태 시술가에게 몰려간다. 이것은 단지 추측이 아니다. 나는 그것을 알고 있다."(54~55쪽)

강제적 도덕의 관점이 지배적인 설명에서 린제이는 어떤 결론을 끌어내는가?

"이것이 매우 어렵고 위험한 문제라고 말할 필요가 없다. 그것은 어른들 쪽에서의 고발이나 감독에 의해 해결될 수 없다. 그것은 **자발적으로 지키는 관습법칙**에 의해서만, 청년들 스스로가 승인하고 적응하는 **진정한 내적 제약에 의해서만 대처**할 수 있는 문제이다. 그러한 법칙은 **가장 솔직하고 가장 철**

저한 교육에 의해서만 자유롭고 **자발적인 행위로** 변할 수 있다."(52쪽)

이 관습법칙이란 무엇인가? 린제이가 제시하는 구체적인 해결책은 무엇인가? 그러한 '진정한 내적 제약'은 어떻게 달성될 수 있는가? 가정, 학교, 교회를 통해서 사회의 모든 장소에서 행해지고 있는 바, 학습된 성억제 및 성억압보다 더 순수한 어떤 제약도 없다. 자연은 어떠한 '관습법칙'도 알지 못하기 때문에 외부에서 부과된 학습된 제약 이외에 다른 것은 없다는 매우 단순한 이유 때문이다. 그리고 몇 세기에 걸친 청년에 대한 성억압의 결과는 무엇인가? 그 결과는 린제이가 기술한 것이다.

린제이는 사물과 사태 진행의 본질에 대한 자신의 관점에서 완전히 해결되지 않는 모순에 빠진다. 그는 한편으로 청년들 사이의 강제적인 도덕의 쇠퇴를 보여주는 사실들을 확인한다. 그러고 나서 이러한 사실에서, 그는 자신이 그 쇠퇴를 바로 확인하였고, 부분적으로는 명백히 인정하는 바로 그 동일한 도덕의 복원을 의미할 뿐인 요구를 한다. **결국 그는 일부일처제 결혼 이데올로기와 소녀들에 대한 순결 요구에서 여전히 벗어나지 않는다.** 그는 어느 곳에서 다음과 같이 쓰고 있다.

"몇 년 전에 나는 이전에 5년 동안 이미 몇 명의 남학생과 관계를 갖고 있었던 (내가 보호하던) 17살의 소녀와 상담했다. 부도덕(?) 악(?) 말도 안 되는 소리! 그녀는 **무지**했을 뿐이다. 나와의 상담은 그 무지를 끝냈다. 그녀는 덴버에서 **가장 훌륭한 젊은 아가씨**가 되었다. 어떤 남성도 감히 **더 이상 그녀**

의 길을 막지 못했다. 그녀는 매우 아름답고, 비상하게 현명하며, 내가 믿기에 그녀에게 걸맞는 한 청년과 결혼할 것이다."(91쪽)

이렇게 린제이는 강제적 도덕의 가치를 완화시켰을 뿐이지 그 가치에 반대하는 입장을 취하지는 않고, 관찰한 사실들에서 강제적인 도덕적 가치의 파탄 및 쇠퇴라는 결론을 내리지 않는다. 나이든 사람들은 소녀가 어리석고 사악하다고 말했다. 린제이는 소녀가 단지 무지했을 뿐이라고 생각한다. 나는 소녀가 무지했는지 의심스럽다. 소녀는 자신이 무엇을 하는지 정확히 알았지만, 결국에는 여자들에게 규정된 바와 같은 결혼에 정착했으며 그래야만 했다. 그렇게 해서, 그녀는 성 지향성의 의미에서 무지했지만, 린제이의 영향 아래서 표준화된 성형태에 굴복하지 않으면 그녀를 위협하였을 결과들에 대해서 가장 잘 '알게' 되었다.

따라서 린제이는 다음과 같이 주장한다.

"1. 사회적 척도가 변한다.

이런 어리석은 행위가 단지 전후(戰後)의 일시적인 히스테리일 뿐이고, 그것을 외적으로 통제하고 비효율적이라고 자체 증명된 경찰 조치에 따른 춤 금지가 없어진 뒤에는 사라질 것이라고 주장하는 것은 잘못이다. 오늘날 사태는 더 이상 새로운 것이 아니기 때문에, 더욱 교묘해지고 더 은밀하고 더 일반적으로 다루어진다. 그러나 이 나라의 어른들은 비교적 평온한 표면 아래서 더 이상 아무 일도 일어나지 않는다고 믿으며, 자신들의 바보천국에 살고 있다.

청년은 이전의 누구보다 빈틈없으며, 늙은 세대를 경멸하며 자신의 고유한 길을 가려고 전보다 더 냉정하게 결정한다. 그것은 반드시 그 길이 통상적인 길이라거나 전적으로 파괴를 향해 나가는 것을 의미하지 않는다. 그것은 바로 우리의 사회적 척도가 변한다는 것을 의미한다. 그리고 나는 그들이 우리가 함께 하지 않으면 그때는 우리 없이 헤쳐 나갈 것이라고 확신한다.(47쪽)

2. 우선 젊은 여성들에게서 **경제적 제약들이 사라진다.**

외적인 장애, 즉 이전에 매우 강했던 경제적 제약들이 사라져 다시 돌아오지 않는다. 그리고 이제 유일한 문제는 이러한 제약들을, 청년들이 **올바른** 길로 나아가도록 하는, **자발적으로 수용한 관습적** 관점의 **내적인** 제약이 얼마나 빠르게 그리고 얼마나 효과적으로 대체하느냐이다. 나는 이 젊은 세대가 단지 도자기 상점에 있는 눈먼 불독이라고 믿지는 않는다.(47쪽)

3. 요즘 청년은 '세상에서 볼 수 있는 가장 도덕적이며 가장 건전한' 청년이다.(48쪽).

4. 성매매여성을 같은 계급에 속해 있는 여성으로 대체하는 것이 더 좋으며 또한 더 도덕적이다.

왜냐하면 성매매구역을 전반적으로 가능하게 만들었고 만들고 있는 소년들과 남자들은 훌륭하고 저명한 시민, 남편, 아버지로 남아 있거나 그렇게 된다. 그러나 그 세계의 소녀들은 그렇지 못했다. 소녀들 사이에서 성경험의 증가에도 불구하고, 새로운 시대는 엄격하고 경직된 관습, 야만적인 처벌, 이중적 도덕의 위선적인 관점을 지닌 '홍등가'의 지난 나날들보다 여성들에게 덜 파괴적인 것 같다. 나는 새로운 상태가 어떤 개선도 필요로 하지 않는다고 아주 확실하게 말하지는 않겠다. 나는 단지 새로운 것이 낡은 것보다 더욱 현실적인 도덕을 포함하고 있으며, [고대 로마의 장례식 때 삯을 받고] 울어주는 모든 여자[비관론자]들에도 불구하고 우리는 퇴보하지 **않았다**는 것을 주장할 뿐이다.(61쪽)

5. 요즘 소녀들은 '남자라는 동물'을 알고 있다.

무엇인가를 '멋진' 소녀에게 부당하게 요구하면, 예전이라면 그것은 그녀에게 모욕으로 여겨졌을 것이다. 비록 그녀가 거절할지는 모르지만, 거의 화를 낼 것 같지는 않다. 그녀는 남자라는 동물에 대해서 잘 알고 있고 남자의 본능이 결국 정상적인 어떤 것이라고 이해한다. 나는 여기서 소년들과 소녀들 사이의 그러한 솔직함이 득이 될지 손해가 될지에 대해서는 탐구하지 않을 것이다. 그러한 솔직함은 솔직히 말하면 청년들의 절대적인 결심에 달려 있다. 그리고 좋든 싫든, 우리 어른들은 그것을 고려해야 한다.(56쪽)

6. '식욕과 마찬가지로 성욕은 합법적이지도 비합법적이지도, 도덕적이지도 비도덕적이지도 않다'."(100쪽)

그러나 자신의 결론에서 린제이는 청년의 성혁명의 **실패** 원인에 대해서는 검토하지 않고, 도덕적 관점에서 성혁명을 평가한다.

> "전반적으로 성혁명은 낡은 관점에서 벗어나서 의심할 수 없이 몇 가지 진정한 진전을 이루었지만, 개별 구성원들은 단지 하나의 예속형태에서 다른 예속형태로 넘어갔을 뿐이다. 방종은 예속이다. **그에 반해 자유는 인간의 법보다 더 강제적이고 더 무거우며 훨씬 가혹한 상위법에 대한 자발적인 종속이다.** 청년들은 스스로는 아직 도움을 주는 지식을 가지고 있지 않기 때문에 종종 이 두 가지를 혼동한다."(80쪽 이하)

'상위법'에서 우리는 권위주의 사회의 실존적인 필요성과 존재조건들을 인식하고, 법의 강제에서 청년의 성경제학적 생활을 위한 사회적 기반의 부족을 인식하고, 법의 강렬함에서 청년들이 가족이라 불리는 복종자생산공장의 함정에서 벗어나지 못하도록 하는 사회의 의지를 인식한다. 그리고 청년들 스스로는 자신들의 성생활에 그렇게 커다란 어려움을 가져오는 사회질서에 물질적으로 관심이 있기 때문에, 도움이 되는 어떤 지식도 스스로 지닐 수 없고 지녀서도 안 된다.

그러나 심지어 청년을 위한 존경받고 용감한 전사인 린제이조차 그 결론으로 나아갈 수 없다는 것, 우리가 그에게서 또한 도덕적인 억압을 느끼고, 그러므로 청년의 권리를 위해 싸우는 억제된 투사라는 인상은 어째서 생겨나는가? 아마도 우리는 여기서 왜 사람들이 그 요구가 파탄되었음에도 불구하고 금욕의 토대에 그렇게 강하게 서 있는지에 대한 비밀을 알 것이다.

린제이는 계속 말한다. "(결혼 전에 성교를 하고 나중에 결혼한) 이 소녀는 그 관계를 통해 현실적으로 더러워졌을 뿐인가, 아니면 사회적인 도덕규칙을 깨뜨렸기 때문에 잘못했을 뿐인가? 그 구별은 지극히 중요하다. 우**리는 그녀가 결혼 전에 한 남자와 친밀하게 관계를 가졌다는 점에서는 잘못했다는 것을 인정할 수 있을 것이다.**(강조는 라이히) 그러나 잘못은 우리 인종의 미신을 통해서만 그려지는 비밀스러운 '모독'에 있는 것이 아니라 관행의 경멸에 있다."(92쪽) 이처럼 그 소녀는 정말 혼외성교 때문에 '더럽혀'지지 않고, '관행'을 위반했다. 그녀는 결혼 이전에 성교를 가졌기 때문에 ……절대적으로 잘못했다는 말보다 소녀들에 대한 순결 요구를 더 명확하게 근거지을 수 있을까? 아니다. 그러나 **혼외성교를 인정하게 되면 결혼과 가족 이데올로기가 파괴되기 때문에 보수적인 사회는 이데올로기적, 경제적 이유에서 혼외성교를 인정할 수 없다**는 관행을 고려하면 그렇다.

반항적인 메어리(Mary)의 사례에서 린제이는 다음과 같이 말한다. "그리고 아직 '자유연애'와 그와 유사한 것으로 나아가는 길이 결코 막혀서는 안 될 것이다. 우리가 결혼 없이 지낼 수는 없다. 결혼의 규칙을 현명하고 신중하게 변화시킴으로써 결혼을 유지시켜야만 한다……." 따라서 **청년들의 성자유는 결혼**(즉 강제적 결혼의 의미에서)**의 붕괴를 의미하며, 청년들에 대한 성억압은 청년들을 결혼할 수 있게 만든다**는 것이 완전히 명백하다. 결혼의 '문화적' 중요성과 청소년의 '도덕'에 관해 많이 거론되는 정식은 최종적으로 이것으로 환원된다. 바로 이러한 이유에서 결혼문제는 청소년의 성이라는 문제 없이는 논의될 수 없다(그 역도 마찬가지이다). 만일 이 관련이 깨지면 청년들은 해결할 수 없는 갈등에 빠진다. 왜냐하면 청년들의 성 문제는 결혼문제를 해결하지 않고서는 해결될 수 없고, 결혼문제는 다시 여성의 경제적 독립문제와 교육 및 경제적 관계라는 더 어려운 문제들을 해결하지 않고서는 해결될 수 없기 때문이다.

그리고 린제이는 스스로의 자제에도 불구하고 미국에서 파면되었다. 그는 판사 지위를 잃었다.

이 논제들은 초판이 출판되기 약 2년 전인 1928년 여름에 기록되었다. 이 논제들은 결혼도덕과 청년에 대한 금욕요구 사이의 사회학적 관계들에 대한 연구에서 하나의 결론을 정식화하였다. 나는 1929년 가을에 당시까지 다만 어림짐작에 지나지 않았던 이러한 결론들을 방향지울 수 있는 통계적 증거물을 운좋게도 발견하였다. 모스크바에서, 성병연구소 의사인 바라쉬(M. Barash)는 『사회위생지』에 「모스크바 노동자들의 성생활」이라는 논문을 발표했는데,[5] 이 논문은 부부의 부정과 혼전성교의 시작 시기 사이의 관련에 관한 통계적 연구도 포함하고 있다. **17살 이전에** 성교를 한 사람 가운데 61.6%가 결혼에 충실하지 못했고, **17살과 21살 사이에** 성교를 시작한 사람 가운데 47.6%가 결혼에 충실하지 못했으며, 21살 이후에 처음 성교를 하게 된 사람 가운데 17.2%만이 결혼에 충실하지 못했다. 이에 대해 저자는 다음과 같이 지적하고 있다.

5 M. Barash, *Journal of Social Hygiene*, Vol. Ⅶ, No. 5, May 1926, "Sex Life of the Workers of Moscow."

"조사집단에서 어떤 사람이 성교를 하는 시기가 빠르면 빠를수록, 그만큼 그는 나중에 결혼에서 덜 확고한 것으로 나타난다. 그는 빈번한 일시적인 성관계로 기운다. ……이른 나이에 성교를 시작하는 사람들은 나중에는 부정한 성생활을 한다."(283쪽)

청년들에 대한 금욕요구가 직접적으로 결혼제도에 의해서, 간접적으로는 공식적인 성개혁과 동일한 경제적 이해에 의해서 사회학적으로 결정된다는 것이 정확하다면, 더 나아가 이른 나이에 성교를 하는 것이 강제적인 결혼도덕('평생 동안 하나의 배우자')의 의미에서 결혼능력이 없게 만든다는 것이 통계적으로 증명된다면, 금욕요구는 엄격한 부부 성생활에 일치하며 훌륭한 국가신민이 되는 그런 개인의 성구조를 만드는 데 기여한다는 것이 명백하다.

이러한 성구조가 어떠한 것이고, 어떻게 그것이 청년들에게 영향을 미치는지, 그리고 그것이 결혼상황에 어떤 모순을 만들어내는지 하는 것은 다음 연구주제가 될 것이다.

3. 청년의 성교에 대한 의학적, 비윤리적 고찰

청소년들은 금욕[절제], (동성애적 행위 및 이성애적 흥분을 포함하는) 자위, 성교라는 오직 세 가지 가능성만을 갖는다. 우리는 문제를 어떤 관점에서 접근할 것인가에 대해서 명확히 해야 한다. 여기에 윤리적 관점, 성경제학적 관점, 사회학적 관점 등 세 가지 관점이 있다. 윤리적으로는 문제에 접근할 수 없고 해결할 수 없다. 구체적으로는 그 문제는 개인의 성경제학의 문제와 사회구성원에 대한 사회의 이해관심으로 돌아간다.

권위주의 사회는 청소년들의 성억압에 커다란 이해관심을 갖는다는 것을 보았다. 이 억압은 복종자[정신]구조의 생산뿐만 아니라 강제적 결혼 및 가족의 유지를 필요로 한다. **권위주의** 사회와 **인간적** 사회를 혼동하는 성윤리학자들 역시, 그들이 전형적으로 표현하듯이, 청년들이 '자유분방하게 살면' 인간사회 전체의 존속을 위협하게 될 것이라고 생각한다. 그러나 이것은 정말 진지하게 검토되어야 한다. 구체적으로 어떤 사회적 이해가 성경제학적 이해와 모순되는지, 만일 다른 사람을 보호하려면 어떤 사람의 희생이 요구되는지 하는 문제를 제기할 수 있다. 우리는 또한 우선 청소년들 스스로의 이해를 고려하고 금욕, 자위 또는 성교가 그들에게 어떤 위생학적 이익과 불이익을 가져오는지에 대해 질문할 수 있다.

(1) 사춘기의 금욕

우리는 당연히 **완전한** 금욕현상에 대해 검토해야 하는데, 왜냐하면 다른 모든 것이 확장된 자위개념 아래로 들어오기 때문이다. 우리는 평균적으로 14살 정도의 나이가 되면 내분비선의 증가된 활동과 성기의 성숙을 통해 성이 가장 활발한 활동 국면에 접어든다는 흔들릴 수 없는 사실과 마주친다. 성충동은 **자연스럽게** 성교를 지향하게 된다. 만일 너무 많은 청소년이 의식적으로 성교를 준비하지 않는다면, 이것은 일반적으로 잘못 받아들여지고 있는 것처럼 생물학적 미성숙의 표현이 아니라 그러한 행위에 대한 모든 생각을 억압하는 **교육의 결과**이다.

만일 우리가 있는 그대로 사물을 이해하려 하고, 권위주의 사회와 교회가 사물을 보라는 대로 보려 하지 않으려면, 이 사실을 확립하는 것이 중요하다. 성행위에 관한 생각 자체의 억압을 극복한 청소년들은 성행위가 존재하며 자신들이 이제 막 그 행위를 갈망한다는 것을 아주 잘 안다. 따라서 **금욕의 전제조건은 바로 성적인 생각, 특히 성행위에 관한 생각에 대한 억압이다.** 성행위에 대한 생각은 정말 의식적이지는 않지만 심적 관심에서 너무 심하게 노출되거나 심지어는 혐오감 및 우려와 지나치게 연관되어 있으며(쁘띠부르주아 소녀들에게 전형적인!) 어떤 실제적인 중요성도 지니지 않는다는 것이 아마 훨씬 더 그럴듯할 것이다.

그러나 금욕에 영향을 미치기 위해서는 **성흥분을 억압하는 것** 또한 필수적이다. 성흥분의 억압은 잠시 휴식을 준다. 그것은 또한 만일 청소년이 성교에 대해 의식하고 따라서 극복할 수 없는 갈망을 가지고 있을 때 피할 수 없는 환경과의 위험한 사회적 전투와 고통스러운 자위갈등을 벗어나게 해주는 이점이 있다.

청소년들은 대부분 일단 사춘기의 첫 단계를 넘어서면 성쾌락을 향한 태도에서 뚜렷한 변화를 보인다. 그들은 16살이나 17살 이후에는 이전보다 훨씬 더 강하게 자신들의 성을 거부한다. **쾌락에 대한 불안**이 쾌락을 향한 노력을 대신해 왔다는 사실이 분석을 통해 밝혀졌다.

이것을 **쾌락불안**이라고 부를 수 있다. 이것은 보통 무의식적인 거세불안에서 정점에 달하는 성행위에 대한 처벌불안과는 근본적으로 다른 것이다. 점차 자리를 차지하는 성적 수줍음[수치심]은 이러한 쾌락불안에 정박해 있다. 그 이유는 다음과 같다. 즉 성금지의 영속적인 작용을 통해 성흥분 과정 자체가 변한다. 우리는 임상적 경험을 통해 **금지된** 쾌락이 불쾌함이 되고, 심지어는 종종 성기에 **고통스러운** 흥분을 가져오기까지 한다는 것을 안다. 따라서 이를테면 성충족에서 쾌락흥분은 불쾌의 원인이 되고, 그렇게 함으로써 청소년에게 자신의 성에 **대항하여** 싸우고 자신의 성을 억누르도록 강제하는 실제적인 동기가 된다. 예를 들어 만족이 결여되면 불쾌하게 되기 때문에 일부러 발기를 억제하는 청소년들의 독특한 관행을 숙달된 의사는 잘 알고 있다. 사춘기 소녀들 사이에서 불안은 처벌에 대한 불안이라기보다는 오히려 훨씬 더 분명한 강렬한 흥분에 대한 불안이다. 흥분은 위험으로서 경험된다. 성행위의 처벌에 대한 외부로부터 학습된 불안의 고유한 고정장치를 우리는 이러한 **쾌락불안**에서 찾아야 한다. 이러한 방식으로 종종 청소년 자신이 성금지의 옹호자가 된다.

그러나 만족이 없는 성흥분 상태는 오랫동안 참을 수 없다. 오직 두 가지 해결책이 있을 뿐이다. 성흥분의 억압 아니면 만족이다. 성흥분의 억압은 규칙적으로 심적인 장애를 가져오고, 만족은 오늘날 사회에서 사회적 갈등을 가져온다.

그러므로 금욕은 위험하며 건강에 절대적으로 해롭다. 첫째, 억압된 성흥분은 다양한 탈출구를 만들어낸다는 사실이다. 신경장애가 곧바로 나타나기도 하고, 그렇지 않으면 청소년들은 자신들의 일을 심각하게 방해하는 성백일몽에 빠진다. 물론 성흥분과 신경질환의 모든 관련형태를 알아보려고 하지 않는 사람은 금욕이 해를 끼치지 않는다거나, 심지어는 대부분의 사례에도 금욕을 적용할 수 있다고 쉽게 말할 수 있다. 그는 청소년들 몇몇이 금욕하며 살고 있다고 확인할 뿐이며, 그러므로 금욕이 가능하다고 확인할 수 있을 뿐이다. 그러나 숙련되지 않은 사람은 청소년이 금욕으로 인해 신경증 및 다른 어려움을 가지고 있다는 사실에 눈을 감는다. 그는 신경증이 '퇴폐적 소질'이나 권력의지의 표현이라고 생각한다. 그는 청소년들보다도 더 움츠러든다. 그는 사회질서의 문제에 대한 생각뿐만 아니라 청소년의 성 일반이란 어려운 문제에 대한 생각을 하지 않는다.

금욕하며 사는 모든 청소년이 곧바로 신경증적으로 병든다고 사람들이 말하지는 않을 것이다. 그렇다면 나이가 들어 개인이 '합법적인' 성행위에 대한 요구에 직면했을 때 비로소 분명히 신경증이 막 나타난다는 사실을 우리는 어떻게 설명해야 할 것인가? 성경제학적 임상의사는 자위를 할 용기가 전혀 없는 사례들이 가장 나쁜 사례라는 것을 안다. 우선 (아마도 아주 잠시 동안은 성공적으로) 억제하고 성기를 사용하지 않게 되어, 권위주의 사회가 마침내 만족을 허용할 때면 성기는 제 기능을 하지 못하고 둔감해진다. 남성의 불감증에 비해 여성의 성장애가 수적으로 많다는 사실은, 소녀들의 덜 빈번한 자위 및 더 강한 성억압과 그들이 나중에 성쾌락을 경험할 수 없는 것 사이에 내적인 관련이 있다는 것을 밝혀 준다. 비록 누군가가 그러한 사실들에 대해 알고 있을지라도 청소년들에게 그러한 사실들을 밝혀 주는 것을 꺼리는데, 도대체 금욕을 설교하는 것이 무슨 변명이 되겠는가? 심지어 우리는 더 이상 성곤궁의 출구로서 스포츠를 지적할 수도 없다.

성충동을 스포츠를 통해 전환할 수 있다는 것은 내가 자위문제에 대해 논의할 때 내게 대립하여 되풀이해서 제기되었다. 만일 내가 우리의 성도덕을 위해 사실들을 왜곡하기를 원치 않았다면, 내가 할 수 있는 모든 대답은 스포츠가 확실히 성충동을 감소시키는 최선의 방법이지만, 운동으로 성충동을 완전히 꺾으려고 하는 운동선수들은 종종 자신의 의도를 잘 달성하지만 나중에 더 이상 자신의 성기능을 행사할 수 없게 된다는 것이다. 우리는 매우 뛰어난 운동선수로 훈련받았지만 성적으로 장애가 있는 사람이 얼마나 많은가를 알고 계속 놀란다. 그들은 자신들의 성에 대항해 싸우는 데 스포츠에 의지했다. 그러나 결국 그들은 운동 경기에서 자신들의 모든 성흥분을 지속적으로 방출할 수 없었기 때문에, 결국은 성흥분이 통상적으로 만들어내는 모든 결과를 지닌 채 억압수단에 의지해야 했다. 따라서 스포츠는 성흥분을 감소시키는 수단이지만 성흥분을 짓누르려는 다른 수단과 마찬가지로 청소년들의 성문제를 해결하기에 부적당하다.

자신의 행위의 결과에 대해 알면서 이러한 것을 시작하는 사람을 우리는 진정 보호해야 한다. 우리는 어느 누구에게도 만족스러운 성생활을 하도록 강요하려고 하지 않는다. 그러나 정신질환이나 성취감 및 생활의 즐거움의 저하를 감수하면서도 금욕하며 살려는 사람은 그렇게 하라고 우리는 말한다. 성충동이 더 이상 거부되지 않자마자, 잘 정돈되고 만족스러운 성생활을 하려고 노력하는 사람은 금욕하며 살지 않을 것이다.

성의 노쇠, 성의 유아적이고 도착적인 행위들로의 퇴행, 그리고 청소년 나이에 금욕적인 생활방식의 결과인 정신질환을 강조하는 것이 우리의 임무이다. 상담과 진료에서 우리가 본 가장 비참한 사례들은 앞선 연령대(35살, 40살, 50살, 심지어 60살)에 있는 사람들로서, 대부분이 심적 가계(Haushalt)의 심각한 장애를 지니고 있기 때문에 신경증적이고 불안해하고 외롭고 삶에 지치고 도움이 필요한 사람들이다. 그들 대부분은 자신들이 '과도하게' 살지 않았다고 자랑하는 데, 과도하게 살지 않았다고 할 때 자위를 하지 않고 이른 나이에 성교를 하지 않았다는 것으로 이해한다.

또한 다른 명석한 저자들도 금욕의 위험을 적절히 평가하지 않는다. 이는 두 가지 원인 때문이다. 첫째, 그들은 이후에 나타나는 성장애와 너무 오랫동안 지속되는 금욕 사이의 관련을 알지 못한다. 둘째, 진료하는 정신치료사나 성상담자처럼, 그러한 저자들은 신경장애와 성금욕 사이의 밀접한 관련을 알 기회가 없었다. 브루프바허(Fritz Brupbacher)는 또 다른 뛰어난 팸플릿인 『자녀복, 피임, 낙태』(*Kindersegen, Fruchtver- hütung, Fruchtabtreibung, Neuer Deutscher Verlag*, 1925)에서 이렇게 기록하고 있다.

> "모든 가능한 저작에서 사람들은 금욕의 해로움이나 유익함에 대해 철학[생각]할 것이다. 금욕을 선호하는 사람은 금욕을 실천할 수도 있다. 금욕은 해로운 것이 아니다……. 어떤 경우에나 금욕은 성병보다 더 건강하다."(18쪽)

브루프바허는 대담에서 나타나듯이 이 관점을 포기했다. 그는 금욕을 연장하는 경향 자체가 이미 병적 징후, 즉 의식적인 성욕에 대해 거의 완벽한 억제의 신호라는 것을 간과했다. 머지 않아서 금욕은 변함 없이 애정생활 및 노동성취를 해칠 것이다. 이것은 경험적 사실이다. 청년들에게 금욕을 권장하는 것은 조만간 나타날 신경증에, 그러나 적어도 삶의 즐거움과 성취 능력의 감퇴에 싹을 틔운다는 것을 의미한다. 그리고 심적 경제학의 견지에서 볼 때 금욕이 성병보다 더 건강한지를 의심할 수도 있다. 성병은 적절하게 치료한다면 없앨 수 있다. 그러나 금욕생활에 의해 나타나는 병적인 성격변화들은 좀처럼 없앨 수 없으며, 게다가 우리에게는 오랜 금욕이 야기한 악을 치료하기 위해 필요한 믿을 만한 정신치료사의 수가 충분하지 않다. 그렇다고 성병을 경시해서는 안 된다. 그러나 성병은 도깨비처럼 성억압을 가져오는 편리한 수단으로 이용된다. 더욱이 같은 계층의 사랑하는 상대들과만 성교하고 성매매여성들과 성교하지 않으면 성병을 피할 수 있었기 때문에, 금욕이냐 성병이냐는 양자택일이 결코 아니다.

우리는 청소년들의 금욕에 대해서 말하고 있으며, 청소년을 15살에서 18살까지라고 (사람들이 우리를 오해하지 않으면) 생각한다. 금욕은 '송과체[松菓體, 좌우 대뇌반구 사이 제3뇌실 뒤쪽에 있는 작은 공 모양의 내분비 기관. 내분비 기능에 의해 조숙(早熟)이 억제된다] 기능이 종결될 때까지', 즉 약 24살이 될 때까지 권위주의자들이 요구하는 것이다. 전에 빈에서 한 사회주의 복지단체는 청소년들에게 강좌를 열었는데, 거기서 청소년들에게 이런 해로운 '이론'을 과학적 명제로 위장하여 주입하였다. 그러나 그 단체는 송과체 기능의 종결이 약 10년 일찍 발생하는 성기의 성숙과 관련이 있다는 것을 밝히지 않았다. 개인심리학에 이끌린 한 젊은 상담자는 『모르겐(*Morgen*)』지에 문답 칼럼을 기고했다. 1929년 3월 18일에 우리는 다음과 같은 엉뚱한 충고를 발견했다.

> "쉬(G. Sch) 씨. 당신의 질문은 생물학계에서 종종 논의되는 '성실행'의 시작이란 문제에 관계되는 것입니다. 로마의 작가 타키투스(Tacitus)는 고대 게르만족이 24살 이전에는 결코 여자와 접촉하지 않기 때문에 칭송되는데, 이러한 관례는 우리에게도 타당할 듯합니다. 인간생활에서 가장 강력한 것에 속하는 성충동을 너무 빨리 해방해서는 안 되며, 당신에게는 성영역에서 아직 부여되지 않은 면책을 운동경기에서 추구할만한 충분한 권리가 있습니다(!) 당신보다 젊은 친구들이 이와 다르게 행동한다면, 그들은 성위생학의 가르침을 몹시 거역하는 것입니다(!) 건강학 분야에서 가장 유명한 선두 주자인 그루버(Max von Gruber) 교수는 (말 그대로!!) 자신의 생생한 방식으로 금욕이 결코 해로울 수 없다는 것을 계속 설교하고 있습니다."

그루버와 고대 게르만족에 대한 인용은 확실히 중요한 주장이다! 그러나 바로 그 그루버 교수는 또한 금욕이 해롭지 않을 뿐만 아니라 심지어 유용하기까지 하다고 주장했다. 즉 사정되지 않은 정액은 재흡수되고, 그것은 단백질의 추가를 의미한다……고. 나는 단백질을 추가하는 더 좋고 더 즐거운 방법을 안다. 바로 **고기를 먹는 것**이다. 그러나 국가질서에 따르고 모든 관능적인 것에 반대하고 객관적 도덕법률에 충실하여, 권위주의적 사회질서에 대해 염려를 했던 그루버는 정액 흡수 이외에 다른 단백질 추가가 있다는 것을 전혀 생각하지 않았다.

나는 이러한 실례들이 단지 역사적으로 흥미롭고, 이러한 이데올로기에서 벗어나기 위해서는 얼마나 많은 노력이 필요한지를 보여주기 때문에만 언급하는 것은 아니다. 1930년에 빈의 사회민주주의자이자 산부인과 의사인 카우츠키(Karl Kautsky) 박사는 나의 활동에 대해서 맹렬한 공격을 마구 퍼부었고, 내가 노동자들로부터 그들의 '이상'을 빼앗았다고 비난하였다. 그러나 성적 수치심이 노동자운동의 경계선에서 멈추지 않는다[노동자운동 안에도 있다]는 것을 확인하는 것이 대단히 중요하다.

소련의 성혁명에 대한 연구에서, 그런 일을 은폐하면 노동자운동에 결코 도움이 되지 않는다는 것이 입증되었다. 우리는 결국에는 성의사들과 청년상담사들이 '도덕에 기여'하는 데에서 교회와 경쟁하는 것을 멈추도록 해야만 한다. 우리 주위에서 사람들이 얼마나 생각 없이 행동했는지를 다음 예가 보여준다.

빈의 청년상담사들 사이에 목사가 하나 있었다. 22살인 젊은 여성에게 그는 다음과 같이 상담하였다.(그 젊은 여성이 작성한 보고서.)

소개로서, 나는 그때 상담소에 대해 읽었고 나 역시도 가장 불행한 인간에 속하며 어찌할 수 없게 되었다고 고백하였다.

P 박사는 나를 격려해 주었고, 나에게 편하게 말하라고 하였다.

그에게 나는 남자친구가 하나 있으며 우리 두 사람 모두 서로 매우 사랑하고 최근에는 서로 너무 긴장되어서 더 이상 나 스스로 어찌해야 할지 모른다고 설명하였다. 그리고 종교[신앙]를 가져보려고 노력했지만 거기서도 어떤 만족도 찾을 수 없었다고 덧붙였다.

이제 P 박사가 내게 질문하기 시작했다.

몇 살입니까? 22살입니다.

남자친구를 알게 된 지 얼마나 되었습니까? 4년 되었습니다.

남자친구는 몇 살입니까? 24살입니다.

그의 답변은 대체로 이러했다. 즉 8~9년 동안 서로 알고 있지만, 그럼에도 불구하고 **순수한 채** 있는 젊은 사람들도 알고 있다는 것이었다.

그는 순수한 채로 있다는 것이 의미하는 바를 더 자세히 정의하지 않았고, 결론적으로 그는 서로 아주 좋아하지만 서로에 대해 관능적인 생각을 전혀 갖지 않는 두 사람을 생각할 수 있다고 말했다.

더욱이 그는 또한 내게 내 애인이 이 문제에 대해 어떻게 느끼는지를 물었다. 나는 그 사람 역시 이러한 상태에 대해 매우 괴로워하고 있으며, 그 때문에 나는 그가 너무나 괴로워하는 것을 더 이상 참고 볼 수 없다고 말했다. 그러자 P 박사는 우리의 재정상황에 대해서 물었다. 나는 돈을 조금 벌고 내 남자친구는 완전히 불확실한 위치에 있다고 말했다.

그는 또한 집과 나의 관계를 물었고, 나는 집으로부터 어떤 지원도 생각할 수 없다고 말했다.

P 박사는 내가 이와 관련하여 어머니와 얘기하여 가능하면 빨리 결혼하

도록 해야 한다고 생각했다. 이와 관련하여 그는 무엇보다도 교회의 계명에는 더 심오한 근거들, 예를 들어 음란하지 말라는 계명과 같은 것이 있다고 말했다. 왜냐하면 궁극적인 결과에서 아이를 돌보아야 할 가족이 없게 될 수 있기 때문이다.

내가 재정적인 측면에서 결혼할 수 있는 상태가 되기까지는 몇 년이 걸릴 것이고, 이러한 상황을 참아내는 나의 힘이 거기까지 버티지 못할 것이라고 반박하자, P 박사는 내게 1년을 생각하지 말고 하루 하루 강해지고 견뎌야 한다고 했다. 이와 관련하여, 그는 내가 남자친구와 만나는지 그리고 그 사실을 우리 부모들이 알고 있는지를 물었다. 나는 그렇다고 대답했다. 그러자 그는 내게 남자친구를 몰래 만나지 말라고, 즉 서로를 괴롭히지 않게 하기 위해서 내 자신이 불쾌한 상황에 빠지지 말라고 **좋은 충고**를 했다.

P 박사는 내게 용기를 주고, 내가 그것을 이루어낼 수 있고 잘 될 것이라고 스스로 믿어야만 한다고 말했다. 그러고 나서 그는 가능한 한 빨리 결혼하도록 노력하라고 다시 한번 충고하고 '신의 은총이 함께 하기를'이라고 말하며 나를 보냈다.

자연치료사들도 성상담을 한다. 한 강좌가 끝나자 나는 어떤 자연치료사가 날마다 몽정으로 고통받는 17살의 금욕적인 젊은 남자에게 주었던 다음과 같은 메모, 즉 처방전을 받았다.

하루에 세 번, 분말 형태의 용담근 한 줌씩, 또한 으깬 대마 30g을 우유

1/2ℓ에 넣고 끓여서 식탁용 큰 스푼으로 하나씩 하루에 세 번 내지 네 번 복용하라. 또 이틀에 한 번씩 창포를 우려낸 물에 약 20분 동안 좌욕하라. 밤에는 다음 혼합물로 척추 부위를 마사지하라. [진통용] 아르니카 주정제(酒精劑) 90g, 라벤더와 박하 기름 주정제 각각 4g, 페퍼민트와 야생 백리향의 주정 각각 1g씩을 잘 섞어서.

이러한 또는 이와 유사한 우스꽝스러운 '충고'는, 그 청년상담사가 자신의 수단을 믿는지 그리고 그가 금욕요구의 무익함을 확신하는지 아닌지에 상관없이, 어려운 상황에 있는 청년상담사의 완전한 난감함의 발로이다. 상담사 자신의 억제는 제외하더라도, 그는 결국에는 삶 부정적인 성질서의 무의식적인 도구, 즉 '결혼 가능성', 복종의 '미덕'을 준비하는 사람일 뿐이다. 우리는 진리에 관한 지식이 결코 그의 상황을 완화시키는 것이 아니라 더욱 악화시킬 뿐이라는 사실을 곧 보게 될 것이다.

(2) 자위

자위는 금욕의 해로움에서 벗어나는 길을 제시하지만, 단지 좁은 한계 안에서일 뿐이다. 자위는 흥분과정에서 지나치게 강한 죄책감과 장애 없이 이루어질 때에만 성가계[성에너지]를 조절할 수 있을 뿐이다. 더욱이 실제 상대가 없는 것이 지나치게 교란시키는 것으로 느껴지지 않는 한에서만 그러하다. 자위는 확실히 건강한 청소년들이 사춘기의 첫 번째 폭풍을 뚫고 나갈 수 있도록 도와줄 수 있다. 그러나 줄곧 유아기 때부터 청년의 성발달에 영향을 끼쳤던 조건들에서, 자위는 소수의 경우에만 이러한 기능을 충족시킨다.

극소수의 청소년만이 교육의 도덕주의적 영향들로부터 멀리 벗어나 양심의 가책 없이 자위의 만족에 이를 수 있다. 대개 청소년들은 자위충동에 대항해 싸워 다소 성공한다. 만약 자위행위를 극복하는 데 실패하면, 그들은 가장 심한 억제 속에서 종종 사정의 억제와 같은 가장 해로운 방식으로 자위를 한다. 확실히 이것은 적어도 신경쇠약적 장애를 가져온다. 만약 자위충동과 싸워 이기는 데 성공한다면, 그들은 다시 금욕으로 뒷걸음치며, 결국 자위를 통해 그 금욕에서 벗어난다. 그러나 자위를 하는 과정에서 활발해졌던 환상들과 생생한 성흥분은 금욕을 전보다 더 참을 수 없게 만들기 때문에, 이제 상황은 훨씬 더 나빠진다. 오직 극소수만이 성경제학적으로 더 좋은 출구, 즉 성교를 발견한다.

불과 몇 년 전에만 해도 자위는 일반적으로 끔찍한 것[도깨비]으로 여겨졌다. 최근에는 도덕적 질서를 유지하기 위해, 그리고 금욕요구는 어쨌든 관철할 수 없다는 인식에서, 자위를 전적으로 무해하고 완전히 자연스럽다고 말하는 것이 유행이 되었다. 이것은 단지 제한적으로만 정확하다. 자위는 확실히 금욕보다 낫다. 그러나 결국에는 애정대상이 없어서 곧 참을 수 없게 되기 때문에, 불만족스럽고 무척 혼란스럽게 한다. 그리고 자위가 더 이상 만족스럽지 못하면, 혐오감과 죄책감을 만들어내고, 자아의 모순 아래에서 성흥분을 누르기 때문에 강제가 된다. 더욱이 자위는 심지어 가장 최상의 조건에서도 점차 환상행위들을 신경증적이고 이미 잊어버린 유아적인 성지위로 더욱 더 몰아넣는데, 이러한 성지위를 통해서 억압은 다시 필요한 것이 된다.

신경증의 위험은 자위의 만족이 지속되는 가운데 자라난다. 만약 우리가 우리의 청소년들을 세밀하게 관찰하고 그들의 본질과 그들의 성생활 사이의 관계를 이해한다면, 그들의 수줍고 다소 서투른 행동이 곧바로 우리에게 드러난다. 올바른 시기에 자위에서 성교까지의 단계를 거쳤던 사람들은 조심성 있고 능숙하며 생기 있는 것으로 드러난다. 결국 자위는 지속되면 현실과의 관계를 약화시킨다. 만족을 얻기 쉬우면, 알맞은 상대를 얻으려는 활기찬 투쟁을 할 수 없게 된다.

우리가 도달한 결론은 이렇다. '사춘기 청소년의 성교'라는 유령은 이전에도 그리고 심지어 오늘날에도 종종 금욕이 해롭지 않고 심지어는 유용하다는 확인을 강요하는 만큼, 사춘기의 자위가 **자연스럽고** 전혀 해롭지 않으며 사춘기 문제에 대한 **그**[유일한] 해결책이라는 정당하지 않은 이해[파악]를 짧은 시간에 강요하였다. 이러한 이해는 다른 이해와 마찬가지로 가장 다루기 어려운 문제로부터 회피하는 것일 뿐이다.

(3) 사춘기 청소년들의 성교

우리는 주어진 경제적 및 교육적 관계를 고려하여 이 문제를 원칙적으로뿐만 아니라 구체적으로 생각해보아야 한다. 지금까지 모든 문헌에서는 이 문제를 거의 의도적으로 회피했던 것처럼 보인다.

우리는 간접적으로 (가족 및 결혼능력을 통해서) 사춘기 청소년의 성을 억제하고 그 성곤궁을 가져오는 것이 권위주의 사회의 이해라는 것을 지적하였다. 이러한 억제는 권위주의 사회체계에 속한다. 억제에서 생기는 곤궁은 의도하지 않은 부산물이다. 그렇다면 이 사회 안에서 그 문제를 성경제학적으로 해결하는 것은 논리적으로 불가능할 것이다. 14~18살의 청소년들이 성의 성숙국면에 접어들게 되는 전제조건을 검토하자마자, 우리는 이러한 사실을 곧바로 알게 된다. 우리는 여기서 특정한 계급적 위치가 지닌 효과들은 무시하고, 다만 이데올로기적 분위기와 사회제도의 영향을 검토하려고 한다.

① 우선 청소년들은 성을 부정하는 교육의 작품인 내적인 금지라는 산을 넘어서야 한다. 청소년의 성[성기]은 평균적으로 보았을 때 자유롭지 못하거나(이것은 특히 소녀들에게서 사실이다), 방해받거나, 의식적으로 또는 무의식적으로 동성애적으로 전환된다. 청소년은 또한 이미 이러한 파괴적인 환경에서 흔들리고 있는 이성애적 성관계라는 틀 안에서 자라지는 않는다.

② 청소년의 생물학적인 성의 성숙이 심리적으로 방해받거나, 쁘띠부르주아 청년들에게서 종종 볼 수 있는 것처럼, 심리적 유아기상태(Infantilismus), 즉 가족과 자기 부모와의 관계에서 유아적인 지위를 고집하고 그것에 머무르려는 것은 육체적 성숙과 심리적 성숙 사이의 불일치를 만들어냈다.

③ 특별히 물질적으로 고생하는 어떤 사회층에서, 사춘기 청소년들 역시 **육체적으로** 발달이 늦다. 여기에는 생리적인 성의 성숙에서 심리적인

지체뿐만 아니라 육체적 지체도 있다.

④ 청소년의 성에 심하게 압박을 가하는 성금기 옆에는 사회적 보호의 결여뿐만 아니라 성교하는 것을 다양한 형태로 능동적으로 막는 일이 있다. 다음의 것이 여기에 속한다.

ⓐ 청소년의 성에 관한 질문에 대해서 사춘기 청소년들에게 하는 **사실적인 수업**의 적극적인 금지. 오늘날 이루어지는 '성계몽'은 충분하지 못하며 단지 혼란만 가중시킬 뿐이다. 왜냐하면 그것은 어떤 길을 가지만 최종 결과에 이르려는 결단 없이 결과를 요구하기 때문이다. 예로서 14살 소녀들은 생리의 본질에 대해서는 배우지만 사람들은 소녀들의 성흥분의 본성에 대해서는 근본적으로 침묵한다. 이것은 우리가 다른 곳에서 명백하게 말했던 것, 즉 성생활에 대한 생물학적 관점은 단지 관심을 다른 데로 돌리려는 술책에 불과하다는 것을 분명히 보여준다.

사춘기 청소년들에게는 정자 세포와 난자 세포가 새로운 생명체라는 '신비'를 형성한다는 사실과 그 방법을 아는 것은 심리적으로 덜 중요하다. 자신들이 절망스럽게 싸우고 있는 성흥분이라는 '신비'만큼 사춘기 청소년들에게 관심을 끄는 것은 없다. 그러나 만약 청소년들이 지금 성교할 수 있을 만큼 성숙하지 않고 그들의 고통과 어려움이 억압하고 불만족스러운 성에서 생긴다고 진실로 배웠다면, 어떠한 논리적 주장을 가지고 청소년들을 성교하지 못하게 할 수 있을까? 그래서 성계몽은 청소년들에게 더욱 커다란 어려움을 가져올 뿐이다. 우리들은 성계몽의 부재와 성부정은 주어진 사회상황과 완전히 일치한다는 것을 인정해야 한다. 사춘기 청소년들의 성불구화는 어린이의 성을 잘못 양성한 것이 지속된 것이다.

ⓑ **주거문제**와 **피임문제**. 사태는 이러하다. 혼자 방해받지 않고 있을 수 있는 가능성이 노동주민의 전반적인 주거부족의 비참함 때문에 이미 성인들에게 거의 존재하지 않는다면, 청년의 성적인 주거곤궁은 소리는 없지만 끔찍한 순교로까지 간다. 다른 것에서는 그렇게 쉽게 감동받는 성개혁자들이 이러한 사실을 언급하지 않는 것은 특징적이다. 용감한 소년 또는 거센 소녀가 왜 사회는 그러한 점에서 자신들을 돌보지 **않느냐**고 묻는다면, 그들은 무슨 대답을 할 수 있을까? 수많은 사회복지사들은, 이러한 질문에 직면했을 때, 청소년들에게 '성문제'에 대한 강의를 하고 '심적이고 육체적으로 충분히 성숙할 때'까지 절제를 요구하지는 않지만 인간적으로 성교문제를 억누르려고 하는 식으로 달아날 것이라고 기대할 수 있다. 그들은 청소년들이 필요한 '책임감'을 가지고 문간에서, 울타리 뒤에서, 헛간에서, 계속해서 발각될 두려움 속에서 성교한다는 것에 대해 더 이상 책임을 느끼지 않게 될 때까지, 그렇게 오랫동안 '책임감'을 설교할 것이다.

그러면 이제 피임수단에 대해서! 혈기 왕성한 청소년들은, 자신들에게 임신을 예방하는 최선의 방법에 대해서 알려주지 않고, 피임이 실패했는지를 파악할 의사들도 제공해 주지 **않고**, 자신들에게 어떤 공간도 만들어주지 않는 것에 대해, 도대체 사회는 어떤 이해를 가지고 있는지 하는 순진한 질문을 할 수도 있다.

혼외정사를 인정하지 않고 심지어 성인들의 위생적인 성생활도 돌보지 않는 사회질서에서, 그러한 질문에 대답할 수도 없고 해결할 수도 없다는 것은 명백하다.

어린이 성교육 문제에 대한 근본적 해결책을 준비하지 않고 피임 및 주거 문제를 해결하지 않은 채, 청소년들에게 성교하라는 무비판적인 권유는 그 반대, 즉 금욕에 대한 설교만큼이나 무책임하고 해로울 뿐이라는 것도 명백하다. 정말 과제는 모순을 밝히고 그 모순을 해결할 수 없다는 것을 증명하는 것이다. 나는 내가 그것을 완전히 해내기를 바랄 수 있을 뿐이다. 그러나 만약 우리가 허풍쟁이나 겁쟁이가 아니라면, 원칙적으로 우리는 청소년들의 성을 긍정해야 하고, 할 수 있다면 어디서나 그들을 도와야 하며, 청소년의 성의 최종적인 해방을 준비하기 위해 모든 일을 해야만 한다. 이것은 거대하고 책임이 막중한 과제이다!

그러나 이제 우리는 오늘날 실시되는 성계몽의 불충분함, 편견, 비일관성을 더욱 잘 파악한다. 그것들은 다음과 같은 특성을 통해 드러난다. 즉 성계몽은 항상 너무 늦게 오고, 비밀에 싸여 있으며, 가장 본질적인 것, 즉 성쾌락을 무시한다. 어떤 계몽에도 반대하는 사람들이 더 일관되게 행동한다는 것은 상황의 모순에서 설명된다. 계몽에 반대하는 사람들은 과학적 일관성의 적이기 때문에 물리쳐야 하지만, 자신들의 계몽으로 상태를 바꿀 수 있다고 진지하게 믿는 기쁨으로 충만한 개혁자들보다 어딘가 더 현명하다. 이 개혁가들은 본래의 상황을 흐리게 할 뿐이며, 우리의 실존을 변혁할 필요가 있다는 것을 감춘다.

물론, 이 모든 것은 앞에서 인용했던 P 목사처럼 나아갈 수 있다는 것을 의미하지 않는다. 개별사례에서는 사회적 · 심리적 · 경제적 상태에 대해 더 충분히 조사한 후에, 성상담사는 성숙한 청소년에게 성교를 금하지 않고 반대로 성교를 권장할 것이다. 개인치료와 사회적 조치는 여전히 별개의 문제이다.

어린아이들을 더욱 금욕하도록 교육하고, 청소년들에게 문화가 금욕을 요구한다거나 자위는 결혼할 때까지 위로가 될 수 있다고 더 타이른다는 것은 사회적으로 잠정적인 채 머문다. 이러한 것들을 조용히 처리할 수 있다는 생각을 자랑스러워 해서는 않된다. 그러한 생각은 우리 시대의 많은 치욕 가운데 하나이다. 그러한 생각은 분명히 과학에서 정치학으로 나아가는 추세를 방해한다.

진전하고 있는 생활의 집합화와 성부정적인 사회 분위기 사이의 모순은, 보수주의 사회에서는 해결할 수 없는 청소년들의 성위기를 가져옴에 틀림없다. 청년들이 가족유대에 박혀 있는 한 (소녀들은 성적으로 완벽하게 억압받고 자신들을 돌봐 줄 남편들을 기다리면서 성흥분을 매우 조금만 나타내고, 소년들 역시 부모 집에 머물면서 금욕하며 살거나 자위를 하거나 성매매여성들에게 가는 한) 조용한 고통, 신경증 혹은 성적 잔인성만이 존재한다. 그러나 오늘날의 생활조건에서, 자유를 향해 싸우는 성욕은 한편으로는 익숙해진 금지와 다른 한편으로는 권위주의 사회의 저항과 고통스러운 개별적 투쟁을 전개해야 한다. 그러한 것에 대해서 성개혁적인 위로, 즉 '정신적으로 다른 데로 관심을 돌려라', '딱딱한 침대에서 자라' 그리고 '고기를 적게 먹어라'라는 선의의 충고는 아무 소용도 없을 것이다.

나는 오늘날의 청년들이, 예를 들어 세기의 전환기에 있던 청년들보다 훨씬 무거운 짐을 지고 있다고 주장한다. 세기의 전환기에 있던 청년들은 여전히 완벽하게 억압될 수 있었다. 오늘날 청년들의 삶의 모든 원천은 열리고 있지만, 청년들은 사회적 보호뿐만 아니라 이러한 원천을 다룰 수 있는 구조적 능력도 가지고 있지 않다. 이러한 원천을 매장하는 것은 더 이상 가능하지 않으며, 우리의 의도도 아니다.

청년의 성위기는 권위주의 사회질서 일반의 위기의 일부이다. 청년의 성위기는 이러한 틀에서는 (대중적 규모에서는) 해결할 수 없는 것으로 남아 있다.

제 7 장

강제적 결혼과 지속적인 성관계

'결혼' 및 '가족' 개념에 대한 혼동이 너무 심해서 개인의 생활문제에 대해 상담을 하는 의사는 언제나 **형식적인** 결혼관념과 갈등을 일으키게 된다. 성적으로 불안한 사람들에 대해서 무의식적 결혼증서는 단지 **성교에 몰두하는 것을 승인한다**는 것을 의미할 뿐이라는 것이 전반적인 인상이다.

이것은 특히 '전쟁결혼'의 결정에서 분명히 드러난다. 즉 징집된 남자가 군대에 들어가기 전에 빨리 포옹[성교]하고픈 사랑하는 커플들은 결혼증서라는 형식으로 승인을 얻기 위해 시청으로 달려간다. 별거가 몇 년 동안 지속되고 점차 상대에 대한 기억은 희미해져 간다. 그들이 젊다면 다른 애정상대를 만날 것이며, 분별있는 사람은 누구도 이것을 비난할 수 없다. 그러나 결혼증서는 순전히 형식적이고 공허한 구속작용을 계속 행사한다.

긴 이별 전에 짧게나마 서로 행복하길 원했고 법적인 승인 없이는 감히 성교를 하지 못했던 청년들은 이제서야 자신들이 함정에 빠졌다는 것을 안다. 특히 미국 사람들은 그러한 '결혼'에서 생기는 고통에 대해서 많이 써 왔다. 그러나 그 문제의 핵심, 즉 애정경험을 공증하라는 요구를 한 사람은 전혀 없었다. 하지만 모든 사람은 "우리는 결혼하기를 원한다"는 것이 실제로는 "우리는 서로 포옹[성교]하기를 원한다"는 의미라는 것을 알고 있다.

혼동과 불행의 또 다른 영역은 '결혼' 개념의 법적인(교회적인) 내용과 사실적인 내용 사이의 모순이다. 그 모순은 형식적인 법학자에게는 사실적인 정신의학자에게서와는 전혀 다르게 나타나는 것 같다. 법학자에게 결혼은 문서에 기초한 다른 성(性)을 가진 두 사람 사이의 결합이다. 정신의학자에게 결혼은 대개 자녀를 갖고자 하는 욕망으로 가득찬, 성 공동체에 근거한 정서적 결합이다.

정신의학자에게는 관련자들이 결혼증서를 갖고 있지만 결혼공동체를 이루지 않는 결혼이란 존재하지 **않는다. 결혼증서 자체로는 어떤 결혼도 성립하지 않는다.** 정신의학자에게 결혼은 다른 성을 가진 두 사람이 사랑하고, 서로 보살피고, 함께 살며, 그 공동체를 자녀가 있는 가족으로까지 확대시킬 때 존재한다. 정신의학자에게 결혼은 **결혼증서의 유무에 상관없이** 성적인 종류의 실천적이고 사실적인 결합이다. 정신의학자에게 결혼증서는 상대가 동의하고 결정하고 살아가는 성관계에 대한 공적인 확인을 의미할 뿐이다. 결혼인지 아닌지를 결정하는 것은 실제적으로 **상대**[파트너]이지 재판관이 아니다.

인간의 성구조가 강제적인 도덕으로 인해 변질되었기 때문에, 결혼증서는 여성에게 남성들의 있을 수 있는 무책임에 대한 보호를 의미한다. 그러한 점에서 결혼증서는 하나의 기능을 다하지만, **단지 그러한 점에서**일 뿐이다. 증서가 없는 **자연스러운** 결혼의 **사실적인** 본성에 대한 인식은 사람들의 의식 속에 일반적으로 깊이 뿌리내리고 있다. 프랑스, 스칸디나비아, 그 밖의 여러 다른 나라에서처럼 미국에도 거의 대부분 국가에서 법적으로 승인되는 동거[내연관계]가 존재한다. 법적으로 동거를 '인정하지 않는' 곳은 카톨릭이 여전히 영향력을 행사하는 곳뿐이다. 하지만 이것이, 수많은 죄책감을 지닌 사람들이 믿듯이, 결혼증서 없는 사실혼이 금지되어 있다는 것을 의미하지는 **않는다**. 결혼증서 없는 사실혼에 **반대하는** 어떤 법률도 없다.

물론 합리적인 정신위생학의 측면에서, 형식적인 결혼이 아니라 사실혼이 당연히 지속적인 성관계의 전형이다. 이것은 분명하다. 정신위생학은 책임의 강요가 아니라 **내적인** 책임을 **목표로** 하기 때문이다. 책임의 강요는 정신위생학에게는 비사회적인 행위들을 제압하는 편리한 수단일 뿐이다. 책임의 강요는 바람직한 목표가 아니다.

도덕적인 자기조절은 다음과 같은 영역에서 정서적 페스트[전염병]의 영향에 대항하여, 즉 스스로는 사회적 행위 가운데 이러한 고도로 도덕적인 유형을 이해하거나 경험하지도 못한 정서적으로 페스트에 걸린 개인들이 증서 없는 결혼상대들과 그들의 자녀를 모욕하는 것에 대항하여, 강제적인 도덕적 결혼법을 가능하게 만드는 매우 부도덕하고 페스트에 걸린 공갈과 금전적 음탕함에 대항하여, 형식적인 불행한 '결혼'의 이혼 절차에서 나타나는 성적 음란과 음탕함에 대항하여, 증오와 악의만이 존재할 뿐인 '결혼'에 대해 말하는 몰상식함 등에 대항하여, 가장 격렬한 투쟁 및 엄격한 법률을 필요로 한다.

이러한 영역에서는 모든 것이 뒤죽박죽이기 때문에, 결국 불결한 것들을 깨끗이 없애 버려야 한다. 다른 무엇보다도 어떤 경제적인 간섭으로부터도 애정관계를 보호해야 한다. **자연스럽고 호감가는 애정관계와 거기서 생긴 아이에 대한 모욕에 대항하는 엄격한 법률이 만들어져야 한다. 성적인 죄책감을 벗어 버리고 외적인 강제적 도덕을 내적인 책임의식으로 대체하는 조치들을 취해야만 한다.** 이것을 위한 시간은 무르익었다. 낡고 정신위생적으로 해로운 성법률에 의해 경제적으로 이익을 얻는 부류들을 제외하면, 어느 곳에서나 철저한 법률 개혁의 필요성이 받아들여지고 있다.[1]

결혼제도 일반의 특정한 발전단계를 나타낼 뿐인 강제적 결혼은 경제적 이해와 성욕의 이해의 타협의 결과이다. 물론 성적 이해는, 예를 들어 많은 성과학자가 성관계에서 한 명의 상대와 영원히 살고자 하는 자연스러운 욕구로서나 혈통 보호의 이해로서 제기하는 그런 종류는 분명히 아니다. 이 문제를 검토하는 데서, 결혼문제의 두 가지 측면을 구분하여 고찰하는 것이 필요하다. 이러한 고찰을 통해 우리는 성욕에서 생겨나고 관계를 지속하고자 하는 성관계 형태와, 사회에서 아내와 자녀의 경제적 이

1 이 부분은 1945년에 덧붙여졌다.

해 및 지위에 상응하는 또 다른 형태를 명확하게 구분해야 할 것이다. 우리는 전자를 **지속적인 성관계**, 후자를 **결혼**이라 부를 것이다.

1. 지속적인 성관계

지속적인 성관계를 위한 사회적 전제조건은 여성의 물질적 독립, 사회에 의한 자녀 보호 및 양육, 경제적 이해에 의한 모든 간섭의 제거일 것이다. 일시적이고 방종하고 순전히 관능적인 관계는 지속적인 관계와 경쟁할 것이다. 성경제학적 관점에서, 일시적인 관계는 오늘날 사회에서 우리가 매우 잘 연구할 수 있는 지속적인 성관계에 비해 불리함을 지니고 있다. 왜냐하면 (정서적으로 비열하며 금전적 이해와 결합하기 때문에 성경제학적으로 가치 없는) 난교가 엄격한 일부일처제 이데올로기의 시대에서처럼 그렇게 널리 퍼져 있고 규칙이 되어버린 사회는 전혀 없었기 때문이다.

한 시간 또는 하룻밤 동안의 관계로 매우 잘 표현되는 일시적 성관계는 성상대에 대한 부드러운[배려하는] 관심이 없기 때문에 지속적인 관계와 구별된다. 성상대에 대해 배려하는 태도는 다음과 같은 몇 가지 동기를 지닐 수 있다.

① **공유했던 쾌락적이고 관능적인 경험의 결과로서 상대에 대한 성유대.** 이것은 즐긴 것에 관련한 **감사**와 아직 기대할 수 있는 성쾌감과 관련한 성

적 헌신(구속과 혼동해서는 안 된다)의 강력한 혼합물을 지닌다. 이 두 가지는 모두 자연스러운 애정관계의 근본요소이다.

② **억압된 증오로 인한 상대에 대한 유대[속박]: 반동적인 사랑.** 우리는 이것에 대한 상세한 얘기를 결혼에 대한 토론을 위해 남겨둔다. 이것은 성만족을 배제한다.

③ **만족스럽지 못한 관능으로 인한 관계.** 이 관계의 특징은 과대평가이고, 이 관계의 본질은 정확하게 관능의 제약이며 성만족에 대한 무의식적이고 누를 수 없는 기대이다. 이것은 쉽게 증오로 변할 수 있다.

성관계에서 배려의 지속적인 결여는 관능적인 경험을 감소시키고, 그와 더불어 성만족을 감소시킨다. 그러나 사춘기 및 사춘기 이후의 관능적 폭풍이 지나고 성애착의 어떤 평형상태가 발생하면 비로소 관능적인 경험은 일정한 연령에서 보상된다. **만일 신경증적인 금지가 관능적인 노력을 억누르지 않는다면, 배려하는 태도는 관능적인 욕구의 일정한 만족과 더불어 비로소 효력을 발휘한다.** 이러한 배려하는 노력을, 환상 속에서 자신의 어머니와 일치하는 이상적 여성상을 쫓아가고, 관능성을 비난하고, 자위의 죄책감으로 고통받고, 그리고 바람직한 환경들(예를 들어, 청년공동체에 가입)이나 심적 치료를 통해 신경증에서 벗어나지 않으면 불감증의 후보자가 될 열광적인 청소년의 유아적인 의사(pseudo) 배려와 혼동해서는 안 된다.

우리가 프롤레타리아 청년들의 일정한 계층에서 발견하는 느슨하고 우선은 짧게 지속되는 성관계는 청년들에게 맞는 자연스럽고 건강한 성경험 형식인 것 같다. 이러한 것은 외양과 본질에서 원시사회 주민들에서 사춘기 청소년들의 성생활에 가깝다. 그러나 이러한 것은 관계의 지속을 목표로 하지는 않지만 상당한 정도의 배려가 분명히 없지 않다. 어른 난봉꾼과 돈 주앙(Don Juan)식의 일부다처제라는 신경증적 형식에서 발견되는 것과 같은 성흥분의 갱신을 위한 호색적인 탐욕이 문제가 아니라, 성숙한 관능성의 왕성함, 즉 활동하려고 하는 모든 적절한 성대상에 대한 리비도적인 포착이 문제이다. 우리는 이 왕성함을 나이가 들어감에 따라 역시 감소하는 젊은 동물의 운동쾌락[민첩함]과 비교할 수 있다. 건강한 청소년이 지닌 이러한 성적 민첩함은, 신경증적이지 않다면 숙달된 눈에는 히스테리적인 과잉민첩함과 쉽게 구별된다.

더욱 성숙한 연령에서 느슨하고 짧게 지속되는 애정관계가 무조건 신경증적이어야 하는 것은 아니다. 만일 우리의 성과학적 경험에 대해 진정 합리적으로 생각하고 도덕주의적 고려를 버린다면, 사실 느슨한 성관계를 (남자든 여자든 상관없이 더 성숙한 나이에도) 가질 용기와 힘을 전혀 가지지 않은 사람들은 합리적으로 설명할 수 없는 신경증적인 죄책감의 압박 아래 있다고 결론내리지 않을 수 없다. 그러나 임상경험에 따르면, 지속적인 관계를 확립할 능력이 없는 사람은 누구나 자신의 애정조건에서 유아적 고착의 지배 아래 있으며, 그래서 성적으로 정돈되어 있지 않다.

이러한 무능력은, 배려하는 노력이 동성애적 유대(운동선수, 학생, 군대, 그 외에서 전형적으로 발견하는 것)의 어떤 형식에 매여 있기 때문이 아니라,

환상적인 이상이 현실의 모든 성대상을 숨기고 평가절하하기 때문에 일어난다. 애정대상에 대한 집착[유대]은 모두 근친 성관계적이라고 강조되고 근친 성관계에 대한 공포를 금지로서 끌어들이기 때문에, 지속적이고 불만족스러운 난교의 무의식적인 배경은 애정대상에의 집착에 대한 두려움임을 우리는 너무나 자주 발견한다. 여기서 성행위 때마다 새로이 나타나는 실망으로 인해 성상대에 대한 배려관계를 막는 오르가즘 능력 장애가 가장 흔하게 작용한다.

일시적인 관계가 지닌 성경제학적으로 가장 중요한 단점은 상대와의 완전한 관능적 교감과 더 나아가 지속적인 관계에서 가능한 완전한 성만족이 불가능하다는 것이다. 이것은 성경제학적 관점에서 일시적인 성관계에 대한 가장 중요한 반박이고 지속적인 성관계에 대한 가장 강력한 찬성이다. 우리가 이런 식으로 세련화해서 다시 윤리적인 영원한 일부일처제를 몰래 들여오지 않을 것이라는 것은, 결혼 이데올로기의 옹호자에 대한 연민에도 불구하고 곧 알게 될 것이다. 왜냐하면 우리가 지속적인 관계라고 말할 때 우리는 결코 객관적으로 표준화할 수 있는 시간 간격을 설정하지 않기 때문이다. 이러한 관계가 여러 주, 여러 달, 2년 아니면 심지어 10년 동안 지속되느냐 아니냐는 성경제학적으로 중요하지 않다. 또한 우리는 어떠한 규범도 세우지 않기 때문에, 절대 지속적인 관계가 반드시 또는 당연히 일부일처제적이어야 한다는 것을 의미하지 않는다.

내가 이미 다른 곳에서 살펴보았듯이,[2] 처녀와의 첫 번째 성교나 신혼

---

2 *Die Funktion des Orgasmus*(『오르가즘의 기능』), Int. Psa-Verl. 1927.

여행이 성적으로 가장 만족스러운 것이라는 견해는 틀리다. 임상경험이 그것을 정확하게 부인한다. 이러한 견해는 오직 처녀에 대한 갈망과 영속적인 일부일처제 결혼 이후의 둔감함과 성적인 무미건조함 사이의 대비에서 생겨났을 뿐이다. 사람 사이의 성관계는, 서로의 성리듬에 적응하는 것을 상대가 거의 의식하지는 않지만 항상 준비하고 특정한 성욕을 점차 충분히 알게 되는 것을 전제한다. 그래야만 일치하는 만족과 성에너지의 지속적인 정돈을 확보하기 때문이다. 사전에 상호 성지식과 적응 없이 결혼하는 것은 비위생적이며 대개 파국으로 끝난다.

만족스러운 지속적 성관계의 또 다른 이점은 알맞은 상대를 끊임없이 찾을 필요를 없애주어 사회적 성취감에 대한 관심을 해방한다는 것이다.

지속적인 성관계를 할 수 있는 능력은 우선 다음을 전제한다.

성상대의 완전한 오르가즘 능력, 즉 배려하는 성과 관능적 성 사이에 어떤 장애도 없을 것.

근친 성관계적 유대의 극복과 유아적 성불안의 극복.

동성애적인 열정이든 비성기적인 열정이든 어떤 승화되지 않은 성흥분에 대한 어떠한 억압도 없을 것.

성과 삶쾌락에 대한 절대적 긍정.

도덕주의의 근본요소들을 극복할 것.

상대와 정신적인 교제[동지애] 능력.

만약 사회적인 측면에서 앞에서 말한 전제조건 모두를 관찰한다면, 우리는 그것 가운데 어떤 것도 권위주의 사회에서는 (우리가 각 개인이 아니라 대중을 생각한다면) 실현될 수 없다는 것을 인정해야 한다. 성부정과 성억압은 권위주의 사회의 특정하고 뗄 수 없는 특성이기 때문에, 성교육 또한 필연적으로 성부정과 성억압에 의해 규정될 것이 틀림없다. 우리는 또한 가족교육이 근친 성관계적 유대를 약하게 하기보다는 강하게 한다는 것, 근친 성관계 금기와 어린이의 성활동에 대한 제한은 관능성과 배려의 관련을 파괴하고 그로 인해 성을 부정하는 자아구조를 만들어내며, 성기 이전의 동성애적인 취향을 키우고, 다시 그에 대한 억압과 성생활의 쇠퇴로 나아간다는 것을 안다. 더욱이 남성 우월 교육은 여성과의 교제를 막는다.

모든 지속적인 관계에서처럼, 성관계에는 갈등요소가 많다. 그러나 우리는 여기서 모든 관계에서 일어나는 일반적인 인간적 어려움에 관심을 두기보다는, 특별히 성과 관련된 어려움에만 관심을 둔다. **모든 지속적인 성관계가 갖는 근본적인 어려움은 한편으로 관능적 갈망의** (일시적 또는 최종적인) **둔화와 다른 한편으로** 관계의 지속과 더불어 증가하는, **상대에 대해 배려하는 유대에서 생겨나는 갈등**이다.

조만간 우리는 모든 성관계에서 빠르든 늦든, 많든 적든 감소된 관능적 관계, 심지어 관능적 무관심을 발견할 것이다. 이것은 경험적으로 확립된 사실이며, 이에 반대하여 어떤 도덕적인 주장도 제출할 수 없다. 관능적인 이해관심은 명령하는 것을 허용하지 않는다. 관능적으로 배려하면서 성상대들이 더 조화를 이루면 이룰수록, 관능적인 관계가 깨지는 일은 잘 일어나지 않고 더 유연해질 것이다. 그러나 모든 성관계는 관능적 둔화에 노출되어 있다. 이 사실은 다음과 같은 세 가지 다른 요소들이 개별적으로 결합하여 사태를 복잡하게 만들므로 더 중요하게 된다.

① 둔화는 단지 한쪽 상대에게서만 발생할 수 있다.

② 대부분의 성관계는 해당시기의 경제에 또한 종속되어 있다(여성과 아이의 경제적 종속).

③ 그런 외적인 어려움과 관계없이, 지속적인 관계에 내재하는 어려움, 심지어 상대가 경제적으로 종속되어 있지 않고 또는 아이가 없는 관계에서 유일하게 생각할 수 있는 탈출구, 즉 별거와 다른 상대를 찾는 것을 아주 복잡하게 하는 내적 어려움이 있다.

모든 사람은 지속적으로 자신의 상대가 아닌 다른 쪽에서, 특히 오늘날의 노동의 집단화에서 오는 새로운 성자극에 노출되어 있다. 관계의 정점에 있는 동안에는 이러한 외적 자극들은 효과가 없다. 그러나 그것들을 결코 완전히 무시할 수 없으며, 교회에서 의복규칙이나 금욕적이거나 윤리적인 사회적 조치들은 오히려 자극제일 뿐이다. 왜냐하면 성욕은 억압에 의해 끊임없이 강화되기 때문이다. 이러한 근본적인 사실을 간과하는 것은 금욕주의로 향한 모든 성도덕의 비극, 심지어 희비극을 만들어낸다. 새로운 성자극은(이것에 대립해서는 오직 하나의 효과적인 보호물, 즉 신경증적인 성금지가 있을 뿐인데) 성적으로 손대지 않은 모든 사람에게서 다른 대상을 향한 다소 강렬하고 다소 의식적인(건강할수록 더욱 의식적인) 성욕망을 만들어낸다. 현존하는 만족스러운 성관계를 통해 이러한 욕망은 처음에는 특별한 작용을 하지 않은 채 있고, 의식될수록 더욱 효과적으로 억압될 수 있다. 도덕주의적 고려를 덜 할수록, 이러한 억압에 성경제학적 가치폄하나 유죄판결이 가세할수록, 그 욕망은 덜 해롭다는 것은 분명하다.

하지만 만약 다른 대상에 대한 이러한 욕망이 쌓이면, 이 욕망은 상대와의 성관계에 영향을 미치며 무엇보다도 둔화를 가속화할 것이다. 이런 둔화의 가장 확실한 신호는, 행위 이전의 성열망의 감소와 행위 중 쾌락의 감소다. 점차 성교는 습관이나 의무가 된다. 상대와의 만족의 감소와 다른 대상을 향한 욕망이 합쳐져서 서로를 강화한다. 이에 대해 어떤 의도도, 어떤 사랑의 기술도 도움이 되지 않는다. 이제 상대와의 초조함이라는 결정적 단계가 오는데, 이 초조함은 기질과 교육에 따라 표현되거나 억압된다. 어쨌든 상대에 대한 증오는 그런 상태에 대한 분석이 분명히 보여주듯이 점차 강해진다. 그 증오의 동기는, 상대가 다른 대상을 향한 욕망을 채우는 데 방해물이라는 데 있다.

무의식적인 증오는 상대가 친절하고 관용적일수록 더욱 강렬해질 수 있다는 사실은 정말 역설적이다. 사람들은 그때에 그(그녀)를 개인적으로 미워할 이유가 전혀 없으며, 더욱이 그를(오히려 그에 대한 고유한 사랑을) 방해물로서 경험한다. 그래서 증오는 극도의 배려에 의해 마비되게 된다. 그러한 단계에서 자라나는 증오에서 생기는 배려와 죄책감은 지속적인 유대에서의 찐득찐득한 애착을 이루는 특정한 구성요소들이며, 심지어 결혼하지 않은 커플마저도 더 이상 서로 할 말이 없고, 줄 것이 없고, 관계가 서로에게 고통을 줌에도 불구하고 헤어질 수 없는 고유한 이유가 된다.

이러한 둔화는 아직은 영속적일 필요가 없다. 그러나 만약 성상대가 서로의 증오자극을 무시하고 다른 대상에 대한 욕망을 상스럽고 비도덕적이라는 이유로 거부한다면, 그 둔화는 일시적인 것에서 영속적인 상태로 쉽게 변할 것이다. 이것에 이어 두 사람 사이의 관계에 상당한 불행과 손상을 초래하는 자극에 대한 억압이 뒤따르게 된다. 하지만 만약 성도덕이라는 금지 없이 그런 사실들에 직접적으로 대면한다면, 그 갈등은 수그러들 것이며 어떤 탈출구가 생긴다. 사람들이 느끼는 보통의 질투감정은 소유욕의 표현이 되지 않으며, 또 다른 상대에 대한 욕망을 자연스럽고 자명한 것으로 인식할 수 있다는 것을 전제한다. 아무도 누군가가 그냥 같은 옷을 오래 입기 싫어한다든지, 같은 음식을 먹는 데 싫증내게 된다는 것에 대해서 핑계를 대려고 생각하지 않는다. 오직 성적인 것에서만 소유의 배타성은 강한 정서적 함축을 갖는데, 그 이유는 경제적 이익과 성관계의 혼합이 자연적인 질투를 소유요구로 확장하기 때문이다.

성숙하고 현명한 많은 사람들은, 한 번 또는 여러 번 자신들의 성상대가 또 다른 관계를 가졌다는 생각에 고통스러워한 뒤에, 그 관계는 자신들에게 고유한 공포감을 상실했고 '부정'이라고 생각할 수 없다는 것이 우스워 보인다고 말한다. 수많은 사례가 우리에게, 결국 **의식적인 정조**가 성관계를 해친다는 것을 가르쳐 준다.

수많은 사례는 다른 상대와 때때로 갖는 관계가 개념상 결혼처럼 형성되는 성관계에 유용할 뿐이라는 것을 명백히 보여 주었다.

경제적으로 속박되지 않은 지속적인 관계에는 두 가지 가능성이 있다. 첫 번째 가능성은 제3자와의 관계가 단지 일시적인 것으로, 이것은 이미 존재하는 관계와 경쟁할 수 없다는 것을 증명해 준다. 이러한 경우에 첫 번째 관계가 강화될 뿐이다. 여자는 감정을 느끼지 않고 억제되거나, 또 다른 남자와는 관계를 맺을 수 없게 된다. 두 번째 가능성은 다른 상대와의 관계가 기존 관계보다 더 강렬하게 되고 보다 더 즐겁고 만족스럽게 되는 것이다. 그러면 첫 번째 관계는 해소될 것이다.

애정관계가 아직 깨지지 않은 그 처음 상대에게 무슨 일이 일어날까? 그는 의심할 바 없이 우선 자신과 심각한 싸움을 해야 할 것이다. 질투와 성적 열등감은 그 상대의 운명에 대한 이해(理解)와 싸울 것이다. 그가 아마 상대의 관심을 다시 얻기 위해 노력하겠지만, 이것은 오래 지속되는 관계의 자동적인 성격을 없앨 것이며 소유보증은 파괴될 것이다. 또는 그는 아마 방관하거나 소극적으로 기다리거나 사태가 흘러가는 대로 두는 것을 선택할 것이다. 우리는 정말 어떤 충고도 하지 못하며, 현실적인 사실에 일치하는 단순한 가능성들만을 고려할 뿐이다. 어떤 경우에도 그 어려움은 도덕적이거나 다른 고려에서 서로에게 집착하는 두 사람에 의해 만들어진 불행보다는 가볍다.

많은 사례에서 자신의 욕망을 없애지 못한 채 계속 억압하면서 상대에 대해 지닌 고려는 너무나 자주 그 반대의 것으로 바뀐다. 아주 신중한 사람은 다른 사람에게 의무를 부과하는 것을 정당하다고 느끼며 자신을 희생자라고 여기고 완고하게 된다. 이러한 모든 태도는 더욱 더 관계에 손상을 입히며, 그 관계를 '부정'이 했었던 것보다 더 위험하고 더 나쁜 것으로 만든다. 하지만 우리는 오늘날의 인간 구조와 성이데올로기의 조건에서 상대의 욕구에 대한 그러한 고려가 거의 말할 가치가 없는 비율로만 [아주 조금만] 가능하다는 사실을 감추려고 하지는 않는다.

여성의 경제적 속박으로 인해 오늘날 사회에서 성관계가 방금 기술했던 두 독립적인 사람 사이의 관계와는 상당히 다르게 형성되기 때문에, 게다가 사회에서 아이들을 양육하는 문제는 단번에 모든 성경제학적 고려를 지워 버리기 때문에, 안타깝게도 이러한 상세한 설명은 작은 범위의 참여자들에게만 해당된다. 또한 학습된 성교육과 사회적 환경은 그러한 어려움의 해결을 흥미 없는 개인적인 일로 만들어 버린다.

여기서 만약 그 어려움과 싸우는 사람이 그 본질에 대해서 명확히 하지 않으면 심각한 결과를 가져올지도 모르는 하나의 어려움을 언급해야겠다. 만일 상대가 지닌 관능적인 매력이 감소하거나 완전히 사라지는 단계에 들어서면, 남자의 능력에 장애가 있을 수도 있다. 그것은 대개 자극에도 불구하고 발기가 불충분하거나 흥분이 되지 않는 형태를 띤다. 배려가 지속되는 유대에서나 지금까지는 나타나지 않은 불능 불안에서 그러한 우발적인 일은 억압을 일으킬 뿐만 아니라 심지어 만성적 불능을 가져올 수도 있다. 즉 자신의 불감증을 감추려고 시도하기 때문에, 남성은 반복해서 성교를 하려고 노력할지도 모른다. 이것은 위험하게 될 수 있다. 즉 이러한 발기부전은 실제의 불능이 아니라 단순히 이 상대에 대한 갈망결여의 표현이며 보통 다른 상대에 대한 무의식적 갈망이다.

여성도 무능해질 수 있는데, 그러나 여성에게는 장애가 남성들에게 미쳤던 똑같은 중요성을 지니지는 않는다. 첫째로 성행위는 여성의 장애에도 불구하고 이루어질 수 있기 때문이고, 둘째로 여성들은 장애를 남성들처럼 그렇게 병적인 것으로 느끼지 않기 때문이다. 그 관계가 그 외에는 좋다고 전제한다면, 문제(관능적 반감, 다른 상대에 대한 욕망)의 원인에 대해 서로 내놓고 토론함으로써 그 어려움을 없앨 수 있다. 아무튼 사람들은 반감이 사라지기를 기다려야 한다. 그러면 좋은 관계에서는 성갈망이 조만간 되살아난다. 이때 또 다른 상대와 성교하기 위한 시도는, 그러한 시기에는 아마도 지금까지의 상대에 대한 죄책감 때문에 쉽게 실패할 수 있다. 다른 경우에는 다른 상대와의 성교가 도움이 될 것이다.

상응하는 신경증적 성향이 있으면 또 다른 상대에 대한 욕망의 억압과 현재의 상대에 대한 반감을 극복하기 위한 시도가 신경증적인 질병을 가져올 수 있다. 아주 종종 그러한 현실적인 갈등은 노동능력의 장애를 가져온다. 질병은 현실적으로 거부된 만족을 환상 속에서 찾을 때 생긴다. 이러한 상황에서는 자위를 하고 싶은 욕구가 쉽게 나타난다. 그러한 현실적인 갈등의 해결책은 취향, 지속적인 성관계의 종류, 자신의 도덕적 태도, 상대의 태도에 따라 아주 다양하게 형성될 수 있다. 우리의 성도덕적 편견은 자주 다른 사람에 대한 생각조차 간음, 음탕함 또는 그와 유사한 것으로 간주함으로써 막대한 피해를 야기한다. 만일 그러한 상태들이 성충동의 본성에 절대적인 것이며, 완전히 자명하고, 도덕과 아무 관련이 없다는 것이 일반적으로 알려지면, 연인들, 결혼한 부부들 사이에 있는 치정

살인과 성고문은 분명히 줄어들 것이다. 그 상황에서 벗어나는 부적절한 방법을 나타낼 뿐인 정신병의 많은 원인이 줄어들 것이다.

지금까지 나는 지속적인 관계 자체에서 생기는 어려움에 대해 말해 왔다. 경제적 이해의 간섭 때문에 이러한 어려움이 복잡해지기 전에, 비록 용어의 넓은 의미에서 경제적일지라도, 아직 '결혼'이 아닌 성관계를 더욱 심하게 악화시키는 사회적 이데올로기의 사실들 몇 가지에 대해서 논의해야 할 것이다. 나는 특히 여성이 받아들이고 나타내는 일부일처제 이데올로기를 생각하고 있다.

지속적인 성관계의 해체는, 비록 여성이 경제적으로 독립적이라 하더라도, 그녀에게는 간단한 문제가 아니다. 우선 모든 사적인 문제에 간섭하며 그래야 한다고 느끼는 이른바 여론이 있기 때문이다. 분명 만일 한 여성이 혼외관계를 가질 경우 여론은 오늘날에는 이미 눈감아 주지만, 그러나 게거품을 물고 모든 여성을 여러 남자와 관계하려고 나선 성매매여성으로 낙인찍는다.

소유에 대한 이해관심으로 가득 찬 성도덕은, 남성은 여성을 '소유하고' 그에 반해 여성은 남성에게 복종하는 것을 자명한 것으로 만든다. 소유는 명예를 의미하고 그에 반해 자기복종은 불명예를 의미하기 때문에, 성행위에 대한 여성의 태도에는 성교 자체를 부끄러워하는 태도가 형성된다. 이러한 태도는 유사한 방향의 권위주의적 교육의 노력을 통해 촉진된다. 대부분의 남성에게 여성의 소유는 애정경험보다는 자신들의 남성다움의 증거이며 정복이 지속되는 사랑보다 더 중요하기 때문에, 여성들의 이러한 부끄러움은 비극적으로 정당화된다.

더욱이 소녀들은 엄마 젖을 먹으면서부터 이미 한 남자와만 성교를 해야 한다는 요구를 그대로 받아들인다. (여성들은 무의식적으로 죄책감에 사로잡히기 때문에) 너무나도 늦게 시작된 성계몽보다도 이러한 교육의 영향이 더 깊게 자리하고 강력한 작용을 한다. 계속해서 우리는 더 나은 지적 통찰력에도 불구하고 스스로를 자신이 사랑하지 않는 남성과 헤어질 수 없게 만들며 헤어진다는 것에 대한 어떠한 생각도 다소 빈약한 주장으로 스스로 거부하는 여성들을 만난다. 우리는 실제적이고 무의식적인 동기를 다음 말에서 엿볼 수 있다. "나의 (쁘띠부르주아적인) 어머니는 전 생애를 끔찍한 결혼생활로 보냈고 저 또한 똑같이 살아갈 것이 분명해요." 대부분의 경우에, 충실하고 일부일처제적인 어머니와의 이러한 동일시는 가장 효과적으로 억제하는 요소이다.

결혼으로 이어지지 않는 지속적인 성관계는 보통 일생 동안 지속되지 않는다. 그러한 관계에 일찍 접어들면 접어들수록, 늦게 접어든 사람들보다 더 빨리 해체될 경향(그리고 우리가 쉽게 볼 수 있는 것처럼, 심리학적 · 생물학적 정당화)이 훨씬 더 커진다는 것은 진실이다. 만일 남성의 경제적 상황이 지나치게 어려워지지 않으면, 대략 30살까지 남성은 지속적인 심적 발달과정에 있다. 평균적으로 이때쯤에야 이해관심이 굳어지고 영속적이게 된다. 그러므로 금욕주의 및 영속적인 일부일처제라는 이데올로기는 신체적 · 심적 발달과정과 현저하게 모순된다. 그 이데올로기는 실제로 이루어질 수 없다. 이것으로 인해 우리는 모든 결혼 이데올로기가 지닌 모순에 다가간다.

2. 결혼문제

지속적인 성관계가 지닌, 방금 기술한 어려움은 경제적 속박[유대]에 의해 강화되며 실제로 해결할 수 없다. **생물학적이고 성심리학적으로 근거지워진 지속적인 성관계는 결혼이 된다.** 결혼의 이데올로기적인 특징은, 결혼은 **평생동안 지속되며 엄격히 일부일처제적**이어야 한다는 교회식 요구이다. 사회가 교회식 결혼형식을 완화시켰지만, 결코 결혼의 내적인 모순을 밀고 나가지 못한다. 왜냐하면 그렇게 하면 사회는 자기 스스로의 자유주의적인 견해와 모순에 빠지기 때문이다. 경제적으로 사회는 결혼제도를 유지해야만 하지만, 자유주의 이데올로기의 관점에서 보면 사회는 불가능한 결론을 끌어내야만 할 것이다. 예외 없이, 이러한 모순적인 얘기를 결혼에 관련된 모든 과학적 및 학문적인 논문에서 찾아볼 수 있으며, 다음과 같이 요약할 수 있을 것이다. 즉 **결혼은 나쁘지만 결혼제도는 장려되고 유지되어야 한다.** 첫 번째 것은 확인이지만, 두 번째 것은 요구이다. 첫 번째 것은 사실에 일치하지만, 두 번째 것은 결혼제도가 그 본질적인 부분을 이루는 반동적인 강제적 도덕에 일치한다.

이 이중적 연관(한편으로는 사실확인, 다른 한편으로는 도덕주의)에 근거하여 저자들은 결혼을 유지시키기 위한 가장 기묘하고 우스꽝스러운 주장에 이른다. 예를 들면 그들은 결혼과 일부일처제가 '자연스러운' 제도, 즉 생물학적인 현상이라는 것을 증명하려고 노력한다. 그들은 의심할 나위 없이 성적으로 비규칙적으로 사는 수백만 종의 동물 가운데서 학과 비둘기를 열심히 찾아내서는, 그것들이 일부일처제적으로 (가끔임을 주의하라!) 산다는 발견에 이른다. 그래서 일부일처제는 '자연스럽다'는 발견에 이른다. 여기서 인간은 동물과 비교될 수 없는 초현세적인 본질[존재]이 아닌데, 왜냐하면 이러한 [학과 비둘기가 일부일처제적으로 산다는] 확인은 일부일처제 결혼 이데올로기를 지지하기 때문이다. 그에 반해 동물에게는 난혼이 규칙이라는 사실은 결혼문제를 **생물학적으로** 토론하는 데 전혀 고려되지 않는다. 그러나 그것을 완전히 무시할 수는 없으며, 따라서 인간은 동물과 구별되어야 하고 인간의 '숭고한 소명' 때문에 결혼을 성관계의 가장 '숭고한' 형태로 유지해야만 한다. 그러므로 여기서 인간은 더 이상 동물이 아니라 천부적인 도덕을 지닌 '숭고한 본질'이다. 그리고 성경제학은 천부적인 도덕이 존재하지 않는다고 분명하게 증명했기 때문에 '성경제학에 반대하여 투쟁하라!'라는 구호가 나온다.

그러나 만일 '도덕'이 천부적이지 않다면 도덕은 배워서 익혀야 한다. 그러면 누가 가르쳤는가? 사회이거나 사회의 이데올로기 공장, 즉 일부일처제 결혼에 뿌리를 두고 있는 강제적인 가족이다. 그러나 이 때문에 결혼은 자연스러운 제도이기를 그치며, 결혼의 사회적 성격은 원칙적으로 승인된다. 하지만 반동적인 주장은 굳건하며 스스로 원군을 얻을 수 있는 방법을 안다. 결혼이 자연스러운 제도나 인간의 초자연적인 운명에 대한 요구가 아니라고 한다면 결혼은 논리적으로 사회적인 제도이다.

그래서 어떤 이들은 인간이 언제나 일부일처제적으로 살았다는 것을 증명하려 하고, 성형태의 모든 발전과 변화를 부인한다. 어떤 이들은 웨

스터마크(Westermark)가 했던 것처럼 민족학을 왜곡하고, 만일 인간이 언제나 일부일처적 결혼생활을 했다면, 결혼제도는 반드시 인간사회 일반, 즉 국가, 문화, 문명의 보존을 위해 필수적임에 틀림없다는 결론에 도달한다. 하지만 주의하라! 어떤 요구를 과거에서, 이미 논리적으로 잘못된 것에서 끌어내는 그러한 언급은, 일부다처제 내지는 난혼이 일부일처제 생활양식 옆에서 규모와 강도로 보아 훨씬 더 커다란 역할을 했다는 (만약 확인하면) 반대의 발견들에서는 나오지 않는다. 이러한 주장을 피하기 위해, 영원하다는 입장을 발전이란 관점으로 바꾼다. '숭고한' 성형식으로의 발전을 확인하고, 원시인들이 동물적인 부도덕한 상태에 살았다고 찾아내며, 우리는 성생활의 이러한 '무정부적' 상태를 극복한 것을 자랑스러워해야 한다고 한다.

사람들은 인간이 더 약한 성을 통해서가 아니라, 더 강한 성(성교를 하기 위해 항상 준비가 되어 있다)을 통해 동물과 구분된다는 중요한 사실을 생각조차 하지 않으려 한다. 따라서 '동물에 대한 멸시'는 성적인 것에서는 타당하지 않다. 즉 인간은 동물보다 '더 동물적이다.' 그러한 입장을 취하면서 도덕주의적 가치평가는 관찰을 왜곡한다는 것, 원시인들의 성경제학이 우리의 성경제학보다 훨씬 우월하다[3]는 사실을 인식할 수 없다는 것이 분명하다.

그러한 관점을 가지고서는 시간과 장소에 따라 변화하는 성형태가 지닌 물질적 · 사회적 토대를 검토할 수 있는 모든 가능성이 막힌다. 어떤 이

---

3 Malinowski, *Das Geschlechtsleben der Wilden*, 그리고 나의 책, *Der Einbruch der Sexual Moral*(『강제적 성도덕의 출현』)을 보라.

들은 도덕주의적－가치평가적 태도에서 더 이상 빠져 나오지 못하고 장황하고 실속없는 논의에 빠진다. 어떤 이들은 오랫동안 붕괴되지 않은 사회현상을 도덕적으로, 형이상학적으로 또는 생물학적으로 정당화하려고 노력한다. 그리고 이 모든 것은 깰 수 없는, 이른바 객관적 과학의 모습 아래서, 이러한 종류의 과학이 도덕주의적으로 되면 될수록 더욱 근본적으로 속물에게 불러일으키려고 하는 외경심과 존경심을 지닌 채 행해진다.

사실이 스스로 말하도록 하고, 이러한 사실에서 성급한 요구를 끌어내지 않고, 사실의 전개에 대해 연구하고, 죽어 가는 것을 죽게 하고, 인간사회의 존재형식에서 새로운 것을 전개시키는 것, 이것을 인식[지식]의 과학적 적용이라고 한다.

사실들을 엄밀하게 관찰하면 다음과 같은 두 가지 질문이 나타난다.

① 결혼의 사회적 기능은 무엇인가?

② 결혼의 모순은 어디에 있는가?

(1) 결혼의 사회적 기능

결혼제도의 사회적 기능은 세 가지, 즉 경제적 기능, 정치적 기능, 사회적 기능이다. 결혼제도의 사회적 기능은 부르주아 가족의 사회적 기능과 정확히 일치한다.

경제적 기능. 인류역사에서 결혼이 생산수단의 소유와 함께 발전하기 시작한 것과 마찬가지로, 결혼은 자신의 물질적 존재이유를 이러한 물질적인 기반으로부터 계속해서 끌어냈다.[4] 이것은 생산수단의 사적 소유가 존재하는 한, 결혼은 **사회적으로 필수적**이며 사회적인 의미로 가득 차 있다는 사실을 의미한다. 그러한 경제적 이해를 전혀 지니지 않은 계급들이 똑같은 성형식으로 산다는 사실은 근거 없는 반박인데, 왜냐하면 지배적인 이데올로기는 지배계급의 이데올로기이기 때문이다.

결혼형태는 사회의 물질적 기반에서 직접적으로 생겨날 뿐만 아니라, 이데올로기적 분위기를 지닌 도덕적인 세계관과 삶을 불안해하는 인간 구조를 통해 유지된다. 그래서 사람들은 성개혁의 실제적인 토대에 대해서 알지 못하며, 성형태의 이상적인 합리화만을, 개인의 머릿속에 있는 이데올로기적인 지지점만을 증거로 끌어온다. 그러나 물질적 기반이 요구하면 결혼형태는 이데올로기를 수정한다. 30년전쟁이 끝나고, 중앙유럽에서 인구가 줄어들자, 뉘른베르크(Nürenberg)의 지방의회는 1650년 2월 14일의 포고령을 통해 일부일처제적 요구를 폐지하였다. "신성로마제국의 시급한 요구는 전쟁, 질병, 기아로 인해 대량으로 사망한 인구를 증가시키는 것이다. ……따라서 이후 10년 동안 모든 남자가 두 명의 여자와 결혼하는 것을 허용한다."[5] 그래서 천부적인 일부일처제는 변하게 된다.

4 1944년에 추가 : 이러한 정식은 옳지만 완전하지는 않다. 소련에서는 생산수단의 사적 소유가 전혀 없고 국가소유만 있다. 그럼에도 불구하고 강제적 결혼은 다시 도입되었다. 그러므로 위의 정식은 다음과 같이 보완되어야 한다.
(1) 권위주의적인 강제적 가족은 생산수단의 사적 소유에 자신의 역사적 기원을 가지며, 생산수단에 대한 사적 소유의 폐지 이후에도 국가 당국에 의해 유지된다.
(2) 권위주의적 강제적 가족은 권위적이고 성을 억압하는 인간 구조에 뿌리내리고 있다.

5 Fuchs, *Sittengeschichte*: *Renaissance*(『도덕의 역사 : 르네상스』), 40쪽 이하에서 인용.

정치적 기능. 영속적인 일부일처제 결혼은 강제적 가족의 핵심이고, 우리가 앞에서 살펴본 것처럼 권위주의 사회에 사는 모든 어린이에게 이데올로기적인 준비장소이기 때문에, 정치적인 존재이유도 가지고 있다.

사회적 기능. 부인과 자녀의 물질적 종속은 가부장제 사회의 특징이다. 따라서 부차적으로 결혼은 부인과 자녀를 위한 물질적이고 도덕적인(가부장적 이해의 의미에서 도덕적인) 보호수단이 된다. **그래서 가부장제 사회의 모든 국면은 강제적 결혼을 고수해야만 한다.** 결혼이 좋은가 나쁜가의 문제가 아니라, 결혼이 사회적으로 정당화되고 필수적인가 하는 문제이다. 그러므로 사람들은 결혼이 경제적으로 뿌리내린 사회에서 결혼을 근절시키려고 할 수 없다. 근본적인 것을 뒤흔들어 버리지 않고서 '개혁'만 할 수도 있다. 예를 들어 10년 동안의 논쟁 이후에 이혼 근거로서 '성격불화원칙'이 '책임원칙'을 대체하는 것이 인정되었다.

이런 개혁들은, 경제적 영역에서 생기는 것이 아니라 결혼상황 안의 성경제학 영역에서 생기는 결혼상황의 모순들에서 생겨난다. 그러한 개혁들은 종종 다음 기사에서와 같은 희비극적 농담의 성격을 갖는다.[6]

> "**교과목으로서 카드놀이.** 놀랄 만한 뉴스가 미국 클리블랜드에서 전해졌다. 도시학교의 교사협의회는 브리지게임을 필수교과목으로 채택하기로 결정하였다. 전해지는 바에 의하면, 이러한 특기할 만한 개정의 근거는 브리지

---

6 1929년 1월 25일자 『페스터 로이드』(*Pester Lloyd*)지의 보고.

게임을 하는 일이 적어져서 미국 가정이 붕괴되기 때문이라고 한다. 함께 브리지게임을 하거나 사이좋게 지내는 대신에, 각자의 상대가 따로따로 다른 길을 간다는 사실에 의해 얼마나 많은 결혼이 흔들리고 있는가. 그 도시학교에서는 12명의 브리지게임 교사를 채용하였다. 브리지게임을 가르침으로써 학생들이 견고한 결혼생활을 준비할 뿐만 아니라, 대개 깨진 결혼생활을 하고 있는 그들의 부모들에게도 좋은 영향을 미치기를 기대하고 있다."

결혼이 깨진다는 사실은 새로운 것이 아니다. 그럼에도 불구하고 여기에 몇 가지 수치가 있다. 첫 번째로 1915년부터 1925년까지 빈에서 결혼과 이혼에 관한 통계다.[7]

〈빈의 결혼 및 이혼 건수〉

연도	결혼건수	이혼건수
1915	13,954	617
1916	12,855	656
1917	12,406	659
1918	17,123	1,078
1919	26,182	2,460
1920	31,164	3,145
1921	29,274	3,300
1922	26,568	3,113
1923	19,827	3,371
1924	17,410	3,437
1925	16,288	3,241

7 Walter Schiff, *Die natürliche Bewegung der Bevölkerung der Bundeshauptstadt Wien in den Jahren* 1905~1925(1926).

결혼건수가 다소 일정하다가 1차 대전 이후에 배로 증가했지만, 이혼은 10년 동안에 5배 증가하였다. 1915년에 결혼에 대한 이혼비율이 약 20:1이었던 것에 비해서 1925년에는 5:1이 되었다.

1928년 11월 18일자 「페스티 나플로」(*Pesti Napló*)지는 결혼문제에 대해서 다음과 같은 기사를 게재하였다.

> "결혼하는 경향이 증가했다는 사실은 맞지만, 더 많은 사람이 [혼인증서를 위해] 시청으로 가는 것보다 이혼법정으로 달려간다. 1878년과 1927년 사이에 결혼건수는 4배로 증가하였지만, 같은 기간에 이혼건수가 80배 증가하였다고 말할 수 있다. 1926년에는 그 비율은 100배였다."

이 기사는 더욱이 대부분의 결혼이 5년 또는 6년 안에 해체된다고 확인하였다. 1927년의 1,645건의 이혼 중에서 1,498건의 이혼이 '자의적 포기' 때문이었으며, 겨우 2건만이 간통 때문이었다.

1928년 11월 24일자 「부다페스티 히르랩」(*Budapesti Hirlap*)지는 상원의원들이 이혼의 급격한 증가에 대해 토론했다고 보도했다. 1878년에 21건, 1878년에 15건의 이혼이 있었던 것에 반해, 1922년에 1,813건, 1923년에 1,888건의 이혼이 있었다. 1898년의 경제위기 및 금융위기 이후 이혼은 급격하게 증가하였다(1900년에 255건, 1905년에 464건, 1910년에 659건). 가장 높은 이혼율은 경제위기의 시기와 일치한다는 것은 명백하다.

다음 표는 1931년부터 1934년까지 유럽 여러 나라에서 이혼건수(결혼

1,000건당)를 보여주고 있다.

〈유럽 나라들의 이혼건수〉

나라	이혼건수(결혼 1,000건당)			
	1931년	1932	1933	1934
독일	514.4	509.6	631.2	781.5
이탈리아	276.0	267.8	289.9	309.2
포르투갈	44.9	45.4	45.8	47.5
폴란드	273.3	270.3	273.9	277.3
네덜란드	59.5	55.8	59.2	60.6
헝가리	76.4	71.2	73.1	77.7
체코슬로바키아	129.9	128.0	124.3	118.3

체코슬로바키아를 제외하면, 같은 기간 동안 유럽에서 결혼건수 또한 증가하였다. 이 수치는 **정치적** 반동에 대한 증가된 압력(가족 이데올로기를 촉진시키기 위해 독일에서 3년 동안 지급하는 366,178건의 결혼대출)을 반영한다. 여기에 덧붙여서, 이 통계는 우리에게 이러한 결혼의 본질적인 상황에 대해서나 실제 성생활 조건에서의 어떤 변화에 대해서 아무것도 말해 주지 않는다. 결혼제도의 근본모순에서는 아무것도 변하지 않았다.

법적으로나 현실적으로 결혼이 사실상 폐지되었던 (성관계에 대한 등록은 자발적이었지 강제적이지 않았다) 소련에 다음과 같은 통계자료가 있다.

모스크바에서는 [결혼] 등록건수가 1926년에 24,899건에서 1929년에는 26,211건으로 늘어났다. 레닌그라드에서는 1926년에 등록건수가 20,913건, 1927년에는 24,369건이었다. 그러나 같은 기간에 별거는 5,536건에서 16,008건으로 늘었다(!).

린제이는 자신의 저서 『동지적 결혼』(*The Companionate Marriage*, 153쪽 이하)에서 미국의 수치를 제시해 주고 있다. 1922년에 콜로라도 주의 덴버에서는 이혼건수와 악의적인 유기를 합한 수가 결혼건수보다 더 많았다. 2,909건의 결혼 중에서 1,492건이 이혼으로 끝났으며 1,500건의 악의적인 유기가 있었는데, 전부 합해서 2,992건이었다. 결혼건수는 1920년에 4,002건에서 1922년에 3,008건으로 뚝 떨어졌다. 시카고에서는 39,000건의 결혼과 13,000건의 이혼, 즉 이혼이 정확히 1/3이었다. "사람들은 허둥대고 있다"고 린제이는 절망스럽게 보고하고 있다.

여기에 결혼붕괴가 볼셰비키의 고안물이 아니라는 사실을 분명히 보여주는 미국에서의 상황에 대한 몇 가지 수치들이 있다. 1927년의 「연합통신」(*United Press*)의 보고에 의하면, 애틀랜타에는 3,350건의 결혼과 1,845건의 이혼(절반보다 많음)이 있었다. 로스엔젤레스에서는 16,605건의 결혼과 7,882건의 이혼(거의 절반)이 있었다. 캔사스시티에서는 4,821건의 결혼과 2,400건의 이혼(거의 절반)이 있었다. 오하이오에서는 53,000건의 결혼과 11,885건의 이혼이 있었다. 클리블랜드에서는 16,123건의 결혼과 5,256건의 이혼(1/3)이 있었다.

린제이는 자신의 보고에 다음과 같이 덧붙이고 있다.

> "현재 우리가 하는 것과 같은 결혼은 결혼을 하는 대부분의 사람에게는 지옥일 뿐이다. 법정을 통해서 끌려가듯이 각각 다른 결론을 향해 가는 침몰된 생활들, 불행한 남녀들, 비참하고 집 없이 버림받은 아이들의 행렬을 본

사람은 어떤 다른 결론도 내릴 수 없다."(『혁명』, 129쪽)

"시카고에서는 1922년에 실제로 승인된 13,000건의 이혼에 비해 39,000건의 결혼증서가 발행되었다는 보고가 있다. 만일 13,000건의 이혼증서가 실제로 승인된다면, 그들의 이혼증서를 승인해 줄 수 있는 누군가가 있기를 바라지만 그것을 감행하지 못하는 부부가 얼마나 많다고 당신은 생각하는가? 이혼은 번거롭고 값비싸며 귀찮은 일이기 때문에, 사람들은 오직 자신들의 참을성이 극도의 한계에 달했을 때에만 이혼을 하기 위해 법정으로 달려간다. 1922년에 시카고에서 39,000건의 결혼이 있다면, 실제로 이혼한 13,000건에 더하여, 할 수만 있으면 이혼을 할 것 같은 사례가 모두 26,000건이라고 말하는 것은 가장 보수적인 평가이다. 나는 이러한 믿음을, 충고와 위로를 받기 위해 나에게 몰래 와서는 자신들이 바라는 대로 이혼하고 나면 절대로 찾아오지 않는 부부들의 비율에 근거한다. 나는 그러한 사람들의 숫자가 자신들의 문제 때문에 법정으로 가는 사람들의 숫자보다 몇 배나 많을 것이라고 믿는다.(154쪽)

만일 그러한 사실들을 이전 연도들의 통계와 비교한다면 이혼 및 별거가 점차 증가하고 있으며, 이러한 사실이 계속되면, 아마도 언젠가는 그렇게 되겠지만, 그 수는 결혼하는 수에 달할 것이라는 것을 사람들은 분명히 안다."(155쪽)

"법적으로 확인하지 않고 해당 결혼의 실패를 기록하는 수천 개의 사례를 가지고 있다. 왜 이런 것들이 이혼으로 분류되어서는 안 되는가에 대한 이유는 없다. 왜냐하면 어떤 환경이나 관계에 속박되어 있지 않다면, 진짜 이혼이 될 것이기 때문이다. 이것은 내적으로 그리고 외적으로 '결혼'이라는 포괄적인 개념에 분명히 속할 것이다."(155쪽)

여기에 미국 소녀와 나눈 당혹스러운 대화가 있다.

"메리는 결혼계약을, 무엇인가를 거래하게 되면 빠져 나오기 어려운 어떤 것이라고 두려워했다. 그녀는 자유로운 사람으로 남으려 하거나 그렇지 않으면 결혼했을 것이다. 왜냐하면 그녀는 법적인 결혼의 일정한 장점을 인정하기 때문이다.

좋다! 독신을 선택하고 그 정상적인 표현이 억눌리고 있는 성생활을 억압하는 것이 아마도 그녀의 의무였을까?

이에 대해 메리는, 옳든 그르든, 자신은 어떤 일률적인 숭배물에 자신을 희생하지 않을 것이라고 대답한다. 그녀는 양자택일 식의 선택을 하지 않을 것이다. 왜냐하면 그 둘 다 꺼림칙하고 불합리하다고 여길 것이기 때문이다.

대신에 그녀는 도전의 깃발을 올리고서 이렇게 말한다. '아니에요! 저와 저의 세대인 우리는 제3의 길을 찾을 겁니다. 당신이 좋든 싫든 우리는 우리 스스로의 욕망과 욕구에 맞는 고유한 결혼계약을 맺을 겁니다. 우리는 우리가 충동적으로 요구하는 교제와 친밀감에 대한 자연스러운 권리를 가진다고 믿습니다. 우리는 상황을 어렵게 만들 수 있는 원치 않는 임신을 예방하는 피임 방식들을 압니다. 우리는 그러한 행동이 인간사회의 안전을 위협한다고 인정하지 않습니다. 그리고 우리는 전통을 상식으로 대체하려는 이러한 노력이 해를 끼치기보다는 도움이 될 것이라고 믿습니다.' 이렇게 그녀는 말한다.

책임 있는 판단을 할 지위에 있는 사람으로서, 나는 이제 그러한 도전에 대해 뭐라 말해야 하는가? 결혼이 인간을 위해 이루어지지 인간이 결혼을 위해 이루어지지 않는다는 사실, 결혼은 목적이 아니라 목적을 이루기 위한 수단이라는 사실, 신발이 발에 맞지 않으면 바꾸어야 할 것은 발이 아니라 신발이라는 사실을 모른 채 지나쳐 버릴 수 있는가? 아마 불행한 결혼이 되지 않을 유일한 가능성으로서 독신이라는 것에 대해서는 왜 말을 못하고, 결코 채울 수 없으며 자연스럽고 필연적인 충동에 폭력을 가하는 요구를 왜 하는가?"(『혁명』, 106쪽)

자신이 발견한 사실과 메리와의 당혹스러운 대화에서 린제이는 어떤 결론을 끌어내는가?

"그러나 그렇다고 해서 아직 '자유연애'와 그와 유사한 것으로 나아가는 길이 결코 막혀서는 안 된다. 우리가 결혼 없이 지낼 수는 없다. 인간의 삶에서 인간이 창조할 수 있는 행복을 실제로 창조하기 위해서는, 결혼규칙을 현명하고 신중하게 변화시킴으로써 결혼을 유지시켜야만 한다. 나는 결혼이 행복을 가져올 수 있다고 굳게 믿으며, 그러한 가능성들이 완전히 밝혀지기를 바란다."(『혁명』, 107쪽)

린제이와 같이 총명한 사람조차도 결혼붕괴와 결혼이 성경제학적인 측면에서 적절하지 못하다는 사실을 확인했으나, 결국에 가서는 지배체계의 경제적 필요성을 반영하는 윤리학의 영역으로 비약하는 것을 볼 수 있다. 미국에서 결혼이 매우 급격하게 붕괴하고 있다는 사실은, 의심할 나위 없이 미국에서 자본주의가 최고로 발전하고, 그 결과 성경제학의 영역에서 가장 첨예한 모순(즉 한편으로는 가장 엄격한 청교도주의, 다른 한편으로는 강제적 도덕의 붕괴)을 생산한다는 사실에 있다. 우리는 이 사실을 청소년문제와 관련하여 이미 살펴보았다.

린제이는 '행복을 가져올 수 있기' 때문에 결혼이 유지될 수 있다는 사실을 확신한다. 그러나 그것은 다음과 같은 이중적인 측면에서 결혼이 행복을 가져다줄 **수 있는**가 라는 문제가 아니다. 즉 결혼은 진정 행복을 가져다준다는 사실을 증명해야만 하며, 만일 그렇지 못하면, 왜 언제 결혼이 해체되는지를 연구해야 하고, 결혼이 해체되는 경제적이고 성경제학적인 원인을 반드시 파악해야만 한다.

19세기 과학자인 호핑거(Gross Hoffinger)는 자신의 연구에서 다음과 같은 결론을 내렸다.

> "비록 내가 의식적으로 그리고 끈질지게 행복한 결혼의 수를 조사하였을지라도, **행복한** 결혼을 **보통 경우에 극히 드문 예외일 뿐이라고 인정**하지 않는 한 나의 연구는 쓸모없었다."[8]

---

8 Bloch, *Sexualleben unserer Zeit*(『우리 시대의 성생활』), 247쪽에서 인용.

그로스 호핑거는 또한 다음의 사실을 발견하였다.

"① 모든 결혼의 절반 가량이 완전히 불행하다.

② 이들 중 절반이 훨씬 넘는 결혼이 명백히 탈도덕화되어 있다.

③ 나머지 더 적은 절반의 도덕성은 적어도 부부의 충실함[정조]을 지키는 것에 있지는 않다.

④ 모든 결혼 가운데 15%가 성매매 및 뚜쟁이 노릇을 한다.

⑤ 부정(그것을 할 능력이 있다면)에 대한 모든 의심을 넘어선 완전히 정통적인 결혼의 수는 (자연의 폭풍과도 같은 요구 및 명령을 아는 모든 합리적인 사람의 눈에는) 제로에 가깝다(앞의 책, 253쪽)."

블로흐(Bloch)는 100건의 결혼을 조사하여 다음과 같은 점을 발견하였다.

〈결혼 후 행복 여부〉

결혼상태	응답수(100건)
결정적으로 불행하다	48
무관심하다	36
의심할 나위 없이 행복하다	15
충실하다	1

블로흐 조사

100건의 결혼 중에서 블로흐는 14건이 '고의로 부도덕하고', 51건이 '천

박하며 단정치 못하고', 2건만이 의심스럽지 않다는 사실을 발견했다. 평가방식을 주목하라. 나는 개별사례들을 조사하여 행복하게 결혼생활을 하고 있다고 기술한 사람 중에서 3건이 오랫동안 지속되었다는 사실을 발견하였다. 13건의 결혼생활 중에서 결혼상대의 한 사람 또는 쌍방이 불성실했다. 3건은 '냉담하다'고, 즉 성적으로 요구를 하지 않는다고(불능이거나 불감증이라고) 기록할 수 있었다. 반면 2건만이 분명히 행복하다고 특징지을 수 있었다. '의심할 나위 없이 행복하다'고 기록된 15건 가운데에서 부정이 있는 13건이 있었는데, 이는 결국 결혼은 결혼이 지닌 이데올로기의 가장 중요한 요구 즉 부부의 충실함을 희생하거나 성적으로 요구하지 않을 때만 행복할 수 있다는 사실을 의미한다.

내가 그 처지를 잘 알고 있는 93건의 결혼에 대한 통계적인 조사에서 다음과 같은 결과가 나왔다.

〈결혼 후 행복 여부〉

결혼상태	응답수(93건)
불행 또는 결정적으로 불충실하다	66
포기하거나 병든 배우자	18
매우 의심스럽다(외적으로는 평온)	6
좋다	3

라이히 조사

행복하다고 발견된 3건의 결혼 중에서 3년 이상 지속된 경우는 없었다. 이 수치들은 1925년으로 거슬러 올라간다. 그 조사 이후로 한 건의 결혼이 이혼으로 끝났고, 다른 한 건은 비록 아직 이혼은 하지 않았으나 내적으로 붕괴되어 남편은 정신분석 치료를 받았고, 나머지 한 건은 1929년까지 여전히 안정적이었다.

모스크바에서 있었던 외국인 의사들을 위한 한 강좌에서, 레베데바(Lebedeva)는 성관계의 지속에 관한 흥미로운 통계를 보고하였다. 현실적인 의도에서, 그녀는 지속적인 성관계가 있었던 등록된 결혼만을 포함시켰다. 19%는 1년, 37%는 3~4년, 26%는 4~9년, 12%는 10~19년 동안 지속되었다.

이러한 수치는 성관계의 토대로서 평균적인 시간이 4년이라는 사실을 증명한다. 결혼개혁은 이러한 사실을 어떻게 다룰 것인가?

여기에 '좋다'와 '평온하다'고 기록된 결혼생활에 대한 관찰내용들이 더 있다. '평온하다'는 것은 갈등이 나타나지 않은 것이며, 조용한 체념이 모든 것을 압도할 때 결혼생활이 '행복하다'고 부를 수 있다. 만일 그러한 결혼생활을 하는 배우자 한 사람이 정신치료를 받기 위해 올 경우 우리는 결혼생활을 하는 몇 년 동안의 과정에서 쌓여 왔지만 전혀 의식하지 못하고, 마침내는 정신병에서 발견할 수 있는 억압된 증오가 엄청나다는 사실 때문에 계속해서 놀란다. 이러한 증오를 유아기 경험으로만 환원시키는 것은 잘못이다. 유아기의 증오가 결혼상대에게로 이전되는 것은, 예전의 어려움을 새로운 삶에 일깨워주는 풍부한 갈등소재가 결혼 그 자체에서 쌓였을 때 비로소 발생한다는 것을 확인할 수 있다.

나의 경험으로는 결혼도덕을 고려하지 않은 채, 즉 의식적이든 무의식적이든 결혼의 존속을 위협할 수 있는 그러한 주제들을 건드리지 않은 채 분석이 이루어지면, 결혼은 분석치료에서 붕괴된다. 그러한 사례들은 나타난다. 그리고 그 다음 경험은, 즉 분석의 압력을 견뎌야 하는 결혼은 분석을 받는 사람이 성적으로 생기 있고 엄격한 결혼도덕에 무조건적으로 복종하지 않으려고 결정할 때만 온전하게 유지될 수 있다는 사실을 지적해 준다. 그러한 무조건적인 복종은 한결같이 신경증적인 억압 메커니즘을 통해 유지되는 것으로 확인된다.

더욱이 결혼한 부부들에 대한 분석은 다음과 같이 분명한 결과들을 보인다.

① 이른바 '성매매환상'을 갖지 않는 여성은 없지만, 아주 소수의 여성만이 자신들이 성매매한다고 환상한다. 여러 남자와 성교를 하고 싶어하며 자신의 성 경험을 한 남자에게 한정하지 않으려는 욕망이 항상 문제이다. 이러한 욕망은 성매매관념과 분명히 연결되어 있다. 성격분석적인 임상경험은 여성의 일부일처제적인 본성에 대한 믿음을 부숴 버린다. 많은 정신분석가는 이러한 '성매매환상'을 신경증적이라고 간주하고 여성을 그것에서 벗어나게 하려고 한다. 그러나 그러한 판단은 분석치료에서 필수적인 비도덕적 태도를 앗아가며, 분석은 단지 병인론적[병을 만드는] 도덕의 이해관심에서만 행해진다. 그러나 의사인 우리는 도덕이 아니라 환자의 건강, 즉 환자의 리비도경제를 고려해야만 한다. 만일 어떤 사람이 환자의 리비도적 요구와 사회적 도덕 사이에 모순이 존재한다는 사실을 발

견한다면, 그 요구를 '유아적인' 것이라고, '쾌락원칙'의 간계라고 처리하는 것은 분석적이지 않으며, 성요구가 진정으로 유아적인지 현실요구가 실제로 (인간 건강의 의미에서!) 받아들일 수 있는 것인지를 연구하고 충분히 검토하기도 전에 필수적인 '현실적응' 또는 '체념'을 요구하는 것은 '분석적이지 않'다.

자신의 성욕에 따라서 여러 남자와 성교하는 여자를 두 말 없이 유아적이라고 낙인찍을 수는 없다. 그녀는 강제적 결혼의 이데올로기에 들어맞지 않을 뿐이다. 이것이 전부이다. 그녀는 그 때문에 병에 걸려 있는 것이 아니라, 만일 그녀가 지배적인 도덕에 전적으로 복종한다면 아마도 병에 걸릴 것이다. 외관상의 갈등 없이 결혼의 무거운 짐을 받아들였던 정숙하고 현실적응적인 여성들이 부분적으로는 경제적인 이유에서 부분적으로는 도덕적인 이유에서 성적으로 금지되어 있기 때문에 신경증의 모든 징후를 보인다는 사실에 더 많은 주의를 기울여야 한다. 그러나 그녀는 '현실에 적응하고' 있다.

② 사회적 존재를 분석에 포함시킴으로써 우리는 일부일처제 이데올로기의 동기를 인식하게 된다. 우리는 다음과 같은 사실을 발견한다. 적어도 외적으로는 일부일처제를 대표하는 부모들과의 강한 동일시, 특히 딸의 일부일처제적인 어머니에 대한 동일시, 그러나 또한 그 반대 즉 **신경증적인 일부다처제**의 형식에서 어머니의 일부일처제적인 엄격함에 대한 반동. 더욱이 우리는 배우자에 대한 죄책감을 일부일처제적인 태도의 근원으로서, 성자유를 제한하는 배우자에 대한 억압된 증오에 대한 반동으로

서 발견한다. 유아기 성욕의 금지와 유아기에 생기는 성행위에 대한 불안이 일부일처제적인 태도의 일련의 심적 동기에 우선적으로 작동한다. 일부일처제 이데올로기는 개인에게서는, 일부일처제와 일부다처제 또는 일처다부제 사이의 대립을 모르고 만족만을 아는 고유한 성경향에 반대하여 강력한 반동적인 보호조직으로 나타난다. 여기서 반대 성을 지닌 부모에 대한 근친 성관계적 유대는 중요한 역할을 하며, 이러한 유대의 해소는 일부일처제적 태도의 상당 부분을 파괴한다. 더구나 중요하게도 여성의 경제적 속박은 그녀의 일부일처제적인 경향에 작용한다. 우리는 일부일처제에 대한 경직된 도덕적 요구가 경제적인 독립이 가능해지면 더 이상의 분석 작업 없이도 흔들린다는 사실을 그때마다 경험하였다.

③ 아내가 일부일처적이어야 한다는 남편의 요구는 또한 특별한 개인적 이유를 지닌다. 경험에 따르면 일부일처제적 요구의 경제적 기반은 심리학적으로 직접 표현되지 않는다. 우선 우리는 특히 더 능력이 있는 사람과의 경쟁에 대한 불안을, 사회적 추방에 대한, '부정한 아내의 남편'이란 오명에 대한 자기도취적인 두려움을 발견한다. 속은 부인은 경멸당하지 않으나 동정을 받는다. 왜냐하면 그녀의 종속적 위치에서 남편의 부정은 실제적인 위험을 나타내기 때문이다.

그에 반해 여론에서 아내의 부정은, 남편이 자신의 주인 권리를 주장할 수 없다는, 아마도 남편이 성적인 의미에서 아내의 정조를 지킬 만큼 충분히 남자가 아니라는 증거이다. 그러므로 남편이 아내의 부정을 참는 것보다 쉽게 아내는 남편의 부정을 참는다. 만일 경제적인 이해가 이데올로기에 직접적인 영향을 끼쳤다면 정반대의 일이 일어날 것이다. 그러나 도덕주의적 견해가 지닌 경제적 기반과 그러한 견해 자체 사이에는 수많은 연결고리들, 예를 들어 남자의 허영과 같은 것이 있기 때문에, 최종적으로 남편은 부정할 수 있지만 아내는 그래서는 안 된다는 결혼의 사회적 의미의 선은 지켜진다.

(2) 결혼제도의 모순

결혼제도의 모순은 결혼에서의 성이해와 경제적 이해 사이의 갈등에서 생긴다. 경제적 이해의 관점에서는 매우 일관되고 논리적인 요구가 제기된다. 성적으로 결점 없는 사람이 결혼도덕의 조건(단 하나의 상대, 그것도 평생의 상대)에 종속된다는 것은 사실이 아니며 성경제학적으로도 불가능하기 때문에, 성욕에 대한 철저한 억압은 특히 여성에게는 첫 번째 요구이다. 그러므로 도덕은 여성이 결혼 전에는 성교하지 않을 것을 (물론 도덕 없이 전반적으로 관철시키도록) 요구하며, 남성도 일반적으로 묵인되지만 가능하다면 결혼 전에 성교하지 않을 것을 요구한다. 관능적인 성이 아니라 자녀가 결혼의 본질을 이룬다고 말한다(이것은 결혼의 경제적 측면에서는 사실이지만, 지속적인 성관계의 측면에서는 사실이 아니다).

결혼생활 동안에 배우자들은 다른 사람과 성경험을 가지지 않을 수도 있다. 이러한 요구들은 결혼의 지속적인 유지를 위해 필수적이라는 것은 정확하다. **그러나 이 동일한 요구들이 결혼을 손상시키며 결국 결혼을 파괴한다.** 평생 동안의 성공동체라는 요구는 의식적이건 무의식적이건, 성욕이 생생하고 활발할수록 더욱 폭력적이게 되는, 강제에 대항하는 반감을 자신 속에 지니고 있다. 결혼하기 전까지 여성은 순결하게 살았고, 성적으로 경험이 없으며, 정조를 지키기 위해 성기적인 요구를 억압해야만 했다. 이제 이러한 요구는 더 이상 좀처럼 그녀가 좌우할 수 없으며, 그녀는 무감각하고 냉담해진다. 일단 새로운 자극이 닳아 없어지면 그녀는 남편을 더 이상 흥분시키거나 만족시킬 수 없다. 건강한 남성은 곧 흥미를 잃고 자기에게 더 많은 것을 줄 수 있는 다른 여자들을 찾는다. 여기서 관계의 첫 번째 불화가 생긴다.

지배적인 도덕에 따르면 남성 또한 지나치게 많은 '탈선'을 감행해서는 안 된다. 특히 만일 그가 결혼했다면 자신의 성기적인 관심의 대부분을 억압해야만 한다. 이것은 결혼을 보존하는 데는 좋지만 성관계를 위해서는 나쁜데, 왜냐하면 억압은 성능력장애와 성능력손상을 가져오기 때문이다. 만일 여성이 자신의 성을 고조시키고 그것이 정말 무엇을 의미하는지를 안다면, 그녀는 이내 곧 실망하고 만다. 그녀는 다른 상대를 찾거나 그렇지 않으면 성울혈로, 만족결핍으로, 이런 저런 신경증 형태로 병들 것이다. 이 두 경우에서 결혼은 자신의 존속을 보장해야 하는 동일한 동기를 통해, 즉 결혼에 대한 성부정적인 교육을 통해 손상된다.

여기에 덧붙여, 더욱 늘어나는 여성의 경제적 독립이 성억제를 제거하도록 돕는다. 여성은 더 이상 가정과 자녀들에게 묶이지 않으며 다른 남자들을 알게 된다. 경제과정에 참여함으로써 여성은 지금까지 자신이 전망할 수 없었던 사태들에 대해서 생각하게 된다.

만일 결혼에 성적인 일치 및 만족이 있다면 결혼은 적어도 잠시 동안은 좋을 수 있다. 그러나 이것의 전제조건은 성공정적인 양육, 혼전성경험, 지배적인 사회도덕의 극복이다. 그러나 사정에 따라서는 잘 치루어진 결혼은 동시에 결혼의 무덤인데, 왜냐하면 성을 인정하고 도덕적인 태도를 극복하면 다른 상대들과 성교를 갖는 것에 반대하는 본래의 주장(일정한 기간 그러나 확실히 일생 동안이 아닌, 만족에 근거한 정조)은 없어지기 때문이다. 그렇게 되면 결혼 이데올로기는 쓰러진다. 더 이상 결혼이 아니라, 엄밀하게 말해서 성기적인 욕망에 대한 억압이 없기 때문에 모든 것이 평등하다면 엄격한 일부일처제가 할 수 있는 것보다도 훨씬 더 행복한 관계로 발전해 가는 지속적인 성관계가 있다. 결혼증서 및 권위주의적인 법의 옹호에도 불구하고, 불행한 결혼의 치료란 많은 경우에 부부의 부정이다.

그루버는 다음과 같이 쓰고 있다.

> "분명히 모든 결혼에는 (다만 아마도 순간일지라도) 서로를 구속하는 억압적인 부담으로 느껴지는 상당히 언짢은 때가 있을 것이다. 결혼에서 정조를 지키고 서로에게 충실한 모든 배우자는 그러한 불행한 장애들을 쉽게 극복할 것이다."(『성생활의 위생』, 148쪽)

그는 분명히 옳다. 즉 결혼 전에 순결을 지킬수록 결혼에서 더 충실해진다. 이러한 순결은 결혼 전의 금욕에서 기인하는 성욕감퇴 덕분에 존재한다.

따라서 결혼개혁이 성과가 없다는 것은, 결혼의 곤궁 및 개혁적인 열망에서 생기는 강제적 결혼 이데올로기와 개혁되어야 할 결혼형태가 자신이 경제적으로 뿌리박고 있는 사회질서에 특정하게 속해 있다는 사실 사이의 모순으로 설명된다. 우리는 앞에서 전반적인 성곤궁의 근본요소들이 자연스러운 성요구와 혼외 금욕(일부일처제적인 영속적 결혼)이라는 이데올로기 사이의 모순에서 비롯된다는 것을 보이려고 했다. 성개혁가는 결혼에서 성만족이 불완전하고 남성들은 서툴고 여성들은 냉담하기 때문에 대부분의 결혼생활은 비참하다고 말한다.

그러므로 성개혁가는 반 데 벨데처럼, 배우자들에게 성기교를 가르침으로써 결혼배우자의 관계를 개선시키기를 희망하면서 결혼의 관능화(Erotisierung)를 제안한다. 그의 근본 생각은 옳다. 관능적으로 만족스러운 토대에 기반한 결혼은 실은 관능적으로 불만족스러운 결혼보다 정말로 더 좋다. 그러나 성개혁가는 지속적인 성관계를 관능화하기 위한 모든 전제조건을 간과한다. 그러한 전제조건의 하나는 여성의 성경험, 성의 전반적인 긍정일 것이다. 그러나 성교육은 소녀의 순결, 아내의 강제적인 정조란 목적에 의해 규정된다. 이 두 가지 모두 여성들에 대한 전체적이지는 않지만 아주 상당한 성억압을 필연화시킨다. 성요구를 하지 않으며, 그리 독립적이지 않고, 성부정적이며, 단지 관능을 감내할 뿐인 여성이 가장 충실하고 좋은 아내다.

성긍정적인 교육은 여성을 더욱 독립적이게 만들 것이며 그리하여 근본적으로 결혼에 적대적일 것이다. 이러한[성부정적인] 성교육은 평생 동안의 일부일처제 결혼의 관점에서는 절대적으로 논리적이며, 결혼의 관능화에 대한 요구는 결혼 이데올로기와 모순된다. 『결혼에 대하여』(*Über die Ehe*)라는 저서에서, 결혼의 진정한 동기가 성적인 사랑이라는 점을 밝힌 바젤(Basel) 대학의 헤버르린(Häberlin) 교수는 이 사실을 인정하였다. 즉 "성적인 사랑 없이는 진정한 의미에서 결혼이 불가능할지라도, 성적인 사랑은 다른 한편 결혼에서 위험하고 예측할 수 없는 요소를 이루며, 성적인 사랑의 현존은 바로 결혼공동체를 지속적으로 문제 있는 사건으로 만든다." 그러고 나서 그는 다음과 같은 결론을 내린다. "생활공동체로서의 결혼은 자신과 결합되어 있는 성적인 사랑에도 불구하고 실현될 수 있다." 이것은 사람들이 일부일처제적인 강제적 결혼에 경제적인 이해를 가지고 있고 성적인 이해를 전혀 고려할 수 없다는 것을 의미한다.

그러므로 이혼의 법적인 형식성에 대한 어떠한 완화조치도 실제 대중에게는 의미가 없다. 이혼법은 사람들이 원칙적으로 이혼을 기꺼이 허용하려 한다는 것을 의미할 뿐이다. 그러나 일반적으로, 만일 여성이 진정으로 이혼하고자 한다면 여성에게 필수불가결한 경제적인 전제조건을 기꺼이 만들어 주려고 하는가? 이러한 전제조건 가운데 하나는 실업을 조장하지 않으면서도 노동기간을 단축하고 임금을 인상하는 생산의 합리화일 것이다.

여성의 남성에 대한 경제적 의존과 그녀의 생산과정 참여에 대한 과소평가는, 비록 여성이 이러한 '생산관계'에서 이중으로 착취당했을지라도, 결혼을 여성보호제도로 만든다. 여성은 남편의 성대상 및 국가의 출산기계일 뿐만 아니라, 가사에서의 그녀의 부불노동은 간접적으로 기업가의 이윤율을 증가시킨다. 왜냐하면 남편은 집에서 [아내의] 그 많은 노동을 지불하지 않고 빼앗을 정도의 통상적인 열악한 임금조건에서만 잉여가치를 생산할 수 있기 때문이다. 만일 기업가가 노동자 가구를 보살펴야 했다면, 기업가는 노동자에게 주부의 임금을 지불하거나 노동자에게 부인이 주부일 수 있는 그러한 경제적 지위를 주어야 했을 것이다. 그러나 이러한 노동은 아내가 무상으로[임금을 받지 않고] 수행한다. 만일 여성 역시 공장에서 노동한다면, 그녀가 집을 정돈하기 위해 일련의 부가적인 가사노동을 해야 한다. 그러나 그것을 소홀히 하면 가족관계는 상처 입고, 결혼은 부르주아적인 결혼이기를 그친다.

이러한 경제적 어려움에 덧붙여 대부분의 여성이, 성빈곤, 강제, 경험부재, 또한 외적인 평온, 혼외성생활에 대한 지루한 싸움은 물론, 자신의 성에 대해서 오늘날의 평균적인 주부에게는 생각하지 못하게 하는 한정된 일상에 젖은 채 결혼의 성생활에 적응한다. 이러한 여성의 의식에는, 이러한 문제를 회피하면 심적 고통을 크게 당한다는 사실은 별로 중요하지 않다. 여성의 성의식은 아마도 그녀를 신경증에서 구해 줄 것이나 오늘날 그녀를 위협하는 성고통에서 구해 주지는 않을 것이다.

결혼제도의 모순은 (반 데 벨데 식의) 결혼개혁의 모순에 논리적으로 반영된다. 관능화를 통한 결혼개혁은 본래 모순에 가득 차 있다. 린제이가 제안한 '동지적 결혼'은 그가 결혼의 쇠퇴 자체를 확인하고 그 원인들을 검토했기 때문에 손상되는 것이 아니라, '결혼이 최상의 성개혁'이라는 생각을 가지고 깨지고 있는 제도를 수습하려는 그의 목표 때문에 손상된다. 린제이의 저술은 또한 사실의 발전에 대한 집착에서 강제적인 도덕적 판단의 제공으로의 비약을 분명하게 표현한다. 예를 들어 린제이는 도덕적인 이유 때문에 시험결혼에는 반대하지만, 동지적 결혼체계, 즉 남성과 여성이 '합법화된 출산통제'를 통해 '법적으로 인가된' 결합을 위해서는 투쟁한다.

만일 우리가 법적인 인가에 대한 근거를 찾는다면, 우리는 성관계를 법적으로 인정'해야' 한다는 태도만을 발견할 것이다. 그러므로 동지적 결혼은 출산통제를 통해서만, 그리고 자녀가 있는 결혼과는 반대로 거리낌없이 해체할 수 있다는 사실에서만 관습적인 결혼과 구분된다. 이러한 제안은 분명히 보수적인 사회에서 가장 널리 파급된다. 그러나 사람들은 자신들이 사회적으로 규정된다는 것, 그리고 성경제학을 아내와 자녀에 대한 경제적인 보호의 문제에 부차적인 것으로 설정해야 하며, 그래서 결혼문제를 해결하는 데 전혀 기여할 수 없다는 것을 분명히 알아야 한다.

사실은 다음과 같다. 현존질서의 틀 안에서는 결혼갈등을 해결할 수 없다. 왜냐하면 한편으로 성충동은 더 이상 자신에게 강제된 성형식에 만족할 수 없어서 결혼도덕이 붕괴하고, 다른 한편으로 아내와 자녀들의 물질적인 존재양식은 그러한 결혼형식의 유지를 반드시 필요하게 만들며, 따라서 현존하는 성형식인 결혼에 대해 경제가 지속적으로 간섭하기 때문이다. 갈등은 더 높은 수준에서의 또 다른 갈등의 지속일 뿐이다. 이 또 다른 갈등은, 노동민주주의적 생산방법이 권위주의 사회질서의 틀 안에서 발전하고 있으며, 성도덕은 한편으로는 여성들의 경제적 독립 및 젊은 노동자들의 집단화가 다른 한편으로는 성갈등 그 자체가 성위기를 예상하는 정도로 변하고 있는 사실에서 나타난다. **결혼은 특정하게 자본주의 경제체계에 속하며 어떤 위기에도 불구하고 반드시 유지된다.** 결혼의 붕괴와 경제적인 근거에서 지속되는 이러한 사회적 틀 안에서의 해결할 수 없는 모순은 이러한 존재양식 전반의 위기에 대한 신호일 뿐이다. 결혼은 저절로 붕괴하고 결혼의 물질적 기초가 흔들리는 순간 자신의 내재적인 불가능성으로 인해 죽는다. 이러한 붕괴의 역사적 사건은 소련에서 일어났다.

잠재적인 결혼위기가 결혼해체 형태라는 사회적 위기로 언제나 나타나듯이, [러시아] 혁명 이후에 특히 인구의 가장 진보적인 계층인 지도적인 노동자 및 피고용인들 사이에서 결혼이 신속하고 완벽하게 깨졌다는 것에서, 결혼제도가 성경제학적인 견지에서 얼마나 취약한지를 알 수 있다. 어떤 이들은 '폭풍우 치는 시기의 도덕의 쇠퇴'라고 말할 것이다. 그러나 사회적인 맥락에서 그 사실들을 점검하고 도덕적으로 관찰하는 것은 그만두도록 하자. 강제적 결혼도덕의 해체는, 사회혁명은 또한 성혁명을 야기할 것이라는 점과 성혁명은 어떠한 '신성한 선'(Gut) 앞에서 멈출 수 없다는 사실을 가리키는 징후일 뿐이다.

강제적인 일부일처제 결혼 이데올로기의 의미에서 성생활의 규범화가 존재하는 한, 성생활은 외관상 균형을 유지하지만 내적으로는 무정부적이고 비경제적이다. 만일 애정생활의 변질, 결혼의 비참함, 청소년의 성곤궁, 치정살인, 그리고 다른 많은 것을 포함하여, 자신들이 승인하고 요구하는 성생활의 규범화의 실제적인 효과들을 확신하지 않는다면, 또한 사회가 자신들의 만족을 방해할 아무것도 가지지 않는다면, 결혼 이데올로그들은 자연법칙적으로 규정된 삶 욕구가 사회의 보호를 필요로 하지 않는다는 주장이 마음에 들지 않을 것이다. 인간의 사회화의 의미는 배고픔 및 사랑의 충족을 쉽게 하도록 하는 것이다.

그러나 사실상 모든 인간은 사랑의 영역에서 만족이 제한되었다. 엄밀하게 말해서 무정부적인 상황을 가져왔던 것은 바로 기본적인 충동만족에 대한 경제적 이해의 간섭이었다. 성생활의 사회적 규범화를 **제거하는 것**이 **자연법칙적인** 조절, 즉 **성경제**를 가져다 줄 것인가? 우리는 희망할 수도 두려워할 수도 없고, 다만 사회의 발전이 성경제는 물론이고 물질경제의 자연스러운 조건을 개선하는 방향으로, 즉 인간의 욕구를 고려하는 개선으로 향하는가 그렇지 않은가를 연구할 뿐이다. 다음은 분명하다. 즉 인생에 대한 과학적이고 합리적인 견해가 널리 퍼지면, 그것은 온갖 종류의 신을 파괴할 것이다. 그것은 더 이상 추상적인 문화적 관념이나 '객관적인 정신' 또는 형이상학적인 '도덕'의 관심에서 수많은 사람의 건강과 삶의 즐거움을 희생시킬 수 없을 것이다. 자신들의 '과학적인' 확인을 통해 인간의 삶에 대한 파괴적이고 강제적인 도덕규제를 뒷받침하는 과학자들이 (우리 시대처럼) 여전히 생겨날까?

1918년 이전에, 존재에 대한 과학적인 태도를 가져오는 것은 '사회혁명'을 선포하는 것이라고 말했다. 러시아에서 '사회혁명'이 1917년에 일어났다. 이제부터 사회혁명이 성문제를 어떻게 다루었는지, 어디에서 그것이 성공하고, 자유에 굶주린 인류가 그것에서 기대했던 것을 충족시키는 데 어디에서 실패했는지를 살펴보자.

제 2 부

소련에서 '새생활' 투쟁

미래를 건설하고 영원히 완성하는 것이 우리의 관심이 아니라면, 우리가 지금 달성해야만 하는 것은 더욱 확실하다. 나는 자신의 결과에 대해서 두려워하지 않고 현존하는 힘[세력]들과의 갈등도 두려워하지 않는다는 의미에서 존재하는 모든 것에 대한 가차없는 비판을 생각한다.

칼 맑스

러시아에서 성 반동화

지난 몇 년에 걸쳐 소비에트 러시아에서 반동적인 성정책과 문화정책이 전개됐다는 소식이 들려왔고 이것은 모든 희망을 파괴하였다.

1934년 6월에 동성애처벌법이 소련에서 부활됐고, 동성애자처벌에 대한 소문이 더욱 빈번히 들려왔다. 15년 동안 오스트리아와 독일의 성개혁가들은 동성애처벌법에 반대하여 투쟁하면서 몇 차례나 동성애자처벌이 폐지된 진보적인 소련에 의거해 왔다.

지난 몇 년 동안 첫 아이를 임신한 여성과 한 아이만을 가진 어머니의 임신중절은 더욱 어려워졌고 낙태도 더욱 억제되었다. 독일의 산아제한 운동은 정치적 반동(예를 들어 1932년의 볼프－킨레Wolf-Kienle 캠페인)에 대항한 자신의 가장 강력한 지지를 산아제한에 대한 소비에트의 독창적인 태도에서 얻었었다. 지금 우리는 낙태자유 반대자들이 승리했고 소련은 자신의 독창적인 관점에 등을 돌렸다는 소식을 더욱 자주 듣는다.

독일에서는 '성정치 출판사'가 여러 청년조직과 함께 내 책『청년의 성투쟁』을 출판했다.[1] 이 책은 이 영역에서의 이론과 실천을 발전시키기 위한 것이었다. 우리는 소련이 성영역에서 청년에게 개방한 자유를 강조했다. 1932년에 독일공산당은 내 책의 판매를 금지했다. 그리고 1년 뒤 나치는 내 책을 금서목록에 넣었다. 우리는 소련에서 청년들이 점점 더 낡은 금욕주의 이론으로 되돌아가는 예전의 의사들과 많은 고위 국가공무원에 대항하여 열심히 싸우고 있다는 소식을 듣는다. 우리는 더 이상 소련 청년의 성자유를 언급할 수 없으며, 이것을 파악하지 못하는 서유럽 청년들에게서 혼란과 갈등을 볼 수 있다.

우리는 소련에서 강제적 가족이 다시 매우 존중되고 '강화된다'는 소식을 전해듣곤 한다. 이 글을 쓰고 있는 도중에도 진행되듯이, 1918년에 제정된 결혼규정을 다시 후퇴시키려고 의도하고 있다. 강제적 결혼법에 반대하는 투쟁에서 우리는 소비에트 결혼입법에 항상 성공적으로 의거했다. 우리는 사회혁명은 "강제적 가족을 폐지한다"는 맑스의 진술이 증명되는 것을 확인할 수 있었고, 단지 가족에 구속된 사람들에게 이 과정이 지닌 유용성과 필요성을 설명하기 위해 노력해야 했다. 지금은 반동적 가족정책이 승리하고 있다. "거봐, 내 말대로지! 너의 이론은 실패했어. 소련조차 권위주의 가족의 파괴라는 잘못된 교의를 포기했어. 강제적 가족은 사

1 *Der sexuelle Kampf der Jugend*, Verlag für Sexualpolitik.

회와 국가의 기초이며 계속 그럴 거야."

비행문제 때문에 부모가 다시 어린이를 양육할 책임을 질 것이라는 얘기가 들린다. 우리의 교육학적이고 문화적인 작업은, 소련에서는 어린이에 대한 부모의 지배권이 제거됐으며 교육적 보살핌이 전체 공동체로 넘어갔다는 사실에서 출발했다. 우리는 어린이 교육의 집합화[집단화]를 사회주의 사회의 근본과정으로 여겼다. 모든 진보적 노동자, 모든 현명한 어머니는 소비에트주의의 이러한 방향을 인정하고 긍정했다. 대중 속에서 우리는 어린이에 대한 어머니의 소유본능과 권력남용에 반대해 투쟁했으며, 어머니로부터 어린이를 '빼앗으려는' 것이 아니라 어린이를 사회적으로 교육하는 것이 어머니들에게서 무거운 짐과 근심을 덜어줄 것임을 보여주기 위해 우리가 아는 모든 것을 다 했다. 우리는 성공했다. 그러나 정치적 반동은 교육학에서 다음과 같이 말할 수 있었다. "알겠지, 소련조차 이 넌센스를 버리고 어린이에 대한 부모의 당연한 권리와 영원한 지배력을 부활시켰어."

나는 독자가 제시포프 곤차로프(Jessipov Concharov)의 러시아 책 『나는 스탈린처럼 되고 싶다』(*I want to be like Stalin*, 1947)를 사도록 권한다. 이 책은 러시아 교육위원회에서 **공식적으로** 출판되었다. 그 책은 어린이의 성격을 권력목적으로 사용한 (내가 30년 동안 정신의학적 치료에서 발견한) 가장 악랄한 남용을 묘사하고 있다.

소비에트 학교들에서 달톤(Dalton)계획[2]은 오래 전에 중단되었으며, 수

2 미국의 Helen Parkhurst 여사가 1920년에 시작한 교육법으로, 학생이 각 학과마다 설치된 실험실(자습실)

업방식이 점점 더 권위주의적이 된다고 우리는 듣는다. 우리는 어린이의 자치와 권위주의적 교육방식의 제거를 위한 교육투쟁에서 소련에 더 이상 의거할 수 없다.

어린이와 청소년의 합리적 성계몽을 위한 투쟁에서 우리는 항상 소련의 성공에 의거했다. 그러나 금욕주의 이데올로기가 더욱 첨예한 형태를 띤다는 것을 제외하고는, 몇 년 동안 성계몽에 대해 더 이상 아무것도 듣지 못했다.

그러므로 우리는 **소비에트 성혁명의 지체**, 더욱이 인간 성생활의 조절에서 **권위주의적 도덕형식으로의 퇴행**을 확인해야만 한다.

우리는 소련에서 성반동이 우세해지고 있으며 진보진영은 이러한 사태 진행을 설명할 줄 모른다는 것, 사람들은 설명을 찾고 있지만 찾아내지 못하고, 그래서 반동의 침입에 무기력하다는 것을 다양한 측면에서 경험한다. 소련 국내뿐만 아니라 국외에서의 혼란으로 인해 소비에트 성정책에 대한 질문이 일게 된다. 무슨 일이 일어났는가? 왜 성반동이 도처에서 득세하는가? 성혁명은 왜 실패했는가? 무엇을 할 것인가? 이것이 모든 교육자와 사회사업가를 사로잡고 모든 경제정책가의 흥미를 끄는 질문이다.

정치적 반동이 이런 질문을 공개적으로 다루는 것을 방해할 수도 있다는 주장은 타당하지 않다.

첫째, 정치적 반동은 소련의 현재 조치에 **반대하여** 과학적 성정치학의

에서 1개월 단위로 할당된 학업을 능력에 따라 자발적으로 학습하는 개별 학습 방법이다. 메사추세츠주의 소도시 Dalton에 있는 고등학교에서 시작되어 이런 이름이 붙여졌다.(역주)

입장을 결코 취할 수 없다. 반대로 정치적 반동은 이러한 조치를 넘어서 승리하고 있다.

둘째, 유럽과 미국의 노동자운동에서 이러한 질문에 대한 해명은 그 어떤 위신[특권]에 대한 고려보다 더 중요하다. 혼동은 해롭다. 프랑스에서 『뤼마니떼』(*L'Humanité*, 공산당 기관지)는 이미 '[프랑스] 인종'과 '프랑스 가족'의 구원을 선언했다. 반동적인 소비에트의 조치는 이제 모든 사람에게 알려졌고 더 이상 부인할 수 없다.

소련의 성영역에서의 후퇴는 혁명적 문화발전의 전반적 문제와 연결되어 있다. 우리는 사회생활의 자치를 향한 방향이 권위주의적 사회규제[방향지움]에 굴복했음을 알고 있다. 후퇴는 성영역에서 가장 잘 표현되고 있으며, 또한 여기에서 가장 분명하게 이해할 수 있다. 이유가 없는 것은 아니다. 사회의 성과정은 항상 사회의 문화과정의 핵심이었다. 우리는 이것을 원시사회의 모권제에서 부권제로의 이행에서 만큼이나 분명하게 파시즘의 가족정책에서 본다. 공산주의에서 처음 몇 년 동안 경제적 변혁과 함께 성생활의 혁명이 나란히 진행되었다. 이러한 성혁명은 문화의 혁명적 재건설의 객관적 표현이었다. 소련에서의 성과정에 대한 이해가 없다면 소련의 문화과정 또한 이해할 수 없다.

혁명운동의 지도자가 성혁명가를 '쁘띠부르주아'라고 상투적으로 말하며 반동적이고 속물적 관점을 옹호하려 한다면 그것은 파멸적이다. 다양한 형식에서 저속한 것으로 되돌아간다는 것은 전진적인 돌파가 실패했다는 사실을 표현할 뿐이다. 여기에서는 성혁명의 지체와 문화정책의 후퇴의 관계를 단지 윤곽만 그릴 것이다. 아마 가까운 미래에 전반적인 문화 문제를 밝히는 데 필요한 자료를 얻게 될 것이다. 그러나 인간 구조의 기초에 대한 지식 없이 전반적으로 분화된 문화 문제를 다루는 것(혼란스러울 것이다)보다, 우선 그 문제의 핵심을 다루는 것이 더 유용할 것이다.

제 1 장

'가족의 폐지'

소련의 성혁명은 가족해체와 함께 시작됐다. 가족은 때로는 빠르게 때로는 느리게 전 주민의 범위에서 해체됐다. 가족해체 과정은 고통스럽고 혼란스러웠다. 그것은 공포와 혼동을 일으켰다. 이 과정은, 가부장제 가족은 권위주의적 원리에 근거한 모든 사회질서의 구조적이고 이데올로기적인 재생산 장소라는 강제적 가족의 본성과 기능에 관한 성경제학 이론의 정확성에 대해 확실하고 객관적인 증거를 제공했다. 권위주의적 원리의 제거로 가족제도도 틀림없이 자동적으로 흔들렸다.

강제적 가족의 붕괴는 인간의 성욕이 경제적이고 권위주의적인 가족유대[속박]에 의해 가족에 부과된 사슬을 끊는다는 표현이다. **경제와 성의 분리는 완수됐다.** 부권제에서 성욕은 소수의 경제적 이해에 이바지했고 그래서 그것에 종속됐다면, 원시공산주의의 모권제에서 경제는 전체 사회의

(성적인 욕구를 포함한) 욕구충족에 이바지했다.

그렇다면 진정한 사회혁명은 경제가 모든 생산적 노동자의 욕구충족에 기여할 수 있도록 하는 것을 목표로 한다. 욕구와 경제 사이의 관계가 이와 같이 역전되는 것이 사회혁명의 핵심 가운데 하나이다. 강제적 가족의 붕괴는 오직 이러한 전반적 과정을 통해서만 파악할 수 있다. 만약 가족의 경제적 유대가 가족구성원에게 의미하는 부담과 경제적 유대에 묶인 성욕의 강도만이 문제가 된다면, 강제적 가족의 붕괴는 빠르게 그리고 철저히 그러면서도 마찰 없이 전개됐을 것이다.

문제는 왜 가족이 붕괴하는가가 아니다. 붕괴 이유는 분명하다. 더욱 어려운 문제는 왜 강제적 가족의 붕괴가 어떤 다른 혁명보다도 심리적으로 훨씬 더 고통스러운가 하는 것이다. 생산수단의 몰수는 오직 생산수단의 이전(以前) 소유자들만 상처 입힐 뿐, 혁명의 담당자인 대중을 상처 입히는 것은 아니다. 그러나 가족의 폐지는 경제혁명을 수행할 사람(노동자, 피고용자, 농민)과 정확하게 관련된다. 바로 여기서 가족유대의 보수적 기능이 가장 분명하게 드러난다. 엄청나게 강한 가족정서는 혁명의 담당자에게 제동을 건다. 아내와 아이의 유대, 가정에 대한 사랑, 아주 초라할지라도 그가 갖게 되는 제한된 일상에 따르는 그의 경향 등은, 그가 인간의 재건이라는 혁명의 주요 활동을 수행해야 할 때 그를 다소 방해한다. 독일에서 막 발전하고 있던 파시스트 독재가 혁명세력을 억제하는 데 가족유대를 이용한 것(히틀러로 하여금 가족유대의 확고한 토대 위에 제국주의적 · 국가주의적 이데올로기를 설립하게 한 것)처럼, (소련) 혁명에서 가족유대는 생활의 의도적 변경에 걸림돌로 작용했다.

한편으로 가족의 근본토대의 붕괴와 다른 한편으로 비록 보통 무의식적으로 발생하지만 쉽게 바뀌지 않고 감정적으로 유지하길 원하는 낡은 가족적 인간 구조 사이에 중요한 모순이 생긴다. 가부장제 가족형태를 노동집합체로 대체하는 것은 분명히 혁명문화 문제의 핵심을 나타낸다. 그러나 여기서 "가족으로부터 멀어져라"라고 종종 큰 목소리를 내는 반항적 외침으로 사람들을 결코 속일 수 없다. 바로 가장 큰 목소리로 가족파괴를 주장하는 사람은 종종 무의식적으로 가장 강력하게 그 자신의 가족적 유아기에 집착한다. 그런 사람은 이론적으로 그리고 실천적으로 모든 문제 가운데 가장 어려운 문제, 즉 가족유대의 소멸과 집단적 사회유대에 의한 가족유대의 대체라는 문제를 풀기에는 적합하지 않다.

만약 인간의 심리적 구조에 자율적 노동민주주의 사회를 뿌리내리는 동시에 수립하는 것이 불가능하고 가족정서가 지속된다면, 경제발전과 대중구조의 발전 즉 노동민주주의 사회의 문화발전 사이에 더욱 더 넓은 틈이 필연적으로 생길 수밖에 없다. 이러한 혁명의 개척자이자 담당자가, 즉 인간의 심리적 구조가 질적으로 변화되지 않았기 때문에 문화적 상부구조에서 혁명은 일어나지 않는다.

트로츠키의 『일상생활의 문제』[1]에서 우리는 1919년부터 1920년까지 가족붕괴 과정에 관한 풍부한 자료를 발견한다. 거기서 다음 사실이 확인되었다.

---

1 *Fragen des Alltagslebens*, 53~60쪽.

프롤레타리아 가족을 포함해 가족은 '해체되고' 있었다. 모스크바 선전원의 논의에서 이 사실은 명백히 확인되었고 누구도 의심하지 않았다. 그 논의에서 가족은 다양한 방식으로 평가되었다. "어떤 사람은 불안했고, 일부는 무관심했으며 또 다른 사람은 망설이고 있었다." "곧 비극적인 형식을 띨 상당히 중요하고 매우 혼란스런 과정"에 직면해 있다는 것, 그리고 "아직은 그 가능성 속에 숨겨진 채 있는 새롭고 한 차원 높은 가족질서를 표명할 수 없다"는 것이 모두에게 명백했다.

가족해체에 대한 언급은 "비록 극히 드물고 개괄적인 형태지만" 신문에서도 나타났다. 많은 사람은 노동자가족의 해체를 "프롤레타리아트에 대한 부르주아적 영향"으로 보아야 한다고 믿었다. 그러나 다른 많은 사람은 이런 설명이 잘못됐다고 느꼈으며 문제는 더 깊고 더 복잡하다고 생각했다. 물론 부르주아적인 과거와 현재가 지닌 영향은 있었다. 그러나 주요한 과정은 병적이고 위기에 찬 '프롤레타리아 가족의 진화' 자체에서 찾을 수 있었다. 이 과정의 첫 번째 혼란 국면이 관찰되는 중이었다.

가족생활의 영역에서 첫 번째 동요 시기는 결코 끝나지 않았으며, 동요와 붕괴는 여전히 한창 진행 중이었다. 일상생활은 경제보다 훨씬 더 보수적이었다. 왜냐하면 무엇보다도 일상생활은 경제보다 훨씬 덜 의식적으로 인식되었기 때문이다.

낡은 가족의 붕괴는 새로운 관계의 영향에 가장 강렬히 노출된 계급의 최상층에 한정되지 않고 전위를 넘어서 더 멀리까지 나아갔다는 것이 더욱 확실해졌다. 결국 공산주의 전위가 전체 계급에 얼마간 피할 수 없게 될 것을 단지 좀 더 빨리 더 거친 형태로 경험하고 있다는 견해가 지배했다.

남편이나 아내는 점점 더 공적 기능 속으로 빨려들어 갔으며, 이를 통해 가족이 그 구성원에게 요구하는 것들이 파괴되었다. 성장한 어린이는 집합체 속에서 자랐다. 그래서 가족유대와 사회유대 사이의 경쟁이 생겨났다. 그러나 사회유대는 새롭고 활기 있고 막 생겨났으나 그에 반해 가족유대는 일상생활의 모든 곳에, 심리구조의 모든 표현 속에 자리잡고 있었다. 대부분의 결혼에서 정신적으로 척박한 성관계는 집합체 속에서 이루어지는 새롭고 즐거운 성관계와 경쟁할 수 없었다. 그리고 이 모든 것은 가족의 주요한 결합(아내와 어린이를 지배하는 아버지의 경제권)의 지속적이고 전진적인 근절 위에서 생겨났다.

경제적 속박이 깨지고 그와 더불어 성제약도 깨졌다. 그러나 아직은 이것이 '성자유'를 의미하지 않는다. 성행복에 대한 외적 자유는 아직은 성행복 자체가 아니다. 성행복은 우선 행복을 즐기고 구체화할 심리적 능력을 필요로 한다. 가족에게는 성기적 욕구 대신에 유아기적 의존 또는 병적 성습관이 들어섰다. 성에너지의 모든 힘을 부여받았지만 생물학적으로 정상적인 오르가즘을 경험할 수 있는 모든 능력이 파괴된 욕구가 들어섰다. 가족구성원은 의식적으로 또는 무의식적으로 서로를 미워했고, 자신들의 미움을 발작적인 사랑으로 그리고 감춰진 미움 속에서 생겨났다는 것을 서툴게 위장한 끈적거리는 의존으로 감추었다.

이런 어려움에 직면하자 여성은 성기적으로 불구화되었고 경제적 독립을 위한 준비도 되어 있지 않았다. 가족에 대한 맹목적인 보호와 아이를 지배하는 대리만족을 포기할 수 없었다. 경제적으로 의존하고 자신의 모든 생활을 성적으로 불구화한 이러한 여성은 아이의 양육에서 자신의 삶의 의미를 찾았다. 이러한 관계를 아이에게 한정하는 모든 것을 여성은 극심한 피해로 경험하였고 그러한 한정에 대항하여 스스로를 지키는 방법을 알았다. 이런 방어는 전적으로 이해할 수 있다. 사람들은 그것을 고려해야 한다. 글래드코프(Gladkow)의 소설『새로운 대지』(*Neue Erde*)에서 집합체 건설을 위한 투쟁이 가정, 가족, 아이를 둘러싼 여성의 투쟁과 대체로 견줄 수 있는 어떤 어려움에 전혀 부딪치지 않았다는 것이 명확히 보인다. 처음에 생활의 집합화는 명령에 의해 위로부터 부과되었고 부모의 권위라는 사슬을 끊은 혁명적 청년에 의해 지지되었다. 그러나 가족유대의 금지는 보통 사람이 집합화를 향해 취하고 싶었던 각 단계에서, 우선 첫째로 자신의 무의식적인 가족적 의존과 갈망의 형식에서 작용했다.

작은 일상생활의 어려움과 갈등에서 생기는 것은 인간의 '비이성' 또는 '부도덕'에 의해 생산된 '우연하고' '혼돈스런' 상태에 일치하지 않았으며, 오히려 성형태와 사회조직 형태 사이의 관계를 지배하는 법과 조화를 이루었다.

집합적으로 그리고 '원시공산주의적'으로 구조화된 원시사회에서, 단위[통일성]는 맨 처음 어머니로부터 유래한 모든 혈연관계의 총계인 씨족이다. 동시에 경제단위를 표현하기도 하는 이 씨족 안에는 느슨한 대우혼만이 존재한다. 경제적 변혁의 결과로 씨족이 막 생겨나고 있는 족장의 가부장제 가족에 종속되는 정도에서 가족에 의한 씨족의 파괴가 시작된다. 이제 가족과 씨족은 서로 대립한다. 가족은 점점 씨족 대신에 경제단위가 되며, 그와 함께 부권제를 사회적으로 결정화한다. 모권적 씨족 조직의 족장은 원래는 씨족사회에 대립하지 않았지만, 점차 그 가족의 가장이 되고 경제적 우세권을 획득하며 전진적으로 전체 씨족의 가장으로 발전한다. 증명되었듯이, 처음으로 족장의 가족과 같은 혈통의 하위씨족 사이에 계급대립이 생겨난다.

그러므로 첫 번째 계급은 한 측면에서는 족장의 가족이고, 다른 측면에서는 씨족(Gens)이었다.

그렇게 시작된 모권제에서 부권제로의 발전에서, 가족은 자신의 경제적 기능과 더불어 더 중요한 다른 기능을, 즉 각 개인의 구조를 자유로운 씨족구성원에서 억압받는 가족구성원으로 바꾸는 기능을 지니게 되었다. 오늘날 인도의 대가족에서 이런 기능은 매우 명확하게 표현된다. 씨족에 대립하여 자립화함으로써 가족은 계급관계의 최초 조직이 될 뿐만 아니라, 가족의 경계선 안팎에 있는 사회적 억압의 최초 조직이 된다. 막 출현하는 '가족인'(Familienmensch)은 자기 자신의 구조를 변화시킴으로써 점점 사회의 부권화되어 가는 계급조직을 재생산하기 시작한다. 이런 재생산의 핵심 메커니즘은 성긍정에서 성억압으로의 변화이며, 그 변화의 토대는 족장의 지배적인 물질적 우위이다.

간단히 이런 심리적 변화의 본질을 요약해보자. 오직 공통의 생활이해에 기초한 씨족과 부족 구성원의 자유롭고 자발적인 관계 대신에, 이제 경제적 이해와 성이해 사이에 대립이 들어선다. 자발적 노동수행 대신에 이제는 노동수행에 대한 요구와 그에 대한 반항이 들어서고, 자연적인 성적 사교성 대신에 도덕주의적 요구가 들어서며, 동지적인 전투성 대신에 권위주의적 성과가 들어선다. 자발적인 행복한 애정결합 대신에 '심적 의무'가 들어선다. 씨족연대 대신에 가족유대와 그에 대한 반항이 동시에 들어선다. 성경제학적으로 조절된 생활 대신에 성기에 대한 제한과 그것과 함께 최초의 정신병과 성도착이 들어선다. 자연적으로 강하고 자기보호적인 생물학적 유기체는 무력하고 의존적이며 신을 두려워하게 된다. 오르가즘적인 자연체험은 신비주의적 무아경, 나중에 '종교체험', 그리고 억제할 수 없는 생장적 갈망으로 대체된다. 모든 개인의 약해진 자아는 점차 민족으로 발전하는 부족과, 점차 부족의 가부장으로 그리고 마침내 왕이 되는 부족의 족장과 연합하고 동일시하는 속에서 힘을 찾는다. 복종자 구조의 탄생이 완수된다. 인간복종의 구조적 고정이 확보된다.

소련의 사회혁명의 초기국면은 원시공산주의적 관계를 고차원의 문명화된 구도 위에서 복원하고 **성부정에서 성긍정으로 전환**하는 이러한 과정이 최근 역전되었음을 드러낸다.

『공산당선언』에서 전개된 맑스의 확인에 따르면, 사회혁명의 주요한 과제 가운데 하나는 가족폐지이다.[2] 여기서 맑스가 사회적 과정으로부터 이론적으로 추론한 것은 나중에 소련에서 사회조직의 발전을 통해 확인되었다. 즉 가족 대신에 원시공산주의에 있었던 씨족과 일정한 유사성을 보이는 조직이, 공장 · 학교 · 농장 등에서 **사회주의 집합체**가 나타나기 시작했

2 "개별경제의 폐지가 가족폐지와 분리될 수 없다는 것은 자명하다."(1부)

다. 원시씨족과 공산주의 집합체의 차이는, 원시씨족이 혈연관계에 기초해 세워졌고 그 자체로서 또한 경제단위라면, 공산주의의 사회주의 집합체는 혈연에 관계된 사람으로 구성되지 않고 공통의 경제적 기능에 기초하고 있다는 점이다.

공산주의 집합체는 경제단위로 발전하고, 필연적으로 성집단으로 특징짓고 더 잘 특징지을 수 있는 개인적 관계의 형성으로 나아간다. 원시사회에서 가족이 씨족을 파괴했던 것처럼, 공산주의에서 경제적 집합체는 이미 자본주의 위기 중에 무너지기 시작했던 가족을 파괴한다. 과정은 역전된다. 만약 가족이 이데올로기적으로 또는 구조적으로 존속한다면 집합체의 발전은 지체된다. 만약 이런 지체를 극복하지 못하면, 집합체는 [예를 들어 청년코뮨에서 발생했던 것처럼(7장 참조)] 가족적인 인간 구조의 한계 속에서 스스로 파괴된다. 공산주의 발전의 초기과정은 한편으로 경제적 집합체 및 그것이 지닌 독립을 향하는 본래부터 성긍정적인 경향과, 다른 한편으로 개인주의적-가족적이며 성을 불안해하는 개인구조 사이의 갈등으로 특징지을 수 있다.

제 2 장

성혁명

1. 진보적 입법

소비에트의 성법률은 삶을 부정하는 성질서에 반대하는 성혁명의 첫 번째 파고의 가장 명백한 표현이었다. 대부분의 전통적 법률은 새로운 법률에서 문자 그대로 뒤집어졌다. 이런 변화가 완전히 성공하지 못하는 경우에, 나중에 성반동은 예를 들어 결혼법, 낙태법 등의 틈에서 근거지를 되찾을 것으로 보인다.

성도덕적 규제와 **성경제학적** 규제[조절] 사이의 대립을 더 잘 이해하기 위해서는 혁명법률과 이전의 짜르법률을 비교하는 것이 필요하다. 자유주의적이고 '민주주의적인' 성법률은 원리상 짜르법률과 다르지 않고 성종속 정도의 아주 작은 차이에서 다를 뿐이라는 것을 여기서 상세하게 증명하는 것은 불필요하다. 성적-도덕적-권위주의적인 조절조치는 근본적으로 이전과 같다. 이것을 강조하는 것이 중요하다. 왜냐하면 우리는 소비에트의 조치가 자본주의적 질서를 다른 권위주의적 질서로 대체할 뿐이다라는, 즉 예를 들어 소비에트 결혼법은 단지 억압의 지양이지 원리상 모든 근본토대에서 본질적으로 **다른 종류의** 조절을 제시하지 않는다라는 주장을 다루어야 하기 때문이다. 정확히 이런 다른 종류의 '질서'의 본질이 성경제학의 문제이다.

우선 짜르법률에서 한 구절을 검토해보자.

"형법 106조 : 남편은 자기 자신의 몸처럼 아내를 사랑해야 하고, 아내와 조화롭게 살아야 하며, 아내를 존경해야 하고, 아플 때 아내를 도와야 할 의무가 있다. 남편은 자신의 위상과 능력에 따라 아내를 부양할 의무가 있다.

형법 107조 : 아내는 가장인 남편에게 복종해야 하고, 사랑과 존경 그리고 끝없이 순종하면서 남편 곁에 머물러야 하며, 남편에게 주부로서의 모든 호의와 헌신을 보여줄 의무가 있다.

형법 164조 **부모의 권리** : 부모의 힘은 연령을 불문하고 남녀 아이 모두에게 미친다…….

형법 165조 : 부모는 가정에서 완강하게 반항하고 순종하지 않는 아이를 다루는 데 교정조치를 사용할 권리를 지닌다. 만약 이러한 조치가 실패한다면 부모는 다음 권리를 행사할 수 있다.

1. 부모의 권력에 대한 완강한 불복종, 부도덕한 품행, 그리고 또 다른 명

백한 악행에 대해, 공무를 수행하지 않는 남자든 여자든 자녀를 감옥에 집어 넣을 권리…….

2. 사법제도에 자녀를 고소할 권리. 부모의 권력에 도전하고 부도덕하게 행동하며 또는 다른 명백한 악행에 관여하며 완강하게 복종하지 않는 자녀는, 만약 부모가 그렇게 하길 바란다면 특별한 법적 준비 절차 없이 2~4개월의 감옥형에 처해진다. 그런 경우에 부모는 자신의 판단에 따라 감옥형의 기간을 단축하거나 연장할 권리를 갖는다."

도덕적인 권위적 조절이 어떻게 표현되는지 주의 깊게 살펴보자. 부모는 도덕적이고 법적으로 인정된 의무의 강제 아래 있다. 남편은 사랑할 수 있든 없든, 나중에 사랑하길 원하든 않든, 아내를 사랑**해야 한다**. 반면 여성은 복종적인 주부여야 하며, 황폐해진 상황을 개선하는 것은 불가능하다. 법은 부모에게, 권위주의적 국가의 이익에 끊임없이 일치하는 목표에서 부여된 부모의 권력을 자녀들에게 행사하도록 위임한다. 즉 복종자 구조를 확보하기 위해 (동시에 국가권력을 표상하는) '부모권력에 대한 완강한 불복종'에 대한 권력을 행사하도록 위임하며, 그런 복종 구조의 확보에 가장 본질적인 **수단**을 세우기 위해서 '부도덕한 품행과 또 다른 명백한 악행'에 대한 권력을 행사하도록 위임한다.

가부장적-국가적 질서의 그러한 분명하고 솔직한 고백에 비추어, 혁명운동이 인간을 복종시키는 주요한 **수단**인 성억압에 얼마나 적은 중요성을 부여했는가는 믿기지 않는다. 성경제학이 모든 종류의 억압의 내용 및 메커니즘을 밝힐 필요는 없었다. 왜냐하면 억압의 내용 및 메커니즘은 가부장제 문화현상에만 있는 것이 아니라 모든 법률에도 분명하게 있었고 지금도 있기 때문이다. 문제는 왜 그것이 보이지 않았으며, 왜 이와 같은 폭로가 제공하는 강력한 무기를 사용하지 않았는가이다. 다른 어떤 반동적인 성법률만큼이나 짜르법률도 권위적－도덕적 질서의 목적은 성종속이다라는 성경제학적 관점을 명백히 표현한다. 도덕적 규제와 그것의 주요한 수단인 성억압을 발견할 수 있는 곳은 어디에서든지 실질적 자유에 대해서 말할 수 없다.

사회혁명이 성혁명에 부여한 중요성은 1917년 12월 19일과 20일에 선포된 (본질적으로 이전의 모든 규정을 폐지한) 레닌의 두 포고에서 표현된다. 이 포고 가운데 하나는 「결혼의 해소에 관하여」라고 불리었는데, 그 내용은 그 제목만큼 분명하지는 않았다. 두 번째 포고는 「시민결혼, 자녀, 시민지위의 등록에 관하여」라는 이름이 붙여졌다. 두 법 모두 남편에게서 가족을 주도하는 권리를 제거했고, 여성에게 완전한 경제적, 성적 자기결정권을 주었으며, 여성이 자유로이 자신의 이름, 주소, 시민권을 결정할 수 있는 것을 자명한 것으로 선언했다.

통찰력을 지닌 모든 사람이 알듯이, 그러한 법률은 단지 다가올 과정의 외관상의 자유로운 발전을 보장하고 그것에 일정한 이데올로기적 형식을 부여하였다. 혁명법이 가부장 권력의 폐기를 표현했다는 것은 명백했다. 이전의 지배계급이 자신의 권리와 자신의 억압적 국가장치를 잃게 되자 가족성원에 대한 아버지의 권력도 무너졌으며, 그와 함께 계급사회의 성격구조를 형성하는 세포로서 강제적 가족 안에서 국가를 대표하는 것도 무너졌다. 만약 가부장제 가족과 권위주의 국가 사이의 이런 논리적이고 내적으로 필연적인 연관을 자신의 구조적인 재생산의 장소라고 명백히 인식하고 실천적으로 다루었더라면, 혁명은 많은 헛된 논의와 실패 그리고 심지어 매우 잔혹한 퇴행을 하지 않았을 것이다. 무엇보다도 차츰 권력을 장악하기 시작한 낡은 이데올로기와 도덕의 대표자에 대항하여 올바른 논의와 조치를 찾아냈을 것이다. 낡은 이데올로기와 도덕의 대표자들은 최고 관직을 장악했고, 혁명운동은 그들이 어떠한 손상을 가져오는지를 감지하지 못했다.

생활(삶)을 단순화하려는 소비에트 체제의 일반적 경향에 따라 강제적 결혼의 해체는 상당히 쉬워졌다. 사람들이 여전히 '결혼'이라고 부르는 성관계는 간단히 성립됐던 것만큼이나 간단히 해소될 수 있었다. 상대[파트너]와의 '자유로운 합의'만이 중요했다. 아무도 어떤 관계에, 그 또는 그녀의 '자유의지'에 반하는 또 다른 관계를 강요하는 것이 허용되지 않았다. 그러므로 국가는 더 이상 상대의 관련행동에 개입하지 않았고 오직 상대의 자유로운 결정이 있을 뿐이었다. 이혼 이유를 요구하는 것은 무의미하게 되었다. 만약 한 상대자가 성공동체[가족]를 그만두려고 해도, 그 또는 그녀가 그 이유를 말할 의무는 없었다. 결혼과 이혼은 순수하게 사적인 문제가 되었고, '책임원칙'이나 '성격불화원칙'은 소비에트법에 '절대적으로 낯선' 것이 되었다.(Batkis)

관계의 등록은 자발적이었다. 등록되어 있어도 상대자들 가운데 한 사람이 또 다른 사람과 성관계를 맺는 것이 '기소되지 않았다'. 그러나 자신의 상대에게 다른 성관계를 말하지 않는 것은 '기만'으로 여겨졌다. 부양의무는 원래 단지 '과도적인 조치'로 여겨졌다. 별거 이후에 부양의무는 6개월 동안 지속되는데, 그것은 상대가 소득이 없거나 고용되어 있지 않을 때에만 타당하였다. 부양의무가 과도적 성격을 지녀야 한다는 것은, 모든 사회구성원이 완전한 경제적 독립을 성취하도록 하려는 소비에트주의의 경향에서는 자명한 것이었다.

혁명의 처음 몇 년 동안, 부양의무는 개인적이고 경제적인 완전한 자유를 창조하려는 사회질서의 고유한 의도를 방해하는 초기의 어려움을 넘어서도록 돕는 기능만을 지녔었다. 가족은 단순히 법적으로는 폐지됐지만 현실에서는 그렇지 않았다. 사회가 모든 어른과 청소년에 대한 보호를 보장할 수 없는 한, 가족 성원의 사회적 보호를 보증한다는 가족의 기능은 사회의 대리인으로 남기 때문이다. 그러므로 등록뿐만 아니라 부양은 과도적인 조치로 생각되었다. 만약 어떤 사람이 등록된 결혼생활을 오래 했고 자신의 가족을 보살폈는데 새로운 의무를 지게 되면 그 가족에게는 해가 될 것이다. 만약 당사자가 자신의 첫 번째 아내에게 새로운 관계를 알리지 않으면 그는 명백히 아내를 속이는 것이다. 명백하게 개인적 자유를 (심지어 여러 명의 상대와의 관계에서도) 보장했던 소비에트 법률의 의미에 대한 하나의 제약 내지는 하나의 모순이 이러한 가족관계에서 생겨났다.

우리는 여기서 처음으로 결혼법에서 미래에 얻을 성자유를 기대했었던 소비에트 자유 이데올로기의 역할과 현실가족의 존재조건 사이의 현실적 모순을 인식한다. 부양의무와 아직은 자립적이지 못한 여성의 이해는 열망했던 자유와 모순됐다. 우리는 나중에 이런 종류의 모순을 상당히 발견할 것이다. 그러나 그러한 모순이 존재했다는 것이 중요한 것이 아니라, 오히려 어떤 형태로 모순이 해결됐고, 그 해법은 자유라는 본래 목표의 방향에 있었는가 아니면 지체의 방향에 있었는가가 중요하다.

소비에트법은 명백히 한편으로는 열망하는 궁극목적을 이데올로기적으로 예상하는 요소를 보여주며, 다른 한편으로는 과도기를 고려한 요소도 보여준다. 열망했던 목표와 현재의 현실적 조건 사이의 이러한 모순의 역동적 과정을 처음부터 따르기만 한다면, 소련에서 이후에 더욱 첨예하게 부각됐던 성혁명의 지체라는 수수께끼는 풀릴 것이다.

문화 및 성의 위선자들은 레닌이 반동적 태도를 인정했다고 종종 인용하였다. 법률 제정은 다만 성혁명과 함께 문화혁명의 시작일 뿐이라는 것을 레닌이 얼마나 명백하게 인식했는가를 들어보는 것이 유용하다.

주민들 사이에서 '개인적이고 문화적인 생활의 새로운 질서'[이른바 '노뷔 비트'(Nowij Byt, 새생활)]에 대한 토론은 수년 동안 지속됐다. 오직 자신을 옭아맨 무거운 쇠사슬을 던져 버리고 자신의 삶을 완전히 재건해야 한다고 명백히 인식한 사람만이 만들어낼 수 있는 열광과 활동적 참여가 토론에 내재해 있었다. '성문제'에 대한 이러한 토론은 혁명의 출발점에서 시작됐고 점증적으로 강렬하게 계속되다가는 사라졌다. 왜 토론이 사라지고 퇴행적 발전으로 나갔는가는 바로 이 책이 이해하려고 하는 것이다. 파니나 할레(Fanina Halle)의 보고에 따르면 성혁명에 대한 토론이 최고조에 달했던 1925년에 당시 인민위원인 쿠르스키(Kurskij)가 다음과 같은 레닌의 말에 따라 결혼질서에 대한 새로운 구상을 도입해야 했다는 것은 의미심장하다.

> "물론 법만으로는 충분치 않으며, 우리는 결코 포고[법령]에 만족하지 않을 것이다. 그러나 입법의 영역에서 우리는 이미 남녀평등을 이루기 위해 우리가 요구했던 모든 것을 성취했고 당연히 그것에 대해 자랑스러워할 수 있다. 여성의 지위는 현재, 정말 가장 진보적인 국가의 입장에서도 사실상 이상적이라고 말할 수 있는 상태이다. 그래도 여전히 우리는 이것이 당연히 시작일 뿐이라고 말한다."

무엇을 향한 '시작'인가? 만약 그 당시에 모든 주민의 기분을 그렇게 흥분시켰던 그 토론을 검토하면, 보수주의자들이 낡은 주장과 '증거'를 빽빽히 비축하여 사용하였지만, 반면에 진보주의자들과 혁명가들은 '낡은' 것을 '새로운' 어떤 것으로 대체해야 한다고 진정으로 느꼈다는 것을 확인할 수 있다. 하지만 이들은 이런 '새로운' 것에 대해 한 마디도 하지 못했고 그것을 적절히 표현할 수 없었다. 진보주의자와 혁명가는 용감하게 그리고 끈질기게 싸웠지만 마침내 무력화되었고 그 토론에서 패배했다. 왜냐하면 그들은 처음에는 힘겹게 무기를 만들어야 했고 혁명의 혼란한 생활로부터 자신들의 주장을 끄집어내야 했기 때문이며, 결국 수영하는 사람에게 붙어 있는 수중 곤충처럼 자신들에게 달라붙어 있던 낡은 개념에 부분적으로 스스로 사로잡혔기 때문이다.

이 사회가 일단 자신의 존재를 다시 깨닫고 자신의 생활을 새로 질서화하려고 할 때, 새로운 것을 둘러싼 모든 혁명투쟁에서 가장 중요한 것, 즉 사람들이 성반동과 싸우는 데 더 잘 준비해야 한다는 것을 이해하지 못하면, 소비에트 문화혁명의 모순을 밝히려는 모든 노력은 수포로 돌아갈 것이다.

소련에서 사람들은 문화생활의 재건이 지닌 어려움에 이론적으로나 실천적으로 대비하지 못했다. 우리는 우선 이러한 어려움에 대해 개관해 볼 것이다. 이러한 어려움은 부분적으로는 짜르 가부장제로부터 이어져 온 인류의 깊은 심리구조에 대한 사실적 무지에서, 그리고 부분적으로는 혁명의 과도적 어려움에서 생긴다. 우리는 혁명적 의도에서 명백히 요구되고 제시된 것과, 불확실하게 표현되고 나중에 퇴각할 수밖에 없었던 것을 대비시킨다.

2. 노동자는 경고한다

소비에트 성혁명에서 가장 본질적인 것은 **법률**에 공표된 변화에서 알 수 있다고 일반적으로 믿는다. 그러나 법적인 변화 또는 달리 단지 외적인 형식적 변화는 실제로 '대중을 장악할' 때만, 즉 대중의 심리**구조**를 재건할 때만 사회적 중요성을 띤다. 이러한 방식에서만(대중의 충동적인 삶과 느낌

속에 깊이 파고드는 변화에 의해서만) 하나의 이데올로기나 강령은 역사적으로 변혁시키는 힘이 될 수 있다. 종종 인용되고 아직 덜 이해된 '역사의 주체적 요소'는 오직 대중의 심리구조 속에만 주어져 있기 때문이다. 압제와 억압을 수동적으로 감내한다는 것을 의미하든, 지배권력이 주도한 기술발전 과정에 적응한다는 것을 의미하든, 마지막으로 혁명에서처럼 사회발전 과정에 능동적으로 개입해 왔다는 것을 의미하든, 주체적 요소는 사회발전에 결정적이다. 그러므로 대중의 심리상태를 단지 경제 과정의 산물로만 보고 경제 과정의 동력으로 보지 않는 한, 역사발전에 대한 어떤 연구도 스스로를 혁명적이라 부를 수 없을 것이다.

이런 관점에서 소비에트 성혁명의 영향은 공표된 법률(이런 법률은 오직 볼셰비키 지도부의 당시 혁명정신의 증거일 뿐이다)에 의해서가 아니라, 이런 법률이 공표된 뒤에 러시아 인민대중이 경험한 혁명적 충격과 이러한 '새생활' 투쟁의 결과에 의해서 판단되어야 한다. 대중은 성정치적으로 법률의 변혁에 어떻게 반응했는가? 대중과 밀접하게 접촉했던 당 하층관료는 어떻게 반응했는가? 나중에 지도부는 이것에 대해 어떤 태도를 취했는가?

우선 격렬한 성위기 문제에 매우 일찍이 관심을 가졌던 알렉산드라 콜론타이(Alexandra Kollontay)의 보고를 들어보자.

> "(성)위기는 오래 끌면 끌수록 더욱 더 만성적 성격을 띠며, 성위기를 겪는 인민의 조건은 더욱 더 해결할 수 없게 되며, 이런 저주받은(!?) 문제에 대

한 해결책을 찾으려는 인간의 쓰라림은 더욱 커진다. 그러나 비비꼬인 성문제의 실타래를 풀려는 모든 새로운 시도와 함께, 상호관계는 더욱 더 복잡해지고, 마치 이런 완강한 엉킴을 풀 방법을 발견할 수 없을 것 같다. 깜짝 놀란 인간은 한 극단에서 다른 극단으로 가보지만, 성문제의 마법의 원[원 안에 있는 사람은 마법에 걸림]은 여전히 닫힌 채로 있다……. 심지어 농민도 성위기에서 벗어나지 못하였다. 지위와 장소를 가리지 않는 전염병처럼, 성위기는 성과 별장에서 노동자의 칙칙한 주거지로 이동하고, 평화스런 농가를 스쳐 지나서는 추위로 언 러시아 마을로 쇄도한다……. 성위기에 대항해서는 자물쇠도 없고 빗장도 없다. 안정된 인민층의 대표만이 이런 그물 속에서 싸우고 있다고 믿는 것은 엄청난 실수일 것이다. 더욱 더 자주 성위기의 탁한 물결이 노동자 주거지의 문지방을 가로질러 흘러서, 예리함과 쓰라림에서 볼 때 세련된 부르주아 세계의 심리학적 갈등을 닮은 극(劇)을 창조한다."[1]

성적이고 작고 사적인 생활, 즉 가족생활의 위기는 폭발했다. 새로운 결혼법, '결혼폐지'는 단지 외적으로 자유로운 길을 제시했을 뿐이었다. 실질적인 성혁명은 현실생활에서 일어났다. 우선 국가지도부의 관료가 성문제에 관심을 갖게 됐다는 사실은 결코 작지 않은 혁명을 의미했다. 그 다음에 하층관료는 그 문제를 집어들었다. 처음에는 낡은 질서가 붕괴하면서 혼돈만이 생겨났다. 그러나 단순하고 훈련받지 않은 혁명의 담당자

1 *Die neue Moral und die Arbeiterklass*(『새로운 도덕과 노동자 계급』), 65쪽 이후.

는 엄청난 문제에 용감하게 접근했다. 그에 반해 '교양 있고' 저명한 학자는 역사 과정에서 일어나고 있는 것을 감지하는 한에서만 '관찰'을 시도하였다.

『일상생활의 문제』라는 자신의 소책자에서, 트로츠키는 모스크바 관료의 지지를 받으면서 일상생활에 대한 소비에트 여론의 관심을 환기하였다. 그는 이를테면 성문제를 제기하지는 않았다! 그는 단지 관료가 일상생활의 현실적인 문제를 토론하도록 했다. 그리고 관료는 거의 전적으로 '가족문제'에 대해서 이야기했기 때문에, 마치 이미 성경제학에 친숙한 것 같았다. 그러나 법적인 또는 사회학적인 가족문제에 관심이 있는 것이 아니라, 그때까지 가족이라는 경제단위와 연결돼 있었지만 이제 그것의 붕괴와 함께 전에는 생기지 않았던 문제가 제기하는 성생활의 불확실성과 불안정성에 대한 관심이 있었다.

혁명의 초기 몇 년 동안 하층관료는 모든 미래혁명에 모범적일 만한 방식으로 행동했다. (모든 문화혁명의 핵심으로서) 성혁명의 시작은 법률에서뿐만 아니라 어려움을 인식하고 문제를 제기하는 방식에서도 옳았다. 여기에 몇 가지 사례가 있다.

관료인 코사코프(Kosakow)는 다음과 같이 말했다.

"표면상, 가족생활에 하나의 변화가 있었다. 즉 사람들은 가족생활에 대해 더 단순한 태도를 가진다. 그러나 근본적인 문제는 변하지 않았다, 다시 말해 가족의 일상적인 근심거리는 결코 완화되지 않고 한 가족 성원의 다른 가족 성원에 대한 지배가 남아 있다. 인민은 공개적인 생활을 열망하며, 가족욕구 때문에 이런 열망을 만족시킬 수 없다면 불안함과 신경쇠약증이 나타날 것이고, 이것을 감수할 수 없는 개인은 가족을 곤경에 빠뜨리거나 그 자신이 신경쇠약이 될 때까지 자책할 것이다."

코사코프는 그 문제를 다음 몇 가지 명제로 요약하였다.

① 가족상황은 겉으로는 근본적으로 변했지만, 속으로는 낡은 것이 남아 있다.

② 가족은 집합체를 세우려는 혁명적 진행에 브레이크로 작용한다.

③ 가족적 억제는 가족성원의 심리적 건강을 해치는 식으로 작용한다. 이것은 노동능력 및 노동 즐거움의 감소뿐만 아니라 정신병의 발병과 같은 의미이다.

다음 진술은 경제적 변혁이 가족의 전진적인 붕괴에 끼친 영향을 밝히고 있다.

"코보세프(Kobosew) : 틀림없이 혁명이 노동자의 가족생활에 커다란 변화를 일으켰다. 특히 만약 남편과 아내가 생산활동을 한다면, 아내는 자신을 경제적으로 독립적이라 여기고 동등한 사람으로서 행동한다. 다른 한편으로, 예를 들어 남자는 가장이라는 등의 편견은 극복됐다. 가부장제 가족은 붕괴했다. 혁명의 영향 아래 노동자가족과 농민가족에서는 여성들이 자신의 물질적 실존기반을 느끼기 시작하자마자 분리를 향한, 독립적 생활을 향한 강한 경향이 나타난다.

쿠리코프(Kuljkow) : 틀림없이 혁명이 가족생활에서, 가족에 대한 견해에서, 그리고 심지어 여성해방에 대한 태도에서 변화를 가져왔다. 남성은 자신을 가장이라고 느끼는 것에 익숙해져 있다……. 이것에 종교 문제, 여성에게 쁘띠부르주아적 욕구를 부정하는 것이 덧붙여진다. 그러나 기존의 수단으로 할 수 있는 것이 많지 않으므로, 추문이 시작되었다. 여성은 더 자유롭기를 원하며, 어딘가에 아이를 맡기기를 원하고, 남편이 머무르는 곳에서 더 자주 남편과 함께 있기를 원한다. 여기서 바로 모든 가능한 추문과 추태가 시작된다. 결국은 이혼한다. **공산주의자들은 그런 문제에 대해서 통상적으로, 가족 특히 남편과 아내 사이의 싸움은 사적인 문제다라고 대답한다."**

여기서 '종교 문제'와 '여성에게 쁘띠부르주아적 욕구를 부정하는 것'으로 묘사된 어려움을 우리는 **가족성원의 가족유대**와 구속되지 않으려는 성적인 노력 사이의 모순의 표현이라고 주저 없이 이해할 수 있다. 공간 부족과 같은 물질적인 가능성의 결여는 추문으로 나아가게 되어 있음에 틀림없다. 성은 '사적인 문제다'라는 태도는 해로웠다. 공산당원은 개인생활에서 이런 혁명에 대처할 과제에 직면했으나 전혀 해답을 알지 못했기 때문에 빈번히 법형식에 호소했다.

관료 마르코프(Markov)는 다음과 같이 이해했다.

"나는 우리가 '자유연애' 개념을 잘못 해석한다는 의미에서 끔찍한 재난에 다가가고 있다는 사실에 주목한다. 그 결과는 무엇보다도 자유연애로 공산주의자가 세상에 많은 아이를 낳는다는 것이다……. 만약 전쟁이 무수한 부상자를 남겼다면, 자유연애에 대한 잘못된 이해는 우리에게 심지어 더 많은 장애자로 보답할 것이다. 그리고 우리는 우리가 노동자대중이 이런 문제를 적절하게 이해하도록 촉진하는 방향으로 나아가는 계몽영역에서 아무것도 해오지 않았다는 것을 정직하게 말해야 한다. 그리고 만약 누군가 이런 문제에 대해 질문한다면, 우리는 그것에 대답할 수 없을 것이라고 나는 생각한다."

의심할 나위 없이, 공산주의자들은 당시에 그 문제에 대처할 용기를 가졌었다. 그러나 그들이 물려받은 지식을 가지고 그 어려움을 해결할 수 없었기 때문에, 이 용기는 유용하지 않았다는 것이 밝혀질 것이다.

후속부의 전개라는 관점에서 이런 진술에 주목하는 사람은, 그것은 결말의 느낌과 테마가 첫 번째 음 속에 이미 알아차릴 수 없게 암시되어 있는 어떤 장엄한 교향곡에서처럼 부수적인 것처럼 울렸다고 결론지을 것임에 틀림없다. 그것은 비극을 알리는 테마였다.

공산당 관료 콜리초프(Koljzow)는 다음과 같이 경고했다.

"이런 문제에 대해서는 아무도 이야기하지 않았으며, 마치 어떤 이유에서 사람들이 그 문제를 꺼려하는 듯하다. 지금까지 나는 결코 그것을 철저하게 생각해 오지 않았다……. 현재 그것은 나에게는 새로운 문제이다. 나는 그것을 매우 중요하게 여긴다. 사람들은 그것에 대해 숙고해야 한다. 나는 똑같은, 물론 막연한 이유에서 그러한 문제는 출판란에 잘 들어가지 않는다고 생각한다."

그리고 관료 핀코프스키(Finkowski)는 성적 수치심의 본질 한 조각을 일찍이 다음과 같이 인식하였다.

"……이 주제에 대한 토론은 너무 핵심을 찔렀기 때문에 거의 시작되지 않았다. ……내 생각에 사람들은 당혹감을 불러일으킬까봐 이 주제에 관한 토론을 지금까지 시작하지 않았다. ……이런 기만으로부터 벗어나는 방법은 국가가 모든 노동자 자녀의 교육과 보호에 대해 책임지고, 부엌 등에서 여성을 해방시키는 것이라고 모든 사람은 알고 있다. 공산주의자들은 보통 아름다운 미래에 호소하며 그럼으로써 그 질문에 대한 어떤 토론도 피한다. …… 노동자는 이러한 문제에서 공산주의자 가족이 자신들 자체보다 더욱 나쁜 상태에 있다는 것을 안다."

짜이틀린(Zeitlin)은 다음과 같이 말할 때 자신의 혁명적 본능을 보여줬다.

"문학은 심지어 결혼과 가족의 문제, 즉 남편과 아내의 관계문제조차 언급하지 않는다. 그러나 이런 문제는 명백하게 모든 남녀노동자에게 흥미 있는 문제다. 만약 우리가 이런 문제를 우리 집회의 주제로 삼는다면, 노동자는 그것에 대해 듣고 우리의 집회를 가득 메울 것이다. 더욱이 대중은 우리가 침묵 속에 이런 문제를 얼버무린다고 느끼며, 우리는 사실상 그것을 침묵한 채 지나쳐 버린다. 나는 노동자의 일부가 공산당은 이런 문제에 대한 특정한 의견을 갖고 있지 않고 어떤 의견을 가질 수도 없다고 말하는 것을 안다. 그리고 모든 남녀노동자는 이런 문제를 종종 제기하지만 그에 대해 어떤 해답도 찾지 못한다."

성과학에 대해 전혀 훈련받지 않은 노동자가 오로지 생활에서 얻은 이러한 관점은, '가족사회학'에 대한 긴 논문보다 더 가치가 있다. 노동자의 관점은, 권위주의적 국가권력의 폐지가 전에는 볼 수 없었던 비판과 신념을 드러나게 했다는 것을 증명한다. 짜이틀린은 성경제학에 대해 아무것도 몰랐지만, 그럼에도 불구하고 성경제학이 주장하는 것, 즉 **평균적인 대중의 관심은 국가정치를 향해 있다기보다는 성정치를 향해 있다**는 것을 정확히 묘사했다. 그는 혁명지도부가 지닌 성적 부끄러움에 대한 대중의 무언의 비판을 확인했다. 그는 프롤레타리아 지도부가 이런 식으로 행동하면 분명 어떤 생각도 만들어 내지 못하고, 그러므로 피할 수밖에 없다는 것을 정확하게 확인했다. 그리고 대중은 바로 **이러한** 문제에 대한 대답을 기다렸다.

또한 현실적인 문제에 관해서 살아 있지 않고 **단지** 역사적이기만 한 관찰에 대한 비판도 없지 않았고, 살아 있는 이론을 새롭게 적용할 수 없는 무능력에 대한 비판도 없지 않았다.

고든(Gordon)은 성문제에 대해 이야기하는 한 강연자가 오직 엥겔스의 『가족의 기원』에 대해서만 말하고 거기에 자신의 의견을 전혀 덧붙이지 않았다고 보고한다.

> "물론 나는 이것이 나쁘다고 말하고 싶지 않지만, 사람들은 현재와 관련하여 엥겔스의 저작에서 결론을 도출해야만 했을 것이다. 그러나 이것을 우리는 바로 지금은 할 수 없다. 그러므로 이러한 문제는 매우 달아오르게 되었다."

그러므로 관료들은 성관계를 명확히 하고 새롭게 질서지우는 것에 대한 대중의 관심을 가장 강하게 지적하였다. 사람들은 값싸고 훌륭한 성계몽 문헌을 요구하였다. 사람들은 '가족'에 대해 말했고 성적인 것을 생각했다. 사람들은 낡은 것은 썩었고 용납할 수 없다는 것을 알았지만, 새로운 것을 낡은 개념을 가지고 또는 더욱 나쁘게는 경제적 정보만을 가지고 파악하려고 하였다. 구체적인 것이 어떻게 나타나는지를 생생하게 그려보자.

모스크바의 한 관료인 리센코(Lyssenko)는 일반적으로 불안하게 하는 '거리의 현상'을 이해하려고 노력했다. 아이가 "뭔가 나쁜 짓을 꾀한다"고 관찰됐다. 예를 들어 아이들이 '적군' 놀이를 했다. 사람들은 '군사주의'의 '맛'을 옳게 인식했지만 '좋은 것'으로 간주했다. 때때로 더 나쁜, 즉 성적인 '다른' 놀이가 보였지만 놀라면서도 아무도 간섭하지 않았다. 그러나 사람들은 어떻게 아이를 '올바른 길로 인도'할 수 있는가에 관하여 골치를 썩고 있었다. 혁명가는 여기서 그것에 '간섭'해서는 안 되며, 보수적인 성불안은 근심스러운 생각을 가져온다고 올바른 감수성을 드러냈다. 만약 성수치심의 형식에서 낡은 사고방식이 새로운 사고방식과 대결하지 않았더라면, 어떻게 어린이를 '올바른', 즉 무성적인 길로 인도할까 하는 근심을 하지 않았을 것이다. 오히려 사람들은 어린이의 성표현을 주의 깊게 관찰했을 것이고 어린이의 성을 어떻게 다루어야 하는가 하는 문제에 직면했을 것이다. 그러나 사람들은 어린 시절[아동기]과 성을 관련된 것으로 여길 수 없었으므로 불안하게 되었고, 사회적으로 조직되지 않았기 때문에 아마도 거칠게 나타난 자연적 표현을 타락으로 간주했다. "사람들은 어린이에게 읽어 주어야 할 것을, 아마 체육에 관한 어떤 것이나 어떤 다른 유용한 것들을 알아야 한다"고 이야기됐다.

혁명가들은 다음과 같이 경고했다. "사람들은 우리가 포괄적인 문제에 관해서만 이야기하는 데, **생활에 더욱 밀접한 것에 대해 이야기해야 한다**고 종종 말한다. 우리는 우리의 관심을 생활의 작은 문제로 돌려야 한다." 구체적으로 어린이의 놀이에 적용하면, 이것은 분명히 다음을 의미한다.

① 우리는 이러한 놀이에 반대해야 하는가 찬성해야 하는가?

② 어린이의 성은 자연스러운가 아닌가?

③ 우리는 어린이의 성과 노동의 관계를 어떻게 파악하고 조절해야 하는가?

관리위원들은 걱정했다. 관료들은 그들을 안심시켰다. "관리위원들은 골치아파할 필요가 없다. 공산주의자는 노동자 속으로 들어가서 그들과 함께 살아갈 것이며, 거기에서 자신의 활동을 수행할 것이다. 즉 노동자를 제어할 것이다. 그러나 우리가 노동자와 함께 살지 않는다면 우리는 대중과의 관련을 잃을 것이다." 그러나 공산주의자의 과제는 대중과 밀접하게 접촉하는 것뿐만 아니라 이런 접촉을 구체적인 것에 사용하는 것이다. 대중을 제어하려는 것은, 막 권위주의적 권력의 사슬을 벗어 던진 사람의 새로운 생활표현에 대처하는 것을 모른다는 것을 의미했고, 낡은 의미의 권위 대신에 새로운 권위를 세우는 것을 의미했다. 그러나 과제는 **대중의 깨어 있는 생활을 자립을 향해 인도하기** 위해 새로운 권위를 세워서, 마침내 대중이 지속적인 권위주의적 감독 없이 살 수 있도록 하는 것이었다.

책임 있는 노동자는 충분히 정식화할 수 없는 채로, **새로운 생활형태를 향해 전진할 것인지 낡은 형태로 후퇴할 것인지** 하는 결정에 직면했다. 공산당은 사실상 성혁명에 대한 어떤 견해도 정식화하지 못했으므로, 사람들은 엥겔스의 역사적 분석으로는 실제로 사회적 배경만을 다룰 수 있지 막 일어나고 있는 생활 변혁의 **본질**을 파악할 수 없었으므로, 모든 미래세대에게 문화혁명의 출산고통을 분명히 보여주는 투쟁이 돌발했다.

사람들은 우선 순전히 경제적인 전제조건의 부족을 지적하는 것으로 스스로를 위로하였다. 그러나 '우선 경제적 문제, **그러고 나서** 일상생활의 문제'라는 태도는 잘못이었고, 문화혁명의 외형상 혼돈스러운 형태에 대해 준비하지 못한 것을 표현했을 뿐이었다. 종종 그것은 곧바로 하나의 회피였다. 빈곤의 심연에서 내전의 상처로 피흘리고, 공공부엌, 세탁소, 그리고 유치원을 즉각적이고 적합하게 조직할 수 없는 사회는 우선 가장 단순한 경제적 전제조건을 생각해야 했다. 문화혁명의 그리고 특히 성생활의 이러한 전제조건은 절대적으로 옳게 이해됐다. 이전의 러시아와 같이 후진적이고 가장 두드러진 예속성을 지닌 나라에서, 노동자와 농민 대중에게 청결과 이닦기를 교육하고 욕설과 침뱉기를 중단하도록 교육하는 것에 대해서 우선 조치가 **취해져야 했다**. 그러나 단순히 대중을 선진자본주의 나라의 문화수준으로 끌어올리는 것이 문제가 아니었다. 그것은 가장 당면한 과제였을 뿐이었다. 다른 관점에서 사람들은 '새로운 문화', 사회주의 문화, 공산주의 문화의 **질**에 대해 명백히 알아야 했다.

처음에는 아무도 책임을 지지 않았다. 혁명은 예상하지 못했던 문제에 부딪쳤고, 오직 어려움이 스스로 충분히 전개되어 해결책을 요구했을 때에 비로소 그런 커다란 어려움을 극복하기 위한 실천적 경험을 획득할 수 있었다. 만약 그런 전개과정을 제때에 알고 이해하지 않는 한 퇴행은 불가피하다. 우리는 이것이 **첫 번째** 성공적인 사회혁명이었다는 것을 잊지 않는다. 사회 혁명의 순수하게 과학적이고 정치적인 전제조건을 인식하려는 진지한 투쟁이 있었다.

그러나 정치혁명이 제기한 것보다 문화혁명이 더욱 어려운 문제를 끊임없이 제기했다는 것은 오늘날 명백하다. 정치혁명은 단련되고 훈련된 지도부'만'을 그리고 그들에 대한 대중의 신뢰를 필요로 하기 때문에, 이것은 그럴 수밖에 없다. 그러나 문화혁명은 **대중구조의 재건**을 필요로 한다. 문화혁명은 숫자와 통계로 할 수 없으며, 문화혁명에 대한 과학적 설명은 상상 속에도 거의 없었다. 여기 그 결과 중의 하나가 있다.

1935년 8월 29일자 「세계무대」(*Weltbühne*)지는 소련에서 반동적 성이데올로기의 증가에 대해 경고하는 루이스 피셔(Louis Fischer)의 기사를 실었다. 공산주의 신문이 이 기사를 실었다는 것은 1935년 상황의 위험성을 증명한다. 그 기사는 다음 사실을 강조하였다.

청년은 도시의 과밀한 주거지에서 자신의 애정생활에 필요한 공간을 전혀 찾지 못한다. 소녀에게는 낙태는 해롭고 위험스러우며 바람직하지 않다고 각인된다. 아이를 낳는 것이 더 나을 것이다. 〈피터 비노그라도프의 사생활〉(Das Privatleben Peter Winogradows)이란 영화는 훌륭한 결혼을 선전한다. 피셔는 "어떤 보수적인 국가의 가장 보수적인 진영에서 승인될 영화"라고 쓴다. 「프라우다」(*Prawda*)지는 "소련에서 가족은 중요하고 심각한 문제다"라고 쓴다. 루이스 피셔는 볼셰비키가 결코 실질적으로 가족을 공격하지 않았다고 생각한다. 볼셰비키는 물론 인류 역사에서 어떤 때에는 가족이 없었다는 것을 알았고 이론적으로도 가족해체에 동의했지만, 가족을 결코 파괴하지 않았으며 반대로 가족을 강화했다. 더 이상 부모의 나쁜 영향을 두려워할(!) 필요가 없는 체제는, 이제 자신의 '필수적인 도덕적 · 문화적 영향'을, 즉 새로운 세대에 대항하여 어른 세대의 성억압적 기능을 환영한다.

1935년에 「프라우다」는 사설에서 나쁜 가장은 좋은 소비에트 시민일 수 없다고 전하였다. 피셔는 "이런 것은 1923년에는 생각할 수 없었다"고 쓴다. "소련에서는 숭고한, 순수한, 자랑스런 사랑만이 결혼의 이유일 수 있다." "가족에 관심을 보이는 것은 쁘띠부르주아적이라고 오늘날 아직도 주장하는 사람은 스스로 쁘띠부르주아지의 최하층 범주에 속한다." 첫 애기를 낙태하는 것에 대한 금지가 아마도 많은 정사와 난교를 끝장낼 것이고 '엄숙한 결혼'을 촉진할 것이다. 최근 몇 달 동안 신문은 낙태가 신체에 가져오는 커다란 손상을 묘사하는 교수와 임상전문가의 기사로 채워졌다.

"만약 신문이 매일 낙태에 반대한다고 소리친다면, 만약 이런 선전이 장중한 결혼식에 대한 찬미를 동반한다면, 만약 결혼의무의 신성함이 강조되고 세 쌍둥이 또는 네 쌍둥이를 낳은 어머니가 특별상을 받는다고 공표된다면, 만약 낙태한 적이 전혀 없은 여성에 대한 기사가 실린다면, 그리고 만약 네 자녀의 어머니인 박봉의 시골교사가 '비록 자녀 모두를 키우기 어렵지만' 다섯 번째 자녀를 거부하지 않기 때문에 공개적으로 칭찬받는다면, 그때 무솔리니를 떠올리게 된다"고 피셔는 쓴다. "사람들은 내적인 보장과 외적인 보장을 얻었고, 그래서 출산제한은 축소될 수 있다고 믿는다……. 사람들은 또한 싸구려 '청춘관계'에 반대해 싸울 것이다. 남성의 재촉에 저항하는 소녀는 더 이상 보수적이거나 심지어 '반혁명적'이라고 간주되지 않으며, 신체적 욕구의 만족이 아니라 사랑이 가족의 기초여야 한다."

이런 간략한 발췌는 우리가 소련의 표준적인 지도부의 성이데올로기가 다른 나라의 지도부의 성이데올로기와 더 이상 다르지 않다는 것을 보여준다. 삶을 부정하는 성도덕으로 되돌아 간 것은 의심할 여지가 없다. 일단 자유로워지고 부드러워진 청년, 산업노동자가 그것에 어떻게 반응할 것인가 하는 문제가 남아 있을 뿐이다. 소련의 공식 이데올로기는 또한 서유럽에도 영향을 끼쳤다.

우리는 1935년 8월 31일자 「뤼마니떼」지에서 다음 기사를 읽는다.

"**가족을 구하라**! 11월 17일에 사랑권에 대한 관심에서 진행하는 거대한 조사연구를 조직하도록 우리를 도와주시오.

프랑스에서 출생수가 놀라운 속도로 감소한다는 것을 사람들은 안다……. 그래서 공산주의자들은 매우 심각한 사실에 직면한다. 자신이 자신의 역사적 사명에 따라 변형시킨다고 하는 나라, 자신이 **올바른 경로**에 올려놓으려고 하는 프랑스 세계는 불구가 되고, 성장이 방해받고, 인구가 줄게 될 위험에 있다.

사멸하는 자본주의의 악, 즉 자본주의가 예를 보여주는 비도덕성, 자본주의가 발전시키는 이기주의, 자본주의가 창조하는 곤궁, 자본주의가 확산시키는 사회적 병폐, 자본주의가 야기하는 비밀스런 낙태는 **가족을 파괴한다**.

공산주의자는 프랑스 가족을 방어하기 위해 싸우길 원한다.

공산주의자는 불임을 이상화하는 쁘띠부르주아적(개인주의적이고 무정부주의적인) 전통과 단호하게 단절한다.

공산주의자는 강한 나라와 **많은 수의** 종족[국민]을 인계받기를 원한다. 소련은 공산주의자들에게 그 길을 지시할 것이다. 그러나 사람들은 종족을 구하기 위한 **즉각적인** 현실적 조치를 취해야 할 것이다.

나의 책 『젊음의 불행』(*Das Unglück, jung zu sein*)에서, 나는 오늘날의

청년이 가정을 갖는 것이 얼마나 어려운지 이야기했고 청년의 **사랑권**을 변호해 왔다.

사랑권, 즉 여성과 남성의 사랑, 남성의 여성에 대한 사랑, 어린이의 사랑, 부모의 사랑, 이것은 새로운 조사연구의 주제가 되어야 할 것이다……. 자신의 어려움, 불안, 그리고 희망에 관해 보고하는 우리 독자의 편지가 이것을 지지한다는 것을 나는 안다.

이것은 모성과 아동기에, 그리고 **많은 자녀를 둔 가족에게** 그들이 이 나라에서 가져야 하는 **지위와 이익을 부여함으로써** 프랑스 가족을 구할 수단을 연구할 조사연구이다. 청년이여, 우리에게 편지를 쓰시오. 아버지와 어머니여, 우리에게 편지를 쓰시오…….”(바이란트-쿠투리어 P. Vaillant-Coutourier)

인종이론과 다자녀가족 변호에서 국가사회주의자[파시스트]와 경쟁하는 어떤 공산주의자가 바로 이렇게 생각한다. 사회주의신문에서 그런 기사는 아주 파국적이다. 경쟁은 희망이 없으며, 파시스트가 이런 일을 훨씬 잘 이해한다.

거만한 비평과 그 모든 것을 안다는 태도는 상황에 대해 전혀 이해하지 못한다는 확실한 표시일 뿐이다. 우선 과제가 지닌 거대함, 복잡성, 다양성을 존중해야 한다. 그것은 그런 종류의 역사과정이 요구하는 필수적 진지함과 용기에 가장 중요한 전제조건이다.

러시아 문화혁명에서 ‘새생활’은 인식되지 못하고 오해된 채 낡은 것에서 벗어나려고 했지만 낡은 것이 그것을 방해했다.

낡은 생각과 느낌이 새로운 생각과 느낌에 스며들었다.

처음에 새로운 것은 낡은 것에서 벗어나 명확하게 표현하기 위해 싸웠지만, 명확한 표현을 찾지 못하고 다시 뒤로 물러섰다.

다음 번에 그것에 더 잘 대비하기 위해, 우리는 낡은 것이 새로운 것을 어떤 방식으로 질식시키는지를 파악하려고 한다.

러시아 혁명의 과정에서 우리는 인간의 세계관 및 성관계에서의 혁명이 생산수단의 사적 소유의 몰수라는 경제혁명과 사회민주주의(프롤레타리아 독재)의 정치적 수립으로 자동적으로 함께 진행된다는 것을 배워야 한다. 경제혁명과 정치혁명처럼, 성혁명을 의식적으로 이해하고 **전진적으로 끌고** 가야 한다.

낡은 것의 붕괴 뒤에 오는 이런 '전진'은 구체적으로 어떻게 보일까? 만족스러운 성생활을 위한, '새생활'을 위한 투쟁이 소련에서 얼마나 격렬하게 몰아쳤는지를 극소수만이 알고 있다.

제 3 장

성혁명의 지체

1. 지체의 전제조건들

1923년 경에 사생활과 문화생활의 변혁[혁명]에 **반대하는** 움직임이 더 첨예하게 나타나기 시작했다. 1933년~1935년에 그러한 움직임을 퇴보적인 법조치들에서 처음으로 확인할 수 있었다. 이러한 과정은 소련에서 성혁명의 그리고 그와 더불어 문화혁명의 **지체**라고 가장 잘 특징지을 수 있다. 이 지체의 본질적 특징을 파고들기 전에 우리 자신이 지체의 몇 가지 전제조건을 알아야 한다.

경제적–정치적 측면에서 러시아 혁명은 경제와 국가에 대한 맑스주의 교의에 의해 의식적으로 이끌어졌다. 경제적으로 발생한 모든 것은 역사유물론에 비추어 측정되었고 실질적으로 확인되었다. 그러나 문화혁명에 대해서는 (그것의 핵심인 성혁명은 완전히 제외하더라도) 맑스의 연구에도 엥겔스의 연구에도 경제영역에 대해서와 같은 방식으로 이러한 영역에서 혁명지도자에게 방향노선을 안내하기에 적합한 것은 전혀 없었다. 루스 피셔(Ruth Fischer)의 팸플릿에 대한 비평에서, 레닌 자신은 사회적 성과정 일반뿐만 아니라 성혁명이 변증법적 유물론의 관점에서 전혀 이해되지 못했다는 것과 그것을 성취하기 위해서는 많은 경험을 해야 할 것이라고 강조했다. 레닌은 만일 누군가가 이 문제의 현실적인 중요성과 총체성을 파악한다면, 그는 혁명에 위대한 기여를 할 것이라고 말했다.[1] 우리는 여기서 탐구해야 할 **처녀지**가 있다는 것을 당관료들로부터 들었다. 트로츠키 또한 자신의 문화에 관한 저서에서 문화혁명 및 성혁명 분야가 얼마나 새롭고 이해되지 않고 있는지를 되풀이해서 언급하였다.

소련 성혁명 이론은 전혀 없었다.

이후에 성혁명이 효과적으로 지체된 두 번째 전제조건은, 성혁명의 자생적인 전개과정을 이해하고 지도하도록 요청받은 모든 사람이 낡은 개념과 형식주의에 사로잡혀 있었다는 것이다. 사람들은 혁명을 위해 유용한 것과 무용한 것에 대한 세밀한 구별이 필수적이라는 것을 고려하지 않고, 보수적인 성과학의 재물에서 개념들을 대부분 계승하였다.

성혁명의 지체에 아주 본질적으로 기여했던 몇 가지 잘못된 개념은 다음과 같다. 즉 '성'개념은 '사회적 존재'가 성생활과 호환되지 않는다는 관념에 연결되었고 오늘날도 여전히 연결되어 있다. 성은 사회성과 대립한

1 클라라 제트킨과의 대화에서.

다. 또 다른 편견은 성생활은 '계급투쟁에서의 이탈'을 의미한다는 것이었다(그리고 지금도 그러하다). 독일에서 섹스폴(Sexpol)[성정치운동]은 이러한 잘못된 개념을 근절할 수 없다는 것을 매우 불쾌한 방식으로 경험했다. 사람들은 **어떤 방식으로 성은 계급투쟁에서 이탈하는가**라고 묻지 않는다. 어떤 조건 및 전제조건에서 성생활은 계급투쟁에서 이탈하는가? 어떤 조건 및 전제조건에서 성위기가 계급투쟁에 완전히 흡수될 수 있는가? "사실로서 성 자체는 계급투쟁과 모순된다"고 한다.

사람들은 이른바 성적 존재와 **문화적 존재**의 불일치[호환불가능성]를 멀리 성도덕적인 구조물에서 참조하였다. 성과 문화는 **절대적** 대립물로 나타난다. 더욱이 사람들은 성과정의 전반적인 문제, 즉 성욕구의 만족형태를 '성' 대신에 '가족'에 관해 말함으로써 감추었다. 그러나 성개혁의 역사를 얼핏 보기만 해도, 부권적 가족이 성만족을 보호하려는 설비[장치]가 아니라 반대로 성만족과 예리하게 대립한다는 것을 보여준다. 부권적 가족은 **경제**제도이며 이러한 특성에서 성욕을 제한한다.

성혁명을 지체시킨 또 다른 전제조건은, 성혁명에 관한 잘못된 경제주의적 관점의 광범위한 확산이었다. 이러한 관점에서는 부르주아지의 몰락 및 소비에트 성법률과 함께 성혁명은 '이미 완수되었다'거나 혹은 일단 프롤레타리아트가 권력을 잡으면 성문제가 '저절로' 해결될 것이라고 주장한다. 권력장악과 성입법은 단지 성생활의 재구성을 위한 외적인 전제조건을 만들었을 뿐이지 생활 **자체**가 아니었다는 것을 사람들은 완전히 간과한다. 집을 짓기 위해 구입한 대지는 집 자체가 아니다. 대지를 가졌을 때 비로소 집을 짓는 실질적인 작업이 시작된다. 예를 들면 모스크바 출신의 알렉산더(B. G. L. Alexander)는 「국제」[2]지에 다음과 같이 썼다.

"커다란 사회문제의 해결과 사적 소유의 폐지와 더불어, 근본적으로 소유 문제인 결혼문제도 원칙적으로 해결됐다……. 공산주의적 견해는, 공산주의의 단계적인 실현과 더불어, 즉 기본적으로 다른 사회생활 조직의 형성과 더불어 사회문제로서 결혼문제는 사라져야 한다…… 는 것에 있다. 고독의 위험과 고통을 동반한 짝사랑은 집합적 과제를 세우고 집합적 기쁨을 제공하며 개인적 고통이 더 이상 그렇게 무겁게 짓누르지 않는 사회에서는 더 이상 거의 문제가 되지 않을 것이다."

미래의 성형식 문제에 대해 그는 계속해서 이렇게 말하고 있다.

"만약 공산주의가 공동체 안에서 가족해체를 의미한다면 (그리고 소비에트러시아에서의 발전이 사실 그 방향으로 향하고 있다) 이러한 종류의 가족해체와 더불어 가족문제도, 결혼문제도 사라질 것이 분명하다."

대중심리학이란 어려운 문제를 파악하는 이러한 방식, 즉 만약 사회의 경제적 토대와 그 제도를 바꾼다면 인간관계도 저절로 변한다고 파악하는 것은 잘못된 것이고 위험하다. 이러한 관계가 자립화되며 한 시대의 인간

2 *Die Internationale*, 1927년 13호.

의 심적, 성적 구조의 형태에서 경제와 사회에 다시 영향을 미치는 독립적인 힘이 된다는 것은 파시스트 운동의 성공 이후에 더 이상 의심의 여지가 없다. 이것을 무시하는 것은 살아가는 인간을 역사에서 배제하는 것을 의미한다.

간단히 말하자면 사람들은 사태를 너무 단순화했고, 이데올로기적 변혁이 경제적 토대와 바로 그리고 직접적으로 연결되어 있다고 파악하였다. 이것은 맑스주의와 아무런 관련이 없다.

자주 인용되지만 거의 이해되지 않은 '토대에 대한 이데올로기의 역작용'은 어떤 형식으로 드러나는가?

엄격한 결혼과 가족에 묶인 여성은 남성이 정치생활에 참가하기 시작하면 질투할 것이다. 그녀는 그가 다른 여성들과 함께 있는 것을 두려워한다. 가부장적이고 질투심 많은 남성도 자신의 아내가 정치적으로 성장하면 똑같은 방식으로 행동하며, 그녀가 자신에게 불충실하게 될까봐 두려워한다. 부모들, 심지어 프롤레타리아적인 부모들조차도 자신들의 성장한 딸이 조직에 가입하기를 원하지 않는다. 부모는 딸이 '거칠어질까봐', 즉 성생활을 시작할까봐 두려워한다. 어린이는 선구자[운동조직] 또는 집합체에 참여해야 한다. 그러나 부모는 아이에게 낡은 요구를 한다. 부모는 아이가 부모를 비판적인 눈으로 바라보기 시작하면 깜짝 놀란다. 이러한 예는 무한대로 늘어날 수 있다.

그러한 종류의 문제를 처리하기 위한 많은 시도가 "문화와 인간의 개성을 증진시킨다"는 의미 없는 구호로 끝났다.

자연과 문화 사이의 대립은 지양되어야 하고 자연은 문화와 조화를 이루어야 한다는 혁명적인 견해는 옳았다. 그러나 이러한 문제에 대한 실질적인 해결책이 고안되었을 때, 낡은 것이 성에 반대하고 도덕화하는 견해의 형태로 슬그머니 들어왔다.

모스크바에 있는 사회위생연구소 소장인 뱃키스(Batkis)는 자신의 소책자 『소련에서의 성혁명』(*Die sexuelle Revolution in der Sowjetunion*)이라는 책에서 다음과 같이 쓰고 있다.

> "……혁명 동안에 에로티시즘, 섹슈얼리즘의 요소[계기]는 청년이 혁명적 열정에 완전히 도취되어 있었고 거대한 사상을 위해서만 살았기 때문에 단지 부수적인 역할을 했을 뿐이었다. 그러나 재건설의 고요한 시대가 오자, 사람들은 청년이 냉정해지고 제정신이 들어 1905년처럼 무제한적인 에로티시즘의 길로 접어들까봐 두려워한다…….
>
> 소련에서의 경험을 토대로, 나는 여성이 사회적 해방을 경험하고 공공연한 사회적 노동에 능숙하게 되었기 때문에 단순한 부인[아내]에서 인간으로의 이러한 이행기에 들어섰지만 **확실한 성불감증**을 경험했다고 주장한다. 얼마 동안 억압되었을지라도 성적인 것은 여성 속에 있다.
>
> ……소련에서 성교육학의 과제는 여성에게 기대되는 위대한 사회적인 과제와 인간의 본성적인 충동을 완전히 조화시켜 미래사회의 시민으로, 건강한 남성과 여성으로 육성하는 것이다. 그렇게 하기 위한 지도노선은 본성적인 충동 안에 잠재해 있는 창조적이고 건설적인 모든 것을 끌어내고 집합체

의 구성원으로서의 인성의 발전에 해로울 수 있는 모든 것을 배제하는 것이다…….

……소련에서 자유로운 사랑은 고삐 풀린, 거친, 소진하는 삶이 아니라 두 사람이 자유롭고 서로 독립하여 사랑하는 인간 사이의 이상적인 결합이다."(23쪽)

똑똑한 뱃키스는 옳게 시작했지만 슬로건 안에 사로잡혀 있다.

청년의 성은 '섹슈얼리즘'으로 특징지어진다. 성문제는 '에로티시즘의 요소'로 특징지어진다. 그리하여 여성은 일정한 불감증을 경험하며 '단순한 부인'에서 '인간'이 된다는 것에 남자들은 만족하였다. 인성의 발전에 해로울 수 있는 모든 것은 배제되어야만 했고(당연히 성을 의미한다) '고삐 풀린, 거친, 소진하는 삶'을 '두 사람이 자유롭고 서로 독립하여 사랑하는 인간 사이의 이상적 결합'에 대비시킨다.

대중은 그물에 잡히듯이 이러한 개념에 사로잡혀 있다. 더 자세히 살펴보면 대중의 완전한 공허함을 또는 더욱이 대중이 지닌 성을 반대하는 반동적인 경향을 볼 수 있다. '거칠게 소진하며 사는 것'은 무엇을 의미하는가? 그것은 한 남성과 한 여성이 포옹하면서 자유분방하게 살아서는 **안 된다**는 것인가? 그러면 '이상적 결합'이란 무엇인가? 만약 그 결합이 완전한 '동물적' 헌신을 할 수 있다면 이상적 결합인가? 그렇다. 그러나 그때 그 결합은 다시 '거칠'어진다! 간단히, 이것은 성생활의 실재를 보고 그것을 지배하는 모순을 배제하는 대신에, 그런 당황스러운 일에 접촉하지 않기 위하여 진실을 감출 뿐인 말이다.

그러한 사고는 어디서부터 잘못되어 가고 있었을까? 자신의 문화적인 과제와 모순되는 청년의 **병적인** 성과 사회적 성취의 가장 중요한 생리학적 토대인 **건강한** 성을 구별하지 않는데서부터다. 여성의 혁명적 해방과 활동의 심리적 근거를 여성의 **성적인** 자기의식화에서 보는 대신에 '부인'(=관능적인 여성)과 '인간'(=활동적이고 **승화시키는** 여성)의 대립에서 보고, 동지적인 관계의 가장 안전한 토대를 사랑하게 된 상대에 대한 **완전한** 성적인 헌신능력에서 보는 대신에 '소진하는 삶'과 '이상적 관계'의 대립에서 보는 것에서부터다.

2. 인식하고 극복하는 대신에 도덕화하기

성혁명에 의해 만들어진 변혁과 혼란상태가 혁명적 이행기의 신호로 이해되는 대신에 도덕적으로 판단된다는 것이 지체의 가장 중요한 특성 가운데 하나였다. 사람들은 혼돈이 발생했고 모든 것이 해체되었고 '외부강제를 내부규율'로 대체하기 위해 규율을 다시 도입해야 한다고 외쳤다. 사람들은 '남편과 아내의 결합의 가치'를 강조하였다. 사람들은 '개인적인 문화'에 관해 이야기했다. 내부규율에 관해 말할 때 낡은 것이 새로운 옷차림으로 끼어들고 있었다. 왜냐하면 내부규율은 전화될 수 없었지만 현존하거나 안하거나 하기 때문이다. 외부강제 대신에 '내부규율'을 요구하면서 사람들은 여전히 외부강제를 행사하였다. 그러나 우리가 어떻게 그렇게 하도록 강제하지 **않고** 사람들이 **자발적으로** 규율화되는지를 물었어야 했다.

'여성평등'은 혁명적으로 들렸다. 경제적으로 동일노동에 대한 동일임금의 원칙을 실제로 관철시켰다. 성에서도 여성은 남성과 동일한 요구를 충분히 제기해야 한다는 주장은 원래 의심의 여지가 없었다. 그러나 이것은 주요한 핵심이 아니었다. 여성들은 내적으로 이러한 보장된 자유를 이용할 수 있었는가? 남성들은 그러했는가? 모두가 성에 반대하고, 도덕적이고 소심하고 타락하고 음탕하고 시기심 많고 소유욕 강하고 신경과민적이고 병적인 구조를 지니고 있지 않았는가? 우선 사태가 진전되는 것을 이해하는 것, 혼돈을 이해하는 것, 혁명적인 힘과 반동적이고 억제하는 힘을 분명하게 구별하는 것, 더 고차원적인 삶의 형태는 단지 고통 아래에서만 생길 수 있다는 것을 아는 것이 필수적이었다.

자생적인 성혁명의 지체는 곧 다양한 중심 주위에서 구체화됐다. 먼저 소비에트 지도당국은 수동적인 태도를 취했다. 관리의 불평으로 보아 사람들은 무슨 일이 일어났는지에 대해 듣지 않거나 그것을 과소평가하였다. "우리는 성문제를 나중에 해결할 것이며 우선 경제가 시급하다"는 문구가 자주 들려왔다. 언론은 전적으로 또는 우세하게 경제에 좌우되었다. 중심적인 위치에 있으면서 성혁명 문제를 이해해 온 몇몇 신문기관이 있었는지 나는 모른다.

지식인의 영향은 정말 엄청났다. 지식인의 구조, 출신, 사고에 따르면 지식인은 성혁명에 반대했음에 틀림없다. 그들은 어려운 임무 때문에 만족스러운 성생활을 할 수 없었던 과거의 혁명가를 우상화했고, 생각 없이 혁명지도자의 이러한 금욕적 삶형태를 대중에게 이상적인 것으로 전이시켰다. 이러한 진행은 해로운 것이었다. 지도부에 요구되는 과제를 대중에게 결코 요구할 수 없었다. 아무튼 왜 그러한 것이 요구되어야 하는가? 파니나 할레(Fanina Halle)는 그녀의 책 『소련의 여성』(*Die Frau in Sowjetrussland*)에서 이러한 이데올로기가 대중에 대한 영향과 재구조화에 얼마나 파국적이었는가를 설명하는 대신에 그것을 칭송했다. 그녀는 과거의 혁명가들에 대하여 이렇게 썼다.

> "……그들은 모두 젊었다. 이러한 여성혁명가들, 그 중에 몇몇(Vera Figner, Ludmilla Wolkenstein)은 빛나게 아름답고, 예술적으로 재능이 있었고, 철저히 여성적이었고, 그래서 자신들의 개인생활에서 행복하게 되었다. 그러나 경험능력의 어떤 강렬도에도 불구하고, 남성혁명가들에게서도 개인적이고 에로틱한 것과 여성적인 것은 일반적인 것 뒤로, 다른 모든 것을 어둡게 하는 인간사랑 뒤로 물러났다. 그리고 당시의 러시아 지식인과 그들을 따르는 세대에게 영향을 미쳤던 양성 사이의 관계에서 순결, 정조의 강력한 특성 뿐만 아니라 종종 서유럽에서 오인받았던 러시아 학생집단에서의 동지적인 분위기는, 오늘날 여전히 소련에서 남성과 여성 사이를 규제하며, 이러한 문제에 전혀 다른 태도를 지닌 외국인들을 놀라게 한다…….
>
> ……이러한 모든 속물근성으로부터의 완전한 이탈 및 자유를 위해 투쟁

하는 사람을 둘러싼 모든 사회적인 장애에 대한 이러한 절대적인 거부는, 공통적인 정신적 이해관심과 뜨겁고 진지한 우정의 근거 위에서 좀처럼 자유롭게 번영할 것 같지 않은 방식으로 특히 순수하고 친밀한 동지적 관계를 촉진시켜 왔다…….

……투옥된 여성들 가운데 일부는 상당히 열광적으로 수학에 헌신하였다. 그리고 그들은 광신자로 불렸다. 왜냐하면 그들은 밤에 꿈속에서도 수학 문제에 사로잡히는 그러한 긴장상태에 있었기 때문이다…….”(101, 110, 112쪽에서)

이른바 남성과 여성 사이의 '순수한' 관계가 이를테면 성기적인 행위를 허용하는지 금지하는지, '순수한' 관계가 생장적이고, 한정되지 않으며, 문화적이고 지적인 모든 것을 벗어나는 헌신과 해소를 포함하는지 배제하는지에 대해서 다시 구체적으로 그리고 모든 보통사람에게 오해 없게 밝혀지지는 않는다. 광범한 주민대중을 위해 수학을 향한 긴장감을 지니고 그것을 통해 모든 생물체에게 가장 본성적인 욕구를 대체시킬 어떤 이상을 세우는 것은 완전히 쓸모없는 짓이다. 우리는 그러한 이데올로기가 옳다고, 현실에 대해 믿을 만하다고 인정할 수 없다! 삶은 그렇게 드러나지는 않는다! 혁명은 거짓 이상을 지니지 말고 오히려 성과 노동이 살아 있는 생활을 옹호하고 보증해야 한다!

1929년에 나는 모스크바에서 청년들이 성적으로 계몽되고 있다고 들었다. 나는 이러한 계몽이 성에 반대하는 것임을 즉각 알았다. 성교 일반을 저지하기 위한 성병 강연이 그것이고, 청소년의 성갈등에 관한 공개적인 토론은 흔적도 없고 단지 자손을 낳는 것에 대한 강의만이 있을 뿐이었다.

내가 공중위생 인민위원회, 즉 나르콤스드라브(Narkomsdraw)에서 청소년들의 자위행위를 어떻게 다루어야 하는지를 질문했을 때, 사람들은 '물론' 청소년에게 '다른 방향으로 주의를 돌리도록' 한다고 대답하였다. 오스트리아와 독일의 많은 성상담소에서 당연한 일로 받아들여진 의학적 관점, 즉 죄책감에 사로잡힌 청년들에게 상담을 통해 만족스러운 자위행위를 하게 해야 한다는 관점은 혐오스러운 것으로 기피되었다.

그러면 청소년이 사춘기에 피임기구의 사용과 그 필요성에 대해 교육을 받아야하는가 라는 질문에 대해 모성보호 기관의 여성 관장인 레베데바(Lebedewa)는 그러한 제도는 공산주의적 규율과 일치할 수 없다고 대답하였다. 같은 날 저녁에 나르콤스드라브 대표자는 성적 수치심에 대해 얘기했는데, 나는 모스크바 외곽에 있는 유리공장의 청년집단을 방문했고 다양한 문제에 대하여 청소년들과 이야기를 나누었다. 마침내 우리는 소녀에 대한 화제에 도달했고, 나는 나르콤스드라브 대표자의 견해를 얘기했다. 청소년들은 밝게 웃었고 자신들은 그러한 것으로 괴로워하지 않고 이미 어떻게 해야 하는지 스스로 알고 있다고 나를 안심시키면서 설명하였다. 그것이 그들의 생각이었다. 더욱이 그들이 자신의 여자친구와 함께 갈 곳이 없으며, 자위로 만족하는 데 여전히 상당히 주저한다는 것이 드러났다. 간단히 말하자면 그들은 전형적인 사춘기 갈등에 처해 있었다.

특별히 해로운 방식으로 사람들은 서투르게 이해한 레닌의 몇몇 문구를 성혁명을 지체시키는 데 이용하였다. 레닌은 성문제에 대한 특정한 견해를 밝히는 데 아주 주저하였다. 이 영역에서의 혁명과제에 대한 그의 올바른 이해는 그가 다음과 같이 말했을 때 명백히 드러난다. "공산주의는 금욕주의를 가져와서는 안 되고 충만한 애정생활을 통해 삶의 활력과 기쁨을 가져와야 한다."

그러나 책임 있는 집단의 성반동적인 신념으로 인해, 가장 널리 알려진 것은 클라라 제트킨(Clara Zetkin)과의 대화에서 청년의 '혼돈스러운' 성생활을 다룬 레닌의 문구였다.

> "성생활 문제에 대한 청년의 변화된 태도는 물론 '근본적'이며 하나의 이론에 근거한다. 많은 사람이 자신의 태도를 '혁명적'이고 '공산주의적'이라고 부른다. 그들은 정직하게도 이것이 사실이라고 믿는다. 그러나 나 같은 늙은 이에게 그것은 감명을 주지 않는다. 나는 우울한 금욕주의자가 아님에도 불구하고, 때때로 이른바 청년의 '새로운 성생활'이 (심지어 어른들도) 종종 순수하게 부르주아적인 것으로, 좋은 부르주아 성매매 장소의 확장인 것으로 보인다. 그러나 이 모든 것은 우리 공산주의자가 이해하는 바의 사랑의 자유와 아무런 관계가 없다.
>
> 당신은 공산주의 사회에서 충동생활의 만족, 애정욕구의 만족이 한 잔의 물을 마시는 것만큼이나 간단하고 사소하다는 유명한 이론을 분명히 안다. 이러한 '한 잔의 물' 이론은 우리의 청년 가운데 일부를 미치게, 너무나 미치게 만들어 왔다. 그것은 많은 젊은 소년, 소녀에게 치명적인 것이 되어 왔다.

그 이론의 신봉자는 그 이론이 맑스주의적이라고 주장한다. 나는 사회의 이데올로기적 상부구조에 있는 모든 현상과 변형을 그것의 경제적 토대로부터 직접적으로 곧바로 추론해내는 그러한 맑스주의에 대해서 생각하고 있다. 사태는 그렇게 간단한 것만은 아니다…….

이러한 관계의 변형을 전체 이데올로기와 관련 없이 그 자체로 사회의 경제적 토대로 환원하는 것은 맑스주의가 아니라 합리주의일 것이다. 이제는 분명하다! 갈증은 충족될 것이다. 그러나 정상적인 환경 아래에서 정상적인 사람이 길거리 진흙탕에 앉아서 더러운 웅덩이의 물을 마실까? 아니면 많은 입술로 가장자리가 기름지게 된 유리잔으로 마실까? 그러나 어떤 다른 것보다 더 중요한 것은 사회적인 측면이다. 물을 마시는 것은 실제로 개인적이다. 사랑은 두 사람에 속하고, 세 번째 삶[아이]이 생겨날 수 있다. 이러한 사실에 사회의 이해, 즉 공동체에 대한 의무가 있다."

레닌이 여기서 생각한 것을 명백히 해보자. 무엇보다도 레닌은 경제적 토대로부터 모든 문화를 직접적으로 추론하는 경제주의를 거부했다. 레닌은 청년들에게서 성생활상의 부드러운 [배려]관계의 거부는 부정적인 신호를 지닌 낡은 보수적인 견해일 뿐이라는 것을 인식했다. 더욱이 그는 한 잔의 물 이론에 기초한 삶이 교회식의 금욕 이데올로기와 절대적으로 반대였다는 것을 깨달았다. 레닌은 또한 이것이 성경제학적으로 조절된 욕망하는 생활이 아니었다는 것을 알았다. 그것은 비사회적이었고 **불만족스러운** 것이었다. 그러면 레닌의 정식에서 무엇이 빠졌는가? 우선 청년들 사이에 이전의 생활을 무엇이 대체할 것인가에 대한 적극적 견해가 없다. 단지 세 가지 가능성(절제, 자위행위 또는 만족스러운 이성애적 애정생활)만이 있기 때문에, 공산주의는 세 가지 가운데 하나를 지침으로 확립해야만 했었다.

레닌은 강령적 입장을 취하지는 않았다. 그럼에도 불구하고 분명히 사랑이 결여된 성행위를 거부했고, '행복한 애정생활'의 방향을 제시했다. 그리고 거기서 행복한 애정생활은 자위뿐만 아니라 절제도 배제하였다. 레닌은 금욕을 결코 지지하지 않았다! 그러나 우리가 앞에서 말했던 것처럼 한 잔의 물 이론에 대한 그의 문구는 시간이 흐르면서 또 다시 모든 겁장이들과 도덕주의자들에 의해 청년의 성에 반대하는 투쟁에서 그들의 유해한 관점을 지지하기 위해 인용됐다.

잘 알려진 여성 공산주의자인 스미도비치(Ssmidowitsch)는 「프라우다」에 이렇게 썼다.

> "청년들은 성생활 문제와 관련하여 가장 원시적인 모습이 공산주의적이라고 믿는 것 같다. 그리고 원시적 이해[파악]의 경계를 넘어서는 모든 것, 아마 호텐토트(Hottentot, 원주민)나 원인류의 더 원시적인 대표자에 맞춰진 모든 것은 소시민성을 그리고 성문제에 대한 부르주아적 태도를 의미할 뿐이라고 믿는 것 같다."

그녀는 호텐토트에 대한 외적인 깊은 경멸을 표현하고 새로운 성생활형태를 둘러싼 청년들의 폭력적인 싸움을 비웃는 것 이외에 긍정적인 어떤 것도 말할 수 없었다. 이해하고 돕는 대신에, 낡은 형식에서 새로운 것을 발전시키는 대신에, 스미도비치는 콤소몰(Komsomol, 공산주의자 청년동맹)의 성이데올로기를 조롱하기 위해 다음과 같이 요약하고 있다.

"1. 콤소몰의 모든 회원, 모든 라브파코브(Rabfakow, 노동자학부의 학생), 그리고 그밖의 모든 신참자는 자신의 성충동을 소진할 수 있고 해도 좋다. 잘 알려지지 않은 이유로 인해 이것은 반박할 수 없는 법칙으로 통용된다. 성금욕은 '쁘띠부르주아적인 것'으로 비난받는다.

2. 모든 어린 콤소몰카(Komsomolka, 공산주의자 청년동맹의 여성회원), 모든 라브파코프카(Rabfakowka, 노동자학부의 여학생) 그리고 이런저런 동료나 소년에 의해 선택되어 온 또 다른 여학생들은 (왜 북부에 있는 우리 사이에 그러한 아프리카적 정열이 발전되어 왔는가는 나의 판단을 불허한다) 그들에게 몸을 바쳤음에 틀림없으며, 그렇지 않으면 그녀들은 프롤레타리아 여학생이란 이름 값을 하지 못한 '쁘띠부르주아지'이다.

3. 그리고 지금 이러한 종류의 3부작의 제3부가 다가오고 있다. 즉 임신한 여성의 감동적인 표현을 지니고 엄마가 될 것이라고 생각하는 소녀의 창백한 괴로운 얼굴. '낙태승인위원회' 대기실에서 여러분은 콤소몰 성원들의 사랑에 관한, 그러한 고통스런 이야기를 많이 들을 수 있다…….

이러한 태도에서 스미도비치는 '북유럽인'의 성적으로 '순수한' 인간의 자존심을 전형적인 하위인간, 예를 들어 호텐토트와 대비시킨다. 그러나 청년들 사이에서 생기는 임신을 막기 위한 간단한 방법(그들에게 피임기구 사용법을 교육하는 것과 성생활을 위한 위생적 환경을 제공하는 것)은 북유럽인에게는 일어나지 않았다. 왜냐하면 그때 소비에트 문화는 미국 문화와 경쟁할 수 없었기 때문이다. 그럼에도 불구하고 그것은 전혀 도움이 되지 않았다. 스미도비치의 이 말들은 독일의 광고기둥에 '공산주의적 성이데올로기'로 걸리게 되었다!!

그리고 사람들이 감히 청소년의 성현실에 대처하지 못할 때면 언제나 그러하듯이, 소련에서도 청년들과의 심한 갈등기간 끝에는 혼란스럽게 하고 파국적이며 실행 불가능한 만큼 편리한 슬로건인 **'절제!'**라는 슬로건이 있었다. 파니나 할레는 다음과 같이 보고하고 있다.

"……토론에 빠져 있던 낡은 세대의 학자, 성위생 전문가, 당관료는 그 당시에는 레닌의 견해와 유사한 견해에 지지를 보냈다. 공중위생 인민위원인 세마슈코(Ssjemaschko)는 학생들에게 보낸 편지에서 다음과 같이 요약했다.

'동지들, 여러분들은 연구하기 위해 대학과 기술학교에 들어오게 됐다. 이것은 지금 여러분의 인생의 주요한 목표이다. 그리고 여러분이 드물지 않게 그렇게 많은 즐거움을 부인해야 하는 것처럼, 모든 여러분의 자극과 견해조차도 이 목표에 종속시켜야 한다. 왜냐하면 그것은 여러분의 주요한 목표(국가의 재건에 의식적인 동참자가 되도록 교육받기 위해 연구하고 노력하는 것)에 해로울 것이기 때문이다. 마찬가지로 여러분은 이와 같은 목표에 여러분의 활동 및 존재의 다른 모든 영역을 종속시켜야만 할 것이다. 지금 시기는 국가가 너무 가난하기 때문에 여러분을 도와줄 수도 없고, 여러분의 아이 양육을 맡아줄 수도, 부모님을 돌봐줄 수도 없다. 그러므로 우리는 여러분에게 절제!를 권고한다'."

그리고 태고 때부터 절제에 뒤따르는 사건, 즉 성비행이 소련에서 반복되었다.

우리는 레닌에 대한 잘못된 전거에 대항하여 정열적으로 항의해야 한다. 레닌은 결코 청년의 금욕을 옹호하지 않았다. 레닌이 무식해서 '충만한 애정생활을 통해 생활의 활력과 즐거움'을 성교불능의 학자와 왜곡된 성위생학자의 금욕으로 이해한다고 누가 믿겠는가?

그러한 결정적인 시기에 책임을 수행한 소련의 지도부가 현존하는 어려움들에 대한 해결책을 알지 못했다고 비난해서는 안 된다. 그러나 그들은 이러한 어려움을 가장 최소한의 저항과 가장 큰 실패라는 선에서 회피했기 때문에 비난받아야 한다. 혁명가로서 그들은 이러한 모든 것이 의미했던 것이 무엇인지를 생각하지 않았으며, 생활혁명에 대해선 이야기했지만 이러한 혁명을 생활 자체에서 추구하지 않거나 제압해 버리려고 하였다. 그들은 현실적으로 지배하는 혼돈을 다른 공산주의적 성형태로의 과도기에 나타나는 혼돈으로서가 아니라, 정치적 반동의 의미에서의 '도덕적인 혼돈'으로 간주했다. 더구나 중요한 것은, 그들은 자신들이 독일의 혁명적 성정치를 열어젖혔듯이 성생활의 문제에 대한 이해에 덧붙이기를 거절했기 때문에 비난받아야만 한다.

너무 커지고 지체를 가져오게 된 이 어려움은 도대체 어디에 있었는가?

무엇보다도 먼저, 성혁명은 경제혁명과는 다르게 진행된다. 성혁명은 법률과 계획으로 파악할 수 있는 형태로서가 아니라 뒤틀리고 비밀스럽고 감정적인 요소가 중시되는 무수히 다양한 작은 개인생활의 세부사항들 속에서 진행된다. 이러한 세부사항에 대처함으로써 성혼돈을 제압하는 것은 그 세부사항이 너무 많고 복잡하기 때문에 불가능하다. 이러한 불가능성에서 사람들은 "사생활은 계급투쟁을 방해한다. 그러므로 사생활은 없다!"는 이론을 끌어낸다. 물론 개인적으로 각각의 개별사례를 제압함으로써 혼돈을 벗어나려고 노력할 수는 없다.

이것은 그 문제를 개인적으로가 아니라 대중적으로 해결해야 한다는 우리의 근본견해와 맞지 않는다. 그럼에도 여전히 수백만 명과 관련된 것이 개인적인 어려움 아래 남아 있다. 예를 들면 모든 평균적인 건강한 청소년이 예외 없이 가장 두드러지게 몰두하고 부담스러워하는 질문이 있다. 어떻게 자신의 여자친구와만 있을 수 있을까 하는 질문이다. 이러한 질문의 해결책은 단 하나, 즉 모든 청년이 방해받지 않고 성적으로 함께할 수 있는 가능성을 만들어 주는 것임이 분명하다. 왜냐하면 청소년들은 단숨에 혼돈의 완전히 본질적인 부분이 제거될 것이라고 당연히 느끼기 때문이다. 한 도시구역에서 4천 명의 청소년이 자신의 여자친구를 포옹할 수 있는 장소가 없어, 건물 구석이나 어두운 벽 뒤에서 포옹하고 서로를 성가시게 하고, 질투와 싸움을 일으키고, 불만족스럽다고 느끼며, 화를 내고, 그리고 난폭한 행동으로 나아간다. 간단히 말하면 그들은 '혼돈'을 빚어낸다.

그러나 현존하는 정치조직과 단체 어디에서도 청소년을 위해 **방해받지 않는 성관계를 목적으로 분명하게** 제시하는 주거시설을 만드는 데 지금까지 도움을 준 것을 찾아 볼 수 없다. 이것은 성정치운동(Sexpol)이 '사생활의 정치화'라는 슬로건으로 파악하려는 하나의 세부사항이다.

3. 지체의 객관적 원인

지금까지 묘사한 지체는 책임 있는 당관료의 훈련 부족과 선입관에서 유래했다. 그러나 혁명의 기세가 커도, **객관적인** 과정 자체에서 관료의 불안감을 떠받치고 있는 난점이 없었더라도, 개별관료와 구시대의 반동적 학자들을 통해서 이러한 장애를 극복할 수는 없었을 것이다. 그러므로 소련에서 성혁명과 문화혁명이 지도부의 무지와 성적 소심함, 성불안으로 실패했다고 말하는 것은 잘못일 것이다. 이것은 역사유물론과 대립되는 주관주의적인 견해일 것이다. 중요한 객관적 장애물을 통해서만 소비에트 성혁명 범위의 혁명운동을 지체시키는 일이 일어날 수 있다. 소비에트 성혁명의 범위를 대체로 다음과 같이 크게 분류할 수 있다.

① 일반적으로는 낡은 사회에서 새로운 사회로의 이행의 어려움, 그 가

운데에서 특히 구러시아의 문화적 낙후성, 내전 및 기근.

② 진행중인 변혁에서 생겨나는 성혁명 이론의 결핍. 우리는 소비에트 성혁명이 이러한 종류의 **첫 번째** 혁명이었다는 것을 잊지 않는다.

③ 성을 거부하는 인간 구조 일반. 즉 성적으로 억압하는 부권제에 수천 년 동안 보존돼 왔던 구체적 형식.

④ 성이 나타내는 바와 같은 아주 폭발적이고 포괄적인 삶영역의 구체적인 얽힘과 복잡성.

이러한 네 가지 항목은 모든 것을 포함하고 있지는 않지만, 우리에게 개별 당관료의 지체작용이 근거할 수 있는 객관적인 전제조건에 대해 개괄해 준다.

1918년과 1922년 사이의 내전이 3년 동안의 절멸전쟁을 해소했지만 사회혁명에 의한 낡은 생활형식의 파괴에 거의 터무니없고 위험한 것으로 끌려 들어가는 특색을 부여하였다는 것은 전혀 의심할 수 없다. 1921년에서 1922년의 처참한 기근은 고통받는 인민대중의 평균적인 심리적이고 물질적인 수준을 떨어뜨렸고, 냉정하게 말해서 전체적인 주민이동을 가져왔다.

콜론타이, 트로츠키, 그리고 많은 다른 사람의 보고에 따르면, 수천의 가족이, 모든 마을의 거주자들이 생계를 찾아 어딘가 다른 곳으로 가기 위해 자신들이 태어난 곳을 떠나야 했다. 엄마가 아이를 버리고 남편이 자신의 아내를 길거리에 버리는 일이 드물지 않게 일어났다. 많은 여성은 자신과 아이의 생존을 위해 몸을 팔아야만 했다. 버려진 아이의 숫자가 셀 수 없을 정도로 늘어났다. 물론 이러한 환경에서 청년의 성자유에 대한 추구는 평온한 관계 아래 있었던 경우와는 다른 형태를 취했다. 명확하고 새로운 질서를 위해 고통스럽고 쉴 새 없는 투쟁을 하는 대신에 성생활의 야만화가 들어섰다. '낡은 것'을 무엇으로 대체해야 할 것인가에 대한 생각이 전혀 없었다. 근본적으로 이러한 야만성은 예전부터 가부장적 남성을 특성화해 왔고 다소 감춰진 채로 있지만 경우에 따라 과도한 행동으로 드러나는 구조를 폭로한다.

이른바 '성혼돈'은 이를테면 내전이나 기근 때문이라고도 혁명의 실패 때문이라고도 묘사할 수 없다. 혁명은 정말 내전을 원하지 않았다. 혁명은 짜리즘을 파괴했고 자본가들을 쫓아냈을 뿐이며, 쫓겨난 사람이 잃어버린 땅과 이전의 권력을 되찾기를 원할 때 자신을 방어해야만 했다. 그리고 지금 벌어지고 있는 성혼돈은 무엇보다도 늙어가는 관료들이 자유를 즐길 능력이 없는 구시대적 구조를 어떻게 다루어야 할지 모른다는 사실에서 나온 결과이다.

만약에 우리가 전개되고 있던 혼돈에 대해서 책임 있는 소비에트 지도부의 의견과 판단을 추적한다면, 성자유에 대한 잘 알려진 불안이 일시적으로 실질적인 어려움과 그것의 원인이 되었다는 것을 분명하게 확인할 수 있다. 사람들은 성혁명의 희생자와 담당자에 대해 그들이 책임감을 상실했다고 비난하였다. 그러나 수천 년 이래, 부패한 성도덕은 성적으로 완전히 가치 있는 구조와 뗄 수 없게 연결되어 있는 성적 책임능력을 자라나지 못하게 하였다. 사람들은 특히 청년들을 그들의 양성 간의 성결합이 더욱 느슨해진다고 비난했다. 그때 사람들은 실질적으로 건강하고 풍요롭게 성적으로 만족하는 유대가 결코 존재하지 않았다는 것을 잊었다. 그리고 결코 존재하지 않은 것은 느슨해질 수 없었다. 실질적으로 느슨해진 것은 가족관계에서 경제적 의존의 강요와 청년들에게 있는 성에 반대하는 의식의 무게였다. 그러므로 망가진 것은 건강한 성관계가 아니라 주민들에게 지속되고 있는 권위주의적인 그리고 반란 속에 내면화된 도덕이었다. 아무도 자신이 의도하는 것과 정반대의 것을 달성하는 도덕이 사라지는 것을 안타까워할 필요가 없다.

이러한 시기에 항상 현상태에 대한 설명이 어디에 필요한지에 대해 사람들은 당황한다. 예를 들면 청년들 사이에서 즉각 이루어지는, 독일의 청년에게서는 좀 나중에 받아들여진 우연한 성관계를 경제적 곤궁으로 설명하려고 하였다. 이것은 잘못된 것이었다. 물질적 곤궁 자체만으로는 성매매에서와는 달리 결코 우연한 관계를 가져오지 않는다. 사람들은 현실적인 내전상황과 어려운 경제상황에서 생겨난 이러한 남용과, 낡은 개념을 가진 모두에게는 '성혼돈'으로 보였음에 틀림없지만 그 자체로 건강하고 낙천적인 새로운 생활의 표시를 구분하지 않았다.

17살 소년과 16살 소녀 사이의 성관계는 혼란스러울 수도 또는 건강할 수도 있다. 만약에 그 성교가 열악한 외부상황에서, 병든 구조를 지닌 채 불안으로 성만족을 불가능하게 만드는 도덕적 의식의 억압 아래서 진행된다면, 간단히 말해서 만약에 그 성교가 우리 시대의 혼돈에 의해서 물들어 있다면, 그것은 청년에게 혼란스럽고 성적으로 비경제적이며 해롭고 사회적으로 위험한 것이다. 만약 그 성교가 좋은 외부조건에서 행복한 애정생활을 할 수 있는 청소년의 [심적] 구조를 지니고 애정생활의 가치와 중요성을 완전히 알고 권위 또는 아이를 기를 수 없거나 원치 않은 아이에 대한 죄책감과 불안 없이 행해진다면, 그것은 삶을 실현하는 미래의 성의 일부이다.

성적으로 굶주린 두 남성이 한 여성을 강간하거나 단순히 공허함을 채우기 위해 술에 취해 성교하는가, 아니면 자신의 성과 그것을 즐길 수 있는 의식을 지닌 다양한 성의 독립적인 두 사람이 휴가 중에 단지 행복한 하룻밤을 서로 함께 하는가 사이에는 커다란 차이가 있다. 경솔한 관계 때문에 무책임하게 자신의 아내와 아이를 버리는 남자와, 또 다른 여자와 비밀스러운 행복한 관계를 유지함으로써 성적으로 건강하기 때문에 참을 수 없이 억압적인 결혼생활을 참을 수 있는 남자 사이에도 차이가 있다. 이러한 예들은 우리가 생각하는 것을 보여주기에 충분할 것이다.

① 권위적인 성질서에 감염된 사람에게 혼돈으로 보이는 것이 무조건 혼돈일 리는 없으며, 반대로 불가능한 생활조건에 대립하는 심리적 유기체의 표현일지도 모른다.

② 실제 혼돈 가운데 많은 것이 청년의 도덕적 과오가 아니라, 본성적인 성욕구와 모든 곳에서 청년의 만족을 거부하는 환경 사이의 해결할 수 없는 모순의 표현이다.

③ 내적으로는 혼돈스럽지만 외적으로는 정돈된 것 같은 삶의 방식에서 내적으로 정돈되어 있지만 외적으로 속물처럼 정돈되지 않은 것처럼 보이는 삶의 방식으로 이행하는 것은 아주 어려운 혼란국면을 통과하듯이 수행될 수 있다.

그렇지만 거기에서 사회생활의 존속을 고려하는 것만이 결정적이지는 않다. 우리는 우리 시대의 사람들이 자신들이 갈망하지만 감정적으로 대처할 수 없는 그러한 삶에 대해 엄청난 불안을 발전시킨다는 것을 이해해야만 한다. 압도적 다수의 사람이 빠져 있는 성체념은 정말 둔감함, 삶의 쓸쓸함, 모든 활동과 주도권의 마비, 또는 야만적이고 사디스트적인 과도한 행위의 토대가 된다.

그럼에도 그것은 또한 다른 측면에서는 삶의 상대적인 평화를 제공한다. 그것은 마치 죽음이 이러한 종류의 삶에서 미리 사용되는 것 같다. 사람은 죽음에 대립하며 산다! 그리고 살아 있는 삶에서 이러한 죽음의 존재는, 심리구조가 살아 있는 삶의 불확실성과 동요를 처리할 수 없다면 더 나아간다. 그럼에도 불구하고 커다란 정치적 성과의 배후에서 사람들이 생각하는 것보다 훨씬 더 큰 역할을 하는 고위정치가 잘 파악하지 못하는 경향이 있는 시기심을 생각해보라. 심한 고통을 받음에도 불구하고 이전의 사람을 잃어버린 뒤에 적합한 상대를 찾을 수 없을 것이라는 사람들의 불안을 생각해보라. 자신의 상대가 다른 사람과 성적으로 포옹한다는 생각을 참을 수 없기 때문에 자행한 수천의 치정살인을 생각해보라.

이러한 사실은 라발(Laval)과 같은 정치가의 여행에서 행해진 것보다도 실생활에서 훨씬 더 크고 훨씬 더 효율적인 역할을 한다. 왜냐하면 사람들이 이러한 극히 사적이지만 삶의 핵심에 맞닿은 어려움 및 곤궁과 끊임없이 무의식적으로 그리고 절망적으로 싸우는 한에서만, 의회는 인민을 대표하고 사랑할 수 있고 독재자는 참아내는 대중의 어깨 위에서 자신이 하고 싶은 것을 할 수 있기 때문이다. 10만 명이 사는 도시에서 아이의 성장, 남편의 간통, 그 자신의 성불능이나 만족결핍 때문에 생기는 어려움에 슬퍼하고 괴로워하는 모든 여성을 찾아내고, 그녀들이 라발의 외교단 여행에 대해서 생각한 것을 질문해야 한다. 그 대답은 수백만 명의 여성, 남성, 청소년이 자신들이 성매매여성 취급을 당하고 있다는 것을 파악할 머리를 지니지 못하고 있다는 것을 증명할 것이다.

제 4 장

출산조절 및 동성애에서 자유와 지체

1. 출산조절

처음부터 출산조절 영역에 대해서는 상당히 명확하였다. 입법 이데올로기 및 사회위생학적 태도에서 변혁의 근본특징은 다음과 같았다.

사회가 자녀를 양육할 가능성이나 의지를 가지고 있지 않는 한 그 사회는 어머니에게 그녀의 의지에 반하여 혹은 지독한 곤궁에도 불구하고 자녀를 낳도록 요구할 권리를 전혀 가지지 못한다. 전체 사회가 자녀를 양육할 책임을 완전히 질 때에만 우리는 명백한 출산조절 및 인구정책을 생각할 수 있었다. 그러므로 **모든 여성은 예외 없이** 처음 3개월 동안 임신중절을 할 수 있는 권리를 지녔다. 낙태는 공공 산부인과 병원에서 이루어져야 했다. 허가받지 않은 은밀한 낙태를 하는 사람만이 심하게 처벌받았다.

이러한 조치는 불법적인 낙태를 겉으로 드러나게 하고 돌팔이 의사를 뿌리뽑을 것으로 기대됐다. 그러한 조치는 도시에서는 본질적으로 성공했지만, 시골에서는 여성들에게 그들의 낡은 관점을 포기하도록 설득하는 것이 훨씬 더 어려웠다. 낙태문제는 법적인 문제일 뿐만 아니라 여성의 성불안에 좌우되기도 하였다. 수천 년 동안 모든 성생활을 둘러쌌던 은밀함과 수치심으로 인해, 단순한 여성노동자나 여성농민은 병원이 훨씬 더 이용하기 쉬울지라도 병원보다는 엉터리 산파에게 기꺼이 간다.

아무도 전에는 낙태를 사회적 지속현상으로 만드는 것에 대해서 생각하지 못했다. 소비에트들은 낙태의 합법화가 돌팔이 의사에게 맞서는 하나의 수단일 뿐이라고 처음부터 명백히 했다. 주요한 것은 피임수단의 사용에 대한 포괄적이고 근본적인 계몽을 통해 낙태를 예방한다는 목표에 머물렀다. 지식인과 의사에게 강한 압력을 행사했고 노동자와 농민으로 구성된 소비에트들은 여성이 임신을 행복하다고 느끼게 하기 위해서는 다른 조치를 통해 합법적이고 위생적인 조처들을 보완해야 한다는 것을 매우 잘 알았다.

미혼모에 대한 경멸은 정말 곧 사라졌다. 여성의 생산과정에의 전진적인 진입은 여성에게 물질적 독립 및 안정을 가져다주었고, 이 독립과 안정은 어머니되기를 쉽도록 했을 뿐만 아니라 훨씬 더 바랄 만한 것으로 보이도록 만들었다. 출산 2개월 전에 시작되고 2개월 후에 끝나는 임신휴가가 도입되었다. 여성들은 임신휴가 때에 자신의 임금을 다 받았다. 점차 사업장과 농촌집합체가 탁아시설 및 의복을 준비하고, 어머니가 일하는 동안에 유아를 돌보기에 적당한 유모에 대한 훈련을 준비했다. 어머니들은 만삭 기간에는 어떤 힘든 일도 해서는 안 되었다. 어머니는 또한 자기가 일을 다시 시작해도 자녀에 대해서 걱정할 필요가 없다는 것을 확신했다. 소련의 유아 및 아동용 침대('Jasli')를 자신의 눈으로 본 사람이면 누구나 소비에트 사회체제가 지닌 엄청난 사회위생학적 생산성에 대해 더 이상 의심할 수 없었다.

여성은 모든 휴식시간에 대한 휴식 보너스, 자기 자녀를 평온하게 젖먹일 수 있는 지불받은 휴식을 받았다. 임신 초기에는 여성들은 힘든 일을 하지 않도록 되었다. 모성 보호와 유아 보호를 위한 예산은 해를 거듭할수록 거의 기하급수적으로 늘어났다. 온갖 불안에 떠는 속물과 도덕주의자들이 우려한 출산율 감소는 발생하지 않았고, 오히려 10년 동안 소련에서 출산과잉이 매년 평균 3~4백만 명에 달했다는 것은 놀라운 일이 아니다.

소련 정부는 광대한 국토의 가장 후미진 지방까지 밀고 나아가기 위해 모든 노력을 기울였다. 예를 들면, 이동식 출산병원[구급차]을 조직하였다. 필요한 모든 장비를 갖춘 기차가 지방에까지 다녔다. 불법적인 낙태를 최소한으로 줄이는 데 10년에서 12년이 걸렸다는 것은 성적 수치심이 대중에게 어떤 힘을 나타내는지를 보여준다. 성적 수치심은 유용한 조치들을 즉각적으로 수용하는 것도 방해한다.

언제나 그렇듯이 자명한 성위생학적 원칙의 관철은 낡은 위생학자의 반동적인 견해와 충돌한다. 또한, 대중은 이러한 삶의 질문에 대해 직접적이고 더 확실히 들어맞는 본능을 지녔고, 그에 반해 '훈련받은' 사회위생학자는 결론에 대한 '찬반' 논의에 앞서, 천 개의 다리를 가졌다는 것을 알자마자 더 이상 걸을 수 없었던 다족류[지네]처럼 행동한다는 것이 여기서 드러난다. 반동이 낙태문제의 어떤 점에서 그리고 어떤 수단으로 처음에 은밀히 숨어들고, 결국에는 낙태금지를 관철시킬 수 있었는지 알아보자.

낙태문제를 역사적, 통계적으로 제시하는 것은 여기서는 필요하지 않다. 이 주제에 관한 좋은 책이 많이 있다. 우리는 진보세력과 지체세력 사이에 있는 갈등의 역동성만을 이해하려고 한다. 윤리적이고, 가면을 쓴 종교적 주장이 유지되었을 뿐만 아니라 시간이 지남에 따라 더욱 관철될 수 있었다. 언제나 그렇듯이, 여기에도 반동적 도덕을 그 문구들에서 인식할 수 있다. 처음부터 성정치적 반동세력은 부분적으로는 짜리즘에서 벗어난 낡은 주장과 부분적으로는 소비에트주의가 채택했지만 아직 적지 않게 반동적인 새로운 주장을 가지고, 낙태문제의 완전한 혁명화에 반대해 싸웠다. 우리는 당연히, '인간성이 닳아 없어지고' '도덕이 해체될' 것이며, 따라서 '가족을 보호해야만' 하며 '자녀를 가지려는 갈망'을 강화시켜야 한다는 말을 들었다. 사람들은 여성이 겪는 심적 · 육체적 동요에 대해서 마구 지껄인다. 그러나 언제 어디서나 그렇듯이 소련에서도 성정치적 반동에게는 출산율 감소가 가장 커다란 근심거리였다.[1]

1 이것은 러시아 혁명의 시대와 관련된다. 그 이후 반동가들의 비합리적인 주장들에는 아주 작은 변화도 없었다. 프랑스의 몰락에 대해서 지로(Henri Honoré Giraud) 장군은 이렇게 쓰고 있다. "프랑스 역사에서 이런 식으로 알려지지 않은 이러한 예측할 수 없는 붕괴의 근거는 무엇인가? 우선 출생률에 따른 원천적인 문제. 정말 전쟁이 없으면 프랑스는 자살 직전에 있었다. 결혼은 사라졌고 아이 없는 결혼 쌍들이 들어섰다. 모든 땅이 부여되고 경작되는 세계에서 가장 부유한 나라에서 토지 구역에서 인구가 감소한다."

이러한 성을 반대하는 주장은 곧바로 파시즘으로 나아간다. "학교는 이러한 청소년들과 남성들에게 무엇

이러한 주장들에서 우리는 성정치적 반동이 진지하게 생각하고 의미화하는 주장과, 객관적으로 그리고 주관적으로 성생활이라는 살아 있는 문제를 회피하기 위한 공허한 핑계만을 둘러대는 다른 주장을 구별해야만 한다. 이 교양있는 사람들은 가족을 파멸시키지 않는 것에 만큼이나 애정 욕구를 충족시키지 않는 것을 의미하는 '도덕'을 유지하는 데 진지하게 관심을 가진다. 낙태에 대한 토론에서, 성기활동에 대한 무의식적인 두려움으로 인해 필수적인 것[진정한 욕구]에 대해 비합리적인 방식으로 눈감는다는 것이 더욱 명확해진다.

하나의 핑계는 인간성이 사라져 버릴 것이라는 근심이다. 또한 막 생겨나고 있는 생명을 보호한다는 문구이다. 이것을 대변하는 신사는, 교육받은 인구정책가가 없기 때문에 아마도 바로 자연에서는 자신이 없이도 모든 것이 수백만 배 증식된다는 것을 깨닫지 못한다. 오늘날 시행되는 인구정책은 공허하게 그리고 부정직하게도 **성부정의 장치이다. 즉 성만족을 가능하게 하기 위한 조건을 변화시키는 문제에서 벗어나려는 수단이다.**

분명한 파시스트적-국가사회주의적 경향은 '국가'에 대해서보다 어머니에 대해 더 걱정하는 것을 첫 번째 의무 및 과제로 삼는 그러한 사람들의 견해에서 표현되었다. 만일 누군가가 어머니에 대해서 걱정한다면 그는 혁명국가를 스스로 보호한다.

을 가르치는가? 우선 이기주의, 개인적 관심 그리고 질투 숭배. 그 다음에는 모든 정신적인 것, 모든 신성한 것, 모든 이상적인 것에 대한 거부. 무신론은 크게 알리지만 않는다면 적어도 지지받을 것이다……. 군대의 작은 일부만을 이루고 있는 청년들에서 전체 인민으로 넘어가면 청년의 특징은 무엇인가? ……인정하건대 독일 사람들은 **아마**(!) 자유를 전혀 가지고 있지 못하지만, 확실히 그들에게는 **무질서도 아나키도 없다**. 살아가려고 하는 인민에게 유일한 행복인(그리고 정말 행복하다) 노동이 어디에나 있다. 프랑스는 이것을 기억하고 거기서 유용한 것을 끌어낼 수도 있다."(영역자의 강조)[영역자 주]

1932년, 키에프 의회에서 키릴로프(Kirillow) 박사는 다음과 같이 밝혔다.

"……우리는 첫 번째 임신중절을 여성에게 그후에 나타나는 불임의 의미에서 특히 위험하다고 봅니다. 그러므로 우리는 어머니가 낙태하는 것을 금지하도록 하는 동시에, 왜 자신이 낙태를 원하는지를 확실하게 하는 것이 우리의 임무라고 간주합니다. 그러나 우리는 낙태를 원하는 여성의 대답에서 **어머니다운 어떤 것**을, 또는 **내적인 투쟁**과 **추구**에 관한 것을 거의 발견하지 **못합니다**. 최소한 여성이 한 대답의 70%가 '실패한 사랑' 때문입니다. '그가 나를 떠났어요', '내가 그를 버렸어요'와 결국 '그', 즉 '도대체 그가 어떤 남자인가'와 자신에 대한 조소 섞인 그러한 짤막한 언급. **여성의 대답에서 우리는 사회의 최초단위로서 발생하는 가족이라는 단 하나의 표시도 거의 찾지 못했습니다.**

부르주아적이고 활기 없는 낡은 결혼에 대항한 저항으로서 자유연애도 우생학의 무의식적인 선택으로서 자유연애도 아니고, '병원으로!'라는 선입견에 가득 찬 결정에 이르는 감정에 대한 이해 및 오류뿐입니다. 아직 결정화되지 않은 새로운 성혼돈 형태로 넘어간 결과로서 **성장한 젊은 신체를 망가뜨리는 제어되지 않는 경솔함**…….

……**저는 낙태 분야에서의 연구를**, 인간과 사회를 황폐케 했던 **자신의 아버지의 죄 때문에 죽어야 했던 고대 이집트의 장남의 처형과 비교해야 겠습니다**. 이러한 종류의 낙태는 사회적으로 부정적인, 잘못 만들어진 삶 현상으

로서 억압되어야만 합니다. 낙태는 지속적인 계몽활동으로 대체되어야 합니다. 모성을 사회적 기능으로 인식한다는 의미에서 심리학적 분위기의 변화가 무조건 요구됩니다…….

……결론은 다음과 같습니다.

1. 범죄적 낙태는 낙태가 합법적이라는 의식에 기초한 **악한 행위**입니다…….

4. 사회적 낙태는 종종 **성문제의 왜곡된 희화**의, 그리고 아직 결정화되지 않은 새로운 생활형식의 방어수단으로서 기여합니다. 낙태는 모성으로 향하는 길을 막고 공적 생활에서 여성의 성공을 종종 축소시킵니다. 그러므로 낙태는 **진정한 공동체**와는 거리가 멉니다.

5. **낙태는 다음 세대를 파괴하는 대중적 수단**으로 보입니다. 낙태는 어머니와 공동체를 보호한다는 고유한 의도를 갖고 있지 않으며, 그러므로 어머니 보호라는 분명한 목적과는 거리가 멉니다……."

언제든지 파시즘에 적응할 구조와 사상을 지닌 이러한 변론가와는 반대로, 비록 이론적인 지식은 적지만 자신의 실천에서 얻은 진실한 본능에 따라서만 활동하며 올바른 혁명적 관점을 대표하는 혁명적인 성정치가와 의사가 있다. 이를테면 브레슬라우(Breslau)의 클라라 벤더(Klara Bender)가 이에 속한다. 1932년 9월 11일부터 14일까지 국제범죄학회와 연합한 독일 집단들이 프랑크푸르트에서 개최한 학술대회에서, 벤더는 혁명적 낙태정책에 반대하기 위해 소련의 반동적인 인구정책가의 주장을 퍼뜨리려는 위선가들에 대항하여 용감하게 논쟁하였다.

그녀는 임신중절이 올바른 조건 아래서 이루어지는 한 육체적, 심적 폐해에 대한 얘기는 무의미하다고 입바른 말을 했다. 인구감소에 대한 걱정은 소련의 실천에서 반박됐다. 여성으로 하여금 자신의 자녀를 올바르게 양육할 수 없게 만드는 야만성에 직면했을 때, '자녀를 원하는 여성의 원충동'(Urtrieb)에 관한 잡담은 가차없이 밝혀졌다. 자본주의에서는 낙태가 순전히 돈문제였으며, 그러므로 낙태법은 분명한 계급법률이었고, 대책 없는 여성을 돌팔이 의사에게 가게 했다. 그러나 모스크바의 출산조절 병원에서는 1년에 5만 건의 낙태 가운데 사망자는 하나도 없었다.

그러나 그러한 분명한 주장도 효과가 없다는 것은 언제나 놀랍다. 1930년경 독일에서 출산조절 및 낙태에 대한 토론에 참여한 사람이라면 누구나 반동적인 인구정책가와 그로티얀(Grotjahn)의 재간꾼인 위생학자가 합리적인 주장에는 전혀 관심이 없다는 인상을 피할 수 없었다. 사람들은 거기에서 나치의 반동적인 인종이론에 대한 토론에 대해 생각해야 했다. 여기서 다음이 완전히 분명해졌다. 즉 사람들은 게르만계 북유럽 인종이 세계에서 가장 우월한 인종이 아니라는 것, 예를 들자면 흑인 아이가 독일 아이만큼 지적이며 똑똑하다는 것을 보이려고 열심히 노력하는 우둔한 수다쟁이와 무능하고 그래서 더욱 천박한 교수들을 만날 수 없었다.

만일 이성의 문제라면, 혁명적인 주장은 오래 전부터 반동적인 인구정책가와 인종이론가의 이데올로기를 파괴했을 것이다. 그러나 이 양자는 대중의 사고에 박혀 있는 비합리적인 힘에 의거하였는데, 대중의 사고에는 이성만으로는 도달할 수 없었기 때문이다. 독일에서 수십 수백만 명의 여성이 성기 훼손에 대한 무의식적인 공포를 지니고 있어서 자신의 고유한 이해에 반하여 살인조항을 지키도록 투표함으로써 반동적인 인구정책가는 성공했다. 이와 동일한 무의식적인 공포는 1934년 덴마크에서 낙태법 개정에 반대하여 기독교인들이 제출한 서명에서 나타났다.

독일의 열등감을 느끼는 속물이 자신이 '지도적인', '가장 지적인', '가장 창조적인' 인종, 즉 북유럽 인종에 속한다는 말을 들으면 자신의 우월감을 보상할 수 있기 때문에 인종이론가는 존재할 수 있을 뿐이다. 우리는 인종이론이나 오늘날의 우생학과 같은 비합리적인 관념을 합리적인 주장만으로 제거할 수 없다는 것을 강조한다. 비합리적인 관념에 반대하여 제시할 수 있는 합리적인 주장은 강력하고 자연스러운 감정의 굳건한 토대 위에 있어야 한다. 머리로 짜낸 성경제학 이론을 '관철시키는' 것이 문제가 아니다. 혁명이 인간생활의 원천을 새로이 흐르도록 한다면, 사회생활은 성경제학적 견해가 묘사하는 사실을 스스로 드러낸다. 정말 번식이 문제가 아니라 우선 성행복의 확보가 문제이다.

소련에서 출산조절의 문제가 민간단체나 집단에서가 아니라, 사회적으로 국가적으로 공식적으로 **적극적인** 방식으로 논의되었다는 사실은 이미 놀라운 전진이다. 이것으로 인해 용감하고 현명한 셀린스키(Selinskij)와 같은 혁명가가 보수적인 권위자의 면전에서 다음과 같은 뛰어난 진술을 할 수 있었다.

"이번 의회에서 다루어졌던 자유낙태의 폐해에 대한 모든 훈계를 고려한다면 저의 논평은 이단적일 것입니다. 그러나 선한 의심은 악한 믿음보다 낫습니다. 자기의 코트 단추를 가지런하게 잠그고는 인간의 문제에는 등을 돌린 채, 낙태에 대한 추상적인 진리를 근엄하게 우리에게 제출하는 그러한 설교자의 사회적 정직성을 믿기 어렵습니다. 마치 여기에 하나의 보이는 맹목성, 하나의 사회적 근시안, 또는 하나의 사회적 위선이 맴돌고 있는 것 같습니다. 이러한 사람은 낙태라는 전염병이 퍼지고 있는 그 현실관계, 그 사회경제적 대중심리학적 조건을 알지 못하거나 알려고 하지 않습니다.

낙태에 대한 판결에서는 공정성과 객관성보다 도덕화하는 편견이 더 많이 포함되어 있습니다. 이 주제에 대해서 많은 공포스런 이야기가 언급됐습니다. 사람들은 감염과 자궁천공으로, 신경계 파괴로, 출산율 감소와 모성본능의 매장으로, 그리고 국가의 약화와 같은 모든 것으로 우리를 불안하게 했습니다. 그러나 우리는 톨스토이의 말을 빌려 '그들은 나를 두렵게 하지만, 나는 두렵지 않다'라고 말하고 싶습니다. 어둠 속에서 하는 수술, 구석에서 하는 수술, 쇠막대기를 가지고 하는 작업. 그러나 위(胃)에서부터 더 깊은 십이지장까지 검사해 내려가는 것 또한 어둠 속에서 하는 작업이 아니란 말입니까? 그리고 내시경(식도의 검사장치)을 가지고 하는 조작은 또한 쇠막대기를 가지고 하는 작업 아닙니까? 그리고 만일 당신이 화학적 승화물을 포함한 모든 것을 혈관 속으로 주입한다면, 그것에 의해서 내막의 부드러운 조직에 염증이 생긴다면, 앞으로 당신은 그러한 주입이 야기할 결과를 아십니까? 그리고 만일 어떠한 의학적 증상이 없다면, 진찰상의 이유 때문에 당신은 튜브(나

팔관)를 막아 버리고 렌트겐(X레이) 검사를 위해 산성용액을 주입합니까? 이러한 모든 일이 유기체에 해를 끼치지 않습니까?

어쨌든 우리는 이 모든 것 없이 지낼 수 없으며, 절대 그렇게 하지 않을 것입니다. 호르몬 장애와 낙태 사이의 연관은 이미 반박할 수 없는 사실 아닙니까? 발자크가 매우 좋아하는 연령인 30세가 되면 정기적으로 낙태하러 가는 도시의 여성은 20살 때 자신의 신체가 지닌 나긋나긋함과 미모의 측면에서 여자친구와 성공적으로 계속 경쟁하는 반면, 충실하게 아이를 낳은 시골의 자매는 여섯 번 내지 여덟 번의 출산을 하여 30살이 되면 마치 즙을 다 짜내 버린 레몬처럼 말라 비틀어져 죽은 것처럼 보이는 이유는 무엇일까요? 분명히 호르몬은 그렇게 단순하지 않습니다. 그리고 더 적은 수의 아이를 낳는 것이 외모에 해롭다고 누가 말합니까?

저는 특정한 환경에서는 낙태가 훨씬 더 유용할 수 있다고 주장합니다. 정원사는 국화가 너무 많은 꽃을 피우면 말라 시들어 버리지 않고 크고 활짝 꽃을 피우도록 솎아 주어야 한다는 것을 압니다. 출산계수와 '포화(飽和)계수'가 일치하지 않는 한 삭제되어야 할 차이도 있습니다. 그러나 이러한 삭제가 어떤 식으로 일어날 것인지는 겉보기에는 상관없습니다. 그러나 개인이나 여성에게는 낙태를 하게 하는 것이 다른 사람을 향해 작은 관을 전송하고 그것과 함께 자신의 젊음과 자신의 힘을 매장하는 것보다 심리학적으로 더 쉬울 것이라고 저는 생각합니다. 물론 더 멋진 꽃을 피우기 위해 국화를 포기할 수도 있지만, 그러기 위해서는 토양의 환경을 바꿔야만 하고 국화의 재배 방식도 개선해야 합니다. 재배방식을 개선하십시오. 그러면 이 표에서 다른 크기와 다른 범위를 지닌 다른 수치가 나타날 것이고 낙태에 관한 다른 얘기가 들릴 것입니다.

삶의 눈으로 넓게 바라보시고, 여성이 어떠한 사회경제적 · 심리적 관계 속에서 살아야 하고 삶에 어떤 새로운 의미를 주어야 하는지를 보십시오. 불안정하고 아주 짧다는 특성 때문에, 가족은 여성에게 자녀를 양육하는 데 필요한 조건을 보장하지 않습니다. 양육비는 언제나 자신의 목적에 이르지 못합니다. 양육비를 지불해야 할 의무가 있지만 지불할 수 없는 남자는 여성에게 현실적인 이해보다 변호사에게 더 많은 이론적인 이해관심을 지닙니다. 콘돔은 믿을 수 없습니다. 자유로운 모성에 대한 권리는 언제나 실현할 수 없습니다. 왜냐하면 이러한 권리를 행사하기 위해서는 한 달에 40~50루블을 버는 직업을 가져야 하는 데, 일부 여성은 직장이 없기 때문입니다. 에밀 졸라의 소설에서 불법낙태 시술가가 공인의사를 어떻게 경멸하는지 상기해보십시오. '당신은 여성을 감옥에 밀어넣고 세느강으로 밀어넣지만, 우리는 여성을 거기에서 구해낸다.' 여러분은 '세느강에서 건져낸 사람'이 다시 불법낙태 시술가에게 넘어가기를 원하십니까? 연사 중 한 사람은 놀라서 이렇게 외쳤습니다. '의사의 처방과 여성의 요구로 충분하고 낙태는 끝납니다.'

그렇습니다. 정말로 그래야 합니다. 즉 여성의 사회적 요구를 결정하는 권리는 그녀에게만 속하며 다른 누구에게도 속하지 않기 때문에 여성의 요구로 충분합니다. 결혼문제가 몇몇 위원회에 의해 그 위원회의 사회적 견해에 따라 결혼할 수 있을지 없을지 결정된다는 것을 우리 남성은 절대 용납하지 않을 것입니다. 그러므로 여성이 스스로를 돌보는 것과 자신의 삶이 지닌 핵심

문제를 스스로 결정하는 것을 막지 마십시오. 여성은 성생활의 권리를 가지며, 그 권리를 남성처럼 자유로이 실현할 것이며, 자신의 사회생물학적 완전한 가치를 보장하기 위해 동일한 표준을 지닐 것입니다. 집합체에 해를 끼치는 노처녀를 대량으로 생산하는 일은 있어서는 안 됩니다."

셀린스키는 소련에서 성반동이 위원회, 법령, 인간주의적인 핑계를 가지고 자유로운 출산조절 및 낙태를 점차 다시 없애려고 하던 바로 그때 올바른 감각을 가지고 등장했다.

앞서 말했던 의회에서는 인구정책에서 성긍정적 방향과 성부정적인 방향 사이에 아주 진지한 투쟁이 있었다. 예를 들면 낙태금지법의 새로운 도입이 낙태증가를 막지 못했는지에 대해 신중하게 논의되었다. 인민위원 제피모프(Jefimow)는 낙태가 "여성유기체에 확실한 생물학적 및 심리적인 성적 외상을 의미하므로 증명은 불필요하다"고 생각했다. 이러한 느낌에도 불구하고 그는 낙태금지보다 낙태가 덜 해롭다고 여겼다. 물론 범죄적 낙태는 모든 이용가능한 수단을 찾아 퇴치해야 하지만 적어도 완전히 없어지지는 않았다. 제피모프는 낙태금지로 낙태의 수를 줄이지 못하며 낙태를 "다시 은밀하게 숨어들게 할 뿐"이라는 셀린스키의 주장에 동의했다. 더욱이 "사회경제적 생활조건과 문화수준의 고양은 피할 수 없이 출산제한을 필요로 한다." 즉 "아직 태어나지 않은 사람들에 대한 인간주의적 태도 그리고 그 태도와 함께 현재의 가족에 대한 부담이냐 아니면 출산조절이냐 가운데보다 나은 것이 무엇인가?" 제피모프의 대답은 정확했다.

"생활요구가 인간주의적 고려보다 더 강하다. 현재의 관계는 낙태금지에 대해서는 말할 수 없게 되어 있다."

낙태자유 10년 뒤에도 성반동은 파괴되지 않았을 뿐만 아니라, 반대로 혁명 방향을 강하게 저지하였다. 제피모프는 피임기구에 대해 충분히 연구할 것을 요구하였다. 그러나 그는 피임기구가 의학적 통제도 거치지 않고 모스크바의 길거리에서 공개적으로 판매되는 것에 대해 불평했다. 투기와 사기에 문이 넓게 열려 있었다. 벤데르스카야(Benderskaja)와 신카(Schinka)는 통상적인 피임기구를 누구나 무료로 사용할 수 있게 설치하도록 원했다. 벨린스키(Belinski), 신카, 셀리츠키(Selitzki)는 의학적 처방을 주장했다. 피임기구의 통제되지 않은 보급은 주민에게 엄청난 피해를 초래할 수 있었다. 어떻게 피임기구를 보급하느냐 하는 문제는 해결되지 않은 채 남아 있었다.

사람들은 피임기구의 보급 방식에 대해서 일치할 수 없었다. '인구정책적 고려'는 실제로 주민의 '도덕적' 태도에 대한 결과를 둘러싼 고려였다. 성쾌락을 즐기는 것은 자녀에 대한 욕망과 양립할 수 없는 것처럼 보였다.

예를 들면, 키에프의 벤데르스카야 박사는 다음과 같은 원칙을 대변하였다.

① 낙태를 처벌할 수 있도록 다시 되돌아간다면 우리는 돌팔이 의사에 의한 낙태의 엄청난 증가 시대로 되돌아갈 것이다.

② 돌팔이 의사에 의한 낙태와의 싸움은 합법적인 낙태의 도움으로 수

행되어야 할 것이다.

③ 합법적인 낙태에 반대하는 싸움은 피임기구의 선전을 통해 이루어져야 할 것이다.

④ 사회주의 사회질서의 조건 아래서 여성은 자신이 속한 집합체의 요구에 따라 자신의 모성기능을 행사할 것이다.

네 번째 항목은 곧바로 앞의 세 항목이 지니고 있는 명확성을 단번에 모호하게 만든다. 사람들은 성위생학적 조치를 통해서 주민들에게 성자유 및 성쾌락을 보장하려고 하였다. 그러나 출산은 도덕적 요구, 즉 '집합체의 요구'에 종속될 것이다. 자녀에 대한 즐거움도 쾌락의 기능, 즉 새로운 생명에 대한 기쁨이라는 것을 사람들은 간과했다. 여성에게 아이를 위해 자신을 넘어서 있는 권력을 만들어내도록 결코 강요할 수 없으며 없을 것이다. 자녀를 갖는 일은 그것이 굳건한 토대에 의거하게 된다면 삶의 일반적 기쁨의 일부가 되지만, 그렇지 않으면 도덕적 요구가 되고 동일한 척도에서 하나의 해결할 수 없는 문제로 남을 것이다.

왜 당시의 인구정책의 이해는 반복해서 사람들의 성이해와 충돌하는가? 이 대립은 해결할 수 없는 영원한 것인가? 국가들이 서로 적대적인 한, 국가들이 국경과 관세장벽을 통해 서로 분리되어 있는 한, 전쟁에서 충분한 인간 총알받이를 유지하는 데 관심이 있는 한, 인구정책은 성위생학의 요구와 조화를 이룰 수 없을 것이다. 인구증가가 그러한 목적에 필요하다는 것을 감히 인정하지 않기 때문에, 사람들은 '번식기능의 도덕'과 '인종보존'의 이해에 관해서 말해야 한다.

실제로 여성이 아이를 임신하기를 거부하는 것은 단지 인간의 성생활의 위기를 표현할 뿐이다. 열악한 생활조건에서 사랑하지 않는 배우자와 자녀를 갖는 것은 결코 즐거움이 아니다. 더욱이 성생활 자체가 하나의 고통이 된다. 인구정책가는 이러한 모순을 보지 않고 볼 수 없으며, 그는 국가주의적 이해관심을 지닌 기관이다. 전쟁 일반의 사회적 원인이 사라지고 사회가 인민의 행복한 삶을 건설하고 보장하는 데 주력하는 바로 그때에, 성행복과 인구 이해 사이의 대립도 사라진다. 바로 그때 성향유의 즐거움이 곧바로 자녀에 대한 즐거움으로 나아가기 때문이다. 그와 함께 '번식하라'는 요구의 동기 또한 없어진다.

낙태자유는 동시에 성쾌락에 대한 긍정(그것은 단지 말해지지 않을 뿐이다)을 포함한다. 성쾌락의 긍정은 전체 성이데올로기의 부정적인 것에서 긍정적인 것으로, 성**부정**에서 성**긍정**으로의 **의식적인** 재건을 촉구하였다. 소련의 산부인과 의사가 앞서 말한 의회에서 제시한 것에 따르면, 대다수의 여성(60%에서 70%)이 자신의 성을 즐길 수 없었다. 사람들은 성충동의 '결핍', 성충동의 '쇠퇴'에 대해 말했으며, 성능력의 감퇴는 의도적인 낙태 때문일 것이라고 주장하였다. 성장애에 관한 임상경험은 이러한 주장을 반박한다. 그것은 낙태문제를 온갖 수단으로 숨기고 낙태금지를 정당화하려는 시도이다. 대다수의 여성은 낙태를 했든 안 했든 아주 전반적으로 이러한 비율 정도에서 성적으로 장애가 있다. 어떤 여성은 15번이나 낙태를 했던 것으로 알려졌다. 평균 낙태 수가 종종 7번에까지 이르렀고, 많은 여성은 1년에 두 번 또는 세 번 하기도 했다. 이것은 여성이 피임도구 사용을 두려워한다는 증거다. 만일 그렇지 않다면 여성 스스로 충분하고 잘 맞는 피임도구의 생산을 옹호할 것이다.

우리는 독일에서 성정치운동의 실천에서, 거의 모든 여성이 이러한 수치심에 싸여 있으며 동시에 이러한 문제의 조절보다 더 열렬하게 바라는 것이 없다는 것을 알았다. 여성은 이러한 불안에서 해방되어야 한다. 우리는 말하지 않지만 여성의 불타는 욕망을 말해야 하며, 그 욕망의 충족을 무조건 추구해야 한다. 낙태금지의 폐지만으로 자녀를 바라는 적극적인 갈망을 만들어내지는 못한다. 행복한 애정생활을 할 수 있는 내적인 능력과 모든 외적인 전제조건을 만드는 것이 이에 속한다. 피임도구를 의학적 처방을 통해 보급해야 하는지 아니면 다르게 보급해야 하는지 하는 문제를 가지고 계속 씨름하는 대신에, 풍부하게 훈련받은 의사 및 사회복지사로부터 어떤 피임도구가 성만족을 확보하는 데 가장 적합한지를 찾아내는 것이 더욱 중요하고 유용할 것이다. 만일 여성이 몸 속에 낯선 물건을 가지고 다니며 그래서 만족에 이를 수 없다면 패서리[여성용 피임도구]가 무슨 소용이 있는가? 만약 만족을 방해하고 신경쇠약적인 불만을 일으킨다면 콘돔이 무슨 소용이 있는가? 전 주민에게 최상의 피임도구를 공급하기 위한 공장이 충분하지 않다면 피임에 대한 최상의 선전이 무슨 소용이 있는가? 여성이 피임수단을 사용하는 것에 대한 수치심을 극복하지 못한다면 이러한 공장이 결국 무슨 소용이 있을까?

의회의 의결은 합법화된 낙태를 전적으로 승인했다. 그럼에도 그 의결은 성만족을 실질적으로 자유롭게 하고 보장하는 데 대한 전반적인 불안

분위기에 파묻혔다.

그 분위기에 대해 1932년에 파니나 할레가 다음과 같이 보고하였다.

"외국은 늙은 볼셰비키의 저항에 대해서 전혀 알지 못했는데, 그들 가운데 몇몇 볼셰비키는 레닌을 훨씬 넘어갔으며 이미 거의 금욕적인 이상을 설교했다. '소련에서 여성의 사회화'에 대한 우화는 더욱 더 열정적으로 보급되었으며, 심지어 오늘날에는 특히 반(反)소비에트 선전이 문제가 되는 곳에서 자주 인용된다. 그러나 그 사이에 성이해의 파고는 마침내 퇴조하고, 혁명의 전위인 성숙한 소련의 청년은 순간적으로 그러한 심각하고 책임 있는 과제에 직면하자, 성문제에 대한 집착은 **중요하지 않게** 보였다. 이러한 방식으로, 소련의 성생활은 아마도 이전보다도 더 근본적으로 더 포괄적인 규모로 발전하고 있는 **탈관능화 단계**에 다시 도달한다. 소련 혁명의 길을 닦았던 소집단을 특징지우는 남성과 여성 간의 관계가 문제가 없다는 것은 이제 광범한 러시아 대중의 특징이 되었다. 이러한 특징에 작용을 미치는 힘[권력]이 이번에는 '5개년계획'이라고 불린다."

소비에트 이데올로기는 삶과 인간의 '탈관능화'(Enterotisierung)를 자랑스럽게 여긴다. 그러나 이러한 '탈관능화'는 환상이 꾸며낸 산물이다. 성생활은 분명한 상이 없기 때문에 병적이고 왜곡되고 해로운 방식으로 계속 존재한다. 성이냐 아니면 사회성이냐 하는 양자택일은 아니다. 사회적으로 긍정되고 만족스럽고 행복한 성생활이냐 **아니면** 병적이고 비밀스러우며 사회적으로 배척받는 성생활이냐 하는 선택이 있을 뿐이다. 외관상의 탈관능화(실제로는 자연적인 성의 파괴)가 소련 인민을 병들고 반사회적이게 만드는 한, 국가의 책임 있는 관리들은 도덕적 규제조치를 강화하고 낙태제한을 재도입해야 한다고 느낄 것이다. 악순환 속에서 억압된 성은 도덕적 억압을 요구할 것이고, 도덕적 억압은 성생활의 파괴[혼란]를 증대시킬 것이다.

스트로가노프(Stroganow) 교수는 전에는 여성이 낙태를 수치스럽게 여겼지만 "그러나 지금은 자신의 법률적 권리처럼 떠벌리기 시작했다. 그러나 그녀들은 이러한 권리를 통해 낙태의 합법화를 획득했다"고 이미 불평했다. 모성 보호조직 의장인 레베데바(Lebedewa) 여사는 낙태의 무죄화는 "여성의 심리학을 풀어놓았다"고 지적하였다. 낙태는 이제 하나의 '생활습관', 하나의 '유행'이 되었다. 낙태는 마치 '전염병처럼' 어디에나 퍼지는 일종의 '정신병'이었기 때문이다. 크리프키(Kriwki)는 이러한 '정신병'이, 아무도 그것이 언제 움츠러들기 시작할지 예측할 수 없었기 때문에 진보한다고 생각했다. '도덕'의 '야만화'의 결과, 여성의 모성적 감정은 둔하게 되고 흔들리게 되었다. 몇몇 소련 의사는 물질적 곤궁이 낙태 확산에서 지배적인 역할을 하지 않았다는 사실에서 올바른 결론을 끌어냈다. 자명한 결론. 즉 달리 어떠한 곤궁으로부터도 고통받지 않는 여성이 임신을 중절하는 일은 생기지 않았을 것이다. 실제로 낙태는 사람이 우선 자녀를 갖지 않고 성을 즐기려고 한다는 명백한 표시이다.

이러한 불분명함에 기초하여, 성자유는 제2차 5개년계획 과정에서 상당히 위축됐다. 첫 번째 아이를 임신한 어머니에게 임신중절을 허락하지 않았다. 임신중절의 조짐이 조용히 다시 드러나면 위원회는 커다란 도덕적 압력을 행사하였다. 이러한 전개가 어디로 갈지에 대해 예측할 수는 없다. 이러한 전개는 분명히 그 전개 자체에 근거해 결정되지 않고, 소련에서의 성긍정적이고 성혁명적인 흐름과 성부정적이고 성반동적인 흐름 사이의 투쟁의 결과에 의해 결정될 것이다. 성혁명적인 방향이 낡고 가련한 사고틀을 이겨낼 수 있을 만한 충분한 세력을 재빨리 규합할 수 없게 될 것을 두려워해야 한다. 그렇다면 그 결과는 신경쇠약 환자와 살아 있는 기계가 경영하는 뛰어나게 기술화된 경제일 것이다. 그러나 그것은 전혀 사회주의가 아니다.

근본적인 해결책

사회가 또다시 합리적 토대에서 사회생활을 재구축하는 문제에 직면할 때 우리가보다 더 잘 준비할 수 있도록 이러한 투쟁에서 배운 것을 요약해 보자. 다음과 같은 내용이 본질적일 것이다.

① 모든 핑계 및 부정직한 설명, 예를 들어 인종을 보전하는 데 대한 관심, 물질적인 곤궁이 낙태의 유일한 원인이라는 관념의 제거. 인구정책과 일반적인 성정치의 분리를 폐지하는 것.

② 번식[출산]과는 무관한 성기능에 대한 승인.

③ 성의 부분적인 기능으로서 번식의지에 대한 승인, 삶쾌락의 표현으

로서 자녀에 대한 바람에 대한 승인. 만족스러운 물질적이고 성적인 생활에서 자녀에 대한 즐거움은 자명하다는, 즉 자녀는 삶을 즐김으로써 생긴다는 사실에 대한 승인.

④ 피임이 낙태의 제거뿐만 아니라 우선적으로는 성쾌락 및 건강의 확보에 실질적으로 기여한다는 관점에 대한 공개적인 대변.

⑤ 성긍정과 성생활의 자기조절을 지지하는 대담한 모험을 할 용기.

⑥ 모든 성자, 도덕가, 다른 종류를 가장한 성신경증자는 실천적인 영향력이 없다는 확신.

⑦ 여성과 청소년의 성정치조직을 통해 반동적인 산부인과 의사의 실천 및 이데올로기에 대해 가하는 가장 첨예한 통제. 대중이 오늘날의 과학에 대한 어리석은 존경에서 벗어나게 하는 것. 과학은 아주 드물게만 과학이란 이름을 받을 만하다.

혁명적 인구정책의 목표는 '인종을 보존하는' 의무를 '위로부터' 부과하지 않고, 주민 자신의 이해를 일깨우는 것이어야 한다. 오늘날 인구정책은 평균적인 사람에게 어떤 관심도 갖지 않는다. 이러한 목표를 실현하기 위해서, 성쾌락을 긍정하며, 사회생활에 생산적으로 참여하는 모든 사람을 위해 성쾌락을 보호하는 것이 우선 필요하다. 주민은 사람들이 자신들을 바로 이러한 점에서 잘못 이해하고 있지 않다는 느낌을 가져야 한다. 즉 성향유의 문제에서 충분히 만족하고 자신들에게 성행복을 확보하고 그 성행복을 사용하고 즐길 수 있도록 할 수 있는 모든 것을 준비하고 있다는 것을 진정으로 느껴야만 한다.

오늘날 오르가즘적 기관쾌락에 대한 인간의 불안[오르가즘 불안]**을 대중적으로 어떻게 제거할 수 있을까** 하는 주요한 문제의 해결에 비추어, 이러한 문제에 대한 해결은 비교적 단순하다고 판명될 것이다. 전대미문의 중요하고 어려운 문제. 이 문제가 일단 해결되면 인구정책의 문제는 더 이상 성적으로 소심한 학자에 의해 해결될 것이 아니라, 청소년, 노동자, 농민, 과학적 전문가, 어린이에 의해 해결될 것이다. 그때까지는 인구정책 및 우생학은 오늘날과 같은 반동적인 모습으로 남아 있을 것이다.

2. 동성애[박해]법의 재도입

소련의 성입법은 동성애행위를 엄한 자유박탈[감옥형]로 처벌했던 낡은 짜르식 동성애법률을 간단히 삭제하였다. 정부의 통제 아래 있는 소련의 공식 백과사전은 성에 대한 설명에서 주로 마그누스 히르쉬펠트에 그리고 부분적으로는 프로이트에 의거하고 있다. 동성애조항 폐지의 근거는 동성애문제를 과학적으로 다루어야 하며 동성애자를 처벌해서는 안 된다는 것이었다. 동성애자를 사회로부터 분리하는 벽은 허물어져야만 했다.

소련정부의 이러한 행동은 당시 서유럽과 미국에서의 성정치운동에 엄청난 자극을 주었다. 그것은 선전행위였을 뿐만 아니라, 선천적이라고 파악되든 발전 지체의 결과로 파악되든, 동성애가 아무에게도 해를 끼치지 않는 활동이라는 것에 대해 옳게 주장할 수 있었다. 이것은 대부분의 도시 및 농촌 주민의 생각과 일치했다. 때때로 동성애적 남성 또는 레즈비언 여성이 우연히 어떤 보고자가 표현했듯이 '선의의 농담'의 표적이 될 때조차도, 도시 및 농촌 주민은 모든 성문제에서 지극히 관용적이었다. 이와는 반대로 쁘띠부르주아층은 전반적으로 여전히 성적으로 금욕적인 견해와 중세적인 편견이라는 강제 아래 있었다. 이러한 층은 당의 중간 및 고위층에서 자신의 대변자를 지녔으며, 그래서 자신의 영향력을 점차 일부 노동자계급에게도 퍼뜨릴 수 있었다. 동성애에 대한 다음과 같은 두 가지 관점이 점점 더 명확하게 드러났다.

① 동성애는 '미개적인 무교양의 표시', 즉 '반(半)야만적인 동구 사람의 추잡함'이라는 견해.

② 동성애는 '도착적인 부르주아지의 지나친 문화'현상이라는 견해.

처벌의 폐지에도 불구하고 동성애에 대한 박해는 소련의 동부 사람들 사이에서 계속되었다. 1925년 경 투르키스탄(Turkestan)에서는 동성애자에 대한 엄정한 처벌을 요구하는 추가조항이 소련의 법전조항에 첨가되었다.

동성애에 대한 앞서 말한 견해는 성정치적 관계와 발달가능성에 대해 전반적으로 불명확한 채 괴기스러운 동성애 박해 사례가 여기저기서 발생하고 결국은 빈번해지게 하였다. 법률만 가지고는 정말 동성애문제를 해결할 수 없었다. 성경제학의 파악에 따르면 압도적 다수의 사례에서 동성애는 이성애적 애정기능의 초기발달상의 장애의 결과라고 한다. 성혁명의 전반적인 지체와 더불어, 청소년 사이에서의, 육군과 해군 등에서의 동성애는 필연적으로 더욱 광범해졌음에 틀림없다. 당위원회와 심지어는 '당정화위원'에 의한 협잡질과 염탐질 그리고 배척질이 있었다. 클라라 제트킨과 그외 다른 구볼셰비키들은 하나 하나의 사례에 개입하였고 그것의 해방을 관철시켰다. 그러나 시간이 지나면서 성문제가 해결되지 않은 결과, 1934년 1월에 모스크바, 레닌그라드, 카르코프 및 오뎃사에서 동성애자에 대한 대량체포가 있을 때까지 동성애 물결은 증가했다. 체포된 사람 가운데에는 이른바 '동성애 난교'(Origie) 때문에 수년 동안 징역을 선고받거나 추방된 많은 수의 배우, 예술가, 음악가가 있었다.

1934년 3월에 칼리닌(Kalinin, 당시 소련공산당 서기장)은 남성 간의 성교를 금지하고 처벌하는 법률에 서명했다. 개인적인 정보에 의하면 이 법률은 일종의 긴급입법이었는데, 왜냐하면 소비에트 의회만이 법개정을 할 수 있었기 때문이다. 이 법률에 따르면 남성 간의 성교는 좀더 가벼운 경우에는 3~5년의 징역으로 그리고 보다 깊은 관계를 맺은 경우에는 5~8년의 징역으로 처벌할 수 있는 '사회적 범죄'로 낙인찍혔다. 그래서 동성애는 떼강도, 반혁명, 사보타지, 간첩행위 등과 같은 다른 사회적 범죄의 대열로 들어갔다. 동성애자 박해는 1932년부터 1933년까지 있었던 룀(Ernst Röhm, 히틀러의 돌격대 대위. 유명한 동성애자로 정치적 이유 때문에 살해당했다) 사건에 관련되어 독일에서 취해진 조치와 어느 정도 동일했다.

소비에트 언론은 동성애를 '파시스트 부르주아지의 타락현상'이라고 하면서 반대 캠페인을 펼쳤다. 내가 듣기로는 저명한 소련 언론인 콜쵸프(Kolzow)는 '괴벨(Göbbel) 선전상의 남색한'(男色漢)에 관해 그리고 '파시스트 나라들에서 성난교'에 관해 말하는 일련의 기사를 썼다. 막심 고리키(Maxim Gorki)의 개입은 결정적으로 영향을 미쳤는데, 그는 「프롤레타리아 인간주의」라는 논문에서 "파시즘은 너무 무성하게[음탕하게] 새끼 친다는 혐오스런 말에 대해 생각할 때 마음이 움찔해진다"고 썼다. 반유태주의와 동성애가 생각되고 있었다. 그러고 나서 다음과 같이 쓰고 있다. "파시스트 나라들에서 청년을 타락시키는 동성애가 처벌받지 않고 이루어지는 반면에, 프롤레타리아트가 용감하게 국가권력을 장악한 나라에서는 동성애를 사회적 범죄로 선언하였고 엄하게 처벌할 수 있게 되었다. 독일에서는 이미 동성애를 절멸시키면 파시즘이 사라질 것이다는 슬로건이 있었다."

우리는 동성애에 대한 이러한 파악이 얼마나 불분명하고 피해를 끼치며 진전했는지를 안다. 사람들은 룀의 중심조직 및 다른 조직의 토대를 실제로 형성하였던 남성결사적 동성애와, 만족스러운 이성애성교의 결핍에서 오는 선원, 군인, 죄수의 **곤궁**동성애를 혼동하였다. 사람들은 또한 동성애에 대한 파시즘의 이데올로기적 태도를 완전히 간과하였다. 그 태도는 여전히 부정적이었는데, 1934년 6월 30일 소련에서 동성애자에 대한 박해를 유발시켰던 바와 동일한 이유로 히틀러가 돌격대(SA) 지도부 전체를 몰살한 일을 참조할 수 있다.

성과 파시즘 사이의 관계와 성생활 자체의 전반적인 문제와 성관계에 대한 그러한 **혼돈스러운** 관념으로는 아무것도 이룰 수 없다는 것이 분명하다. 대량체포의 결과로 소련에서 동성애자 사이에 공포 분위기가 있었다. 군대에서 적군 사병들과 장교들 사이에서 수많은 자살이 발생했다. 1934년까지 소련에서 동성애자에 대한 어떠한 밀고도 없었으나, 이러한 사건 이후에는 다시 소생하였다. 이와는 반대로 주민은 동성애자들에게 동정적이었다.

나는 스스로 다음과 같은 간략한 기술에 제한하려 한다. 특히 동구 사람들 사이에서의 전반적인 성정치적 상황과 동성애자 박해의 관계는 더 자세한 서술이 필요할 것이다. 동성애문제에 대한 성경제학적 입장은 『오르가즘의 기능』(*Die Funktion des Orgasmus*), 『성격분석』(*Charakteranalyse*) 그리고 『청년의 성투쟁』(*Der Sexuelle Kampf der Jugend*)에 제시되어 있다. 요약해서 다음과 같이 말할 수 있을 것이다.

① 동성애는 사회적 범죄가 아니다. 동성애는 아무에게도 피해를 주지 않는다.

② 동성애는 대중의 자연스러운 애정생활을 위한 모든 전제조건을 만듦으로써만 완화될 수 있다.

③ 이러한 목표가 실현될 때까지, 동성애를 이성애적 만족형태와 동등한 종류로 여겨야 하며 (사춘기 청소년을 유혹하는 것을 제외하고는) 처벌해서는 안 된다.

제 5 장

청년코뮨에서의 지체

내전 시기 동안에 러시아 청년은 전투에서 자신에게 부여된 중요한 역할을 즉각 맡았다. 레닌은 청년의 활력이 혁명에서 지닌 중요성을 충분히 평가하였으며, 청년을 조직하는데, 청년의 경제적 지위를 향상시키고 그들의 권력을 보장해 주는 데 특별한 주의를 기울였다.

사회과정에서 그리고 구세대에 비추어 청년의 독립[독자성]에 대한 인정은 청년동맹 제2차 대회의 결정에서 다음과 같이 충분히 표현되었다.

"콤소몰은 자신의 고유한 내규를 지닌 자율적 조직이다." 이미 1916년에 레닌은 "완전한 독립이 없으면 청년은 자신들 사이에서 어떤 유능한 사회주의자도 만들어낼 수 없다"고 강조하였다.

권위주의적인 규율 없이 활동하는 독립적이고 성적으로 건강한 청년만이 결국은 엄청나게 어려운 혁명과제를 수행할 수 있었다.

혁명적인 독자적 청년조직이 지닌 성정치적인 성격을 보여주는 예로서 다음과 같은 제시가 모범적이다.

1. 혁명적인 청년

바쿠(Baku)는 10년 전까지만 해도 러시아 제국에서 가장 반동적이고 불길한 지방의 하나였다. 아제르바이잔의 러시아-투르크 공화국에서 혁명은 엄청난 수의 희생자를 냈다. 확실히 혁명은 법률을 바꾸었고, 경제토대는 재구축되었고, 종교는 각 개인의 사적인 문제라고 선언되었다.

하지만 발더 올덴(Balder Olden, 독일의 반(反)나치 언론인)에 의하면, "새로 만든 지붕 아래에는 할렘의 잔학한 도덕이 아직 맹렬한 기세를 떨치고 있었다." 소녀들은 종교시설에 보내졌다. 소녀들은 외부와 접촉하지 못하도록 했고 도망쳐서 가족의 불명예가 되지 않도록 읽고 쓰는 것을 배우지 못하게 하였다. 소녀들은 아버지의 농노였다. 소녀들은 성적인 성숙에 도달하면, 스스로 선택할 수도 없고 결혼 전에 얼굴을 전혀 본 적도 없는 남편의 노예가 된다. 여성들과 소녀들은 얼굴을 남자에게 보이는 것이 허용되지 않았다. 그들은 베일을 써서 가리고 창을 통해 거리를 내다보았다. 그들이 어딘가에 외출하는 일이 허용된다 해도 그것은 드물었고 파수꾼이 있는 경우뿐이었다. 그녀들은 일을 하는 것도 책이나 신문을 읽는 것도 허용되지 않았다. 법적으로 그녀들은 이혼할 권리가 있었지만 그것을 알지 못했다. 러시아 감옥에서는 꼬리가 아홉 개 달린 고양이(채찍)는 없어졌지만, 여성들은 할렘에서 여전히 맞고 있었다. 산파도 여의사도 없었기 때문에 이 여성들은 완전히 혼자 아이를 출산해야 했고 남자의사에게 보이는 것은 종교로 금지되어 있어서 비밀리에 했다.

1920년대 중반에 러시아 여성은 중앙부인클럽을 결성했고, 이 클럽은 교육체를 조직했다. 배우려는 사람들이 점차 밀려들었다. 교실이 꽉 차고 소녀들이 백발의 교사에게 귀를 기울이게 되었다(젊은 남성은 가르치는 것이 허용되지 않았다). 사회혁명이 일어난 지 여러 해 뒤에야 '관습의 혁명'이 시작되었다. 이 소녀들은 비로소 여성이 스포츠를 하고 베일을 쓰지 않고 극장이나 모임에 나가서 적극적인 역할을 하고 동시대적 생활에 참가하고 있는 남녀가 함께 교육받고 있는 나라가 있다는 것을 알았다.

이 성정치운동은 널리 퍼졌다. 아버지, 남자형제, 남편들은 여성클럽에서 토의되고 있는 것을 들었을 때 자신들의 이해가 위협받고 있다고 느꼈다. 그들은 여성클럽은 성매매장소라는 소문을 퍼뜨렸다. 그래서 클럽에 출입하는 것은 생명을 위태롭게 하였다. 올덴의 보고에 의하면, 클럽에 가는 도중에 소녀들은 끓는 물 세례를 받거나 개의 습격을 받거나 했다. 1923년에도 팔이나 다리가 드러난 운동복을 입은 소녀들이 죽을 뻔하였다. 그러므로 가장 용기 있는 여성도 결혼 이외의 애정관계를 상상하는 것조차 불가능했던 것도 이해할 수 있다.

이러한 사실에도 불구하고 전통과 단절하고 젊은 여성의 성해방을 위해 단호히 투쟁에 나선 여성이 몇 사람 있었다. 그런 여성들은 믿을 수 없는 순교에 노출되었다. 물론 그런 여성은 즉각 주목받게 되며, 여론은 그런 여성들을 성매매여성보다도 나쁘다고 여겼으며, 그들 가운데 누구도 어떤 남자와 결혼할 것이라고 기대할 수 없었다.

1928년, 20살의 여성인 자리알 할리리바(Sarial Haliliwa)는 집에서 뛰쳐나와 모임을 주선하고 여성의 성해방을 호소했다. 그녀는 베일을 쓰지 않고 극장에 갔고, 클럽에서 여성들에게 연설하였다. 그녀는 해안이나 스포츠센터에서 수영복을 입고 다녔다. 그녀의 아버지와 남자형제들은 그녀에 대한 재판을 통해 사형을 선고하였다. 그들은 그녀를 산 채로 토막 내었다. 이것은 1928년의 일로 러시아 사회혁명 발발 11년 뒤에 있었던 일이다. 그녀의 죽음은 여성 사이에서 성정치운동을 엄청나게 촉진시켰다. 그녀의 시체는 부모로부터 탈취되어 클럽에 안치되었고, 소년소녀 명예보호단이 밤낮으로 지켰다. 많은 여성과 소녀가 클럽을 방문했다. 그녀를 살해한 사람은 처형되었고, 그때 이래로 아버지나 남자형제가 여성운동과 청년운동에 대해 유사한 조치를 취하는 일은 없어졌다.

올덴은 이 사건을 전적으로 일반적인 문화운동이라고 기술한다. 보다 구체적으로는 그것은 분명 처음으로 소녀나 여성의 문화적 의식을 자극한 성정치적 변혁이었다. 1933년에는 이미 1,044명의 소녀가 대학에서 공부하고 있었다. 그리고 300명의 조산부가 있었으며, 부인클럽이나 여성클럽이 150개나 되었다. 그런 여성들 속에서 많은 작가나 저널리스트가 탄생했다. 최고재판소장이 여성이었다. 여성들은 기술자나 의사나 조종사로 훈련받았다. 혁명적 청년은 자신의 살 권리를 쟁취하였다.

2. 청년코뮨

청년코뮨은 청소년 성혁명의 역할을 특히 잘 보여준다. 청년코뮨은 당시 발전하고 있던 청년들 사이의 집합적 생활의 첫 번째 자연스런 표현이었다. 나이 든 사람들로 구성된 코뮨은 즉각 완고한 심리적 반동과 관습에서 생기는 어려움에 빠졌다. 그러나 더 젊은 연령에서는, 특히 사춘기에서는 모든 것이 유동적이었다. 금지[억제]는 아직은 구조화되지 않았다. 이런 연유로 청년코뮨은 집합적 생활의 유용성과 자신이 달성할 수 있는 거대한 진보를 증명하면서 성공할 수 있는 특별히 좋은 가능성을 지녔었다. 그렇다면 진보적인 혁명적 생활의 측면에서 코뮨 속에서 무엇이 달성되었고, 어떤 금지가 이러한 진보를 막았는가를 살펴보자.

소련은 청년을 정치적으로 조직하고 청년의 물질적 생활수준을 높이는 것이 첫 번째 과제라는 것을 매우 일찍 깨달았다. 또한 그것만으로는 충분치 않다는 것도 인식하였다. 부하린(Bucharin)은 "청년은 로맨스를 필요로 한다"고 말함으로써 주요 과제를 요약하려고 하였다. 내전이 끝나고 신경제(NEP)정책 시기가 초기의 수년 동안의 자극적인 사건들에서 덜 로맨틱한 힘겨운 재건기로 이행하고 있을 때 시작된 프롤레타리아 청년운동의 퇴조와 함께, 이러한 태도가 필요하게 되었다. "뇌에만 호소해서는 안 된다. 왜냐하면 사람은 무엇인가를 이해할 수 있기 전에 그것을 느껴야만 한다"고 콤소몰 제5차대회에서 이야기되었다. "모든 로맨틱한 혁명 자료, 즉 혁명 전의 지하공작, 내전, 체카(Tscheka, 반혁명 분자들과 싸우는 소련

비밀경찰), 노동자나 적군의 전투와 혁명적인 업적, 발명과 원정 등은 청년들을 교육하는 데 이용되어야 한다." 무엇보다도 사회주의의 이상이 '고무적인 형태'로 표현되고 인간의 자연과의 투쟁, 노동자의 영웅적 행동이나 공산주의에 대한 무조건적인 헌신이 찬미되는 문학을 창조해야 할 것이라고 얘기된다. 그러므로 **윤리적** 이상의 도움을 빌어 청년의 열정을 점화하고 지속시켜야 했다. 혁명적 개념과 이상이 부르주아적 개념과 이상을 대신할 것이다.

구체적으로 말하자면 부르주아 사회의 청년은 감각적인 이유에서 탐정물 읽기를 좋아한다. 그렇다면 통상적인 내용의 탐정물을 혁명적인 내용의 탐정물로 완전히 바꿀 수 있다. 탐정이 범인을 추적하는 대신에, GPU(소련의 비밀경찰) 성원이 짜르 수비대를 추적한다. 하지만 젊은 독자는 완전히 똑같은 공포, 전율, 호기심, 긴장감을 느낀다. 결과는 구제되지 않은 성흥분과 연결되어 있는 가학적인 환상이다. 심리적인 구조형성은 경험의 내용에 달려 있는 것이 아니라 경험이 동반하는 생장적 흥분의 종류에 달려 있다. 공포소설은 『알리바바와 40인의 도둑』을 다루건 짜르 수비대의 처형을 다루건 같은 효과를 지닌다. 독자를 사로잡는 것은 **전율**이지 40인의 도둑이 처형되느냐 아니면 40인의 반혁명분자가 처형되느냐가 아니다.

만일 혁명운동이 자신의 견해의 우월성을 지니려고 한다면 하나의 윤리적 이상을 또 다른 것으로 바꾸는 것으로 충분할 것이다. 하지만 운동이 인간 구조를 바꾸고 사람이 **독립적으로** 사고하고 행동하도록 하려고 의도한다면, 보수적인 셜록 홈즈를 적군의 셜롬 홈즈를 통해 단순히 쫓아낼 수 없으며 보수적인 로맨티시즘을 혁명적인 로맨티시즘으로 극복할 수 없다는 것을 인식해야만 한다. 제5회 대회의 결의문에는 "시위나 횃불행진이나 깃발, 대중연주회를 최대한으로 이용해서 청년에게 영향을 주어야 한다"고 되어 있다. 이것은 필요한 일이었다 해도 역시 **낡은 형태**의 열광과 이데올로기의 지속일 뿐이었다. 히틀러의 독일에서 똑같은 시위나 횃불행진이나 깃발봉헌, 대중연주회가 청년들에게 **효과적으로** 영향을 미치기 위해 행해졌다. 독일의 히틀러청년단[나치당의 소년조직]은 확실히 콤소몰에 뒤지지 않게 열정적이고 헌신적이었다. 차이는 독일의 히틀러청년단은 '자기 자신의 법칙에 따라 고유한 생활'을 창출한다고는 감히 생각하지 않고 영원한 지도자에 대한 맹목적이고 무조건적인 복종을 맹세한다는 것이다.

그러나 콤소몰은 일하는 모든 청년에게 그들 자신의 욕구에서 나오는 새로운 삶을 창조해 주고, 젊은 사람들이 독립적이고 반권위주의적이며 자신들의 일을 즐기며 성만족을 얻을 수 있고 복종에서가 아니라 확신에서 비판적으로 생각하도록 준비시키는 과제를 지녔다. 청년들은 저 너머 어디엔가 있는 어떤 '공산주의적 이상'을 위해 싸우고 있는 것이 아니라, **공산주의의 목표는 자기 자신의 독립적 삶을 실현하는 것**이라는 점을 알아야만 했다. 권위주의사회를 특징짓는 것은 청년이 스스로의 현실생활에 대해 의식을 지니지 않고 멍청하게 무위도식하거나 **맹목적으로** 복종한다는 것이다. 그러나 혁명적인 청년은 자신의 욕구를 의식하고 가장 강력하고 가장 지속적인 열정형태, 즉 **삶 쾌락**을 발전시킨다. '젊고' '독립적'이라는 것은 또한 성에 대해 긍정하는 것을 의미한다. 소비에트 국가는 금욕적인 자기희생과 성긍정적인 삶 쾌락 사이에서 선택해야 했다. 결국 청년은 삶을 긍정하는 관점의 도움으로만 승리를 거두고 재구조화될 수 있었다.

레닌의 콤소몰은 1925년에 1백만 명, 1927년에 2백만 명, 1931년에 5백만 명이 되었고, 1932년에 그 수는 거의 6백만 명에 이르렀다. 따라서 노동자청년도 성공적으로 조직되었다. 그러나 이 청년들도 제2차 대회 결의의 의미에서 '독립적으로' 재구조화되었는가? 동시에 농민청년 가운데 겨우 15%가 콤소몰에 조직되었다. 농업코뮨에서 생활하며 쉽게 조직될 수 있는 젊은 농민 50만 명 가운데 25%만이 콤소몰에 속해 있다. 왜 나머지 75%는 조직되지 않았는가? 청년이 영향을 받는 정도는 청년조직이 청년의 성적이고 실질적인 요구를 이해하고 밝히고 충족시켜주기 위해 가능한 모든 일을 할 수 있는 능력에 정비례한다. 새로운 생활방식은 새로운 생활내용에 의해서만 창조되며, 새로운 내용은 새로운 형식을 취해야 한다. 농민청년의 구조변형은 노동자청년의 구조변형과는 달라야 한다. 왜냐하면 그들의 성정치적 관계가 기본적으로 다르기 때문이다.

(1) 소로킨 코뮨

혁명적 변혁 동안에 과도기에 특징적이지만 미래 공산주의 질서의 싹이라고는 생각할 수 없는 사회조직들이 있었다. 유명해진 '소로킨 코뮨'을 가지고 그것의 특색이 어디에 있는지를 확인해보자.

소로킨 코뮨은 특별히 공산주의적 구조를 지니지는 않은 채 동성애적인 애착에 근거한 권위주의적으로 훈련된 반(反)여성주의적인 코뮨의 원형이다.

소로킨은 북코카서스의 제분소에서 일하는 젊은 노동자였다. 그는 소련에서 가장 큰 자동차공장인 '아우토스트로이'(Autostroj)의 건설에 관해서 신문에서 읽었다. 그는 그곳에서 일하고 싶은 욕망을 키워 갔다. 그는 가장 가까운 도시에서 기술강좌를 찾았고, 학생들 사이에서 특별한 그룹을 조직했다. 강좌가 끝나자 22명의 졸업생 전원이 소로킨의 지도 아래 아우토스트로이에 갔다. 그들은 1930년 5월 18일에 도착하였다. 이 22명의 청년노동자들이 소로킨의 지도 아래 노동자코뮨을 형성했다. 각자 급료로 공동기금을 만들었고 그 기금에서 모든 경비를 지출하였다. 그것은 진실로 청년코뮨이었다. 구성원 가운데 22살이 넘는 사람은 없었다. 18명이 콤소몰에 속했고 한 명은 당에 속해 있었으며, 세 사람은 어떤 단체에도 가입하지 않고 있었다.

그들이 자신들의 일을 해 나가면서 보인 젊은 열정과 야심, 강인한 끈기는 금방 다른 노동자들의 신경을 자극했다. 감독은 그들을 심하게 다루었고 그들이 원하는 대로 전원이 한 곳에서 일하게 하지 않았다. 그러나 소로킨은 감독을 제거하는 데 성공했다. 후계자[후임감독]는 코뮨에 더욱 동감하였다. 코뮨은 즉각 5개년계획의 30%만이 완수된 아주 어려운 계획에 참여하게 되었다. 늪지를 배수해야 하는 것이었다. 코뮨 성원 가운데 4명(그 가운데 한 사람은 코뮨의 유일한 여성이었는데)은 일이 너무 힘들어 그만두었다. 나머지 18명은 튼튼하고 호전적인 무리를 이루어 정신나간 사람처럼 일했다. 그들은 매우 엄격한 규율을 지켰다. 두 시간 이상 일을 태만히 한 사람은 누구를 막론하고 코뮨에서 추방한다고 결정했다. 실제로 규칙을 어긴 코뮨 성원 중 한 사람이 모두 그를 좋아했음에도 불구하고 가차없이 추방되었다.

곧 그들은 5개년계획이 요구한 것보다 두 배를 달성하였다. 소로킨 코뮨의 명성은 공장의 가장 먼 구석까지 퍼졌다. 이제 소로킨 코뮨은 어려움이 있는 어디에나 체계적으로 파견되었다. 소로킨 코뮨은 항상 다른 노동자들을 고무했다. 어떤 때 코뮨 성원들은 24시간 가운데 20시간을 일했다. 강렬한 활동이 그들을 단단히 묶어주었다. 그들은 두 개의 텐트를 치고 그곳에서 함께 먹고 생활하였다. 이렇게 해서 그들은 하나의 인민코뮨으로 발전했다. 그들이 만든 모범을 다른 사람들이 따랐다. 소로킨과 그의 동지들이 왔을 때, 전체적으로 1,691명의 회원(udarniki)을 지닌 68개의 개척단이 있었고, 소로킨이 유일한 코뮨이었다. 반년 후인 1930년 가을에 253개의 개척단과 그 가운데 7개의 코뮨이 있었다. 1931년 봄에는 개척단은 339개로 늘어났으며 회원수는 7,026명이었고 코뮨 수는 13개가 되었다. 그의 업적을 기리어 개척자 소로킨에게 적기훈장이 수여되었다.

이 코뮨 성원은 독일에 있는 많은 적색전선 전투부대의 집합주의적 집단을 생각나게 한다. 여성을 제외하고 있는 것에서만 그것을 미래공산주의적 집합체의 전형이 아니라고 특징지을 수 있었다. 이 성원들의 구조는 보통 사람의 구조와 다르다. 코뮨이 스스로 제기하는 과제는 영웅적이고, 의심할 여지없이 과도기의 지난한 투쟁에서 필요하였다. 그러나 그것은 미래의 발전의 씨앗을 지니고 있지 않았다. 코뮨이 극도의 곤궁에서 발전하여 개척단원들에게 일어났던 것처럼 서로 익숙해졌는지, 아니면 자연적인 생활요구에서 발전하는지를 구분해야만 한다. 소련에서 많은 코뮨이 발달한 것은 실로 그 과도기적인 요소에 의해서 특징지어진다. 공장, 군대, 집단농장 등에서 공동작업과 공동곤궁이 기반이 되었다. 사람들은 군인들이 참호에서 서로 익숙해지는 방식으로 개척단 안에서 서로에게 익숙해졌다. 바로 원시적인 생활조건이 개인적인 차이를 없애 버렸다. 노동집합체는 노동자들이 함께 살기 시작하자 완전한 집합체로 발전했다.

하지만 그러한 집합체도 아직 진짜 코뮨은 아니다. 왜냐하면 개인임금의 일부만이 공동기금으로 들어갔기 때문이다. 어떤 집합체에서는 모든 사람이 자신의 임금에 상관없이 똑같은 양을 기부한다. 또 다른 규칙에 따르면 성원들은 최소한의 양을 내고 그것을 넘어선 자신들의 소득의 일정 비율을 낸다. 코뮨 성원들이 자신들의 모든 봉급을 공동기금으로 내는 완전한 코뮨과는 다르다. 완전한 코뮨이 '공동생활의 최고형태'로 여겨졌다. 그러나 이 완전한 코뮨의 발전이 구조적이고 개인적인 문제를 무시하면 코뮨은 강제적이고 권위주의적이며 위축된 생활형식이 된다는 것을 보여주었다.

모스크바 국립도서관에는 옷이나 신발, 심지어 속옷도 모든 성원이 같이 쓰는 코뮨이 있었다. 만일 코뮨 성원 가운데 한 사람이 자신의 코트나 속옷을 입고 싶어한다면 그는 '쁘띠부르주아적'이라고 비난받았다. 개인생활은 없었다. 예를 들어 한 코뮨 성원에게 다른 코뮨 성원에게보다 더 친밀해지는 것은 금지되었다. 연애는 비난받았다. 누군가 한 소녀가 코뮨 성원의 한 사람을 좋아하는 것을 알게 되면 두 사람은 '공산주의 윤리의 파괴자'라고 회의에서 공격받았다. 얼마 되지 않아 그 코뮨은 붕괴했다.(Mehnert)

만일 코뮨을 '미래 가족형식'으로 인간사회의 미래단위로 긍정한다면 그리고 그것을 보존하고 촉진하기를 원한다면, 그러한 코뮨이 왜 실패했는지를 연구하는 것이 특히 중요하다. **인간의 본성 및 욕구와 대립하는 모든 왜곡, 모든 종류의 권위주의적 도덕주의적 또는 윤리주의적 생활규제는 코뮨을 파괴함에 틀림없다.** 근본문제는 어떻게 코뮨이 도덕적인 조건이 아니라 **자연스런** 조건에 근거하여 발전할 수 있는가 하는 것이다. 인간 구조와 생활방식 사이의 모순이 얼마나 기괴한 현상이 될 수 있는지에 대한 예로서 모스크바에 있는 베르크(Berg) 아카데미 코뮨을 살펴보자. 이 코뮨은 재정을 계획할 뿐만 아니라 구성원의 시간도 계획하기로 결정하였다. 메네르트(Mehnert)에 따르면 일과표는 다음과 같다.

〈베르크 아카데미 코뮨의 일과표〉

시간	일과
7:30	기상
7:30～8:45	이불 개고 아침 먹고 청소
8:45～14:00	학교
14:00～15:30	점심과 휴식
15:30～21:00	학교와 집에서 공부
21:00～21:30	저녁
21:30～23:00	휴식, 독서
23:00～24:00	신문 읽기

합계	
연구	10시간 45분
식사, 휴식, 신문 읽기	4시간 45분
가사일	1시간

개괄적인 관찰에 기초하여 AMO[자동차] 공장의 코뮨은 코뮨 성원의 하루 24시간의 평균사용에 관한 다음 통계를 제시하였다.

〈AMO 코뮨 성원의 일과별 평균사용시간〉

일과	사용시간
1. 공장일	6시간 31분
2. 수면	7시간 35분
3. 학습	3시간 1분
4. 식사	1시간 24분
5. 정치사회적 활동	53분
6. 독시	51분
7. 기타(영화, 클럽, 극장, 걷기)	57분
8. 가사	27분
9. 손님	25분
10. 위생	24분
11. 미결정	1시간 32분
합계	24시간 00분

이것은 강박적인 통계 광증이다. 이런 현상은 확실히 병적인 성격을 지니며, 어쨌든 코뮨 성원들이 내적으로 반항해야 하지만 의무에 의해 유도되는 삶에 대한 강박 노이로제적 징후이다. 끌어내야 할 결론은 집단생활의 가능성을 의문시하는 메네르트의 결론이 아니다.[1] 오히려 **집합주의적**

1 Klaus Mehnert, *Die Jugend in Sowjetrussland*, Berlin, S. Fischer Verlag, 1932.

삶의 형태에 집착한다면, 인민의 구조를 이러한 형식에 적응시킬 수 있는 방식을 찾아야 한다. 하지만 코뮨 성원의 생각과 느낌이 집합체와 모순되는 한, 사회적 필연성은 의식과 강제의 형태로 지배할 것이다. 그것은 인간 구조와 생활형식 간의 간격을 강제에 의해서가 아니라 유기적인 방식으로 좁히는 문제이다.

(2) 비행자를 위한 국가정치국의 노동코뮨 '볼세보'

이것은 최초의 노동코뮨으로, 비행소년을 위해 1924년 국가정치국[GPU, Gossudarstwennoje politischeskoje uprawlenije(staatliche politische Verwaltung)의 약자. 비밀경찰조직]의 의장인 드제르신스키(Dzershinski)의 권고로 창설되었다. 그것의 기본원칙은 범죄자는 완전히 자유롭게 교육받아야 한다는 것이었다. 근본문제는 어떻게 그들을 조직할 것인가였다. 이것은 다음과 같이 해결되었다. 볼세보(Bolschewo) 코뮨의 창설자 가운데 두 사람이 모스크바에 있는 부티르키(Butirki) 교도소에 수용되어 있던 죄수들과 일을 논의했다. 죄수들은 강도, 절도, 부랑, 기타의 죄목으로 복역중인 청소년들이었다. 국가정치국의 제안은 다음과 같은 것이었다. 우리는 당신들에게 자유와 문화발전, 교육, 소련건설에 협력할 기회를 주겠다. 함께 가서 코뮨을 만들지 않겠는가?

처음에 비행자[죄수]들은 의심했다. 자신들을 체포했던 국가정치국이 이번에는 자신들에게 자유를 주려고 하고 있다니 믿지 않으려고 했고 믿을 수가 없었다. 그들은 그것이 술수라고 생각하여 거부했다. 나중에 드러났지만, 그들은 어쨌거나 가서 어떤 것인지 보고 나서 도망쳐 나와 도둑질을 계속하면 된다고 결심했다. 결국 15명의 소년에게 한 명의 지도자가 붙여졌고 약간의 차비와 식사비용이 지불되었다. 이들은 또한 자신들이 원하는 대로 [코뮨에] 들어오고 나갈 완전한 자유를 지니고 있었다. 미래 코뮨의 장소에 도착해서 그들은 지키는 숨어 있는 군인들을 찾고자 관목 숲과 울타리를 수색하였다. 낡은 철문을 보자 그들은 의심하게 되었고 도망치려고 하였다. 그들은 이것이 또 다른 감옥의 벽이라고 생각했다. 그들은 진정되었고 그러한 것은 전혀 의도되지 않고 있다고 확신하고서는 머물렀다. 코뮨 성원이 350명으로 그리고 나중에는 1천 명으로 늘어난 것은 전적으로 15명의 창단 성원 덕택이었다. 그들은 우선 다른 75명의 명단을 만들었고 그들의 행동을 보장했다. 그들 자신이 감옥에 대표를 파견하여 75명의 새로운 성원을 충원하였다.

이제 일을 어떻게 가장 잘 조직하는가 하는 문제가 있었다. 이웃주민을 위한 구두공장을 세우기로 결정하였다. 소년들은 모든 것을 스스로 조직했다. 그들은 가사, 노동, 저녁 문화행사를 위해 코뮨을 배치하였다. 처음에 그들의 임금은 침식을 제공받으며 매월 12루블이었다.

이웃 주민은 이 비행자 코뮨의 설립에 맹렬하게 반대했다. 주민들은 그 계획을 중단시키려고 소비에트 정부에 청원서를 보냈다. 그들은 고립되었고 두려워했다.

점차 문화적 작업이 시작됐다. 클럽이 하나 조직되고 극장도 하나 들어섰다. 이웃 농민들도 초청되었다. 비행자와 주민 사이의 관계가 아주 좋아져서 1년이 지나면서 소년들은 이웃 마을과 도시의 소녀들과 '결혼'하기 시작했다.

점차 작은 공장이 스포츠 설비를 생산하는 공장으로 바뀌었다. 1929년에는 의류, 스웨터 등과 함께 매일 400켤레의 구두와 1,000켤레의 스케이트를 생산하는 구두공장이 되었다. 임금은 신참자들에게는 18루블이었고 경력자들에게는 100~130루블이었다. 노동자들은 자신들의 오락, 음식, 주거, 의복을 위해 34~50루블을 지불하였고 자신들의 임금의 2%는 문화행사에 지출하였다. 신참자들은 18루블로 살아가는 데서 문제에 봉착하였다. 해결책은 충분한 급료를 받을 수 있을 때까지 신용대출을 받는 것이었다.

그 공장은 소련에 있는 모든 공장이 하는 것과 같은 자치체계를 지니고 있었다. 3명의 지도자가 평구성원에서 선출되었고 한 사람의 대표가 지도기능을 감독하도록 선출되었다.

몇 개의 위원회가 새로운 성원을 충원하기 위해 설치되었고 코뮨은 계속 팽창하고 있었다. 1924년과 1925년에 비행자들이 자유코뮨에 참가하는 것을 두려워하고 있었다면, 이제는 비행자들이 코뮨에 쇄도하여, 평구성원들은 신참자들에게 입단시험을 치르기로 결정하였고, 그 시험에서 지원자는 진짜 비행소년인지, 범죄를 저지른 노동자인지를 증명해야 했다. 지원자가 어디서 체포되고 수감되었는지, 무슨 범죄를 저질렀는지, 어떤 감옥을 알고 있는지, 감옥 안에서는 어떻게 배치되어 있었는지 등에 대해서 정확하게 확인하였다. 신참자가 이러한 질문들에 만족스럽게 대답할 수 없으면 (위원들은 자신들의 일을 잘 알았다) 받아들여지지 않았다. 죄수가 아닌 사람들도 받아들여지지 않았다. 후보자 목록은 신참자들이 자신에 관해 말해야 하는 코뮨 총회에 제출되었다. 그가 누구인지 모르면 코뮨의 두 성원이 그를 보호하도록 임명되었다. 후보자격은 6개월 간 지속되었다. 신참자가 그 기간 동안에 자신을 증명하면 영구히 코뮨에 받아들여졌다. 만일 그가 자신을 입증하지 못하면 방해받지 않고 떠날 수 있었다.

서서히 도서관, 체스클럽, 작은 미술관, 영화관이 만들어졌고, 고위공무원이 아니라 선출된 코뮨 성원들에 의해 운영되었다. 또한 이른바 쟁의위원회도 있었다. 만일 누군가가 일을 게을리 하거나 지각하면 공개적으로 비난받았다. 동시에 임금이 삭감되었다. 가장 심한 경우에는 코뮨은 하루 또는 이틀 간의 구금을 선고하였다. '범죄자'는 모스크바에 있는 형무소에 보내졌다. 호송자나 감독자 없이 혼자 가서, 그곳에서 하루나 이틀의 형기를 끝내고 코뮨으로 행복하게 돌아왔다.

처음 3년 동안에는 30명의 소녀가 320명의 소년들에게 합세했다. 소년들은 이웃 소녀들과 접촉하고 있었으므로 분명히 성적인 어려움은 없었다. 나의 구체적인 질문에 코뮨의 지도자는 코뮨 성원들은 성적인 어려움이 있을 때는 서로 상담하지만 너무 지나친 일들은 거의 일어나지 않는다고 설명해 주었다. 제한 없이 사랑을 경험할 수 있었기 때문에 성생활은 스스로 조절되었다.

코뮨 '볼세보'는 자치와 비권위주의적 재구조화라는 원칙에 입각하여 젊은 비행자들을 교육하는 모델로 기여할 수도 있다. 불행히도 그러한 코뮨들은 고립된 제도들이었고, 내가 알지 못하는 이유에서 그 동일한 원칙이 그 이후에는 파기되어 버렸다. 이것은 1935년 이후의 보고들에서 확인된다. 1935년 전후부터는 권위주의적인 사회조치들로의 전반적인 퇴행이 이미 상당히 진행되었던 것을 잊어서는 안 된다.

(3) 새로운 생활형식을 찾는 청년

신경제정책(NEP)의 지원 아래 경제가 재건됨과 동시에 사설 코뮨 조직이 중요한 역할을 수행하였다. 집합적 주거지에서 청년들은 공동체생활의 공산주의적인 방식을 실천하려고 하였다. 메네르트는 이러한 열망들이 나중에 후퇴하였다고 보고하는 데, 나의 생각에 이 점에서 아무도 그와 다르지 않았다. "사람들은 더욱 자각하고 있다"고 그는 1932년에 썼다. "나라 전체가 아직 사회주의의 바로 최초 시작인 신경제정책을 제거하는 국면에 있는데, 사회주의의 최종단계인 공산주의를 예기하는 작은 섬들을 만들어 내는 것은 거의 의미가 없다고 공공연히 인정하였다. 코뮨들이 엄청난 생기를 가지고 발전하였음에도 불구하고 코뮨의 창설은 주로 혼동스러운 실행이었다. 오늘날 코뮨은 더 이상 필요하지 않다." 메네르트의 이러한 진술은 불만스럽다.

코뮨을 구성하려는 시도가 1920년대에 조숙한 것이었을 수는 있다. 코뮨이 왜 실패하였는가? 지금까지 소비에트 발전은 새로운 생활형식과 낡은 생활형식 사이의 진지한 투쟁에 의해서 특징지어진다. 이러한 투쟁의 결과가 소련의 운명을 결정할 것이다. 청년코뮨의 문제는 전체 문제의 일부분에 지나지 않는다. 코뮨 구성이 단지 '혼동스러운 실행'이었다는 생각을 우리는 받아들일 수 없다. 청년들이 시도한 이 극도로 진지하고 중요한 발걸음이 통찰력의 부족에서 생긴 어려움들에 부딪쳐 흔들렸다는 것이 훨씬 그럴 듯하다. 단순히 말해서 새로운 생활형식은 낡은 생활형식이 만연해 있어서 자신을 유지할 수 없었다. 그럼에도 불구하고 사람들은 소련에서 벌써 '충분히 실현된 사회주의'[2]에 대해 말하고 있다.

메네르트가 언급하고 있는 코뮨 일지를 살펴보자.

1924년 겨울이었다. 혹심한 곤궁이 소련을, 특히 모스크바와 같은 대도시들을 엄습하였다. 사람들은 기아, 곤궁, 주거부족 등 공통경험을 함으로써 서로 가까워졌다. 함께 속한다는 느낌이 너무 강해서 학교를 졸업한 몇몇 친구는 헤어질 수 없다고 느꼈다. 그들은 아직 자신들의 계획에 대해서 일치하지는 않았지만, 몇 년 동안의 집합적인 동지관계 이후에 자신들의 개별가족에게로 돌아갈 수 없을 것 같았다. 여기에서 하나의 거대가족으로서 미래에 함께 머문다는 생각, 코뮨 창설의 생각이 생겨났다. 많은 사람이 참여를 원했지만 선별(그들은 선별이 필요하다고 생각할 만큼 현명하였다)은 엄격하였다. 탈락한 지원자들은 울었다. 오랫동안 쓸데없이 아파트를 찾다가, 모스크바의 구시가지에 있는 한 집의 이층에 있는 전면 통로에 몇 개의 방이 빈 것을 찾았다. 1층에는 중국 세탁소가 있었다. 수증기가 갈라진 틈을 타고 올라왔다. [세탁소] 작업이 중단된 밤 2시와 6시

2 "소련 공산당, 당의 레닌주의적 중앙위원회, 그리고 그 위대한 지도자 스탈린 동지의 지도 하에 사회주의는 확정적으로 그리고 불가역적으로 승리를 거두어 왔다."(코민테른 7차 대회의 결과에 대해서 Manuiliski가 모스크바 및 레닌그라드 당에 한 연설)

사이에만 편안히 숨을 쉴 수 있었다. 그러나 이것은 문제가 되지 않았다. 코뮨 성원들은 한 지붕 아래 잔다는 것에 행복해 했다.

1925년 4월 그들은 입주했다. 두 개의 침실, '클럽'으로도 알려진 생활방 하나, 그리고 부엌 하나. 가구는 약간의 간이침대, 두 개의 책상, 두 개의 긴의자였다. 5명의 소녀와 5명의 소년, 열 사람이 여기서 새로운 생활을 할 수 있었다.

처음에 그들은 가사일을 스스로 하려고 하였다. 그러나 곧 코뮨 성원들은 바깥일로 과부하가 걸리게 되었고 처음의 열정이 식은 후에 가사일을 무시하기 시작하였다. 얼마 되지 않아 그 장소는 지저분해졌다. 몇 달 뒤에 우리는 일지에서 다음과 같은 것을 읽는다.

"10월 28일. 세세한 청소는 잠을 늦게 자서 못하였다. 아침도 먹지 않았다. 코뮨은 청소가 되지 않았다. 저녁 식사 접시들을 닦지 않았다(우연히 물이 없었다)."

"10월 29일. 다시 아침을 먹지 않았다. 저녁도 먹지 않았다. 접시들을 여전히 닦지 않았다. 음식 저장고는 지저분해졌고 화장실도 그랬다(화장실은 거의 청소하지 않았다). 두꺼운 먼지가 모든 곳을 덮고 있다. 우리가 잠잘 때 문은 열려 있었고 두 방에 불은 켜져 있었다(흔히 있는 일). 아침 2시 경에 우리의 아마추어 사진사가 모든 규칙을 어기고 자신의 필름을 상영하기 시작했다."

"10월 30일. 우리는 청소를 하기 시작하였다. 모든 것이 바닥에, 창문틀에, 의자 위에, 침대 아래위에 버려진 채 있다. 클럽에는 신문, 잉크, 스탠드, 편지, 만년필이 온방에 흩어져 있다. 탁자 위는 지저분하다. 부엌은 아직 더러운 접시들로 차 있고 깨끗한 접시는 하나도 없다. 부엌 탁자는 귀퉁이에 밀쳐져 있다. 싱크대는 더러운 기름으로 덮여 있다. 음식 저장고는 지옥이다. 코뮨 성원들은 무감각하고 조용하며 몇몇은 만족스럽기까지 하다. 이것이 우리가 새로운 생활을 건설하는 방식일까?"

그들은 며칠 뒤에 가정부(임금노동자)를 고용하기로 결정하였다. 그러나 이것은 공개적인 착취 아닌가? 몇 가지 생각한 뒤에 다음과 같이 이야기되었다. "모든 사람은 매일매일 가사영역에서 외부 서비스에 대해 지불해야 한다. 옷은 세탁소에 맡기고 마루를 닦기 위해 청소하는 여성을 고용하고 셔츠는 재봉사에게서 주문한다. 가정부를 고용하는 것은 원칙적으로 동일하며, 모든 개인 서비스가 한 사람에게 통합될 뿐이다." 그래서 가정부 아쿠리나(Akulina)가 코뮨에 오고 그녀가 오자 일정하게 정돈되고 깨끗해졌다.

그럼에도 불구하고 코뮨 1년 뒤에 일지는 우중충한 그림을 그린다. 코뮨 성원들 사이의 관계는 즐겁지 않다. "어두운 시대의 압박이 신경증과 신경과민을 불러일으켰다." 그들 가운데 네 사람은 이미 떠나 버렸다. 첫 번째 소녀는 코뮨에서 건강을 망쳐서 떠난다고 말했다. 두 번째 소녀는 소년들 가운데 한 사람의 괴팍한 성격 때문에 떠나야 한다고 설명하였다. 세 번째 소녀는 결혼하여 남편에게로 갔다. 네 번째 소년은 160루블에 달하는 자신의 소득의 일부를 코뮨 기금과 별도로 몰래 지니고 있었기 때문에 코뮨에서 추방되었고 처벌받았다. 두 소녀와 네 소년이 남았다. 이것은 최저점이었고 결정적인 위기였다. 여름이 오면서 사태는 좋아져 보였다. 곧 소녀 다섯, 소년 여섯으로, 모두 22~23살의 같은 나이에 모두 학생인 일곱 명의 코뮨 성원이 있었다. 열 명의 코뮨 창설자들 가운데는 4명만 남았다.

모든 문제가 가장 작은 것일지라도 전체회의에서 토의되었다. 몇몇 '위원회'가 생활의 다양한 측면을 보살피도록 임명되었다. 재정위원회는 수지를 맞추는 어려운 일을 맡았다. 경제위원회는 음식을 조달하고 가정을 정돈하는 책임을 맡았다. 학생정치위원회는 코뮨 안의 학교문제에 헌신하였고 도서관과 신문을 관리했으며 코뮨과 청년조직 특히 콤소몰 사이의 관계를 유지하였다. 의복위원회는 옷, 내복, 구두를 공급하였으며, 위생위원회는 코뮨 성원들의 건강을 보살피고 비누와 치약을 구입하였다.

조직적으로 코뮨은 국가정부('위원회'에 의한 정부) 형태를 채택하였다. 그러나 코뮨 성원들이 자신들의 물질적 실존의 첫 번째 어려움을 극복하고, 이른바 사생활이 고개를 들자 도덕적인 고려가 다시 되살아났다.

코뮨에 닥친 어려움은 물질의 결핍에서 직접적으로 생긴 어려움이 아니라 구조화된 성불안을 표현한 어려움이었다. '이기주의'나 '개인주의', '쁘띠부르주아적 관습'이 코뮨의 집합적 정신을 해치고 있는 것처럼 보였다. 이러한 '나쁜 특질들'을 도덕적 규율에 의해 근절하려고 시도하였다. '이기주의적 경향'에 대항하는 '집합적 생활'에 관한 도덕원리라는 이상이 세워졌다. 그러므로 그들은 자치와 자율적인 내부규율의 원리를 지닌 조직을 도덕주의적인 심지어 권위주의적인 수단을 사용하여 만들어내려고 하였다. 내부규율의 이러한 결여는 어디에서 생겨났는가? **결국 코뮨은 자치원리와 권위주의적 규율 사이의 모순을 감당해낼 수 있는가?**

코뮨의 자치는 심리적 건강에 근거해 있다. 이것은 다시 만족스러운 애정생활을 위한 모든 내외 조건을 필요로 한다. 자치와 권위주의적 규율 사이의 모순은 코뮨 성원들이 열망하는 집합적 생활과 집합적 생활을 해 나갈 수 없는 성원들의 심적 구조 사이의 모순에 뿌리박고 있었다. 즉 **코뮨 성원들은 코뮨 안에서 성관계의 질서화에 반대하였다.** 집합체는 부모가정과 가족생활에 신물난 청년들에게 **새로운 가정**을 제공한다고 생각되었다. 그러나 가족에 **반감**을 갖는 이 청년들은 또한 **동시에** 가족을 **그리워**했다. 그러므로 그들은 코뮨에서 만족스러운 성생활을 위해 필요한 조건들을 설립하는 데 실패하였다. 나무를 자르고 다른 작은 일상적인 허드렛일을 하는 문제는 우선 얽힌 성관계 때문에 해결할 수 없게 되었다. 처음에 코뮨 성원들은 매우 공정한 요구사항들을 세웠다. 관계는 '동지적인' 것으로 되어야 했다. 그러나 '동지적인' 것이 무엇을 의미하는지가 분명해지지 않았다. 코뮨은 수도원이 아니고 코뮨 성원들은 수도사가 아니라고 옳게 강조되었다. 코뮨의 부칙은 다음과 같이 되어 있었다.

"성관계가 구속되어서는 안 된다고 우리는 생각한다. 성관계는 공개적이어야 한다. 우리는 성관계에 대해서 스스로 의식하고 진지하게 행동해야 한다. 비동지적인 관계는 비밀로 하거나 어두운 장소를 찾거나, 서로 농하거나, 그 밖의 바람직하지 않은 것을 하려는 욕망을 지닌다."

이 몇 문장에서 코뮨 성원은 직관적으로 성관계를 제한하면 '뒤쪽' 성이 나타난다는 성경제학의 근본원리를 이해하였다. 그렇다면 코뮨 성원은 이러한 제한 없이 양육되었는가? 그들은 성경제학적으로 건강한 집합적 원리를 따를 수 있을 만큼 충분히 자신의 성에 대해 자각하고 충분히 건강했는가? 그들은 그렇지 않았다.

요구와 말로 인간 구조의 어려운 문제를 해결할 수 없다는 것은 곧 증명되었다. 커플이 따로 있고 싶어하고 방해받지 않고 사랑에 빠지려는 욕망은 결코 비동지적인 태도의 결과가 아니라는 것이 밝혀졌다. 곧 모든 나라의 모든 계층의 청년이 안고 있는 중요한 문제, 즉 **자기 자신의 방이 없다는 문제**가 제기되었다. 모든 방은 사람들로 가득 찼다. 어디에서 방해받지 않고 포옹할 수 있을까? 코뮨을 만들 때 어느 누구도 성적으로 그렇게 따로 있으려는 요구에서 그렇게 다양한 문제가 생기리라고 생각하지 않았다. 이러한 생활현실을 위원회와 규율이 제거할 수는 없었다. 코뮨의 규약은 나중에 단번에 모든 어려움을 해결할 수 있는 것으로 상정되는 다음과 같은 하나의 문구로 수정되었다. **"코뮨 성원 사이의 성관계는 코뮨의 최초 몇 년 동안은 바람직하지 않다!"**

일지는 이 결정이 2년 동안 유지되었다고 주장한다. 우리가 청소년의 성에 대해 알고 있는 모든 것을 고려해 볼 때 이것은 절대적으로 불가능하다고 생각한다. 성관계가 '위원회'의 눈에 보이지 않게 비밀리에 이루어진다는 것은 틀림없다. 그리고 이러한 방식으로 반동적인 세계의 일부분이 새로운 세계에 뚫고 들어갔음에 틀림없다. 성문제에서 공개적이고 정직해야 한다는 코뮨의 첫 번째 올바른 원리는 파괴되었다.

(4) 가족과 코뮨 사이의 해결할 수 없는 모순

코뮨에서의 생활의 어려움은 소년이나 소녀들이 다림질을 하고 바느질을 해야 하느냐 하는 것에 있지 않다. 핵심에는 성적인 친밀함이란 문제가 있다. 이것은 코뮨 성원들이 성문제에 대처하려고 노력하는 데에서 부분적으로는 새롭고 혁명적이지만 부분적으로는 위축되고 불안한 방식을 증명한다. 심각한 갈등의 결과는 **가족과 코뮨은 양립할 수 없는 조직**이라는 결론으로 나아갔다.

1928년 초에 이러한 어려움은 심각한 방식으로 나타났다. 1월 12일에 다음과 같은 논쟁이 블라디미르(Wladimir)가 소집한 코뮨 회의에서 벌어졌다.

"블라디미르 : 나는 결혼할 것이다. 카티야와 나는 결혼하기로 결정했다. 우리는 코뮨을 벗어난 생활을 상상할 수 없기 때문에 함께 코뮨에서 살고 싶다.

카티야 : 나는 코뮨 성원 자격을 신청하고 싶다.

세미욘 : 카티야가 블라디미르의 부인으로서 아니면 단지 카티야로서 받아들여지기를 원하는가? 우리의 결정은 그것에 달려 있을 것이다.

카티야 : 나는 오랫동안 신청하려고 해 왔다. 나는 코뮨을 알고 있고 코뮨 성원이 되기를 원한다.

세르게이 : 나는 받아들이는 데 찬성한다. 카티야가 블라디미르와의 결혼과 관계없이 신청했다면 나는 그 문제는 끝났다고 생각한다. 그러나 이것은 카티야뿐만 아니라 우리 성원 가운데 한 사람과도 관련된다. 우리는 이것을 잊어서는 안 된다.

레리야 : 나는 결혼상대자를 코뮨에 받아들여야 한다는 것에 반대한다. 첫째 우리는 새로 만들어진 가족이 코뮨에 얼마나 적합한지를 따져야만 한다(!) 카티야는 당연히 코뮨 생활에 자질이 있으므로 이러한 경험에 아주 적합하다고 나는 생각한다.

미샤 : 그 순간에 코뮨은 위기에 처한다. 결혼은 코뮨 안에서 하나의 집단을 형성하는 것을 의미하며, 더욱이 코뮨의 통일성을 깨뜨릴 것이다. 그것이 내가 받아들이는 것에 반대하는 이유이다.

레리야 : 우리가 카티야를 받아들이지 않는다면 우리는 블라디미르를 잃을 것이다. 우리는 이미 거의 그를 잃었다. 나는 받아들이는 것에 찬성한다.

카티야 : 제발 나의 경우를 '상황을 참작하지' 말고 생각해 달라. 나는 코뮨의 적합한 성원이기를 원하며 한 남자 코뮨 성원의 아내이기를 원치 않는다.

결정 : 카티야는 코뮨에 받아들여졌다."

새로운 간이침대가 소녀들의 침실에 마련되었다. 코뮨 일지에도, 메네르트의 묘사에도 젊은 코뮨 성원들 사이의 성관계가 어떻게 이루어졌는지에 대한 구체적인 정보가 없다. 원칙적으로 코뮨 성원들의 결혼문제는 긍정적으로 해결되어 왔지만 어려움은 나중에야 나타났다. 긴 논쟁 끝에 코뮨의 공간부족과 재정적 한계 때문에 아이들은 바람직하지 않다고 결정되었다. 아이들을 낳게 되면 학생[코뮨 성원]들은 집에서 조용히 일할 수 없을 것이다. 일지는 다음을 포함하고 있다.

> "코뮨에서의 결혼은 가능하며 허용된다. 하지만 심각한 주택사정 때문에 아이를 낳지 말아야 한다. **낙태는 허용되지 않는다.**"

이 세 문장은 수천 페이지의 형식적 보고서보다 소련의 역사적 혁명의 문제에 관해 더 많은 것을 포함하고 있다.

첫 번째 문장, **코뮨에서의 결혼은 가능하며 허용된다.** 결혼은 가능하고 결국 허용된다는 것은 의심스럽다. 애정관계를 단순히 금지할 수는 없었다. 공식적인 소비에트 이데올로기에서는 결혼개념이 모든 성관계를 포괄하기 때문에, 애정관계를 유지하기 위해 '결혼'이 필요하지는 않다는 생각이 사람들에게 떠오르지는 않았다. 자식에 대한 욕망과 연결된 관계와 순전히 사랑에 대한 요구에서 생긴 관계 사이에 어떤 구분도 하지 않았다. 짧은 일시적 관계와 영원한 관계 사이의 어떠한 구분도 없었다. 아무도 짧은 관계의 종결인지 지속적인 관계의 점진적 발전인지에 대해 생각하지 않았다.

두 번째 문장, **심각한 주택사정 때문에 아이를 낳지 말아야 한다.** 일면 코뮨 성원은 아이를 키울 공간이 없었기 때문에 아이 없는 결혼생활이 가능하다는 것을 인정했다. 하지만 진짜 문제는 어디에 가면 임신을 하지 않고 성교를 할 수 있는가이다. 독일의 청년운동에서는 방을 하나 가지고 있는 청소년이 자신의 동료들이 사용할 수 있도록 하여, 그 커플들이 방해받지 않고 함께 있을 수 있게 하는 식으로 이러한 문제를 종종 해결하였다. 그러한 조치가 상당히 필요함에도 불구하고 어떤 당도 감히 그것을 비상조치로서 내세우려고 하지 않았다.

세 번째 문장, **낙태는 허용되지 않는다.** 이 내용은 애정관계는 허용하되 낙태는 인정할 수 없다는 보수주의 경향을 나타내고 있다. 실제로 이것은 절제를 의미한다. 올바른 결정은 다음과 같이 되어야 한다.

> "공간이 없다는 이유에서 일시적으로 아이를 허용하지 않으면, 아이를 전혀 갖지 못할 수도 있다. 만일 함께 자고 싶으면 피임도구를 사용하고, 언제 방해받고 싶지 않은지를 우리에게 말해라."

이 결정에 이어진 논쟁들은 코뮨 성원들이 출산과 성만족을 분리할 수 없다는 생각에 얼마나 절망적으로 얽혀들어 있는지를 보여주었다. 모든 코뮨 성원이 결정에 동의한 것은 아니었다. 많은 사람들은 그 결정이 자연법칙에 너무 심하게 간섭하며, 너무 조야하고 뒤죽박죽이며 건강에 해롭다고 생각했다. 1년 뒤에 새롭고 보다 큰 주거시설을 마련할 수 있었을 때 결의는 새로운 것으로 대체되었다. "코뮨은 아이의 출산을 허용한다." 코뮨 성원의 아이를 코뮨의 아이로 여기고 코뮨의 경비로 양육하자는 것은 정말 혁명적이었지만, 여기에서도 방해받지 않는 성교라는 문제는 제기되지 않았다.

여기서 모순이 명확해졌다. 코뮨은 분명 새로운 '가족'형태, 즉 혈연으로 결합되지 않은 사람들의 집합체로서 낡은 가족형태를 대체해야 한다. 집합체에 대한 열망이 가족의 구속에 대한 항의에서 나왔지만, 그 자체가 가족과 유사한 코뮨에서 생활하고 싶다는 갈망의 표현이었다. 그러므로 새로운 가족형태는 만들어졌으나 자신의 틀 안에 낡은 형태를 지니고 있었다. 혼동은 엄청났다. 코뮨 안의 조건들이 견고해진 뒤에, 결혼한다는 생각이 등장했고 논쟁 끝에 다음과 같은 결론으로 나아갔다.

> "만일 코뮨 성원의 한 사람이 결혼하고 싶어 한다면, 그것은 순조로운 것이며 코뮨은 방해해서는 안 된다. 반대로 코뮨은 가족생활에 필요한 조건을 준비하기 위해 가능한 모든 것을 해야 한다."

가족과 집합체 사이의 모순은 다음 문제에서 특히 표현되었다. 한 코뮨 성원이 코뮨의 틀에 적합하지 않은 코뮨 외부의 소녀와 결혼하기를 원할 때 무슨 일이 일어나는가? 그녀는 코뮨에 받아들여져야 하는가 아닌가? 외부에서 온 이 소녀가 코뮨에 참여하지 않으려고 하면 무슨 일이 일어나는가? 남편과 아내는 떨어져서 살아야 하는가? 이런 식으로 한 가지 질문이 다른 질문을 물고 나온다.

코뮨 성원들은 다음을 깨닫지 못하였다.

첫째, 새로운 코뮨 형식과 코뮨 성원들의 낡은 구조 사이에 모순이 있다는 것.

둘째, 코뮨은 낡은 결혼 및 가족과는 양립할 수 없다는 것.

셋째, 코뮨에서 생활하는 사람의 구조를 변화시켜야 한다는 것, 그리고 그 방법.

보수적인 '결혼'개념은 결혼관계는 해소할 수 없다는 생각과 연결되어 있었다. 코뮨 성원들은 그러한 관념에 사로잡혀 있었고 출구를 찾지 못하였다.

그들은 어떤 슬픈 일이 일어났을 때 가족법에 관한 자신들의 결의를 즐길 시간이 거의 없었다. 일지는 다음과 같이 보고하고 있다.

"블라디미르는 카티야를 사랑하지 않게 되었다. 그 자신은 그 상태를 설명하고 싶어하지 않았다. 그가 결혼했을 때는 카티야와 사랑했지만, 지금 그는 그녀에게 동지적인 느낌만을 가지고 있으며, 사랑 없이 남편과 아내로서 사는 것은 어렵고 불필요하다."

결과는 이혼이었지만 동지들은 그것에 대해서 매우 당황해했고, 특히 소녀들은 매우 거친 말을 했다.

"블라디미르는 호색한이다. 그는 결혼하기 전에 이것에 대해 생각했어야 한다! 그는 우선 결혼하고 얼마 뒤에 달아날 수는 없다. 이것은 다음과 같은 속물적인 로망스와 유사한 것으로 저주받아야 한다. 즉 내가 원하면 사랑하고 내가 원하면 사랑을 그만둔다. 오늘 나는 너 없이 살 수 없으니 결혼한다. 그러고 나서 한달 뒤에 엄청나게 미안하지만 너를 더 이상 사랑하지 않는다. 그냥 동지로 있자."

소비에트 결혼법이 코뮨 성원들의 심리구조에 끼친 영향이 얼마나 작았던가! 그들은 부르주아지 자신이 그렇게도 두려워한 것, 즉 부부관계의 해체를 부르주아적 속물주의라고 받아들였다. 변증법!

소년들은 블라디미르가 분명이 카티야를 사랑했었고, 이러한 감정이 사라진 것은 그의 잘못이 아니었다고 더 넓게 이해했다. 모든 문제가 코뮨 전체회의에서 논의되었다. 몇몇 소녀는 카티야가 그 문제에 관해 누구에게도 말하지 않았었는데 이제 그것을 전체회의에 부치는 것이 특이하다고 생각했다. 긴 다툼이 있었다. 어떤 사람은 말했다. "블라디미르가 이혼을 원하는 것은 정당하고 우리는 그를 비난할 수 없다. 결국 그는 코뮨의 결의로 강제로 사랑할 수는 없다." 그러나 다수는 블라디미르가 부주의하게 결혼했고 콤소몰과 코뮨 성원에 걸맞지 않은 방식으로 행동했다고 해서 그를 비난하였다. 만장일치는 없었다. 카티야가 몇 달 동안 모스크바를 떠남으로써 그 문제는 자동적으로 해소되었다. 그녀가 돌아왔을 때 블라디미르는 그녀와 다시 가까워졌지만, 이것이 이혼문제를 해결하지는 못했다. 그러는 동안에 일곱 명의 코뮨 성원 가운데 다섯 명이 결혼했다. 주거관계에서는 아무것도 바뀌지 않았다. 즉 소년과 소녀들은 다른 침대에서 자야 했다.—성위생학적으로 불가능한 상황.

코뮨 성원인 타냐는 남편에게 다음과 같은 절망적인 편지를 썼다.

> "나는 작고 단순하고 아주 합법적인 개인적 행복을 갖고 싶어요. 당신과 내가 홀로 있을 수 있고 우리가 원하면 같이 있을 수 있는 조용한 곳을 바래요. 그래서 다른 사람들로부터 우리를 감출 필요가 없고 우리의 관계가 더 충만하고 더 자유롭고 더 즐거울 수 있게 되기를 바래요. 코뮨은 이런 인간적인 필요가 있다는 것을 이해할 수 없나요?"

우리는 타냐가 아주 건강한 성기구조를 가졌다는 데 만족한다. 이젠 왜 코뮨이 흔들렸는지 아주 분명하다. 코뮨 성원들은 타냐를 잘 이해했고 그들 자신도 주택조건과 이데올로기적 혼동으로 고통을 겪었지만, 어떤 것도 바꿀 수 없었다. 일지 기록은 중단되었고 문제는 아래로 가라앉고 표면 아래서 계속 시끄럽게 들렸다. 집합체 속에서 성관련 문제는 주택문제가 해결되어도 해결되지 않을 것이다. 사생활의 보장은 중요한 **외적** 필요조건 하나를 달성할 뿐일 것이다. 예를 들어 사람들은 성적으로, 리듬상, 그리고 심리적으로 서로 적합하다고 확신하지 않는 한 영속적인 성관계에 들어서서는 안 된다는 것을 코뮨 성원들은 깨닫지 못하고 있었다.

영속적인 관계를 이루기 위해서는 더 이상의 의무 없이 일정 기간 동안 서로 사랑해야 할 것이며, 적응은 종종 긴 시간을 필요로 하며, 성적으로 일치하지 않으면 헤어질 수 있으며, 사랑은 강제될 수 없고 성행복은 자생적으로 발전하거나 그렇지 않으면 아무것도 아니라는 것을 알고 있지 못하였다. 결혼관념과 생식과 성을 등치시키는 관념이 뼈에 박혀 있지 않다면, 이 총명한 젊은 소녀들과 소년들은 진지한 투쟁 뒤에 스스로 이것을 발견할 것이다. 이러한 관념들은 타고난 것은 아니다. 이러한 관념들은 사회 이데올로기에서 근절되지 않았을 뿐이다.

3. 필요한 구조적 전제조건들

지금까지의 내용을 요약해보자.

첫째, 1900년경에 가족상황은 비교적 간단했다. 사람들은 가족이라는 울타리 속에서 살고 있었다. 가족상황이나 가족적 인간 구조와 갈등하는 요구를 제시하는 집합체는 전혀 없었다. 덧붙여 가족과 가부장적 사회질서 사이에는 갈등이 없었다. 억압된 성은 단지 히스테리, 성격학적 완고함과 이상성, 성매매, 도착, 자살, 어린이 학대, 부르주아적 전쟁 환상의 형태로만 분출되었다.

1930년에는 상황이 훨씬 복잡해졌다. 강제적 가족은 집합주의적 생산과 가족의 경제적 기초 사이의 모순 속에서 해체되었다. 가족제도는 아주 드물게만 경제적 요인에 의해 유지되었고 더욱 더 강하게 인간 구조의 요소들에 의해 유지되었다. 가족제도는 살 수도 없었고 죽을 수도 없었다.

사람들은 더 이상 가족 **안에서** 살 수 없었지만 가족 **없이** 살아갈 수도 없었다. 사람들은 한 사람의 상대와 영원히 살 수도 없었고 혼자서 살아갈 수도 없었다.

둘째, 소련에서는 **혈연으로 결합되지 않은 사람들로 이루어진 새로운 가족형태**가 등장했다. 그것은 낡은 결혼형태를 배제했으므로, 다음 문제는 그러한 공동체에서 성관계를 어떻게 모델화해야 하는가이다. 우리는 현재의 성혁명이 나타내는 변혁과정을 따를 수 있을 뿐이며, 노동민주주의의 사회경제적 형식들(일반적인 용어로 말해서 **인간의 성행복에 대한 무제한적이고 구체적인 긍정**)과 모순되지 않는 경향을 지지할 수 있을 뿐이다. 관습적이고 영원한 일부일처제도 우연적이고 사랑 없는 불만족스러운 관계('난교')도 이것과 일치하지 않는다. 소련공산주의는 금욕주의도, 평생 동안의 일부일처제도 규범으로서 배제한다. 성관계는 완전히 새로운 조건에서 이루어진다. 집합체가 개인들 사이의 더욱 다양한 인간관계를 위한 기회를 창출하여서, 상대를 바꾸거나 삼각관계를 갖는 것에 대해 반대할 수 없게 되었다. 사랑하는 사람을 다른 사람이 포옹하고 있다는 생각이 지닌 고통과 어려움을 완전히 이해해야 한다. 이 문제가 결코 기계적-경제적이지 않고 구조적이라는 것을 이해하기 위해서는, 그 문제를 수동적으로든 능동적으로든 개인적으로 경험해야 한다. 집합체 안에 동일한 수의 여성과 남성, 소녀와 소년이 있으면, 상대자를 선택하기 더욱 쉽고 자신의 상대자를 바꿀 수 있는 가능성은 더 크다.

새로운 성질서의 고통스러운 탄생과정을 이해하고 파악하지 않는 것은 위험한 실수일 것이다. 그것은 도덕주의적 의미에서가 아니라 오히려 **삶을 긍정하고 행복을 확보해주는** 의미에서 이해하고 파악하는 것을 의미한다. 소련의 청년들은 쓰라린 경험을 맛보았다. 그러나 그들은 헛되이 고통을 겪은 것은 아니다.

인간 구조를 집합적 존재방식[생활]에 적응시켜야 한다. 이 적응은 의심할 여지없이 질투나 상대를 잃지 않을까 하는 두려움을 감소시킬 것이다. 성적으로 대부분의 사람은 비상하게 종속적이고 끈끈하고 사랑 없는 유대에 묶여 그 유대를 풀 수 없다. 그들은 상대를 잃으면 새로운 상대를 찾는 것이 어려울 것이라고 두려워한다. 이러한 두려움은 언제나 아버지, 어머니, 연상의 형제자매에 대한 유아기적 유대[속박]에 의해 유지되므로, 가족이 집합체로 대체되면 어린이에게서 이런 유대는 형성되지 않을 것이다. 이와 더불어 성무력감의 핵심이 사라지고 적합한 상대를 찾을 수 있는 가능성이 상당히 커질 것이다. 이것만으로는 질투문제가 사라지지는 않지만 단순화될 것이다. 오래 지속된 영속적인 관계를 서로의 상대에게 해를 끼치지 않고 바꿀 수 있는 능력이 근본 문제이다.

재구조화는 인간으로 하여금 부드러운 사랑과 감각적인 성기적 사랑의 융합을 경험할 수 있게 하는 과제를 지닌다. 그러므로 어린 시절부터 충분한 만족, 금지되지 않은 성생활(오르가즘 능력)을 위한 능력을 재정립하는 것이 필요할 것이다. 성장애, 신경증, 만족시키지 않는 일부다처제, 완고한 성요구, 무의식적인 성 등을 막아내려면 막대한 노력이 필요할 것이다. 그것은 사람에게 살아가는 방법을 이야기하는 문제가 아니다. 사회적으로 어떤 위험한 어려움 없이 집합적 생활의 지속적인 흐름 속에서 자신들의 성생활을 조절할 수 있게 하는 방식으로 그들을 길러야 한다. 이것은 자연스러운 성기적 성이 제한 없이 사회적으로 지지받으며 발달하는 것에 근거해 있다. 그때에야 자신의 상대와 솔직하고 공개적일 수 있는 능력과 폭력에 의지하지 않고 질투를 참아낼 수 있는 능력이 발달할 것이다. 성생활의 갈등이 완전히 제거되지는 않을 것이지만, 그 해결은 쉬워질 수 있고 쉬워질 것이다.

목적의식적으로 그리고 사회적으로 신경증을 끊임없이 예방하면 사람들이 마주하는 일상적 갈등을 신경질적으로 복잡하게 하지 않는다는 것을 알게 될 것이다. 사회의 물질적 부로 뒷받침되는 대중의 성적인 자기인식은 어떤 도덕적 위선도 사회적 범죄라고 할 것이다. 투쟁, 고통, 성의 만끽 등은 삶에 속한다. 그러나 중요한 것은 인간 구조가 쾌락과 괴로움을 경험할 수 있어야 한다는 것이다. 그것을 할 수 있는 사람은 복종적인 주체가 될 수 없을 것이다. 성기적으로 건강한 사람만이 자발적인 일과 생활에 대한 비권위적인 자율조절을 할 수 있다. 이것을 명확히 하지 않으면, 재구조화의 과제는 실패할 것이며 이해되지도 않을 것이다. 인간의 성구조를 집합적 생활에 적응시키지 못하면 반동적인 결과를 생산할 것임에 틀림없다. 도덕의 권위주의적 요구에 의해 이 적응을 달성하려는 모든 시도는 파국으로 끝날 것임에 틀림없다. '자발적인' 성규율을 **요구**할 수는 없다. 이러한 규율은 존재하거나 존재하지 않는다. 사람들로 하여금 자신의 자연스런 능력을 충분히 발전시키도록 도울 수 있을 뿐이다.

제 6 장

어린이의 성에 관한 몇 가지 문제

1929년에 내가 방문한 소비에트의 유치원은 우수한 집합적 조직에서도 뛰어났었다. 한 유치원에는 6명의 선생님이 어린이들과 5시간을 보내고 1시간을 그 준비에 사용했다. 원장과 가정부는 공장노동자였다. 6명의 선생님은 비서를 1명 데리고 있었다. 30명의 어린이 가운데 15명이 공장노동자 가족 출신이었다. 나머지 어린이의 부모들은 기술고등학교에 다니고 있었다. 공장은 각각의 어린이에 대해서 28루블을 지불하였다. 유치원 평의회는 원장, 선생님 1명, 부모 대표 2명, 콤소몰 1명, 지역 대표자 1명, 의사 1명으로 구성되었다. 어린이들은 반종교적인 분위기에서 길러졌다. 종교휴일은 지켜지지 않았다. 교과목은 "사람에게 숲은 어떤 의미를 갖는가" 그리고 "숲이 건강에 대해 갖는 중요성은 무엇인가"와 같은 몇몇 통상적이지 않은 주제를 포함하였다. 어린이들은 목재를 사용하여 여러 가지 일을 하고 있었다. 거기까지의 조직은 공산주의적 집합체의 방향에 있었다.

성 측면에서는 덜 좋아 보였다. 선생님은 어린이들의 신경질에 대해 불평하였다. 어린이들이 자위행위를 하지 못하도록 하는 최면의례가 행해졌음을 여러 번 확인할 수 있었다. 자위행위를 한 어린이들이 종종 부모에 의해 끌려나갔다. 한 선생님은 "의사의 자녀조차 자위행위를 한다"고 말했다. 마지막으로 다음과 같은 작은 관찰을 했다. 나는 정원 쪽으로 나 있는 유치원 방의 창문 쪽에 서 있었다. 주임교사와 이야기하고 있었다. 밖에서 어린이들이 놀고 있었고, 한 작은 남자아이가 자신의 성기를 꺼내놓고 작은 여자아이에게 보여주고 있는 것을 보았다. 어린이들은 나무 가까이에 있었다. 이러한 일은 주임교사가 나에게 그녀의 유치원에서는 자위행위나 성과 같은 '그런 일'은 일어나지 않는다고 확신시키고 있는 바로 그 순간에 일어났다.

1. 집합적인 구조화

이데올로기 형성의 역사를 보면, 어떤 사회조직도 의식적이건 무의식적이건 인간 구조에 파고들기 위하여 자신의 의미에서 모든 세대의 어린이에게 영향을 미치려고 한다. 사회질서가 모권제에서 부권제로 변형되는 방식을 추적해보면, 우리는 어린이에 대한 성교육이 그 변형의 중심 메커니즘이라는 것을 확인할 수 있다. 원시공산주의 사회질서에 근거하고 있는 모권제 사회에서는 어린이들은 무제한적인 성자유를 지닌다. 어린이에 대한 금욕주의 이데올로기는 경제와 사회구조에서 부권제의 발달과 함께 발전한다. 어린이의 성생활에 대한 이러한 태도 변화는 이전의 비권위주의적인 성격구조 대신에 권위주의적인 지향을 지닌 성격구조를 생산하는 데 기여한다. 모권제 사회에서는 일반적으로 **집합적** 생활이 어린이들의 **집합적** 성과 일치한다. 즉 어린이에게 특정한 성생활형식을 하도록 강제하는 어린이에 대한 어떤 규범도 없다. 어린이가 자유로운 성을 가지고 있는 것은 집합체에 자발적인 통합을 위한, 자발적인 노동규율을 위한 견고한 구조적 기초를 만들어낸다.

어린이에 대한 성억압은 씨족과 대립하는 가부장적인 가족의 발달과 함께 등장한다. 동년배들과의 성놀이는 금지된다. 자위행위는 점차 벌받는 행위가 된다. 피첸타라(Pitchentara)의 어린이에 관한 로하임(Roheim)의 보고에서 볼 때, 어린이가 자연스러운 성을 더 이상 경험할 수 없으면 어린이의 본성이 얼마나 공포스럽게 변하는지는 분명하다. 어린이는 부끄러워하고 냉담해지고 두려워하게 되고 복종적이게 되고 권위를 두려워하게 되고, 사디스트적인 경향과 같은 부자연스러운 성충동을 발전시킨다. 자유롭고 '두려워하지 않는' 본성이 복종과 쉽게 영향받는 성격으로 변해버린다.

성충동을 억압하는 것은 많은 에너지와 주의와 '자제'를 요구한다. 어린이의 생물학적 힘이 더 이상 외부세계와 충동만족으로 향하지 않는 한, 어린이는 활력, 운동력, 용기, 현실감각을 잃는다. 어린이는 '억제된다'. 이 억제의 중심에서 우리는 항상 활동(걷기, 뛰기 등의 신체활동) 일반의 억제를 정규적으로 발견한다. 가부장적인 문화 속의 어린이는 완고하고 냉담하고 '말이 없어'지며 4,5년 또는 6년 동안 외부에 대해 자신을 무장하기 시작하는 것을 일반적으로 관찰할 수 있다. 어린이는 자연스러운 매력을 잃어버리고 흔히 서투르고 멍청하며 고집스러우며 '키우기 힘들게' 된다.

이것은 이번에는 더욱 엄격한 가부장적인 교육방법들을 가져온다. 이러한 구조적 근거에서 부모에 대한 강한 애착과 의존뿐만 아니라 종교적인 경향들이 보통 생겨난다. 자연스러운 운동력의 측면에서 잃은 것을 어린이는 이제 환상화된 이상으로 대체하기 시작한다. 어린이는 내성적이고 신경질적이 되고 '꿈꾸는 사람'이 된다. 어린이의 자아가 현실에서 약해질수록, 어떤 성취를 이루기 위해서 스스로에게 하도록 하는 이상적 요구들은 더욱 강해진다. 우리는 어린이의 자연스러운 생물학적 운동성에서 발전하는 이상과, 자제와 충동억제의 필요성에서 발전된 이상을 구분해야 한다. 전자는 자유로이 흐르는 생산적인 노동에 일치하고, 후자는 의무감과 일치한다. 전자에 존재하는 사회적응과 즐거운 노동수행에서 자율조절원리가, 후자에서는 노동부과에 대한 반항도 동반하는 권위주의적인 복종심이란 구조원리로 바뀌었다. 이러한 일반적인 기술에 만족하자. 실제로 관계들은 매우 복잡하게 얽혀 있어서, 성격분석적인 연구의 맥락에서만 그 관계들을 기술할 수 있다.

여기서 우리에게 우선적으로 흥미를 끄는 것은 자율 조절사회가 어린이 속에서 어떻게 재생산되는가이다. 권위주의 체계의 교육적 재생산과 자율조절 체계의 교육적 재생산 사이에 특별한 차이가 있는가? 개별사례들을 가지고 이것을 근본적으로 파악해보자.

다음과 같은 두 가지 가능성이 있다.

① 강제적인 도덕적 **이상** 대신에 자율조절의 이상을 어린이에게 가르치는 것.

② 이상을 그렇게 주입하는 것을 포기하고, 대신에 어린이의 성격구조를 스스로 조절하고 **저항 없이** 일반적인 노동민주주의적 분위기를 **받아들일** 수 있도록 발전시키는 것.

두 번째 가능성은 바람직한 자율조절 원리와 일치하지만 처음 것은 일치하지 않는다고 주저 없이 말할 수 있다.

모든 역사 시기에 어린이의 재구조화가 어린이의 성구조를 수정함으로써 수행된다면, 노동민주주의의 측면에서 재구조화도 예외일 수 없다. 소련에서는 이러한 종류의 재구조화에 대한 많은 시도가 있었다. 거기에서 많은 교사, 특히 분석적인 지향을 지닌 베라 슈미트(Wera Schmidt), 스필레인(Spielrein) 등과 같은 교사는 어린이들에게 성을 **긍정하는** 교육을 하려고 하였다. 하지만 이것들은 고립된 노력이며, 전체적으로 소련에서 어린이 성교육은 성을 부정하고 있었다.

이 사실은 매우 중요하다. 필연적으로 어린이의 구조는 집합적 생활에 적응되어야 했다. 이러한 적응은 어린이의 성을 긍정하지 않으면 불가능했다. 왜냐하면 집합체에서 어린이를 기르면서 동시에 어린이의 가장 생기발랄한 성충동을 억압할 수는 없기 때문이다. 만일 억압받는다면 어린이들은 가족 안에서 하는 것보다 훨씬 많은 내적인 에너지를 자신의 성을 억압하는 데 써야 할 것이고, 그래서 그는 고독해지고 더욱 많은 갈등을 지닐 것이다. 교육자는 이러한 고독함에 대해 한 가지 유일한 가능성을 가지고 있을 뿐이다. 즉 엄격한 규율, 외부로부터 강요된 질서, 집합체 안에서는 특히 강렬한 성행위와는 대립하는 제한들과 이상들을 만들어내는 것이다. 집합적 교육에 대한 반대는 통상 어린이들의 성놀이에 대한, 어린이들이 '나빠진다'는 데 대한 불안에서 나온다.

유치원에 관한 인상은 아주 모순적이었다. 낡은 가부장적 형태가 새롭고 친숙하지 않으며 희망적인 형태와 공존하고 있었다. 교사의 지도 아래 어린이들은 자기자신의 활동을 조직해야 했다('자치'). 수작업[손노동]과 지적 학습의 결합은 분명히 외적이고 구조적인 변화를 가져왔다. 지리학, 수학, 기타 과목과 함께 거래[무역]도 배우는 이른바 **노동학교**는 틀림없이 집합적인 구조를 만들어내는 교육제도의 기본형식이다. 몇 년 전까지는 학생과 교사 사이에 진정한 동지관계가 있었다. 「코스타 리얍체프(Kotja Rjabzew) 학생의 일기」는 어린이들의 일상생활과 선생님과의 관계에 대한 일화들을 포함하고 있다. 이것은 어린이들의 비판이 지닌 생생함과 지능을 보여준다.

모스크바의 문화공원에 있는 '날으는 유치원'은 삶을 긍정하는 구조들을 창조하는 모델로서 나에게 깊은 인상을 주었다. 공원을 방문한 사람들은 자신들의 어린이를, 함께 놀아줄 선생님과 유치원 노동자들에게 맡길 수 있었다. 이렇게 해서 부모와 함께 공원을 지루하게 여기면서 억지로 끌려 다니는 어린이의 따분한 모습은 없어졌다. 낯선 어린이들이 서로 알게 되고 곧 친구가 되었으며 쉽게 그리고 빨리 헤어졌다. 때로는 친구관계가 지속되었다. 두 살에서 열 살까지의 어린이가 특정한 순서 없이 커다란 방에 들어갔다. 모든 어린이가 몇 가지 간단한 물건, 열쇠, 숟가락, 접시 등을 받았다. 음악 선생님이 피아노에 앉아 무엇인가 연주하고 리듬을 만들어냈다. 지도나 지휘가 전혀 없이, 요구받지 않아도, 어린이들은 리듬 속으로 빠져 들어가고 몇 분만에 가장 경이로운 오케스트라가 창조되었다.

문화공원의 존재가 특별히 혁명적인 것은 아니다. 가장 반동적인 나라에도 문화공원은 있다. 특별히 삶 긍정적인 것은 어린이가 함께 어울려서 그러한 놀라운 방식으로 즐기는 것이다. 이 경우에 어린이의 운동성을 고려하고 있었다. 이런 비조직적으로 조직된 놀이에서 그러한 기쁨을 체험하는 어린이는 구조적으로 능력이 있을 것이며, 노동민주주의 이데올로기를 단순히 기계적으로 되풀이하지 않고 기꺼이 스스로 개발할 것이다.

어린이의 운동활동을 다루는 문제는 우리를 교육학적 문제의 중심으로 끌고 간다.

정말 완전히 일반적으로 혁명운동은 인간의 묶이고 억압된 생물학적 충동을 자유롭게 하고 그것을 만족시키는 과제를 지닌다. 이것이 자연스런 노동민주주의의 기본적 기능이다. 욕구를 만족시킬 가능성을 적절하게 끊임없이 높이면, 사람의 자연스러운 잠재력을 발전시킬 수 있을 것이다. 억제되지 않고 자유로운 운동성을 지닌 어린이는 반동적인 이데올로기나 생활방식을 거의 수용하지 않는다. 그러나 운동성에서 억제받은 부끄러워하는 어린이는 모든 이데올로기적 타락의 가능성을 지닌다. 여기서 혁명의 처음 1년 동안 소비에트 정부가 어린이에게 부모를 비판할 완전한 자유를 주려고 한 것도 자유로운 운동활동의 맥락에 속한다.

이러한 조치는 서유럽 국가에서는 처음에는 잘못 이해되었고 충격을 주는 것 같았다. 미국에서는 덜했다. 종종 사람들은 어린이가 자신의 부모를 퍼스트 네임[이름]으로 부르는 것을 들었다. 이것은 자유롭고 비권위적인 관계로 나아간다는 사실이다. 그러므로 가정과 학교가 모두 어린이의 자기조절에 적응하기 시작하였다. 우리가 많은 예를 통해 설명해 온 이러한 방향은 불행히도 최근 더욱 지배해 오고 있는 두 번째 방향과 대립하였다. 이 두 번째 방향은 최근 들어 부모가 다시 교육의 책임을 지게 되는 것에서 승리를 거두어 왔으며, 가부장적인 어린이 교육형태로의 퇴행이다.

지난 몇 년 동안에 집합적 교육이라는 복잡한 문제에 대해서는 점점 더 들을 수 없게 되었다. 가족교육이 다시 우위를 차지하였다. 원래의 방향 가운데 얼마나 많은 것이 남아 있는지를 판단하기 어렵다. 그러나 가부장적 어린이 교육형태로의 방향은 학교에서 어린이에 대한 정치학습 방식에서 의심할 수 없는 강력한 지지를 받아 왔다. 예를 들면 우리는 교육학 소식지들에서 학교 어린이가 정치적 경연을 해야 한다고 읽는다. “제6회 세계대회의 ×번째 주제는 무엇이었는가" 하는 식의 질문을 하고 있는 것을 보면, 공산주의 이데올로기를 교조화하는 외적 형태가 우세하다는 것을 알 수 있다.

물론 어린이는 세계대회의 주제 따위를 판단하는 것은 물론이고 파악할 수도 없다. 그리고 어린이가 그런 경연에서 아무리 훌륭하게 그 주제를 기억하고 암송한다 해도 그는 파시스트의 영향에서 결코 벗어나지 않는다. 어린이는 파시스트적 정식으로 아주 쉽게 빠져들 것이다. 그와 반대로 완전히 자유로운 운동성을 지니고 자신의 자연스러운 성을 성놀이로 해방해 온 어린이는 권위주의적이고 금욕적인 영향들에 격렬하게 반대할 것이다. 정치적 반동은 어린이에 대한 권위주의적이고 겉보기로는 외적인 영향 속에서 혁명적 교육과 항상 경쟁할 수 있다. 하지만 성교육 영역에서는 그렇게 할 수 없다. 어떠한 반동적 이데올로기나 정치적 지향도 사회혁명이 성생활과 관련하여 할 수 있는 것을 어린이를 위해 수행할 수 없다. 그러나 행진, 행렬, 노래, 깃발, 제복의 측면에서 반동은 분명히 제공할 것을 더 많이 가지고 있다.

그러므로 우리는 **어린이를 혁명적으로 구조화하는 것은 어린이의 생물학적이고 성적인 운동성을 자유롭게 하는 데 기여해야 한다**는 것이 근본적으로 중요하다는 것을 안다. 어린이를 혁명적으로 구조화하는 것은 분명히 바로 거기에 있다.

2. 유아의 비권위주의적 구조화

사람을 비권위주의적으로 구조변화시키는 것의 핵심과제는 어린이를 성긍정적으로 교육하는 것이다.

1921년 8월 모스크바의 정신분석 의사인 베라 슈미트는 어린이집을 만들어 그곳에서 유아를 올바르게 키우려고 시도했다. 그녀의 체험은 1924년에 『소비에트 러시아에서의 정신분석적 교육』(*Psychanalytische Erziehung in Sowjetrussland*)이라는 소책자로 출판되었다. 그녀의 체험은 성경제학이 오늘날 어린이의 발달에 관해 가르치는 것이 그 당시에 자생적으로 삶을 긍정하고 쾌락지향적인 태도의 결과로서 진전되었다는 것을 확인해준다. 베라 슈미트의 저작은 진정으로 어린이의 성을 긍정하였다.

어린이집의 기본특징은 다음과 같았다. 교사는 어린이들에 대해 어떤 처벌도 해서는 안 된다고 배웠다. 어린이에게 강한 어조로 말해서도 안 된다고 배웠다. 교사 쪽에서 어린이에 대한 주관적인 판단은 금지되었다. 상벌은 어린이들이 이해할 수 없는 판단이라고 여겨졌다. 상벌은 교사의 야심과 자존심을 만족시키는 데에만 기여하였다. 이러한 몇 가지 규칙으로 권위주의적인 원리가 교육에서 제거되었는가? 무엇이 그것을 대체했는가?

판단된 것은 어린이의 행위의 객관적인 결과이지 어린이 자체가 아니었다. 그러므로 어린이가 지은 집을 아름답다거나 추하다고 해서 어린이를 칭찬하거나 꾸중하거나 하지는 않았다. 만일 싸움을 해도 어린이는 혼나지는 않지만 상대편 어린이에게 가한 고통이 그에게 설명되었다. 어린이들이 있을 때는 모든 교사는 상당히 조심스럽게 행동해야 했다. 교사는 어린이의 행동이나 특이성을 평가하는 어떤 언급도 하지 않도록 되었다. 마찬가지로 교사는 자신들의 감정과 부드러움을 매우 아껴야 했다. 어른들은 키스, 포옹 같은 감정적인 애정표현에 빠지지 않도록 엄격히 규제되었다. 베라 슈미트는 그러한 감정표현은 어린이의 욕구를 만족시키기보다는 오히려 어른을 만족시키는 데 기여한다고 올바르게 강조하였다.

이를 통해 어린이를 도덕주의적이며 권위주의적으로 기르려는 두 번째 해로운 원리, 즉 어린이를 때려도 정당하다고 느끼고 있는 사람은 어린이에게 자신의 불만족스런 성을 소진하는 것이 정당하다고 믿는다는 원리가 깨졌다. 여기서 관습적인 가족교육의 옹호자들은 통상적인 역할모델이 되는 경향이 있다. 어린이에 대해 엄하게 대하고 도덕적으로 판단하는 것을 그만두면, 때려서 생긴 상처를 키스로 치유하는 것은 더 이상 필요없다. 어린이의 환경 전체는 그들의 연령이나 특이한 욕구에 맞추어져 있었다. 장난감과 소재는 무엇인가를 하려는 어린이의 요구를 고려하고 어린이의 창조능력을 자극하도록 선택되었다. 만일 어린이가 새로운 욕구를 발전시키면, 장난감과 놀이 소재는 그에 따라 바뀌었다.

욕구를 소재에 맞추는 것이 아니라 소재를 욕구에 맞추는 원리는 성경제학의 기본적 관점과 일치했다. 이 관점은 유치원을 넘어서 모든 사회적 존재에 적용될 수 있다. **욕구를 경제에 맞추는 것이 아니라 경제제도를 욕구에 맞추어야 한다.** 베라 슈미트의 유치원에서 이러한 원리는 어린이들이 미리 정해진 소재로 일제히 만들어야 하는 몬테소리 유치원의 도덕적이고 권위주의적인 원리와는 구분되어 적용되었다.

베라 슈미트는 다음과 같은 견해를 대표하였다. “만일 어린이가 커다란 어려움 없이 외적인 현실관계에 적응하려면 주위세계는 어린이에게 적대적인 힘으로 나타나서는 안 된다. 그러므로 우리는 어린이에게 이러한 현실을 가능한 한 쾌적한 것으로 만들도록 노력하고, 어린이가 원시적인 쾌락을 버리고 그것을 이성적이고 합리적인 쾌락으로 대체하도록 노력한다.”

이것은 우선 어린이가 현실을 사랑하는 것을 배우고, 그러고 나서 자발적으로 현실에 스스로 적응할 것이라는 것을 의미한다. 어린이는 주위세계와 즐겁게 동일시해야 한다. 이것이 **성경제학적** 원리다. 반대로 **도덕적-권위주의적** 원리는 주위세계와 사랑스런 동일시에서가 아니라, 도덕적 압력의 도움은 아닐지라도 의무감에서 어린이와 근본적으로 대립하는 적대적인 환경에 어린이를 적응시키려고 한다. 어린이가 자신을 자발적으로 사랑할 수 있도록 어머니나 교사가 행동하는 것이 성경제학적이다. 어머니가 사랑스럽게 행동하지 않을지라도 “너는 너의 어머니를 사랑해야 한다”는 사회의, 종교의 또는 법의 요구는 도덕적이고 권위주의적인 규제이다.

사회적 공동생활에 적응할 필요성은 여러 가지 방식으로 어린이를 돕게 되어 있었다. 어린이들에 대한 요구는 어린이들 자신의 삶의 일상조건들과 사건들에서 나왔지, 신경질적이고 병들고 야심적이며 사랑에 굶주린 어른들의 자의성에서 나오지 않았다. 어떤 일이 요구되는지 그리고 그 이유는 무엇인지가 합리적인 방식으로 어린이에게 설명되었다. 어린이들에게는 명령이 내려지지 않았다. 어린이가 올바로 포기해야 하는 충동만족은 어른이나 동료들에 대한 사랑과 같은 다른 만족형태로 대체되었다. 독립해 있다는 자기의식과 느낌이 권장되고 지지되었다. 왜냐하면 지도받지 않고 자의식적이고 독립적인 어린이들이 삶의 급박한 사정에 가장 쉽게 융합될 수 있기 때문이다.

이러한 정책들은 교련 담당 하사관 같은 교육자에게는 전혀 이해될 수 없을 것이다. 그럼에도 그러한 정책들은 자명한 것이다. 사회적으로 더 이상 가능하지 않은 충동만족을 자발적으로 포기한다는 성경제학의 원리는 청결교육에도 적용되었다. 교사가 하는 어떤 종류의 금지도 엄격히 배제되었다. 어린이집의 원생들은 자신들의 성충동이 자신들의 다른 자연스런 충동들과 다르게 판단될 수 있는지 알지 못했다. 그러므로 어린이들은 여교사의 눈 앞에서 부끄러워하지 않고 조용히 배고픔이나 갈증과 마찬가지로 성욕을 만족시켰다. 이것은 어린이들이 비밀로 할 필요를 없앴고, 교사에 대한 어린이의 신뢰와 유대를 두텁게 했으며, **현실에의 적응**을 촉진시켰고, 이러한 식으로 해서 어린이의 전체적인 발달에 유리한 기반을 창출하였다. 이런 조건에서 교사는 어린이의 성발달을 하나하나 따라가고 개별적인 충동자극의 승화를 촉진시키고 지지하는 충분한 가능성을 지니게 되었다.

교사는 스스로 수양해야 한다는 필요성에 대한 베라 슈미트의 언급은 생각할 만한 가치가 있다. 어린이들 사이에서 불안정함이나 혼란은 한결같이 교사들 자체 쪽에서의 무의식적인 신경질적 태도의 결과임이 드러났다.

유아를 성경제학적으로 양육하는 것은 교사가 비합리적인 충동에서 벗어나지 못하거나 그 충동들을 인식하고 통제하지 않는 한 불가능하다. 이것은 이러한 유형의 양육의 구체적인 내용을 생각해보면 바로 드러난다.

이른바 서구문화에서는 어머니와 교사는 어린이가 1살 이전에 변기를 사용하도록 훈련되지 않는 것을 참을 수 없다. 베라 슈미트의 유치원에서는 생후 2년까지도 어린이를 '일정한 간격으로' 변기에 앉히는 일은 없었다. 그러나 어린이들은 바로 이러한 방식으로 자신들의 욕구를 보호하라고 강요받지는 않았다. 오줌을 싸도 비난받지 않았다. 이것을 자연스러운 것처럼 무시하였다.

어린이의 청결교육이라는 이 중심적인 사실은, 어린이를 성경제학적으로 구조화하는 것에 대해 생각할 수 있기 전에 어떤 필요조건이 충족되어야 하는지를 우리에게 보여준다. 이것은 가족 안에서는 실천할 수 없다. 어린이 **집합체**에서만 달성할 수 있다. 자면서 오줌을 싸는 어린이를 엄하게 벌해야 한다(이것은 그 문제를 고착시키는 데 기여할 뿐이다)고 믿는 무식한 의사와 교육자들의 해로운 견해 및 간섭과는 반대로, 베라 슈미트는 다음과 같이 보고하고 있다. 3살 정도의 여자아이가 밤에 오줌 싸는 버릇이 악화되었다. 하지만 이러한 악화에 대해 관심을 두지 않았다. 3개월 후에 그 여자아이는 저절로 다시 자제하게 되었다. 이러한 사실을 권위주의적인 교사는 전혀 이해할 수 없을 것이다. 그럼에도 불구하고 그것은 물론 자명하다.

베라 슈미트는 다음과 같이 쓰고 있다. "청결문제에 대한 어린이의 태도는 아주 평온하며 의식적이다. 눈에 띄는 저항이나 변덕은 없다. 부끄러운 느낌이나 '창피'하다는 어떤 생각도 이러한 기능들과 연관되지 않는다. 우리의 방법은 배설과정을 통제한다고 주장하는 교육에서 종종 생겨나는 심각한 외상체험에서 어린이를 보호하는 데 적합한 것 같다." 임상경험에 따르면 어른에게서 오르가즘 능력의 심한 장애의 가장 많은 원인은 유아기 경험이 가르쳐주듯이 엄격한 청결교육이다. 그러한 교육은 성기의 기능과 창피 및 수치라는 느낌을 연결시키고, 이것은 생장적 에너지 관리[가계]를 조절하는 능력을 파괴한다는 것은 분명하다. 베라 슈미트는 올바르게 행동한다. 즉 배설기능과 연관하여 어떤 창피나 수치감도 지니지 않는 유아들은 또한 나중에 그러한 성기장애를 일으킬 어떤 기반도 인생에서 가지지 않는다.

슈미트의 어린이집에 있는 어린이는 운동쾌락을 만족시키는 데 결코 방해받지 않았다. 그들은 싸우고 뛰고 달리고 하고 싶은 대로 했다. 이들은 이런 식으로 하여 자신들의 자연스러운 취향들을 실현할 수 있었을 뿐만 아니라 문화적으로 사용할 수 있었다. 이것은 어린이의 충동의 **자유**가 그 충동의 승화, 즉 충동의 문화적 사용을 위한 **그**(유일한) 전제조건이며 억압을 통한 충동의 억제는 충동의 승화를 막는다는 성경제학적 견해와 완전히 일치한다.

어린이의 운동성[신체활동]을 억제하고 '문화를 받아들일 수' 있도록 또 '현실에 적응할 수' 있도록 하는 우리의 유치원에서는 4,5,6년 동안에 자연스럽고 생기발랄한 행위에서 말 없고 복종하는 행위로 장애를 일으키는 변화를 본다. 그래서 어린이는 냉담해진다. 안나 프로이트는 그녀의 책 『교육자를 위한 정신분석』에서 이러한 사실을 확인하지만, 그녀는 이것을 비판하지 않고 필요한 것으로 받아들인다. 왜냐하면 그녀는 어린이가 '부르주아적' 시민이 되도록 의식적으로 교육시키는 것을 원하기 때문이다. 이것은 어린이의 자연스러운 운동성은 문화를 받아들이는 능력과 대립된다는 잘못된 가설에 근거하고 있다. 정확히 그 반대가 진실이다.

자기 원생들의 자위에 관한 베라 슈미트의 보고가 매우 중요하다. 어린이들은 '상대적으로 적게' 자위를 했다. 올바르게도 그녀는 두 가지 자위를 구별했다. 하나는 성기기관에서 발생하는 순수한 신체자극에 원인이 있는 것으로 성기의 쾌감을 만족시키는 자위이고, 또 다른 자위행위 방식은 '외부세계가 자유를 모욕, 경멸, 제한하는 데 대한 반동'으로 일어나는 것이다. 첫 번째 형태는 교육에 어떤 어려움도 가져오지 않는다. 두 번째 형태는 어린이가 성기자극으로 해소하려는 불안 및 저항에서 결과하는 강화된 생장적 흥분의 결과이다. 베라 슈미트는 안나 프로이트보다 이것을 더 잘 이해했다. 안나 프로이트는 어린이의 이른바 과도한 자위행위는 '충동적 소진'에서 생긴다는 생각을 가지고 있다. 우리는 충동 긍정적인 교육조건에서는 어린이들의 자위행위가 '비밀 없이 교사의 눈 앞에서' 이루어졌다는 것을 기억해야만 한다. 자위행위에 대해 불안해하는 교육자들의 견해에서, 우리는 교사가 어린이의 자연스러운 충동행동을 조용히 관찰할 수 있기 이전에 무엇보다도 "교사가 교육받아야 한다"는 것을 인식해야만 한다고 본다.

같은 방식으로 어린이들은 자신들의 성호기심을 서로 완전히 자유롭게 충족시키고 있었다. 그들은 조용히 서로 검사하는 것이 허락되었다. 자신의 놀이 상대뿐만 아니라 자신의 나체에 관해 어린이가 이야기하는 태도는 "매우 평온하고 사실적이었다." "어린이가 성기관에 흥미를 표명한 것은 나체일 때가 아니라 옷을 입고 있을 때뿐이라는 것을 우리는 알아챘다." 어린이들은 성에 대한 질문을 하면 분명하고 진실한 대답을 들었다. 베라 슈미트가 강조하듯이, 어린이들은 부모의 권위도 부모의 권력도 또는 그와 유사한 것도 알지 못했다. 그들에게 어머니와 아버지는 아름답고 사랑스럽고 이상적인 존재였다. 베라 슈미트는 "교육이 부모의 가정 밖에서 이루어질 때만이, 부모와 자녀 사이의 이런 좋은 관계가 실현될 수 있다"고 쓰고 있다.

어린이집의 운영[실천]은 성경제학의 성긍정적 개념에 따라 관리되었으나 이론적인 개념은 달랐다. 그 유치원의 지도원칙을 세우면서 베라 슈미트는 '쾌락원칙을 극복하는 것'에 대해서, 그리고 '그것을 현실원칙으로 바꿀' 필요에 대해서 말한다. 그녀는 자연스런 쾌락원칙의 실현에서 승화와 사회적 적응을 위한 가장 좋은 근거를 보는 대신에, 쾌락과 성취 사이의 기계론적이고 모순적인 관계라는 잘못된 정신분석 개념에 사로잡혀 있었다. 그녀의 실천적인 작업은 그녀의 이론적인 견해와 모순되었다.

새로운 세대를 다르게 구조화하려는 그러한 시도들을 평가하기 위하여, 이러한 어린이집의 궁극적 운명을 생각하는 것이 중요하다. 그것이 창설된 후 곧 도시에는 온갖 종류의 소문이 퍼졌다. 그 제도에서는 가장 끔찍한 일이 벌어지고 있으며, 교사들이 관찰을 위해 어린이들을 성적으로 자극한다고 말해졌다. 어린이집의 창립에 동의한 당국이 조사를 시작했다. 몇 사람의 교육자와 소아과 의사가 어린이집에 대해 지지발언을 했다. 심리학자들은 물론 반대했다. 인민교육위원회는 대표를 통해 어린이집은 더 이상 유지될 수 없다고 선언했다. 이러한 결정의 이유로 기금 부족을 들었다. 진짜 이유는 다른 것이었다. 어린이집이 속해 있는 정신신경학연구소에서는 지도부의 변화가 있었다. 새로운 소장은 조사위원회의 구성원이기도 했는데, 끔찍한 보고를 했다. 그는 그 실험적인 어린이집의 관리자, 노동자, 어린이를 모욕하였다. 그리고 곧 정신신경학연구소는 어린이집에 대한 모든 지원을 철회했을 뿐만 아니라 서둘러 어린이집을 이데올로기적으로 포기했다.

어린이집이 폐쇄되던 바로 그날, 독일과 러시아 광산노동자연맹'연합'의 대표가 그 실험적 어린이집을 물질적으로 그리고 이데올로기적으로 원조하겠다고 했다. 1922년 4월 이후, 어린이집은 독일의 연맹'연합'으로부터는 식료품을, 러시아 광산노동자들로부터는 석탄을 공급받았다. 어린이집은 이름을 '실험 어린이집 국제연대'로 바꾸었다. 그러나 어린이집은 짧은 기간 동안만 존속되었다. 위원회, 감독, 그리고 원조의 전반적 중단 때문에 폐쇄되었다. 중요하게도 어린이집의 해체는 소비에트 성혁명의 전반적인 지체가 세력을 떨치기 시작한 때와 대체로 일치하였다.

'국제정신분석협회'도 베라 슈미트의 실험에 대해 부분적으로는 회의적이었고, 부분적으로는 드러내놓고 거부하였다. 정신분석이 나중에 성에 반대하는 교의로 발전한 것이 그때에 이미 이 거부에 표현되고 있었다. 하지만 어쨌든 베라 슈미트의 실험은 어린이의 성이론에 실천적인 내용을 부여하려는 교육사상 첫 시도였다. 우리는 안전하게 이 시도를(비록 역사적인 차원은 다르지만) 파리코뮨과 비교할 수 있을 것이다. 틀림없이 베라 슈미트는 인간을 사회주의적으로 구조화할 필요성과 본질을 순수히 직관적으로 실천적인 방식에서 포착한 최초의 교육자였다. 그리고 러시아 성혁명 전체를 통해 항상 일어났듯이 당국, '학자', 심리학자, 자칭 교육자들은 반동세력들이 승리하도록 도와주었다. 반면에 어떤 이론적인 지식도 지니지 않았지만 광산노동조합이 그 문제의 중요성을 충분히 이해한다는 것을 증명하였다.

이번에는 유아를 구조화하려는 이 올바른 시도를, 자칭 혁명적인 교육가가 거의 동시에 방해받지 않고 하게 된 것과 비교해보자. 이러한 비교는, 어떤 혁명적 기회가 새로이 생기도록 하려면 우리는 광산노조를 믿어야지 반동적인 심리학자를 믿어서는 안 된다는 것을 가르쳐줄 것이다.

3. 혁명적인 척하는 종교교육

교사가 성장하는 어린이를 교육하는 데에서 중요한 문제들에 접근할 때, 성교육의 영역만큼 많은 어려움을 주는 영역은 없다. 성교육은 교육일반과 분리될 수 없지만, 완전히 독자적인 어려움을 지니고 있다. 교사 스스로 삶을 부정하는 성교육을 받아들여 왔다. 부모, 학교, 교회 그리고 전체 보수적인 환경은 교사에게 성부정적인 견해를 주입해 왔다.

이러한 것들은 그가 인생의 나중에 도달할 수도 있는 어떤 삶긍정적인 결론들과도 갈등한다. 그러므로 교사가 어린이를 삶긍정적으로 교육시키기를 원하면 스스로 반동적인 태도에서 벗어나서, 자기 자신의 원칙을 만들고 그것을 어린이 교육에 관철시켜야만 한다. 그렇게 하면서 교사는 보수적인 교육학에서 많은 본질적인 요소들을 빌려오고, 그것에 반대하는 많은 것을 거부하고, 다른 요소들을 자기 자신의 목적에 맞게 수정할 것이다.

이것이 지금 막 시작된 크고 어려운 과제이다. 이 과제는 지금까지 부가적으로만 이루어졌다. 혁명진영에 있는 목사들이 가장 커다란 어려움을 제시하였다. 그들은 대개 지식으로 공헌하는 대신에 혼동을 야기할 뿐인, 신경질적인 동기에서 생긴 성적으로 경직된 지식인 · 혁명가이다. 이러한 사람들 가운데 공산주의 아카데미와 국제정신분석협회 회원인 공산주의자 목사 살킨드(Salkind)가 있다. 그의 견해는 소련의 혁명적인 청년들의 강력한 반대에 부딪쳤지만 독일에서도 공인 이데올로기로 지배하고 있다. 『프롤레타리아 어린이』에 실린 그의 논문 「청년선구자의 성교육의 몇 가지 문제」[1]는 독일의 성정치운동에 많은 것을 창출하도록 하였다. 우리는 이 논문을 이용하여, 혁명적인 형식과 성에 적대적인 내용을 혼합하는 것이 얼마나 가망 없는 것인지를 살펴볼 것이다.

선구자운동은 '어린이 발달의 가장 중요한 단계에서' 그들에게 영향을

1 *Das proletarische Kind*(『프롤레타리아 어린이』, 12 Jg., H. 1/2, 1932

미치며, 가족과 학교가 가지고 있지 않은 수단을 마음대로 쓸 수 있다는 올바른 진술을 하면서 살킨드는 시작한다. 하지만 그는 전적으로 기독교적 견해와 완전히 우열을 다툴 수 있는 어린이의 성에 대한 견해에서 시작한다. 살킨드와 그의 추종자들의 모든 다른 오류도 이러한 견해에서 비롯된다. 그는 다음과 같이 쓰고 있다.

> "그러므로 (가족보다는 우수한 수단을 마음대로 쓸 수 있기 때문에) 선구자운동은 주요한 억제에 반대하는, 자라나고 있는 어린이의 에너지를 기생적으로 성적으로 전환시키는 것에 반대하는 주요한 투쟁가여야 한다."

그러므로 살킨드는 어린이의 성은 '기생적'이라고 평가한다. 그는 어떻게 이러한 판단에 이르렀는가? 그는 그것으로 무엇을 말하려는가? 이것에서 교육에 관한 어떤 결론을 끌어낼 수 있을까? '기생적'이란 말로 그는 신체에 낯선 어떤 것을 의미한다. 소련이 견뎌내는 이 성철학자는 에너지를 '기생적'인 것, '성적인' 것으로 '전환하는 것'을 막아야 한다고 진지하게 믿고 있다.

> "선구자운동의 지도자들이 연령집단의 요구에 맞는 형태로 어린이들에게 선구자운동 작업의 재료를 주는 방법을 알면, 기생적인 지배자들에게 남는 에너지는 없을 것이다."

살킨드는 어린이와 청소년의 성에 대한 관심을 완전히 제거할 수 있다고 믿는다. 집합적 이해와 성이해가 어떻게 조화될 수 있는지, 그것들이 어디에서 서로 모순되는지, 그리고 그것들이 어디에 함께 속하는지에 대해 묻지 않는다.

성에너지를 완전히 다른 곳으로 돌릴 수 있다고 믿는 카톨릭 신부나 반동적인 교육자와 살킨드의 차이는 무엇인가? 어린이의 성과 청소년의 성을 더 이상 부정할 수는 없다. 그러한 편리한 시대는 지나갔다. 오늘날 성에너지를 완전히 다른 곳으로 돌리는 것에 대해서 이야기하고 있는데, 이것은 새로운 형식을 띤 낡은 요소일 뿐이다. 교회는 왜 어린이의 성을 인정하지 않는가 하고 묻는 일은 살킨드에게는 결코 일어나지 않았다. 그는, 교육규칙을 제시하고 싶다면, 왜 자신의 관점이 반동적인 교육자의 관점과 일치하는가를 우선 설명해야 한다고 생각하지는 않는다. 그는 성생활과 집합주의[집합체]를 모순적이라고 보는 자신의 견해가 하나의 설명을 제공한다는 약간 막연한 생각을 지니고 있다. 그는 집합주의를 위해 성욕을 제거하고 싶어한다.

> “주로 무시당하고 고독한 어린이가 미숙한 성충동에 희생되며, 이들은 또래들과 능동적으로 생생하게 접촉하지 못하며 너무 자주 방임상태에 있다. ……집합체에서 고립되고 고독에 빠질수록 조숙한 성적 기생상태에 더욱 가까이 하게 된다.”

이것은 무식한 슬로건이다. '조숙'이란 무엇을 의미하는가? 4살짜리 어린이가 자위행위를 하면 조숙한 것인가? 13살이나 15살의 청소년이 성적으로 성숙한 자신을 발견하고 자위행위를 하여 만족한다면 조숙한 것인가? 만일 그가 성교를 하고 싶어한다면 조숙한 것인가? 살킨드와 같은 사람들은 자신들의 구체적이지 않고 슬로건 같은 주장으로 자신들이 추상적인 윤리의 영역에서 어린이나 청소년의 삶의 현실로 내려오는 것을 주저한다는 것을 증명한다.

선구자운동의 지도자들이 자신들의 집단에서 불건전한 성현상들을 인식하자마자 성계몽에 관심을 돌린 것은 매우 옳았다(그리고 살킨드가 생각했듯이 '완전히 잘못된' 것은 아니었다). '집합주의'의 결여가 이른바 '성상황'의 원인이 아니라, 반대로 무엇보다도 살킨드 식의 견해가 만들어낸 어린이의 성에 관한 모호함이 공동체생활을 방해한 가장 중요한 원인이라는 것을 모든 이성적인 어린이 지도자와 청년 지도자는 알고 있다. 아무도 집합주의를 (권위주의적인 방식 이외에는) 성생활의 완전한 억압에 근거하여 건설할 수 없을 것이다.

살킨드는 "어린이의 성행동이나 그 이외의 행동을 끊임없이 집합적으로 통제하는 것이 건강한 성발달의 기반이 된다"고 쓰고 있다. 그가 '건강한'이라고 말할 때, 물론 '성 없이'라는 뜻이다. 살킨드는 이 '선구자 윤리'를 '숙련된 노동조직'을 통해 완수하려고 한다. 헛소리를 많이 들었으니, 이제 여기서 제시되고 있는 것을 구체적으로 그려보자.

청소년들은 얼마나 오랫동안 일을 하는가? 끊임없이? 침대 속에 있는 밤에도? 그러면 그들은 자신들의 성기를 만지지 않을까? 그리고 어린이나 청소년이 놀고 있을 때, 어린이들이 사랑에 빠지지 않도록, 어떤 '사랑 모험'도 하지 않도록 '끊임없는 집합적 통제'를 실시해야 하는가? 살킨드는 확실하게 13~16살의 '어린이'에 대해 말하고 있다. 즉 성적으로 성숙한 청소년들! 왜 이 '어린이들'이 사랑에 빠지고 '사랑 모험'을 해서는 **안 되는가**? 그것이 집합주의를 방해하기 때문인가? 아니면 살킨드와 같은 사람들이 그것을 보고 견딜 수 없기 때문인가?

공개토론에서 베를린의 청년공산주의자들은 집단이 붕괴되는 것은 집단 안에 소녀들이 충분하지 않을 때이며 소녀와 소년이 거의 같은 수를 유지하면 집단이 결속된다고 분명히 확인하였다. 이것은 어떤 '불필요한 사랑에 대한 생각'도 떠오르지 않도록 '끊임없이 집합적 통제를 실시했기' 때문이었는가? 아니면 젊은 사람들이 적합한 상대를 찾아서 애정생활이 집합체에 장애요소가 되지 않게 되었기 때문이었는가? 살킨드 같은 자들이 멍청한 의견을 지니게 된 것은 **손상된** 애정생활과 **손상되지 않은** 애정생활을 **구분**하지 않기 때문이다. 즉 '잔인해진' 애정생활의 원인을 탐구하지 않기 때문이다. 성충동은 결코 제거할 수 없으므로 바로 성생활의 억제가 이러한 타락을 만들어내고, 이제 이러한 타락이 집합적 협력을 완전히 불가능하게 만든다는 것을 모르기 때문이다. 다음과 같은 테제는 얼마나 융통성이 없고 관료적이며 삶에 적대적인가.

"능동적인 집합주의는 성평등의 감정을 주입하는 최선의 수단이다. 공동

작업자는 잉여 에너지도 자유로운 시간도 없기 때문에 사랑에 대한 불필요한 생각을 전혀 불러일으키지 않는다."

여기서 '성평등'은 무엇을 의미하는가? 우리는 성동등권을 지지하며, 정치적 반동에 대항해 성자유 이데올로기로 싸운다. 그러나 살킨드 같은 사람들은 **애정생활을 허용하지 않는 것**에서의 '성평등'을 선전한다. 이것은 남녀공학을 반대하지 않는다(여전히[2] 반대하지 않는다)는 차이만 있지, 바로 카톨릭 청년단의 지도자들이 승인하는 것이다. 그러나 바로 그 때문에 그들은 어처구니없는 것에 빠진다. 구체적으로 말하자면, 소년과 소녀가 함께 일하고 중요한 정치적 조직적 기획을 완성하고 살킨드의 십계명에도 불구하고 서로 사랑하게 되면, 살킨드 식 이데올로기에 따르면 우리는 무엇을 해야 하는가? 그때 무엇을 해야 하는가? 집합적 통제를 실시하는가? 더 많이 일해서 사랑을 '질식시키는' 것? 아니면 절제 속에서 성평등을 달성할 것인가? 그리고 이것은 살킨드 자신이 '어린이 발달의 가장 중요한 단계', '성충동이 성숙하는 단계'라고 묘사한 나이이다. 다음 문장에는 어쩌면 그토록 부정직하며 위선적인 것이 포함되어 있는 것일까.

"완전한 상호신뢰와 상호존경, 완전한 상호정직 — 이러한 주요조건들이 없다면 선구자운동 단위들에서 건강한 교육체계가 불가능하다."

2 몇 년 전에 소련에서는 남녀공학이 없어졌다. 미국에서는 더욱 더 장려되고 있다.[1949에 추가]

선구자운동가들은 어떻게 자신들의 가장 뜨거운 문제 가운데 하나를 이해하지 않은 채 서로와 지도자에게 존경과 확신을 가질 수 있을까?

> "선구자운동 세대의 어린이는 성문제에 관해 많이, 너무 많이 알고 있다 [그러므로 살킨드에 따르면 '어린이의 성치유(위생화)']. 하지만 그러한 지식이 어디에 어떻게 필요한지를 모르고 있다. 그리고 지도자는 이러한 탈선을 그저 지나칠 수는 없고 그것에 대해 말해야 한다. 그러나 그는 어떻게 말하는가?"

자, 선구자운동의 지도자는 어떻게 말하는가? 우리는 열심히 배우려고 하며 그 대답은 이렇다.

> "어쨌든 지도자는 어린이에게 성문제에 관한 어떤 강의를 해서도 안 된다. 오히려 그보다는, 그는 어린이와는 성에 관한 특정한 화제에 대해서는 전혀 말해서는 안 된다."

그렇다면 그것은 그가 성을 사회적 정치적 문제와 관련해서만 토론한다는 것을 의미하는가? 그것은 옳을 것 같지만 그렇지 않다.

> "세심히 관찰하면 우리는 개별 어린이에게서 자위행위를 볼 수 있다.('개별' 어린이에게서, 성충동이 막 성숙하는 단계인 13~16살의 나이에만.)"

'세심한 관찰'에 의해서만! 더욱이,

"이것은 지도자 쪽에 상당한 주의를 요구한다. 왜냐하면 어린이는 그러한 **해로운 습관**을 버리도록 하려고 하면, 특히 민감하기 (당연히—라이히 추가) 때문이다."

정확히 우리 독일의 아버지인 위선자가 그렇게 말한다.

"각각의 경우에 어린이의 직접적인 성국면에 들어가는 것은 이 문제에 대해 전에 교육학적으로 학습을 받은 지도자들에게만 허용된다.(누구에 의한? 그리고 무엇을 위해? 자위행위는 해로운 습관이라는 취지에서인가?) 분란을 일으키는 이러한 문제를 [선구자운동] 지부의 지도자의 지도 아래 공공연하게 대중 토론하는 것은 절대 승인할 수 없다. 그 문제는 비밀스럽게 사전에 없애 버려야 한다. [무슨 문제? 어린이가 자위행위를 한다는 '추문'?] 그렇게 하여 사람들이 **성적으로 흠잡을 것 없다**고 믿는 가장 훌륭한 활동가들에게 의거해야 한다."

이것이 '완전한 상호정직'이라는 것이다! 선구자집단들에서 '성비행', 즉 찢겨지고 불분명하고 모순에 가득한 성생활을 발견한다 해도 놀랍지 않다!

'성적으로 탓할 것이 없는' 소년을 제외한 모든 소년이 스스로의 생활에서 직관적으로 알고 있는 것, 즉 성비행을 낳는 것은 성활동 자체가 아니라 자연스런 성요구와 모순되는 살킨드식 교육방식과 억제라는 것을 살킨드 같은 사람들은 이해하지 못하였다.

> "……아니다 ……사전경고 신호 없이, 비상시가 아니라면, 지도자는 무엇보다도 성문제는 다룰 수 없고 다루어서는 안 된다."

이러한 의견의 혼란에서 청년집단 지도자는 어찌해야 할까!

그러한 교육자들은 어린이와 청소년의 성생활 문제를 **끝까지** 생각하면 즉각 나타나는 엄청난 어려움을 피한다. 우리는 성놀이나 자위행위를 금지하면서 동시에 어린이들과 청소년들을 교육할 수 없다. 우리는 성만족의 기능에 관한 진실을 숨길 수 없다. 우리는 진실을 말할 수 있을 뿐이며, 삶이 여기서 끝까지 완전히 자유롭게 흘러가도록 할 수 있을 뿐이다. 성능력이나 몸의 활력이나 아름다움은 혁명적 자유운동의 영원한 이상이 되어야 한다. 혁명은 짐수레 끄는 소를 원할 수 없고 황소를 원해야만 한다. 혁명은 거세된 수탉을 원해서는 안 되고 수탉을 원해야 한다. 사람들은 충분히 오랫동안 짐수레 끄는 소였다. 거세된 사람은 결코 혁명투사가 아니다.

4. 새로운 비행자문제

러시아 혁명은 짜리즘이 남긴 폐허와 내전 및 기근의 영향과 싸워야 했을 뿐만 아니라 어린이 비행이라는 엄청난 문제에 대처하기 위해서는 훈련된, 특히 성과학에 대해 올바른 훈련을 받은 교육자를 충분히 가지고 있지 못했다. 더욱이 심적인 거세가 점퍼의 목 주위에 달린 맷돌처럼 이러한 문제에 달라붙어 있었다. 결국 어린이의 성반란에 대해 이해하지 못하여, 1935년에 비행자문제가 격화되었다.

새로운 비행의 파도가 내전 시기 동안의 상황에서 결과한다고 주장할 수는 없다. 왜냐하면 1934~1935년의 비행 어린이들은 이미 새로운 사회체계의 어린이였기 때문이다. 이러한 문제에서 어떠한 잘못된 고려도 사실에 대한 어떠한 은폐도 쓸모 없다. 소련은 온갖 방법을 동원하여 비행자문제를 해결하려 했다. 혁명적인 교육작업에 관한 기록물인 영화 〈삶에의 길〉(Der Weg ins Leben)은 노동문화와 노동자교육의 영역에서 교육적 성과들이 얼마나 뛰어난지를 묘사하였다. 그러나 우리는 왜 비행자문제를 해결하려는 시도들이 결국은 실패했는가를 물어야 한다. 그것이 실패한 이유는 비행의 제거와 어린이들에 대한 부적절한 감독에 관하여 소련 인민위원회와 공산당중앙위원회가 1935년 6월에 행한 다음과 같은 결의에 의해 증명되었다.

"소비에트 사회주의 공화국연방[소련]의 인민위원회와 공산당 중앙위원회는 (노동자계급의 물질적이고 문화적인 상황이 도시와 농촌에서 실질적으로 개선되어 왔고, 국가는 어린이 시설 유지에 상당한 재정지원을 하고 있는) 국내의 주요 도시나 다른 도시에 비행 어린이가 나타난 것은, 무엇보다도 어린이 비행을 일소하고 예방하는 데에서 지방 소비에트 기관, 당기관, 노조 기관, 콤소몰 조직이 빈약한 작업밖에 하지 않았고, 이러한 문제에 대해 소비에트 여론의 조직적인 참여가 부족했다는 것으로 설명할 수 있다고 확인했다.

1. 대부분의 어린이집이 경제적인 측면에서 불만족스럽게 세워졌고 교육적 측면에서는 부적당하다.

2. 어린이의 난폭한 행위에 대한 그리고 어린이나 청소년 중의 범죄자에 대한 조직적 투쟁이 아주 모자란다고 느껴지며 많은 곳에는 전혀 존재하지 않는다.

3. 지금까지 몇몇 이유에서 거리를 떠도는 (부모를 잃었거나 가출했거나 또는 어린이집에서 도망친) 어린이들을 즉각 그 어린이에게 맞는 시설로 보내거나 부모에게 되돌려 보내기 위한 예비조건이 만들어지지 않았다.

4. 자신들의 아이들에게 무관심한 태도를 취하고 자신의 아이가 난폭하게 행동하거나 도덕적으로 타락하거나 떠돌아 다녀도 내버려두는 부모들이나 후견인들에 대해 어떠한 대응조치도 취하지 않고 있으며, 부모들이나 후견인들은 책임을 추궁받고 있지 않다."

'빈약한 작업'에 책임이 있지 않다!

사람들은 부모들의 책임에 의지하였고, 이전의 교육원칙의 방향에 더 이상 있지 않은 조치들에 손을 뻗쳤다. 이들 교육원칙들 자체는 실패했는가? 아니, 그것들은 불완전할 뿐이었다. 그것들은 어린이의 성생활문제라는 주요문제를 포함하지 않았고 종종 의식적으로 그것을 피했다. 왜냐하면 어른의 집합적인 사회 이데올로기와 집합생활이 어린이들에 대한 금욕적 요구, 성위선, 가족교육을 유지하는 한 필연적으로 어린이 비행을 일으킬 수밖에 없기 때문이다. 전반적인 자유가 진행되고 있는데도 어린이들의 성요구는 사회와 어린이에게 해를 끼치지 않고 억압될 수 있다는 것은 생각할 수 없다.

1935년에 소련 정부는 비행을 없애려는 상당한 구체적 노력을 했다. 포고 3호, 「거리에 있는 어린이들의 난폭한 태도에 대항한 싸움을 조직하는 데 관하여」에서 노동자 및 농민 전사의 주요지도부는 이 투쟁에 나서도록 명령받았다. 소련연방공화국의 인민교육위원회는 어린이들을 모순없이 어린이집에 수용할 책임을 졌다. 전사기관들은 어린이들의 거리에서의 난폭 행위에 대해 그 부모들에게 200루블 이하의 벌금을 징수하는 권한을 부여받았다. 부모와 후견인은 자신들의 어린이에 의해 발생한 모든 물질적 손상에 대해 물질적 책임을 지게 되었다. '자신들의 어린이들을 지도하는 데 적절하게 감독하지 않는' 부모들은 그 어린이들을 잃을 것이며, 그 어린이들은 부모의 비용부담으로 어린이집에 넣어졌다.

노르웨이 신문 「알바이더브라드」(*Arbeiderblad*)는 1935년 6월 16일자에서 소비에트 정부가 비행 어린이에 대한 대대적인 체포조치를 취했다고 보도했다. 절도, 약탈, 부정행위에 덧붙여 그 신문은 비행 어린이들이 성병에 걸려 있다고 다음과 같이 보도했다. "페스트처럼 이 어린이들은 그 전염병을 한 장소에서 다른 장소로 옮긴다." 이 보도에 따르면 어린이들은 공중목욕탕이나 어린이집이나 병원을 무료로 이용할 수 있었지만, 이러한 제도를 이용하기를 거부했다. 많은 어린이들이 어린이집에서 도망쳤다는 것이 분명하다. 「알바이더브라드」지는 「이즈베스챠」(*Iswestija*)지에 도망친 어린이들을 찾는 광고가 거의 매일 실린다고 보도했다. "최근까지 러시아 신문에서 이런 종류의 광고가 나온 적이 없지만 이제 그것은 일상적인 것이 되었다"고 그 신문은 쓰고 있다. 그 신문은 또한 소비에트 정부가 취한 대응조치들을, 즉 자격 있는 교사들을 고용하고 도구와 기계나 교육영화와 특별한 교과서를 공급하는 것 등을 강조했다. 게다가 정부는 이 문제를 해결하기 위해서 전 주민의 동원을 요청하였다.

1929년에 소비에트 교육자 베라 슈미트나 게세리나(Geschelina)와 대화하면서, 나는 몇 번이고 그러한 시도가 그 자체만으로 시도되면 불완전하고 암담할 것이라고 지적하려고 했다. 소련에서 비행자문제는 내란상황 때문에 발전했지만, 끊임없이 성생활의 혼동에서 자양분을 얻고 있었다는 것은 그 당시에도 명백했다. 소련에는 많은 일[작업]이 있었다. 작업치료법은 고도로 발달해 있었다. 실업은 사라졌다. 어린이집과 집합체들은 대부분 모범적으로 설립되었다. **그럼에도 불구하고** 점점 많은 어린이가 거리의 위험하고 파괴적인 생활로 도망쳤고, 어린이집에서의 생활보다 비사회적인 것을 좋아했다.

이러한 거대한 문제를 작업요법만으로도, 어린이의 정신이 지닌 호기심에 호소해서도 해결할 수 없다. 우리는 독일에서는 비행의 진정한 본성과 그에 따르는 보호소 교육에 대해서 연구할 수 있는 많은 기회를 가졌다. 청년의 성건강에 관한 나의 노력이 알려지자, 탈주한 보호소 소년들이 점점 더 많이 나에게 왔고, 내가 그들의 주요문제를 이해하였기 때문에 나에게 솔직하고 정직하게 자신들의 곤궁과 자신들의 반사회적인 행동의 진짜 동기에 대해 말해 주었다. 그들 중에는 상당히 지능 있고 능력 있는 훌륭한 사람이 있었다고 나는 확신할 수 있다. 종종 나는 이들, 이른바 비행자들이 학교에서의 훌륭한 위선자들보다 훨씬 더 생기 발랄하고 바로 그렇기 때문에 가장 원시적인 자연권을 자신들에게 주지 않는 사회질서에 대해 반항했다고 생각해야만 했다.

그 주제에 관해 그리 많은 변화가 있지는 않다. 계속해서 그것은 같은 이야기다. 즉 그들은 자신들의 성환상과 성흥분을 어찌할 수가 없었다. 교사들과 당국자들은 물론이고, 그들의 부모들도 그들을 이해하지 못했다. 그러므로 그들은 자신들의 문제에 대해 누구와도 이야기하지 않게 되었다. 반대로 그들은 수줍고 의심 많고 심술궂게 되었다. 그들은 자신들의 비밀을 지켰고 지켜야만 했으며 비슷한 구조와 어려움을 지닌 자신들의 동년배들 사이에서만 자신들의 걱정이 이해되고 있다는 것을 알았다. 학교에서 이해받지 못하므로 그들은 학교를 거부했다. 부모들이 이해하지 못하므로 그들은 부모를 저주했다. 하지만 동시에 부모에 대해 깊은 애착이 있으며 무의식적으로 부모에게 도움과 위로를 기대하고 있었으므로, 그들은 심한 죄책감과 반항심의 갈등으로 마음 아팠다. 그래서 그들은 거리로 나갔다. 그들은 거리에서 행복하지는 못했지만 자유를 느꼈다. 그 자유도 15~17살 정도의 소녀들이 소년들과 함께 있다가 들켰기 때문에 경찰에게 붙잡히거나 보호소에 넘겨질 때까지였다.

이들 청년의 다수가 경찰과 보호소의 수중에 들어가는 순간까지 심리적으로 건강하고 비판적이며 정당하게 반항적이라는 것을 나는 확인할 수 있었다. 경찰과 보호소의 수중에 들어가는 그 순간부터 그들은 정신병자가 되고 사회적으로 추방되었다. 그러한 어린이들에 대해서 사회가 저지르는 범죄는 무한하다. 그렇게 되어 이것은, 누군가가 그러한 '비행' 어린이들을 이해한다는 것을 그들에게 입증하면 그들에 대해 충분한 확신을 얻고 그들에게 진정한 안내를 할 수 있다는 나의 견해가 옳았음을 증명하였다.

독일에서도 어린이 문제와 청소년문제는 엄청나게 복잡하였다. 격렬한 성에 대한 절박한 요구와, 완전한 자유를 선언했지만 성억압이 손대지 않은 채 여전히 남아 있는 소련과 같은 나라에서 사회의 거부 사이의 갈등이 매우 증폭되었음에 틀림없듯이. 전반적인 집합적 생활과 가족교육의 지속은 필연적으로 사회적 폭발을 일으켰다. 소련 어머니들이 점점 더 생산과정에 참여하고 사회의 능동적인 성원으로서 소생했지만, 그 때문에 어린이들과의 관계에서 새로운 모순을 만들어냈다는 것도 잊어서는 안 된다. 어머니들이 생산에 참여한다는 것은 어린이들도 마찬가지로 삶에 참여하려고 한다는 것을 의미했다. 노동생활로의 길은 그들에게 열려 있었지만 그들 가운데 많은 사람이 성으로의 길이 막혀 있기 때문에 그러한 길로 가기를 원하지 않았다. 이것이 소련에서의 비행의 항상 현재적이고 실제적인 기반이었지, 1935년의 역사적 내전상황도 소비에트 체계도 결코 아니었다.

어린이와 청소년의 비행은 어린이와 청소년의 삶이 지닌 눈에 보이지 않는 성위기의 눈에 보이는 표현이라고 주저 없이 주장할 수 있을 것이다. 어린이들과 청소년들의 성생활을 성긍정적인 의미에서 조절할 수 있는 지식과 용기를 지니지 않으면 어떤 사회도 비행자문제, 어린이와 청소년에게서 정신병자문제를 해결하는 데 성공할 수 없을 것이라고 예견된다.

오늘날 우리는 이러한 문제를 푸는 과제에 직면하면 어떤 구체적인 개별조치를 취해야 하는지를 결코 예측할 수 없다. 우리는 단지 일반적인 상호관련들과 필수적인 것들을 지적할 수 있을 뿐이다.

특수하게는 비행자문제와 일반적으로는 어린이교육의 해결은 어린이들의 부모에 대한 또 부모의 어린이들에 대한 근친 성관계적이고 죄의식에 시달리는 증오유대를 심리구조 형성에서 제거할 것인지, 어떻게 제거할 것인지 하는 것에 달려 있다. 부모와 심적으로 파괴적인 유대를 형성할 수 있기 이전에, 즉 생후 4년 이전에 어린이를 집합적으로 키우지 않으면, 이것을 달성할 수 없다는 것은 논리적이다. 이것은 부모와 자녀[어린이] 사이의 자연스런 애정관계의 파괴를 의미하는 것이 아니라 단지 병적이고 신경증적인 유대의 파괴를 의미한다. 집합체와 가족 사이의 모순이 광범위한 사회적 규모로 해결되지 않으면 이러한 과제의 해결은 분명 실패할 것이다. 부모는 어린이를, 어린이는 부모를 완전히 그리고 방해받지 않고 사랑하고 즐길 수 있어야 한다. 하지만 역설적으로 들릴지도 모르지만, 바로 이것은 강제적 가족과 그[강제적 가족의] 교육의 해체를 전제한다. 어린이의 성에 대한 멸시와 거기에서 생겨나는 성욕망과 성행위의 결과로 사회에서 배제된다는 느낌을 파괴하지 않으면 우리는 실패할 것이다. 다음과 같은 종류의 보고가 있을 가능성을 우리는 모든 수단을 써서라도 막을 수 있어야만 한다.

6살인 가리크(Garrik)가 말했다. "제발 말해주세요. 무슨 일이 일어났어요?" 전혀 들은 적도 없는 일. 글쓰기를 거의 배우지 못한 8살 난 류브카(Ljubka)는 '사랑에 빠지고' 8살 된 파브릭(Pawlik)에게 다음과 같이 쓰인 종이조각을 건넸다. "나의 멋진 사람, 나의 소중한 사람, 나의 다이아몬드……." "사랑에 빠진다! 얼마나 쁘띠부르주아적인 일인가! 결국 니콜라스 황제 시대는 끝났다!" 그 문제가 격렬히 토론되었고 류브카는 3일 동안 놀이터 가까이 가서는 안 되는 처벌을 받았다. 이런 식으로 파니나 할레는 그녀의 널리 알려진 저작인『소련의 여성』[3]에서 소비에트 체계의 도덕성을 입증하고 전체 '도덕'세계 앞에 공산주의의 복권을 시도한다.

두 어린이가 서로 애무하고 있는 모습을 볼 수 없고, 어린이의 성이 지닌 매력과 자연스런 자명함을 이해할 수 없는 교육자와 '사회주의적' 성과학자는 그들의 의향이 아무리 훌륭해도 새로운 세대의 혁명적인 교육에는 전혀 쓸모가 없다. 어린이의 성자극에는, 어린이의 감각적인 애정표현에는, 수천 개의 무미건조한 분석이나 논문보다도 훨씬 더 많은 도덕, 진리, 힘, 생명의지가 있다. 여기 어린이의 생기발랄함 속에 진정 자유로운 인류사회를 건설할 수 있는 보증이 있다. 오직 여기에.

---

3 *Die Frau in Sowjetrussland*, 235쪽.

이것은 확실하다. 하지만 이 단순한 확인만으로 모든 문제를 이미 해결했다고 생각하면 해로울 것이다. 가부장적이고 권위주의적인 삶에서 자발적으로 행동하고 즐겁고 기쁠 수 있는 삶으로 인간 구조를 바꾸는 것이 가장 어려운 과제임을 이해해야 한다. 사람들은 "교사 스스로가 교육받아야 한다"는 맑스의 말을 종종 기계적으로 인용하고 있다. 지금이야말로, 그 말이 새로운 세대의 교사들(부모, 교사, 국가 지도자, 경제정책가)은 어린이들과 청소년들을 성경제학적으로 올바르게 교육할 수 있기 전에 우선 스스로가 성적으로 건강해야 한다는 것으로 이해되어야 하듯이, 구체적으로 생각하고 실천적으로 실행할 때다.

제 7 장

소련의 '새생활' 투쟁에서 무엇을 끌어낼 것인가?

노동자 관리자, 교사, 청년 상담사, 그리고 일상생활의 문제를 해결해야 하는 모든 사람은 이제 자신의 작업을 위한 구체적인 교훈을 요구할 것이다. 이것은 이해할 수 있지만 결코 이루어질 수 없다. 당장은 혁명적 변혁의 실패와 좌절에서 인간의 노력이 어디에서 실패했는지를 배울 수 있을 뿐이다. 그리고 우리가 찾아야 하는 방향을 개략적으로 우리에게 제시하는 혁명적 발전의 수단과 방법에 대해 개괄적인 윤곽을 그려볼 수 있을 뿐이다. 우리는 이런 저런 나라의 새로운 혁명적 변혁의 경우에 관계가 어떻게 구체적으로 형성되는지를 알 수 없다. 항상 문제가 되는 것은 일반적인 근본원칙을 구체적 상황에 적용하는 것이다. 어떠한 경우에도 유토피아적인 생각을 지녀서는 안 된다. 유토피아적인 생각은 그때마다 순식간에 구체적인 현실로 나아가는 모든 길을 가로막을 뿐이다.

소련 성혁명의 지체에 대한 검토에서 도출된 많은 일반적인 근본원칙 가운데 하나는 분명히 **인간의 성행복을 위한 모든 전제요건 및 전제조건을 명확히 보증하는 것**이다. 1917년부터 1920년에 걸쳐 소비에트 성입법은 이러한 방향으로 기울었으므로, 우리는 이러한 법률을 아주 조금만 변경하여 차용할 것이다. 하지만 이것은 결코 충분하지 않을 것이다. 이 공포된 법률이 사실상 실제적인 효력을 발휘하도록 하기 위해서는, 즉 그 법률이 인간 구조의 일부가 되도록 하기 위해서는 진지한 조치가 필요하다. 게다가 소련에는 성생활에서 자연발생적인[자생적인] 혁명을 정돈된 길로 향하도록 하는 일련의 조치가 없었다.

혁명적인 성법률을 언제라도 지키기 위해서는 주민의 성건강에 대한 보호를 비뇨기과 의사나 구태의연한 위생학 교수에게 맡겨서는 안 된다. 보수적인 사회에서는 이 분야에서 권위자 따위는 전혀 없다는 것을, 자신을 성위생학자나 성의사라고 생각하는 사람은 금욕주의 정신으로 그리고 '인간의 도덕적 행위'에 대한 불안으로 가득 차 있다는 것을, 모든 노동자 · 여성 · 농민 · 청소년은 알아야 한다. 청년과 노동자 조직에서 일한 것에 근거해서, 우리는 훈련을 받지는 않았지만 모든 영리한 평균적인 젊은 노동자가 그 어떤 권위자보다도 성생활 문제에 대해 더 나은 감수성과 판단력을 지니고 있다고 결론지을 수 있다. 이러한 올바른 입장에 근거해서 노동하는 인민은 확실히 자기 자신들 가운데에서 성혁명 문제를 해결할 관리자와 조직을 어렵지 않게 찾을 수 있을 것이다.

성생활의 새로운 질서화[정돈]는 어린이 교육의 변화와 함께 시작되어야 한다. 이런 이유로 교육자는 재교육받아야 하고 주민대중은 이러한 문제에서 자신의 올바른 본능을 성학적으로 잘못 훈련받은 구태의연한 교육자를 비판하는 데 사용하도록 배우는 것이 필수적이다. 교육자를 재교육시키는 것은 아마도 위생학자와 인구정책가를 설득하는 것보다 훨씬 쉬울 것이다. 서유럽이나 미국에서 교사가 진보적인 입장에서 어린이와 청소년을 교육하는 새로운 방법을 자발적으로 찾고 있으며, 많은 경우에 **성을 긍정하는** 견해를 이미 발전시킨다는 징후가 계속 늘고 있다.

노동자운동의 정치적 지도자가 이 문제에 대해 적절한 주의를 기울이지 않으면, 성생활의 새로운 질서화는 실패할 것이다. 금욕적인 성지향을 가지고 있는 [노동자운동의] 정치지도자는 심각한 장애물이다. 우리는 성생활 영역에 대해 훈련을 받지 않았고 종종 스스로가 성문제를 지니고 있는 정치지도자에게, 지도자는 지도하기 전에 **배워야** 한다는 것을 확신시켜야 할 것이다.

게다가 '성문제'에 대한 자발적인 토론을 '계급투쟁에서의 일탈'로 제껴버리지 않고, 자유로운 사회를 건설하기 위한 전체적인 노력에 통합시키는 것이 필수적일 것이다. 승리하는 노동자운동은 종교적 사회주의자, 윤리적 지식인, 강박적인 몽상가나 성적으로 장애가 있는 여성이 성생활의 새로운 정돈에 대해 결정하는 것을 더 이상 허용해서는 안 된다. 주민의 이러한 층이 바로 가장 명확성이 요구될 때 무의식적인 감정에 북받쳐 논쟁에 끼어든다는 것을 알아야 한다. 그럴 때 통상 훈련받지 않은 노동자는 침묵하게 된다. 왜냐하면 그는 전혀 정당화되지 않은 것을, 즉 지식인에 대한 자신의 존경에서 지식인이 그것을 더 잘 안다고 인정하기 때문이다. 모든 대중조직은 조직의 발전을 성태도의 측면에서 관찰하고, 이러한 관찰에서 배울 수 있으며 중앙의 성학 부서와 합동하여 어려움을 극복하는 데에만 전념하는 성학적으로 잘 훈련된 관리자를 가져야 할 것이다.

성보호를 위한 적극적인 입법 및 조치와 더불어 과거의 경험에서 얻은 일련의 다른 조치가 필요하다.

예를 들어 성불안을 만들어내는 모든 문학은 금지되어야 한다. 이것에는 외설서적이나 범죄 이야기뿐만 아니라 어린이용 공포동화가 속한다. 이러한 책은, 끔찍함을 불러일으키는 대신에 자연스러운 삶의 기쁨의 무한히 다양한 원천에 대한 진정한 감정을 묘사하고 비평하는 문학으로 대체되어야 할 것이다.

부모나 교사나 당국이 어린이와 청소년의 성에 대해 행하는 모든 방해를 배제해야 한다는 것을 경험에서 분명하게 배운다. 이것을 어떻게 이룩할 수 있는지에 대해서는 지금은 아직 말할 수 없다. 하지만 **어린이와 청소년의 성을 법적으로 보호할 필요가 있다는 것은 더 이상 의심할 여지가 없다.**

주어진 정치적 조건과 오늘날의 인간 구조에서 어린이와 청소년의 성을 긍정한다면 어떤 어려움에 부딪치는지에 대해서 분명히 해두지 않는 한, 가장 좋은 법률도 그것이 쓰여져 있는 그 종이조각과 같은 가치밖에 없다. 만일 어린이의 부모나 교사가 스스로 잘못 양육되지 않았다면, 자신이 병들지 않았다면, 그리고 어린이나 청소년에게 최선의 교육조건이 즉각 보장될 수 있다면, 일은 간단할 것이다. 하지만 그렇지 않으므로 무엇보다도 다음과 같은 두 가지 조치가 동시에 필요할 것이다.

① 여러 지역에서 집합적 교육을 위한 모델 교육시설을 설립해야 한다. 그곳에서는 잘 훈련되고 현실적이며 성적으로 건강한 교사가 성장하는 세대의 발달을 가까이에서 관찰하고, 생겨나는 실제적인 문제를 해결하려고 해야 한다. 이 시설은 새로운 질서의 원리가 분출되어 나와 사회 속으로 퍼져 나갈 핵을 형성할 것이다. 이것은 길고 무겁고 까다로운 일이지만, 결국은 인간의 복종문제를 다룰 수 있는 유일한 가능성을 제공할 것이다. 모델 교육시설과 더불어, 지금까지와는 완전히 다르게 성생리학, 정신병의 예방, 성위생의 조건에 대해 조사하는 **조사연구소**가 있어야 할 것이다. 이 연구소는 지금까지처럼 인도인의 남근이라든가 다양한 종류의 콘돔을 수집하는 것을 자신의 주요 과제로 삼지는 않을 것이다.

② 이러한 중심(연구소) 밖에서는 대중적 규모에서 성생활의 성경제학적인 자연스런 조절을 준비하는 것이 필요할 것이다. 여기에서 성생활은 사적인 일이 **아니라**는 것을 첫 번째 근본원칙으로 인정해야 한다. 이것은 어떤 국가관리가 누군가의 침실 비밀을 엿볼 자격이 있는 것처럼 오해한다는 의미에서가 아니다. 오히려 인간의 성적인 재구조화에 대한 관심, 인간의 충분한 쾌락향유 능력을 정립하는 것에 대한 관심을 개인적인 일로 치부할 수 없으며 그 관심은 전체 사회생활의 핵심적인 문제라는 것을

의미한다.

일반적으로는 현존하는 경제적 가능성에 비례하여, 성생활의 나중의 질서화를 준비하는 데 몇 가지 조치를 즉각 수행할 수 있었다. 그러나 이것은 대중의 성생활이 더 이상 이차적이거나 하찮은 문제라고 생각하지 않는다는 것을 전제한다. 거대한 기계에 쏟는 동일한 관심을 가지고 동일한 방식으로 이를테면 좋은 피임도구를 만들려고 시도할 것이다. 대중의 성위생이 목표라면 과학적인 지도 아래서 그리고 모든 이윤 창출을 배제한 채 피임도구를 생산하는 가장 잘 조직된 공장을 세우는 것이 일차적인 조치에 속할 것이다. 낙태를 줄이는 방법으로서 피임에 대한 선전은 단순히 종이 위에 머물 수 없고 **실천적으로** 수행되어야만 한다.

권력을 장악한 후에 청년과 미혼자들을 위한 **공간문제**의 해결책을 즉각 다루지 않으면 소비에트 성파국의 반복을 막을 수 없다. 내가 청소년에 대해 알고 있는 바, 청소년들은 위로부터의 조치를 기다리지 않고 실천적으로 공간 창출 문제를 스스로 친구들과 함께 해결할 것이다.

곤궁 청년가정(Notjugendheim)을 설치하는 것이 필요하며 관철시킬 수 있다. 도덕주의적인 방식으로 그것에 반대하는 어떤 권위적인 입장도 없애는 것이 그것이 이루어지기 위한 전제조건일 것이다. 청년은 스스로 자신의 삶을 건설할 모든 가능성을 가지고 있다는 느낌을 지녀야 한다. 반대로 청년은 그 때문에 확실히 자신의 일반적인 사회적 노동에서 벗어나지는 않을 것이다. 청년이 공간문제를 점차 스스로 해결한다면, 일반적인 사회적 노동을 엄청나게 즐겁게 수행할 것이다. 전 주민은 혁명적 국가지도부가 제한 없이, '만일'과 '그러나' 없이 성쾌락 향유를 보장하기 위하여 모든 것을 하고 있다는 확실한 느낌을 지녀야 한다. 건강하고 자연스러운 성이 지닌 가치에 대한 대중적인 계몽이 진전되는 만큼, 낙태의 해로움과 성병의 위험에 대해 대중을 계몽하는 일은 불필요하게 될 것이다.

주민은 자신의 성욕이 즉각 실제적으로 이해된다고 느끼면 강요하지 않아도 즐겁게 기계를 건설할 것이다. 성적으로 행복하게 살고 있는 주민이 사회의 전반적 안전에 최선의 보증이 될 것이다. 그런 주민은 즐겁게 자신의 삶을 재건설하고 온갖 반동적인 위협에 대항해서 자신의 삶을 지킬 것이다.

육군과 해군에서의 '성혼돈' 때문에 나중에 동성애[금지]조항으로 되돌아가도록 강요받지 않으려면, 사회적 성경제학의 가장 어려운 문제 가운데 하나인 **육군과 해군의 생활에 젊은 여성을 참여시킨다**는 문제를 미리 다루어야 할 것이다. 이것은 오늘날의 군사전문가에게는 생각할 수 없는 것으로 들릴지도 모르지만, 군복무에서 성타락을 피하려면 이 이외에 다른 방법은 없다. 분명히 이 문제는 쉽게 풀리지 않을 것이지만, 원칙적으로 여기서 말한 것은 타당하다.

연극, 영화, 문학은 소련에서 그러했던 것처럼 더 이상 전적으로 경제 문제에 봉사하도록 만들어져서는 안 된다. 문학에서 언제나 모든 작품의 90%를 차지해 온 애정생활의 문제를 이 세상에서 제거할 수는 없으며, 그것을 기계에 대한 찬미로 대체할 수도 없다. 반동적이고 가부장적인 종류의 애정문화 대신에 문학 · 영화 등에서 삶을 긍정하는 종류가 나타나야 할 것이다. 그럼으로써 우리는 이러한 영역에서 속물적인 형태나 야한 감상성에 빠지지 않을 것이다.

성정치적 영역에서의 전반적인 작업을, 훈련받지 않은 의사나 낭만적인 취향의 불감증 여성의 주도권이나 혼란에 맡겨서는 안 될 것이다. 이것은 사회생활의 모든 형태처럼 집합적으로 **조직되고** 비관료적인 방식으로 **해결될** 것이다. 지금 이러한 조직화의 세부사항에 대해 머리를 짜내 생각하려는 것은 쓸모없을 것이다. 주민의 성생활이 사회적 노동의 최전선에서 다루어지면 조직화 문제는 스스로 해결될 것이다.

어떤 경우에도 중앙기관[당국]은 성생활의 새로운 질서를 명령할 수 없을 것이다. 성정치적인 조직의 광범위한 연결망(Netz)이 대중의 생생한 삶과 전문적인 중심[센터] 사이를 매개할 것이다. 성정치운동 독일 훈령모임의 예를 따라서, 이 연결망은 대중생활에서의 문제에 대해 토론하고 자신의 해결책을 가지고 대중에게 되돌아갈 것이다. 연구책임진이나 지도적인 성정책가가 모든 상황에서 성적으로 건강한가, 모든 종류의 금욕적으로 도덕화하는 태도에서 벗어났는가에 관해서 검토할 것이다.

우리는 종교와 싸우지는 않을 것이며, 대중의 성행복을 확보하고 자연과학 지식을 대중에게 전달할 권리를 빼앗지는 않을 것이다. 그러면 교회가 종교적 감정에는 초현세적인 본성이 있다고 주장하는 것이 올바른지 어떤지 드러날 것이다. 하지만 우리는 어린이와 청소년을 성불안감과 죄책감에 사로잡히게 하는 것에서 보호하고 싶다는 것을 숨기지 않는다.

사회혁명 과정에서 가족은 필연적으로 붕괴할 것이다. 낡은 가족질서로 되돌아가는 것은 불가능하다. 가족문제를 무엇보다도 공개적으로 그 생생한 흐름 속에서 계속 토론하고 극복하면서 대중의 가족감정이나 가족유대를 고려해야만 한다. 우리의 입장은 다음과 같다.

즉 성정치적이고 문화혁명적인 작업의 목표는 가까운 사건에서 궤변 없이 결정화된다.

모든 생물과 공유하는 인간의 생장적 삶은 발달이나 활동이나 쾌락을 추구하고, 불쾌를 피하며, 흐르고 솟아나는 감각의 전체 모습 속에서 경험된다. 이러한 감각은 모든 진보적인 그러므로 혁명적인 세계관의 핵심 요소이다. 생장적 삶[생활] 현상은 이른바 '종교체험'이나 '대양감정'의 기초가 되어 있다. 요즈음 이러한 생장적인 흥분의 몇 가지에서 생체 전기적 전하 흐름을 식별한 것은 행운이었다. 인간은 생체 전기적으로 움직이는[1] 자연의 일부이기 때문에 이것을 이해할 수 있다.

그러므로 우주와 하나가 된다는 종교감정은 자연적 사실에 일치한다. 하지만 이러한 유기체적인 파동 움직임의 신비화는 그 파동을 전개시키는 대신에 그 파동을 완전히 무력화시켰다. 예수는 믿음이 깊은 가난뱅이를 부자에 대항하게 하였다. 원시기독교는 근본적으로 공산주의 운동이었는데, 그것의 전진적이고 성긍정적인 힘은 동시적인 성부정에 의해 반대의 것, 즉 금욕적이고 초현세적인 것으로 바뀌어 버렸다. 국가교회가 되어서 인간의 구원을 열망하는 국제적인 기독교는 자기 자신의 기원을 부정해

1 오르곤 에너지의 발견 이후에 이러한 견해에서 많은 것이 바뀌었다.(*The Discovery of the Orgone*『오르곤의 발견』, New York, 1942, 1948 참조) [1949년 추가]

버렸다. 교회가 권력을 지닌 것은 삶에 대한 형이상학적 해석, 즉 교회는 자신이 죽이고 있는 삶을 통해 생존한다는 해석을 통해, 인간 구조를 강력하고 삶 부정적으로 변화시킨 덕분이다.

맑스주의 경제이론은 진보적인 생활을 위한 경제적 전제조건에 대한 인식의 길을 열었다. 소련은 그것이 옳다는 것을 증명하였다. 그러나 맑스주의 경제이론은 조잡한 경제주의적이고 기계론적인 관점으로 위축되어 삶 부정의 방향으로 위협적인 변화를 가져왔고 잘 알려진 온갖 징후를 보이게 되었다. 이 시기에 경제주의는 생장적인 삶의지의 형성을 '심리학'이라고 비난하고 신비학자들에게 넘겨줬기 때문에 가혹한 정치투쟁을 겪었다.

독일 국가사회주의[나치]의 신이교주의(Neuheidentum)에서 생장적 삶은 다시 한번 길을 열었다. 생장적 파동 움직임은 교회보다도 파시스트 이데올로기에 의해 잘 파악되었고 지상으로 되돌아왔다. '피의 솟구침'이나 '혈통과 토지의 결합'[가족과 토지, 국민과 향토의 결합을 강조하는 나치 농촌정책의 지도이념]이라는 국가사회주의적 신비는 원죄라는 고대 기독교적 견해에 비하면 **진보**였다. 하지만 그러한 신비는 새로운 신비화와 반동적인 경제정책 속에 질식되어 버렸다. 삶 긍정은 새로이 삶 부정으로 뒤틀려 갔고, 금욕 · 복종 · 의무 · 인종공동체라는 이데올로기 속에서 삶의 전개를 억제하게 되었다. 그럼에도 불구하고 원죄 교의를 '피의 솟구침'이라는 교의에 대항해 지킬 수 없었다. '피의 솟구침'을 밀고나가 그것을 올바르게 변화시켜야 했기 때문이다.

고대 기독교와 신이교주의의 이러한 관계에서 많은 오해가 생겨난다. 어떤 사람들은 신이교주의를 그(유일한) 혁명적 종교라고 주장하며, 신이교주의의 진보적인 경향을 느끼고 있지만, 그것의 신비적 왜곡을 알지 못한다. 다른 사람들은 교회를 파시스트 이데올로기에 대항하여 지키고, 그렇게 함으로써 자신이 혁명가로 행동한다고 생각하고 싶어한다. 아마도 이것은 당장은 정치적으로 옳을지 몰라도 결국은 잘못된 방향으로 나아간다.

사회주의자들 가운데 '종교감정'을 완전히 버리지 못하는 사람이 많다. 종교감정으로 생장적 전개경향을 생각하는 한 그들은 옳다. 그러나 종교감정이 삶을 실제로 왜곡하고 방해하는 것을 파악하지 않는 한 그들은 틀리다. 누구도 아직 삶의 전개에서 성적인 핵심을 감히 건드리려고 하지 않는다. 모든 사람은 삶을 종교적이거나 혁명적인 경험형태로 긍정하는 데 자기 자신의 성불안을 무의식적으로 사용하지만, 다음 순간에 그것[삶]을 실제로 성부정을 통해 삶 부정으로 변화시킨다. 이런 식으로 종교적 사회주의자와 경제주의적 맑스주의자는 서로를 보완한다. 다음 도표는 앞에서 말한 것을 그림으로 보여준다.

성경제학적 연구는 자신의 자연과학적 토대와 사회과정에서 다음과 같은 올바른 결론을 끌어냈다. 성쾌락의 긍정이라는 주체적 형태로 그리고 노동민주주의라는 객관적 사회형태로 삶을 긍정하는 것은 주체적 의식과 객관적 발전을 가져옴에 틀림없다. 삶을 긍정하는 투쟁이 조직되어야 한다. 그것의 가장 강력한 구조적 적은 인간이 지닌 쾌락불안이다.

〈문화정치적 발전의 도표〉

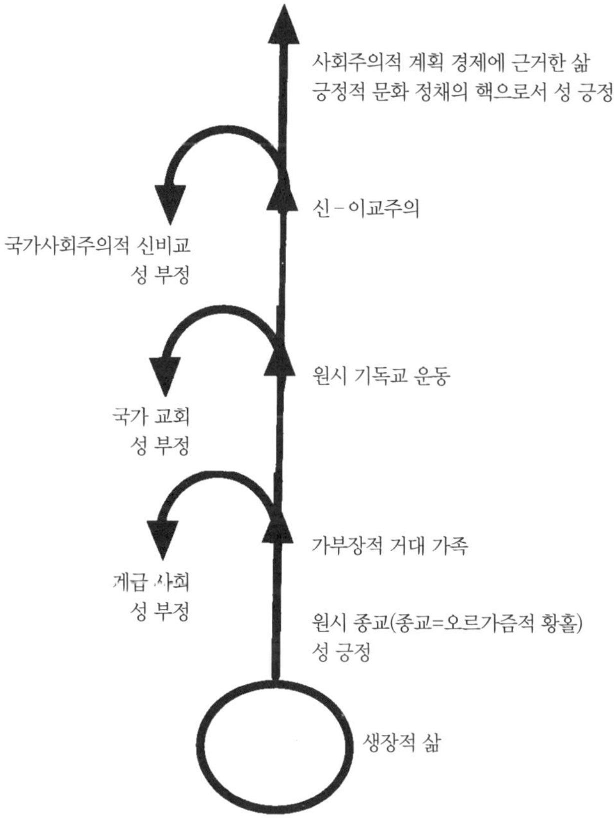

유기체적인 쾌락불안은 자연스러운 쾌락경험에 대한 사회적 방해로 생기며, 대중심리학적이고 성정치적인 실천이 매일 마주치는 모든 어려움의 핵심을 정숙함, 도덕, 지도자에 대한 복종 등의 형태로 나타낸다. 사람들은 정치적으로 반동적인 것을 부끄러워하듯이, 성적으로 무능하거나 삶의 행복을 줄 수 없는 것을 부끄러워한다. 성능력은 고도의 이상으로 남아 있으며 마찬가지로 혁명적이다.

모든 반동가는 오늘날 혁명가로 등장한다. 사람들은 자신이 삶의 행복을 깨뜨리고 산산조각난 미래가 이미 자신의 **뒤에** 있다는 것을 듣고 싶어하지 않는다. 그러므로 노인은 항상 청년보다 구체적인 삶긍정에 반대하여 더욱 맹렬히 싸운다. 청년은 늙어감에 따라 보수적이 된다. 아무도 자신이 사태를 더 잘 정돈했을 텐데 라고, 전에 긍정했던 것을 지금은 부정한다고, 자신의 삶욕망을 실현하는 것은 많은 가치 있는 대리만족 및 환상을 파괴하는 과정에서 전체적인 **삶과정**의 변형을 필요로 한다고 인정하고 싶어하지 않을 것이다. 사람은 권위주의적 국가권력과 금욕적 이데올로기의 집행인이 '아버지'와 '어머니'라고 불릴 때 그를 비난하고 싶어하지 않는다. 사람들은 묵묵히 따르지만 포기하지는 않는다.

그래도 삶의 전개를 멈출 수는 없다. 사람들이 근거 없이 사회과정을 자연과정이라고 파악하지는 않았다. 금욕주의, 권위주의, 삶부정으로의 왜곡은 아마 일단은 성공할 수도 있다. 그러나 결국은 인간의 자연스런 힘, 즉 **자연과 문화의 통일**이 승리할 것이다. 삶은 자신에 부과된 생활방식의 사슬에 대항하여 가장 즐거운 반역에 빠진다고 모든 징후가 얘기한다.

'새생활' 투쟁은 개인생활과 사회생활의 혹독한 물질적 · 심적 파괴형태로 이제 막 진지하게 시작되고 있다. 그러나 삶을 이해할 수 있는 사람은 누구든 절망하지 않는다. 배부른 사람은 훔치지 않는다. 성적으로 행복한 사람은 어떤 '도덕적 지지물'도 필요로 하지 않으며, 자신의 가장 자연스러운 '종교체험'을 지닌다. 삶은 이러한 사실처럼 단순하다. 삶은 삶을 불안해 하게 된 인간 구조에 의해서만 복잡해진다.

삶 기능의 단순화와 그[삶 기능의] 생산성의 확보를 이론적 · 실천적으로 전반적으로 관철시키는 것이 문화혁명이다. 문화혁명의 근본토대는 자연스런 노동민주주의일 수 있을 뿐이다. 사랑, 노동(일), 지식이 우리의 존재의 원천이다. 그것들이 또한 우리를 지배해야 한다.

주요용어 해설

:: **거부** Ablehnung

프로이트의 용어. 충동이 일었을 때 만족시킬 수 있는 방법을 찾지 못해 그 충동을 거부하는 것. 이로 인해 주체는 좌절을 겪게 된다. 프로이트는 리비도 에너지를 금지하는 사회에서 개인이 정신병에 걸리지 않고 탈출하는 방법으로서 승화와 거부를 제시하였다.

라이히는 이러한 현상이 있을 수 있다고는 보았지만, 결국은 리비도 에너지를 억압하는 것으로 보고 다른 방식을 찾아 나선다. 즉 생체 에너지를 오르가즘 정식에 입각하여 해소해 가는 방식을 생각하게 된다.

:: **교감신경** Sympathicus

부교감신경과 함께 자율신경계를 이루는 개개의 원심성 말초신경. 신진대사나 생식 등 생명유지와 종족보존에 관계가 있는 여러 기관 및 그것들을 구성하고 있는 각종 세포에 분포하여 그 기능을 조절하는 신경계를 자율신경계라고 하는 데, 교감신경은 부교감신경계와 함께 이 자율신경계에 속하며 자율신경계의 기능 중 주로 에너지 발산에 관여한다. 교감신경이 흥분하면 동공이 커지고, 심장의 맥박수가 늘며 혈압이 오르지만, 소화기능은 반대로 억제되어 신체활동에 알맞은 상태가 된다. 이처럼 전신의 교감신경이 흥분상태가 된 경우를 교감신경 긴장상태(강직)라 한다.

:: 구조 Struktur

라이히는 인간의 심적 구조를 세 가지 층으로 이루어져 있다고 보았다. 표층은 자기통제, 강압적인 위선적 정중함, 가식적인 사회성이라는 인공적인 마스크를 지니고 있다. 두 번째 층은 프로이트적인 '무의식' 층으로 사디즘, 탐욕, 음탕함, 시기, 온갖 종류의 도착이 있다. 심층에는 자연스런 사회성 및 성, 자연발생적인 노동의 즐거움, 사랑 능력이 실존한다.

:: 노동민주주의

노동과정의 자연스런 조직화에 기초하여 개개인이 자발적이고 독자적으로 노동을 영위하며 아무런 외부간섭 없이 건강하고 행복하게 생활하는 삶의 형태를 지칭한다. 노동민주주의는 이데올로기적 체제가 아니다. 또한 공통의 이데올로기를 공유하는 정당, 개별정치가 혹은 어떤 집단의 선전에 의해서 인간 사회에 부과될 수 있는 '정치제도'도 아니다. 자연스런 노동민주주의는 자연스럽고 유기적으로 태어나서 자라고 발전해 온 합리적인 대인관계에 의해서 지배되는 모든 생활기능의 총합이다.

:: **리비도** Libido

프로이트에 의해 인간의 충동 에너지이며 일차적으로 성적인 특징을 지니는 개념으로 사용되었다. 이에 비해 라이히는 리비도라고 하는 성충동에너지는 생체 전기 에너지와 같다고 주장한다. 따라서 라이히는 실험을 통해서 리비도 이론의 생물학적 기초를 마련하고자 하였다.

:: **무장** Panzerung / **갑옷** Panzer

한 개인이 불안, 격노, 성흥분상태와 같은 생장적인 감각과 감정의 돌연한 발발을 막기 위한 하나의 방어수단으로 발전시키는 갑옷을 입은 것 같은 성격적-근육적 태도 전체를 말한다. 라이히는 성격분석에서는 '성격무장'을 해소해가려고 하였으며 그 이후 생장요법으로 넘어가면서는 성격이나 정신질환상의 무장이 근육에 정박해 있다는 생각에서 '근육무장' 개념을 제시한다. 이제는 근육을 풀어줌으로써 그 무장을 해소하려고 한다. 성격무장과 근육무장은 기능적으로는 동일한 것이다.

:: **부교감신경(미주신경)** Parasympathicus(Vagus)

교감신경계와 함께 자율신경계를 구성하는 말초신경. 뇌와 척수에서 나온다. 중뇌에서 나온 부교감신경은 뇌신경의 일부인 동안신경(動眼神經)을 거쳐 눈에 이르고, 연수에서 나온 것 가운데 일부는 안면신경과 설인(舌咽)신경으로 들어가 눈물샘과 침샘에 분포한다. 연수에서 나온 굵은 부교감신경은 미주(迷走)신경이라고 부른다. '미주'란 라틴어의 'vagus' 영어의 'wandering'으로 헤매고 돌아다닌다'라는 뜻인데, 이름 그대로 내장의 여러 기관에 분포한다. 교감신경과 함께 자율신경계를 거치지 않고 전신의 생활현상을 조절하고 있다. 예를 들어 심장의 활동이 부교감신경의 흥분에 의해 억제되며, 교감신경의 흥분에 의해 촉진되는 것처럼 부교감신경과 교감신경은 서로 길항적으로 작용한다. 억제와 촉진의 기능은 신체 부위에 따라 다르게 나타난다.

:: 부분충동 Partiellen Trieb

신체의 특정 부위에 집중된 충동들을 말한다. 성충동이 젖꼭지나 항문, 가슴 등에 집중되어 나타나는 것을 말한다. 기계론적인 정신분석가들은 모든 성감대는 상응하는 특수한 부분충동을 지니고 있다고 보았다. 즉 서로 독립적인 성감대가 있다는 생각이다. 라이히는 이에 반대한다.

:: 부정적 치료반응 negativen therapeutischen Reaktion

치료가 되어가는 과정에서 일시적으로 악화되는 현상. 무의식의 의미를 해석해 주었을 때 많은 환자들이 개선되는 대신 악화되는 현상을 말한다. 프로이트는 이 억압된 자아 방어기능 현상에서 '무의식적 죄책감', 나아가서는 '처벌요구'를 끌어냈고, 결국 '죽음 충동'을 도입하게 되었다.

라이히는 이것을 생리학적 쾌락불안이자 유기체적 쾌락불능이라고 보았다.

:: **불안** Angst

신체적 성흥분은 지각과 방출에 이르는 통로가 차단되면 불안으로 전환된다는 것이 프로이트의 주장이었다.

라이히는 성기에서는 쾌감으로 나타나는 성흥분이 심장계 등을 장악하면 불안의 형태로 나타난다고 설명한다. 방출되지 않은 성흥분이 혈관생장계에 과부하를 가하게 되어 불안이 발생한다는 것이다. 독일어의 Angst는 불안 또는 공포라는 의미를 지닌다.

:: **블록(봉쇄)** Sperre / **정서 블록** Affektsperre / **감정 블록** Gefühlssperre / **호흡 블록** Atemsperre / **근육 블록** Muskelsperre

마음속 깊은 곳에서 신경과 정신을 차단시키고 폐색시키는 부분을 말한다. 울혈이 더 경화되어서 막아버리는 상태로 된 것을 말한다. 라이히는 성격학적 연구를 하면서 정서 블록이나 감정 블록이란 개념을 사용하다가 점차 생장적 치료, 신체 및 근육 치료로 넘어가면서는 호흡 블록이나 근육 블록 개념을 자주 사용하였다. 이 블록들을 해소하는 것이 정신 신체 치료에서 중요한 관건이 된다.

:: **비온** Bione

비온은 오르곤 에너지로 충전된 매우 미세한 수포들이다. 비온은 가열과 팽창을 통해서 비유기적 물질로부터 생겨난다. 비온은 박테리아처럼 번식한다. 비온은 또한 지상에서 자생적으로, 혹은 암과 같이 부패한 유기물질에서 생겨난다. 현미경으로만 볼 수 있는 작동 에너지의 소낭이며 죽은 물체가 살아 있는 물체로 전환하려고 하는 단계인 절반의 생명체이다. 비온은 생명이 무생물의 유기체로부터 태어날 수 있다는 것을 의미한다.

:: **생장요법** Vegetotherapie

성격분석적 치료과정인 생장요법은 갇혀 있는 생장 에너지를 풀어줌으로써 환자가 자신의 생체물리적 운동성을 회복할 수 있도록 하는 치료법이다. 성격분석과 생장요법의 결합을 성격분석적 생장요법이라고 한다. 이것은 성격 및 근육경화(무장)를 해소하여 생체-정신적 운동성을 재정립하는 것이다. 라이히는 생장요법이라는 개념이 너무 소극적이라고 생각하여 '오르가즘 요법'이라고 불렀다.

:: **성격구조** charakterliche Struktur

한 개인의 전형적인 구조. 행위하고 반응하는 전형적인 방식을 말한다. 라이히는 과거의 전체 경험세계는 성격태도의 형태로 현재 속에 살아 있다고 본다. 그래서 한 사람의 본질(인성)은 모든 과거 경험의 기능적인 총합이라고 본다.

:: **성격무장** charakterliche Panzerung

사람들은 외부세계의 공격으로부터, 그리고 자신의 욕구들이나 충동들로부터 스스로를 보호하기 위하여 일종의 갑옷을 입고 있다(무장)고 한다. 특정한 유형의 습관과 행동을 통해서 자신이 원하는 것을 드러내지 않고 원하지 않는 척하는 이러한 성격상의 특징을 묘사하기 위해서 라이히는 성격무장이란 개념을 사용하였다. 성격무장은 치료 시에 성격저항으로 나타난다.

:: **성격분석** Charakteranalyse

정신분석이 치료과정에서 관례적으로 사용하던 '성격과 성격저항'의 포섭을 통한 증후분석을 변형시킨 것이다. 라이히는 전체적인 성격상의 장애가 없는 신경증은 없다는 생각에서 출발하여 성격 자체가 하나의 병이라고 생각하였다. 따라서 분석하는 동안 환자들이 어떻게 걷고, 서 있고, 앉아 있는가 또 어떻게 움직이고 있는가를 관찰하고, 그들이 말하는 내용 이상으로 목소리와 어조에도 관심을 기울이는 것이 중요해졌다. 그런 행위들의 특징을 통해 그 환자의 성격을 확인하고 분류하여 그에 따른 치료를 시도할 수 있는 것이다.

또한 이 과정에서 분석가는 환자에게 그 환자의 성격특성을 보여주려고 노력해야 한다. 환자가 그 성격특성을 제거해야 하는 병으로 느낄 때까지 거듭해서 그것을 주지시킨다. 또한 분석하면서 끼어들거나 가로막고 심지어 감정적으로 개입하는 등 적극적인 역할을 취한다. 따라서 격렬한 감정폭발을 일으킬 수도 있다. 이렇게 성격분석은 '근육무장'의 발견을 통해 속박된 생장 에너지를 해방시키고 그럼으로써 환자에게 생장적 운동성을 회복시켜줄 수 있는 새로운 기법으로서 개발되었다. 이후 유기체의 오르곤 에너지(생체 에너지)의 발견과 대기 오르곤 에너지를 오르곤 집적기에 축적할 수 있다는 것이 발견됨으로써 성격분석적 생장요법은 포괄적이고 생체물리학적인 오르곤 요법으로 발전하게 되었다.

:: 성경제학 Sexualökonomie

성경제학은 생체 전기적 에너지가 조절되는 방식, 혹은 한 개인의 성에너지를 조절하는 방식(얼마나 많은 에너지를 가두고 있는가 그리고 얼마나 많은 에너지를 오르가즘적으로 방출하는가)을 의미한다. 이 조절 방식에 영향을 끼치는 요인으로는 사회적 요인, 심리적 요인, 생물학적 요인 등이 있다. 성경제학은 오르가즘 능력을 증강시키는 방향에서 이러한 요인들을 다루어 나간다. 라이히는 '경제'라는 말을 '제기능에 대한 운영 및 통제'라는 의미에서 사용했다. 따라서 성경제학은 유기체 내의 생물학적 에너지에 대한 경제, 즉 유기체가 그 성에너지를 통제하고 균형짓는 능력을 다루는 지식이라고 한다.

정신분석학의 연구목적은 무의식적인 감정의 메커니즘을 발견하는 데 있는 반면, 성격분석과 생장요법의 방법을 사용하는 성경제학의 연구목적은 생장의 육체적 메커니즘을 발견하는 데 있다. 성경제학은 정신질환의 육체적 기초에 역점을 둔다. 정신분석적 치료법의 본질과 그 목적은 무의식에 대한 인식을 방해하는 감정요소를 극복함으로써 무의식을 의식하도록 만드는 데 있다. 성격분석에 따른 생장요법의 본질과 목적은 오르가즘의 잠재적인 힘을 해방시켜 생체물리학적인 균형을 회복함으로써 무의식적인 요소를 의식하게 할 뿐만 아니라 생장력을 해방시키는 데 있다. 정신분석의 목적은 무의식적인 감정내용에 영향을 미치고자 하는 데 있는 반면 성경제학에서 치료요법의 목적은 성에너지의 균형을 회복시켜줌으로써 좌절된 성욕에 영향을 미치고자 하는 데 있다.

방법에 있어서도 정신분석은 무의식적인 감정내용 및 경험에 변화를 주는 방법을 사용하지만, 성경제학은 감정내용이 취하는 형식에 변화를 가하는 방식을 사용한다. 차이점은 기법에서 두드러진다. 정신분석의 치료기법은 본질적으로 말하고 대화하는 것으로 이루어진 '자유연상법'이다. 생장요법의 주요 방법은 우리가 부지불식간에 취하게 되는 생장적 태도를 고치는 것이다. 생장요법에서는 말을 사용하지 않는다. 의식적인 구두표현을 제거함으로써 유기체의 과정에 뿌리를 내리고 있는 생장감정들을 의식되기 이전에 의식의 전면에 부각시키는 것이 생장요법의 원칙적인 방법 가운데 하나이다.

정신분석학은 인간의 육체적인 면의 진단과 치료를 거부한다. 그에 반해 생장요법은 감정적인 면보다는 육체적인 면을 중요하게 생각한다. 정신분석가는 환자의 배후에 앉아서 가능한 한 환자에게 드러나지 않아야 한다. 생장요법은 각 환자에 따른 생장적 자세(특히 근육운동)를 자유롭게 계발하려고 한다. 정신분석을 심리학이라 한다면 성경제학은 성이론이다. 성이론이란 성욕구의 생물학적 · 생리학적 · 감정적 · 사회적 과정을 탐구하는 과학이다.

:: **성기적 성격** genitaler Charakter

충만되고 자유로운 오르가즘에 이르는 능력을 지닌 성격을 말한다. 성경제적 자기조절에 따른 성격으로 성능력에 기초한 자연스런 자의식을 발전시킨다.

:: **승화** Sublimierung

프로이트의 용어. 성적 목적을 지닌 충동을 성목적과는 다른, 사회적으로 용인된 활동(예술적 창작, 지적 활동 등)에 투여하는 것을 말한다.

:: **신경증적 성격** neurotischer Charakter

만성적인 성울혈에 의해 생기는 것으로 강압적인 도덕적 규제의 원리에 따라 작동하는 성격이다. 모든 행동을 제한하고 통제하며 외적인 환경과 상관없이 자동적으로 기능하는 갑옷(무장)을 발전시키기 때문에 스스로 태도를 바꾸고 싶을 때조차도 자신의 태도를 바꿀 수 없다. 이는 성기적 성격과는 대립되는 개념이다.

:: **암생체 요법**

암위축생체요법은 라이히가 암이라고 알려진 질병의 근저를 관통하고 있는 추이에 대해서 적용한 용어이다. 거기에서 그는 악성종양이 시작되기에 앞서 수년 전부터 나타나는 심리적 체념과 생체요법적 위축이 기능적으로 통합되어 있다는 사실을 발견했다.

:: **에로스** Eros

그리스 신화에 나오는 사랑의 신. 프로이트가 정신분석 용어로 차용하였는데, 생명을 보존하고 촉진하는 일종의 에너지 같은 것으로 설정하였고, 그 반대 극으로서 타나토스를 설정하였다. 프로이트는 충동론을 제기하면서 초기에는 리비도 에너지를 해방함으로써 환자를 치료할 수 있다는 생각을 하였다. 프로이트는 점차 죽음 충동을 끌어들이면서 삶 충동과 죽음 충동의 변증법으로 모든 것을 설명해 버리는 방향으로 나아가게 된다. 그리고 이것을 사회에 적용하여 설명할 때에는 에로스와 타나토스라는 짝을 동원하였다.

라이히는 프로이트가 죽음 충동을 끌어들이고 사회를 설명할 때 에로스와 타나토스 개념을 사용하는 것에 대해 크게 반발하였다. 즉 라이히는 생체 에너지의 흐름에 주목하고 그것이 사회와 부딪치면서 억압되거나 막히면 정신질병이 생긴다고 보는데, 프로이트식 에로스와 타나토스 개념으로 설명하게 되면 에너지론은 사라지고 두 개념의 변증법적 논리로 모든 것이 설명되고 마는 것이다.

:: **오르가즘 능력** orgastische Potenz

어떤 장애도 없이 생체 에너지의 흐름에 자신을 내맡길 줄 아는 능력이다. 즉 자연스러운 성행위에서 성흥분의 절정을 경험하고 그것에 빠져들 수 있는 능력을 말하며 이는 곧 즐거움을 동반하는 무의식적인 육체의 결합을 통해 모든 억눌렸던 성흥분을 완전히 방출할 수 있다는 것을 말한다.

성에너지는 모두 오르가즘을 통해 방출되어야 하는 데 그렇지 못하면 신경증을 가져온다. 완전하고 충만된 성에너지의 방출만이 정신적인 건강을 가져올 수 있다.

:: **오르가즘 반사** Orgasmusreflexes

오르가즘에 이르는 과정에서 나타나는 신체의 자연스런 반응을 말한다.

:: **오르가즘 불능** orgastische Impotenz

오르가즘 능력의 부재. 유기체의 무의지적인 경련에 완전히 몰입하지 못할 뿐만 아니라 생식적 포옹의 절정에서 성흥분을 완전히 방출하지 못하는 것을 말한다. 이것은 오늘날의 인간에게 있어 가장 중요한 특성이며, 유기체 속의 생물학적(오르곤) 에너지를 막음(울혈)으로써 모든 종류의 생체병리적 증후와 사회적 비합리주의에 에너지를 제공한다. 따라서 정신분석학자들이 생각하듯이 오르가즘 불능은 신경증의 결과가 아니라 그 원인이다. 즉 만족스러운 오르가즘을 얻지 못하기 때문에 병이 난다는 것이다.

:: **오르가즘 불안** Orgasmusangst

금지는 흥분울혈을 증가시키고, 이 증가된 흥분울혈은 울혈을 감소시키는 유기체의 능력을 약화시킨다. 이를 통해 유기체는 흥분에 대한 불안, 성불안을 지닌다. 성불안은 본능적 충족의 좌절에서 생겨나며 막힌 성흥분에 대한 불안에 의해 내적으로 정박된다. 여기서 오르가즘 불안이 나온다. 오르가즘 불안은 성기체계의 과도한 흥분에 대한 소외된 자아의 쾌락경험 불안이다. 이것은 일반적인 인간 구조의 중심부분인 전반적인 쾌락불안의 토대를 이룬다.

:: **오르가즘 정식** Orgasmusformel

오르가즘에 이르는 과정을 연구하면서 라이히는 생체 전기적 기능으로 이해하기 시작한다. 그리고 오르가즘의 생체적 기능에 관한 정식을 만들었는데, '기계적 긴장 → 생체 전기적 충전 → 생체 전기적 방전 → 기계적 이완'으로 요약된다. 라이히는 이러한 오르가즘 정식을 점점 더 다양한 생물의 활동을 이해하는 데 적용해 나갈 수 있다고 생각하였다.

:: **오르곤** Orgon

유기물질을 충전할 수 있는 에너지를 말한다. 오르곤이란 생명조직체(Organismus)와 오르가즘(Orgasmus)이란 단어에서 연유한 말이다. 라이히는 비온(Bione)이 쌓여 있는 지하실 어두운 방에서 희미한 푸른 색 빛을 발견하고 그것을 추적조사한다. 라이히는 유기체에서 빛의 흐름으로 나타나는 이러한 에너지를 발견하고 그것을 오르곤이라 하였다. 초창기의 성격분석이나 생장적 치료에서 더 나아가 라이히는 이제 오르곤 에너지의 흐름이라는 방향에서 자신의 치료와 생명 에너지에 대한 연구를 해 나간다.

:: **오르곤론**(Orgonomie)

라이히는 오르곤 에너지 및 오르곤 에너지를 이용한 치료이론들을 통털어 오르곤론이라 이름붙였다.

:: **오르곤 방사** Orgonstrahlung

라이히는 오르곤이 드러나는 방식을 실험을 통해 확인하고 세 가지 광선으로 방사된다고 했다. 푸른 회색의 안개 같은 증기, 짙은 푸른 보라색의 팽창하거나 수축하는 빛의 점들, 희고 노란 색의 빠르게 움직이는 점과 선의 광선.

:: **오르곤 에너지** Orgonenergie

우주의 보편적 에너지로서 살아 있는 유기체 속에 그리고 생명을 지닐 수 있는 생체(Bion) 주위에 존재한다고 한다. 원초적 우주 에너지로 보편적으로 존재하며 가이거-뮬러 계기를 이용하여 가시적으로, 열적으로, 검전기적으로 보일 수 있다. 살아 있는 유기체 속에 있는 생체 에너지이며 생명 에너지이다.

:: **오르곤 에너지 축적기** Orgon-Energie-Akkumlator

한 사람이 들어가 앉아 있을 정도의 사각 통으로, 바깥쪽은 나무로 만들어져 있으며 안쪽은 유리, 강철, 함석, 암면을 차례로 배치했다. 그 속에는 푸른 색 광채를 내는 특수한 전구가 달려 있다. 그렇게 되면 오르곤 에너지는 통 속에서 반사될 뿐 바깥으로 나오지 않으며 환자는 이 에너지를 흡수하여 에너지 흐름의 장애를 제거할 수 있다는 것이다.

:: 오르곤 요법 Organotherapie

성격학적인 경직성, 근육의 경직현상에 대한 공격을 통해서 간헐적 경련이나 흐름이라는 신체감각의 경험으로 표현되는 생체 에너지 이완 효과를 얻는 치료법을 말한다. 오르곤 요법에는 신체적 오르곤 요법과 정신치료적 오르곤 요법이 있다. 신체적 오르곤 요법은 병에 대항해 유기체의 자연적인 생체 에너지적 저항을 증대시키기 위해서 오르곤 에너지 축적기에 집적된 신체 오르곤 에너지를 적용하는 방법이다. 정신치료적 오르곤 요법은 유기체 안에 오르곤 에너지를 활성화하는 것으로, 오르가즘 능력을 이끌어내기 위해서 성격무장과 근육무장에서 생체물리적 감정을 해방하는 것을 말한다. 물론 이 두 가지는 서로 관련되어 있으며, 라이히는 환자의 상태와 반응에 따라 이 두 가지를 적절하게 바꿔가면서 또는 동시에 사용하였다. 자유연상에 입각해서 환자가 무의식적 기억을 기억해냄(의식화함)으로써 치유된다는 정신분석의 치료법을 의심하면서 라이히가 발전시킨 생장요법이 바로 오르곤 요법이다. 라이히는 프로이트의 리비도 해방이라는 문제설정에 착목하여 점차 신체 에너지를 해방하는 방향으로 나아가 최종적으로 오르곤 요법에 이르게 되었다.

:: **울혈** Stauung

피와 혈장의 흐름(생장적 흐름)이 어떤 특정 부위에서 막혀서 움직이지 않고 굳어버린 것을 말한다. 방출되지 않은 성흥분은 울혈불안을 가져온다. 울혈은 오르가즘 불능의 경우 발생하며 비합리적 행동의 원천이 된다. 울혈로 인한 신경증은 울혈신경증(프로이트는 현실신경증이라 함)이라고 한다.

:: **이차적 충동** sekundaären Trieben

라이히는 프로이트가 말한 반사회적인 충동은 인간의 본래적인 충동이 아니라 자연스런 충동이 억압되어 다르게 분출된 충동이라고 하면서 이를 이차적 충동이라고 명명하였다. 사랑을 하며 즐겁게 지내려는 자연스런 충동이 가로막혀서 나타난 파괴적이고 반사회적인 충동들을 말한다.

:: **자기조절** Selbsteuerung

라이히는 강제적 성도덕에 의한 도덕주의적 규제와 대비하여 성경제학에 근거하여 생체 에너지가 스스로 조절되는 것을 자기조절 원리로 제시한다.

:: **자유연상** freie assoziation

정신분석의 기본적인 치료기법이다. 환자로 하여금 무의식 속에 있는 기억들을 떠올리게 하는 것을 말한다. 라이히는 자유연상을 할 수 있는 환자는 상당한 지적인 능력을 지녀야 한다는 것을 발견하였다. 또한 의사는 환자가 자유연상을 할 수 없으면 마냥 기다려야 하는 황당한 상황에 처한다고 주장하였다.

:: **저항** Widerstand

환자가 무의식적 내용을 드러내지 않으려고 하는 것을 말한다. 프로이트식 분석에서는 저항 자체에는 별로 주목하지 않고 그 이면에 있는 무의식을 분석하려고 하였다. 그에 반해 라이히는 저항 자체에 주목하고 환자의 저항을 다루거나 공격함으로써 저항 이면에 지니고 있는 것이 드러나도록 하였다.

:: **전이** übertragung

어렸을 때 가정생활에서 관계가 깊었던 사람들(부모나 형제)에 대해 무의식적으로 품고 있던 감정을 자라서 다른 대상에게 투여하는 것을 말한다. 정신분석에서는 환자가 의사에게 전이상황을 만들어내곤 하였다. 정신분석 치료에서는 전이를 금지하였으나 라이히는 전이상황을 피할 것이 아니라 적극적으로 개입해 들어가서 그것의 내용을 파악하고 환자의 원래 기억들을 드러내도록 촉진하였다.

:: **정서적 전염병** Emotionale Pest

사회적 영역에서 파괴적으로 작동하는 신경증적 성격을 라이히는 정서적 전염병이라고 하였다. 파시즘은 정서적 전염병의 실례이다.

:: 정신신경증 Psychoneurosen

정신신경증은 유년기적이고 무의식적인 성관념들에 의해 생겨난 신경증으로, 프로이트는 정신분석적으로 치료해야 한다고 주장하였다. 즉 정신신경증은 정신적 원인을 갖는 질병으로 정신분석적으로 그 의미를 해석해야 한다고 프로이트는 생각하였다. 프로이트는 정신신경증과 현실신경증을 예리하게 구분하였지만, 모든 정신신경증은 '현실신경증적 핵'을 둘러싸고 모여 있다고 생각했다. 라이히는 정신신경증과 현실신경증의 연관에 주목하고 특히 현실신경증에서 울혈연구로 점차 옮겨갔다.

:: 죽음 충동 Todestrieb

프로이트는 삶 충동에 대립되는 방향으로 작용하는 죽음 충동을 끌어들여 삶 충동과 죽음 충동의 변증법적 과정으로 정신과정을 설명했는데 이는 처벌불안을 처벌욕구로 해석해 나가도록 했다. 즉 지금까지는 신경증이 성의식과 성행위에 대한 처벌불안(공포) 사이의 갈등의 결과라고 주장되어 왔지만, 라이히는 성요구와 처벌요구 사이의 갈등이 그 원인이며 기존의 신경증이론은 폐기되었다고 주장하였다.

:: 충동 Trieb

프로이트는 충동은 흥분의 양, 즉 리비도의 양에 의해 결정된다고 하였다. 라이히는 쾌락이 충동의 본질이라고 생각하였고, 그 쾌락은 운동적 쾌락이라고 규정한다. 그리고 자연스런 충동과 그것이 억압되어 표출된 이차적 충동을 구분한다. 독일어의 Trieb는 충동 또는 본능의 의미를 지닌다.

:: **쾌락불안** Lustangst

삶과 성을 부정하도록 자란 사람에게서 나타나는 생리학적으로 만성적인 근육경련에 결박된 불안현상이다. 금욕적 성도덕의 영향으로 성흥분을 느끼는 것을 금지당하게 되면 성흥분이 일어 쾌락에 이르려는 상황에서 흥분을 스스로 억제하려고 한다. 그러다가 점차 흥분이 일어나는 것 자체에 대한 불안이 싹튼다. 신경증적 쾌락불안은 독립적이고 자유로운 생활방식에 대한 불안의 본질이다.

:: **쾌락원칙** Lustprinzip

프로이트는 인간정신 과정이 기본적으로 불쾌를 피하고 쾌락을 추구하는 경향에 의해 지배된다고 보고 이것을 쾌락원칙이라 하였다. 후반기에 가서 프로이트는 이 원칙보다는 현실원칙을 강조하게 된다.

:: **현실신경증** Aktualneurosen

현재의 성생활의 장애로 인해 생긴 신경증으로 프로이트는 이것을 억눌린 성의 직접적 표현이라고 보았다. 프로이트는 현실신경증에는 불안신경증과 신경쇠약증 두 가지가 있으며, 성절제나 성교중단을 없앰으로써 불안신경증을 치료하고, 과도한 자위행위를 제거함으로써 신경쇠약증을 치료할 수 있다고 보았다. 라이히는 현실신경증을 울혈신경증이라 불렀다.

:: **현실원칙** Realitätsprinzip

현실생활에 적응하기 위하여 쾌감을 추구하는 본능적 욕구를 연기하거나 단념하거나 우회하는 자아의 활동 원칙을 말한다. 인간이 충동에 입각하여 쾌락을 추구하는 경향에 주목하면서 쾌락원칙을 제시했던 프로이트는, 후기로 가면서 현실원칙을 내세우면서 이드(충동)를 억압함으로써 문명이 발전한다고 하는 문명론으로 나아간다. 라이히는 현재의 문명이 억압적이라고 해서 문명 발전 전체를 억압에 입각해 있다고 보는 것은 잘못이라고 프로이트에 반박하면서, 죽음 충동과 현실원칙 개념을 반대한다.

성혁명 색인

역자 후기

여성, 청소년, 어린이의 성을 긍정하자!

라이히는 남녀의 결합 속에서 오르가즘을 통한 충동만족을 추구한다. 그는 오르가즘 능력은 어떤 억제도 없이 생물학적인 에너지 흐름에 몰입할 수 있는 능력, 즉 본능적인 쾌락적 신체경련을 통해 막혀 있던 성흥분을 완전히 방출할 수 있는 능력이라고 주장한다. 오르가즘 능력을 지닌 건강한 주체를 긍정하는 것은 성을 긍정하는 것이고 결국은 삶을 긍정하는 것임을 밝힌다.

이러한 입장에서 라이히는 성에 대해 숨기는 것이 가장 큰 문제라고 제기한다. 그리고 현 사회에서 청소년과 어린이의 성에 대해서는 성억압적인 태도가 더욱 강하다는 것을 강조한다. 아무리 자유주의적 입장을 가진 사람도 5살짜리 꼬마가 성적인 취향을 보이면서 행동하면, 뭔가 우아하게 유도해서 다른 쪽에 관심을 갖게 해야 하는 것 아니냐고 생각한다.

그러나 라이히는 1920년대 말에 이미 "왜 어린이들의 성표현과 성욕구를 어른들이 자기식대로 틀 지우려 하는가? 오히려 그대로 놔두면서 어린이들이 성을 즐길 있는 방법들을 찾아가도록 도와줄 수 없을까?"라는 질문을 던졌다. 지금도 사실은 그 지점과 관련해서 라이히의 논점은 혁명적이다.

라이히가 쓴 『성혁명』은 1부 '성도덕의 파탄'과 2부 '소련에서 "새생활" 투쟁'으로 이루어져 있다. 1부의 7장 '강제적 결혼과 지속적인 성관계'는 라이히의 성혁명에 대한 생각의 토대를 잘 정리해 주고 있다.

성혁명의 논점은 어린이, 여성, 청소년의 성을 긍정하는 것이다. 특히 청소년의 성을 긍정하고, 당연히 어린이의 성도 긍정한다. 그리고 어린이의 성교육과 관련해서는 '알몸교육'을 강조한다. 이는 성에 대한 신비화를 막고, 자연스러운 성과정에 친숙해지도록 하는 방식이다. 청소년들의 성과 관련해서는, 그들이 성을 자연스럽게 즐길 수 있도록 해야 한다는 주장을 편다.

그렇지만 지금에 와서 보면 라이히도 사실은 굉장히 표준적인 측면을 지니고 있다. 성과 관련해서 급진적인 입장을 보였음에도 불구하고 지속적인 성관계가 가장 아름다운 성이라는 생각을 하였다. 파트너와 서로 정신적인 압박 없이 편하게 교제를 통해서 오르가즘을 방출하는 것이 필요하다고 강조한다. 파트너와 일정한 정도의 기간을 두고서 서로 좋아하는 교제의 방식으로부터 시작해서 서로의 정서와 느낌의 교감과 포용을 통해 지속적인 관계 속에서 깊이 배려하면서 사랑할 수 있다고 생각한 것이다.

최근에 성문제와 관련해서 지속적인 성관계를 지탄하는 일은 별로 없다. 특히 사람들은 '번개'를 많이 하면서도 '번개'를 아주 나쁜 것으로 말한다. 라이히도 지속적인 성관계와 대립되는 일시적인 성관계를 부정적으로 언급하고 있다. 물론 라이히도 경제적 이해관계로 인해 강제로 결혼해서 살면서 오르가즘을 느끼지 못하는 결혼관계에 대해서 비판을 한다. 가장 큰 문제는 서로 사랑해서 결혼했음에도 불구하고 3년 반 내지 4년 정도가 지나면 서로 (또는 어느 한편에서) 둔감해지는 것이다. 즉, 의지가 아니라 신체와 정서의 기본적인 교감과정이 3년 반이 되어서도 계속해서 지속된다면 그 사람은 오히려 예외적인 사람이라고 본다. 그런 관계에서 둔감해지기 시작할 때 어떻게 서로 조절하고 다른 과정을 만들어 가느냐에 대해 이야기해야 한다. 자연적인 변화(둔화)에 어떤 식으로 대처해야 하는가라는 실천적인 문제가 제기된다. 전체적으로 말하자면, 라이히는 지속적인 성관계가 배제된 결혼을 강제적 결혼이라고 했고 이를 해체해야 한다는 입장에 있다.

『성혁명』을 읽으면 젊은이들이 더 빨리 교접한다. 신체에 대한 두려움이 더 빨리 사라진다고나 할까. 이 책의 결론은 한 번도 삽입성교를 해보지 않고 결혼을 하는 것이 가장 비위생적이라는 것이다. 여러 사람과 성교해 보고 세심하게 고르는 것이 필요하다는 함의가 들어 있다. 금욕이 아니라 신체가 원하는 대로 풀어주면서 자신의 최선의 방식을 배워가는 것이 성위생에 일치하며 이것이 성해방이고 정신건강을 가져온다고 주장한다.

『성혁명』의 2부 소련에서 '새생활' 투쟁은 소련에서 전개된 성혁명 과정과 퇴보 과정을 코뮨 실험들을 통해서 잘 보여주고 있다. 라이히는 1920년대에 소련에 가서 성혁명의 진행과정을, 그리고 이어진 성혁명의 후퇴 과정을 지켜보았다.

혁명 직후 포고령을 통해서 결혼과 이혼을 굉장히 자유롭게 할 수 있게 했다. 성혁명을 입법화하여 실시하도록 하였다. 물론 권력이 그러한 것을 포고했을지라도, 일반대중의 실생활에서 과거의 전통적인 방식들과 새로운 것들이 갈등을 하면서 실험되어갔다.

라이히가 설명하는 코뮨 실험들은 혁명 직후에 여러 코뮨들 안에서 성문제가 내부적으로 어떻게 해결되는가를 설명해 주고 있다. 그런데 사실은 성문제라는 것이 개인문제로 표현되고, 개인문제와 집단문제로 분리되어 표출되게 된다. 개인적인 성문제가 나타났을 때 그것이 코뮨 안에서 어떻게 나타나고, 코뮨 성원들이 그것을 어떻게 해결하고, 억누르는지를, 그리고 그와 관련하여 그 코뮨 자체가 어떻게 해체되는지를 설명한다.

기존의 사회변혁의 관점에서는 권력을 잡아 위로부터 사회를 바꿔나가려는 생각을 하는데, 라이히는 1920년대 소련에 가서 유치원을 보고 거기에서 성혁명 과정을 보면서 혁명이 지체되고 있다고 여겼다. 사실 혁명이라는 것은 권력을 장악하는 것으로만 되는 것이 아니라 실제 생활을 바꾸어가야 하는데, 그 바꾸는 것은 지난한 과정이며 끊임없는 실험의 과정이다. 그러나 이 과정이 힘들고 고통스럽기에 사람들이 쉽게 편안한 방식으로 가게 된다. 편안한 것은 바로 그 이전에 익숙했던 것이고, 그렇기 때문에 성도덕과 관련해서 계속적으로 혁신적인 것을 실험해야 함에도 불구하고 이전의 익숙했던 것을 받아들이고 말았다는 것이다.

따라서 라이히는 1920년대부터 혁명이란 결코 권력장악으로 끝나는 것이 아니며, 일상생활이나 우리의 신체, 주체의 마음속 내용을 바꿔나는 것이 진행되지 않고서는 성공할 수 없다고 주장하였다.

소수적 성을 해방하자!

성혁명은 단순히 성자유의 문제라기보다는, 사회의 변화와 관련해서 설명하자면, 지극히 개인적이고 사적인 욕망의 문제로 설명되는 성이 사실은 사적인 것이 아니라 집합적인 과정에서 해결되어 가야 한다는 점이다.

이런 측면에서 라이히의 주장은 가타리와 같은 사람들이 생각하는 사회변혁론과 맞닿아 있다. 사적인 것을 자꾸 쪼개어서 공적인 것과 분리하는 것이 자본주의적인 욕망의 형태(사적인 것을 개인책임으로 유도하고, 너가 알아서 해라)임을 강조한다. 개인에게 떠넘기고, 문제가 된 것들만 처리하려고 하는 것이다. 오히려 소련에서의 코뮨적 실험들을 통해서 볼 때, 사실 사적인 것들을 같이 해결하면서 공통적인 것으로 만들어 갔을 때 사적인 문제들이 집합체 안에서 실제로 해결된다는 것을 알 수 있다. 개인적인 책임화의 방식이 아니라 집합적인 해결과정을 만들어 가는 것이 필요하다는 것이다. 성문제를 개인적이거나 사적이거나 욕망에 관련된 문제라고 하면서 집합적인 해결과정에서 배제하는 방식이 전형적으로 사적 욕망과 공적 이해라는 이분법을 통해 지배하는 자본주의적 방식이라는 것이다.

또한 성혁명의 탈근대적 지형은 라이히가 생각한 것에서 좀 더 나아간다. 라이히는 여성, 청소년, 어린이의 성을 긍정하자고 하지만, 그것에서 더 나아가 소수적인 성에 대해서는 열리지 못하고 있다. 탈근대 시대의 성혁명은 소수적인 성에 대한 인식과 실천을 포괄해 나감으로써 이루어질 수 있을 것이다.

소수적인 성과 관련해서 최근에 담론이 등장하고 커뮤니티가 발달하고 있기 때문에, 개인적이고 사적인 성문제라고 생각되던 것이 공론화되고 집합적인 정체성을 만들어 가고 다양한 자유의 공간들을 만들어 나가면서 해결되어 가고 있다.

최근 커밍아웃하는 젊은이들은 정체성 혼란을 크게 느끼지 않았다고 이야기하는 경향이 있다. 그동안 소수적 성과 관련하여 청소년들은 정체성 혼란이란 가장 큰 문제를 지니고 있다고 여겨왔다. 커밍아웃을 한 청소년들은 이미 컴퓨터나 다양한 매체를 통해 까페를 드나들거나 하면서 더 '성에 대해' 잘 알게 된다. 자연스럽게 커뮤니티에 가서 친구들과 애인들을 만나면서 지내오게 되었다. 성소수자 커뮤니티에서는 남남상열지사(男男相悅之詞)와 녀녀상열지사(女女相悅之詞)가 자연스럽게 받아들여지게 되는 것이다. 그러니 '나만 왜 이상하지'라는 고립감 속에서 정체성 혼란을 겪어왔던 이전 세대와는 달리 소수적 성을 받아들이는 것이다.

성혁명이란 원래 권력혁명처럼 시끌벅적하게 드러내놓고 권력을 바꾸어서 되는 것이 아니라 전에 하위문화적이었던 것이나 사적인 욕망부분이라고 했던 부분들을 서로 교환한다거나 공통화한다거나 접속한다거나 해서 다른 식으로 풀어가는 방식들을 만들어가는 것이다. 이성애 연인들의 키스와 포옹을 쉽게 볼 수 있듯이 남남과 녀녀의 키스와 포옹도 드물게는 볼 수 있고 할머니들끼리의 포옹까지도 볼 수 있게 되는 것이 탈근대 시대의 성혁명 과정이 아닐까 생각된다.

이런 욕망해방 과정들이 농축되면서 다양한 실험들과 대안들이 열릴 수 있는 것이지, 그러한 농축 과정 없이 어떻게 사회가 혹은 성혁명 과정이 한 순간에 (예를 들어 권력을 장악하는 순간에) 바뀔 것이라고 생각할 수 있겠는가? 라이히의 성혁명 문제를 권력혁명이 아니라 일상생활의 변화를 동반하는 대중의 자기구성, 욕망투쟁, 그리고 분자혁명이라는 가타리의 논리로 연결시켜 가면서 생각할 수 있을 것이다.

역자 윤수종

중원문화 아카데미 新書

1 한국근대 사회와 사상 • 일본 교토대학교 연구소 엮음
2 걸어다니는 철학 • 황세연 저
3 반듀링론 • F.엥겔스/김민석 역
4 헤겔 법철학 입문 • 꼬우즈미 따다시 지음
5 이성과 혁명 • H.마르쿠제/김현일 외 역
6 정치경제학 교과서 I-1 • 짜골로프 외/윤소영 엮음
7 정치경제학 교과서 I-2 • 짜골로프 외/윤소영 엮음
8 정치경제학 교과서 I-3 • 짜골로프 외/윤소영 엮음
9 이탈리아 맑스주의 • K.프리스터/윤수종 옮김
10 걸어다니는 경제사 • 황세연 편저
11 자본론에 관한 서한집 • K.마르크스와 F.엥겔스 저
12 지배와 사보타지 • 안토니오 네그리/윤수종 옮김
13 과학기술사 • 석동호 편저
14 저개발과 의약품 • M. 뮐러/우연재 옮김
15 맑스주의의 세 갈래길 • W. 레온하르트/하기락 옮김
16 역사적 맑스주의 • R.알뛰세르/서관모 옮김
17 경제학의 선구자들 • 일본경제신문사/김종호 옮김
18 근현대 사회사상가 101 • 이마무라 히도시/안효상 옮김
19 맑스를 넘어선 맑스 • 안토니오 네그리/윤수종 옮김
20 교육과 의식화 • P.프레이리/채광석 역
21 정치경제학 교과서 II-1 • 짜골로프 외/윤소영 엮음
22 정치경제학 교과서 II-2 • 짜골로프 외/윤소영 엮음
23 청년 마르크스의 휴머니즘 • H.포피츠/황태연 역
24 사회를 어떻게 볼 것인가? • 황세연 편저
25 헤겔연구② • 임석진 외저 (절판)
26 칸트 철학입문 • W.O.되에링/김용정 역
27 노동조합 입문 • 양원직 편저
28 마르크스에서 쏘비에트 이데올로기로 • I.페처/황태연 역
29 소유의 위기 • E.K.헌트/최완규 역
30 변증법의 현대적 전개① • W.뢰트/임재진 역
31 변증법의 현대적 전개② • W.뢰르/임재진 역
32 모순의 변증법 • G.슈틸러/김재용 역
33 헤겔연구③ • 임석진 외저 (절판)
34 국제무역론 • 久保新一/김선기 역
35 칸 트 • 코플스톤/임재진 역
36 자연과학과 철학 • H.라이헨바하/김회빈 옮김
37 철학 입문 • 황세연 편역
38 맑스주의의 역사 ① • P. 브르니츠기/이성백 옮김
39 맑스주의의 역사 ② • P. 브르니츠기/이성백 옮김
40 한국사회와 자본론 • 황태연 저
41 정치경제학 비판을 위하여 • K.마르크스/김호균 역
42 과학기술 혁명시대의 자본주의와 사회주의 • 황태연 저/허상수 엮음
43 혁명운동의 문제들 • S. P.노보셀로프/이창휘 옮김
44 마키아벨리의 고독 • 루이 알뛰세르/김민석 역
45 들뢰즈와 가타리 • 로널드 보그/이정우 옮김
46 과학적 사회주의 • G.그로서/송주명 옮김
47 맑스-레닌주의 철학의 본질 • F. V. 콘스탄티노프/김창선 역
48 철학의 기초(1) • A. 라키토프/김신현 옮김

중원문화 아카데미 新書

49 철학의 기초(2)
• A. 라키토프/김신현 옮김

50 소수자 운동의 새로운 전개
• 윤수종 외 지음

51 한눈에 들어오는 서양철학사
• 타케다 세이지/홍성태 옮김

52 마르크스즘과 유로코뮤니즘
• 산티아고 까리요/김유향 옮김

53 맑스주의와 프랑스인식론
• P. 토미니크 르쿠르/박기순 옮김

54 논리의 오류
• 에드워드 데이머/김회빈 역

55 프랑스 문화와 예술
• 마르크 블랑팽 · 장 폴 쿠슈/송재영 옮김

56 개발과 파괴의 사회학
• 홍성태 지음

57 인민의 벗이란 무엇인가
• V. 레닌/김우현 역

58 예술 · 정보 · 기호
• 가와노 히로시/진중권 역

59 담론의 질서
• 미셸 푸코 지음/이정우 해설

60 사회학의 명저 20
• 김진균 외 지음

61 철학사(1)
• Akademiya Nauk SSSR 편

62 철학사(2)
• Akademiya Nauk SSSR 편

63 철학사(3)
• Akademiya Nauk SSSR 편

64 철학사(4)
• Akademiya Nauk SSSR 편

65 철학사(5)
• Akademiya Nauk SSSR 편

66 인격의 철학, 철학의 인격
• 김종엽 저

67 담론의 질서
• 푸코 지음/이정우 옮김

68 교육자의 길
• 이오덕 외 저

69 정치경제학
• 짜골로프 저

70 박정희 시대-5.16은 쿠데타다
• 이상우 저

71 박정희 시대-민주화운동과 정치주역들
• 이상우 저

72 박정희 시대-5.16과 한미관계
• 이상우 저

73 박정희와 유신체제 반대운동
• 이상우 저

74 세계사 (제국주의 시대)
• 김택현 편

75 세계사 (제1차세계대전)
• 김택현 편

76 세계사 (제2차세계대전과 파시즘)
• 김강민 역

77 세계사 (현대)
• 조진원 편/이춘란 감수

78 근현대 형성과정의 재인식①
• 안종철 외 저

79 근현대 형성과정의 재인식②
• 정근식 외 저

80 시몬느 베이유 철학교실
• 앙느레느/황세연 역

81 소크라테스에서 미셸 푸코까지
• 기다 캔/김석민 역

82 상식 밖의 세계사
• 가바야마 고아치/박윤명 역

83 들뢰즈와 카타리
• 로널드 보그 저/이정우 옮김

84 새로운 예술을 찾아서
• 브레이트 저/김창주 역

85 역사 유물론의 궤적
• 페리 앤더슨/김필호 외 옮김

86 철학적 맑스주의
• 루이 알뛰세르/서관모 역

87 생산의 발전과 노동의 변화
• 마이클 피오르 외/강석재 외 역

88 항일과 혁명의 한길에서
• 김운선 지음

89 지배와 사보타지
• 안토니오 네그리/윤수종 역

90 헤겔철학 서설
• 오토 푀겔러/황태연 역

91 과학적 공산주의란 무엇인가
• 빅토르 아파나시예프/최경환 역

92 페레스트로이카 논쟁(서독)
• 에케르트 외/송주명 역

93 페레스트로이카 논쟁(동독)
• 모르겐슈테른 외/신현준 역

94 페레스트로이카 논쟁(프랑스)
• 프랑시스 코엥/신현준 역

95 페레스트로이카 논쟁(소련)
• 야코블레프 외/신현준 역

96 마르크스주의와 개인
• 아담 샤프/김영숙 역

중원문화 아카데미 新書

97 **변증법이란 무엇인가** • 황세연 지음
98 **지역 민주주의와 축제의 관계** • 정근식 외 저
99 **왜 인간인가?** • 강대석 지음
100 **왜 철학인가?** • 강대석 지음
101 **왜 유물론인가?** • 강대석 저
102 **경제학의 선구자들 20** • 일본경제신문사 엮음/김종호 역
103 **남 영 동** • 김근태 저
104 **다시하는 강의** • 이영희, 한완상 외 저
105 **철학의 명저 20** • 한국철학사상연구회 엮음
106 **민족문학의 길** • 구중서 저
107 **맑스, 프로이트, 니체를 넘어서** • 서울사회과학연구소 저
108 **일본적 생산방식과 작업장체제** • 서울노동정책연구소 저
109 **근대성의 경계를 찾아서** • 서울사회과학연구소 지음
110 **헤겔과 마르크스** • K. 베커/황태연 역
111 **헤 겔** • 나까야 쪼우/황세연 역
112 **탈현대 사회사상의 궤적** • 비판사회학회 지음
113 **역사가 말 못하는 것** • 민상기 지음
114 **동성애 욕망** • 기 오껭겜 지음/윤수종 옮김
115 **성(性) 혁명** • 빌헬름 라이히 지음/윤수종 옮김
116 **성(性) 정치** • 빌헬름 라이히 지음/윤수종 옮김
117 **성(性) 자유** • 다니엘 게링 지음/윤수종 옮김
118 **분열과 혁명의 영토** • 신승철 지음
119 **사랑과 욕망의 영토** • 신승철 지음
120 **인동의 세월:1980~1985** • F. 가타리 지음/윤수종 옮김

김종엽 저/420쪽/고급양장 신국판/
정가 28,000원

인격의 철학, 철학의 인격

한 철학자의 눈에 비친 인격에 대한 고찰!

저자는 여러 철학자들의 사유에 내재된 진정한 개성과 삶의 관점을 드러내 인격적 정체성이 무엇인지를 밝히고자 했다.

이 저서는 인격적 정체성을 사물과 구별되는 존재의 세계에서 설명하려는 실천적 과제를 안고 있습니다. 더불어 그것을 비판하는 논점과도 논쟁할 것입니다. 인격적 정체성을 정당화하려는 철학적 노력은 단순히 물리적 세계에 역행하는 무모한 시도가 아닙니다. 인격적 정체성에 대한 질문은 개별적 실존이 어떻게 변화무쌍한 삶의 실현과정에서 자기 자신과 동일함을 유지하며, 또한 동일함에 이를 수 있는지를 묻습니다.

철학대사전(개정증보판)과 세계철학사(전5권)

출판사에서 직접 구입하시면 더욱 싼 값에 구입하실 수 있습니다.

『철학대사전』은 『세계철학사』(전5권)를 읽는 독자들을 위해 만들어졌다. 본 사전에는 아직도 각종 모순이 중첩되어 있는 이 땅에서 자연과 사회 및 인간 사유의 일반적 발전 법칙을 탐구하여, 올바른 세계관을 수립하고 각종 모순을 인식하고 해결하는 데 초석이 되도록 편찬되었다. 따라서 이 사전은 진보적 철학의 비중을 대폭 높였으며 특히 한국철학에 있어서 새로운 민중적 시각을 통해 재정리하고자 했다. 또한 이 사전은 철학의 근본문제를 비롯하여 여러 문제, 사회관, 인생관, 가치관, 역사관 등의 문제와 기타 철학의 발전과 긴밀히 연결된 사회과학과 자연과학의 논점도 동일한 입장에서 다루었다. 때문에 이 사전과 동일한 입장에서 일관성 있게 집필된 본사 반행 『세계철학사』(전5권)와 함께 유용한 지침서가 될 것이다.

철학대사전편찬위원회 지음/국배판 칼라인쇄/고급 서적지 및 고급 양장케이스/정가 750,000원

『세계철학사』(전5권)는 국내판을 출간하는데 30여년에 걸쳐 기획되고 수정된 책으로 연 40여명의 편집인이 동원되었다. 본서는 1987년 7월 처음 출간되어 1998년 2월에 재편집되었으며 2009년 5월에 3차 증보판에 이어서 이번이 제4차 개정증보판이다. 대본으로 사용한 책은 「러시아과학아카데미연구소」(Akademiya Nauk SSSR)에서 출간한『*History of Philosophy*』(전5권)를 다시 국내에서 우리나라 실정에 맞게 재편집하고 현대적 용어와 술어로 바꾸어 번역한 것으로, 국내판은 고대 노예제 철학의 발생으로부터 자본주의 독점 시대까지의 철학을 재편집하였다.

크라운판 고급인쇄/고급 서적지 및 고급 양장케이스/전5권 세트 정가 750,000원

출판사에서 직접 구입하시면 더욱 싼 값에 구입하실 수 있습니다.

개정 증보판

방송인

연극인

웅변가들의 필독서!

우리말 장단음 사전

성우 최흘 엮음/크라운판/866쪽/정가 180,000원

2011년 소책자로 출판한 바 있는 사전을 한글날을 맞이하여 새롭게 정리한 것이다.

우리말 바르게 말하기 사전

성우 최흘 엮음/4×6배판/1,420쪽/정가 350,000원

2011년 소책자로 다시 발행했던 『우리말 바르게 말하기 사전』을 2014년부터 작고하실 때까지 집필된 한 본격적인 장단음 사전이다.